EROS E TÂNATOS
O Homem Contra Si Próprio

Karl Menninger

São Paulo | 2018

Biblioteca
PSICOLOGIA & EDUCAÇÃO

Volumes publicados:
1. O Segredo da Paz Familiar — Harry F. Tashman
2. Usos e Abusas da Psicologia — H. J. Eysenck
3. Relações Humanas — Thomason e Clement
4. Ajuda-te Pela Psiquiatria — Frank S. Caprio
5. Nos Subterrâneos da Mente — Fritz Redlich
6. Descobre-te a Ti Mesmo — Stephen Lackner
7. Seja Invulnerável! — Laura A. Huxley
8. Vença Pela Fé — Gordon Powell
9. Renovar Para Vencer — John W. Gardner
10. A Conquista da Mente — William Sargant
11. As Drogas e a Mente — Robert S. De Ropp
12. Fato e Ficção na Psicologia — H. J. Eysenck
13. Liberdade Sem Medo — A. S. Neill
14. Liberdade Sem Excesso — A. S. Neill
15. A Marca da Violência — Fredric Wertham
16. Condicionamento Pessoal — Horaell Hart
17. Criatividade Profissional — Eugene von Fange
18. O Poder Criador da Mente — Alex F. Osborn
19. Arte e Ciência da Criatividade — George F. Kneller
20. Sonhos e Pesadelos — J. A. Hadfield
21. As Três Faces de Eva — C. H. Thigpen
22. O Rapto do Espirito — J. A. Merloo
23. Educação Soviética — G. L. Kline
24. A Face Final de Eva — J. Poling
25. O Século de Freud — Benjamin Nelson
26. Educação e Desenvolvimento — Vários
27. Economia da Educação — John Valzey
28. Ajude Seu Marido a Vencer — Kenneth Hutchin
29. A Criança Problema — Joseph Roucek
30. A Criança Excepcional — Joseph Roucek
31. Idéias Para Vencer — Myron S. Allen
32. Psicoterapia de Grupo — Kadis e outros
33. História da Psiquiatria — Franz Alexander e S. Selesnick
34. Educação é Investimento — José Reis
35. A Necessidade de Amor — Theodor Reik
36. O Dirigente Criativo — Joseph G. Mason
37. Use o Poder de Sua Mente — David J. Schwartz
38. Psicologia Prática no Ensino — L. Derville
39. Conversas com Pais e Mestres — Homer Lane
40. Qual o Problema de Seu Filho? — Frances Ilg e Loulse B. Ames
41. Técnicas Revolucionárias de Ensino Pré-Escolar — Maya Pines
42. Prisão Não Cura, Corrompe — D. SIngton e G. Playfair
43. Paro Enriquecer, Pense como um Milionário — Howard E. Hill
44. A Cura Pela Liberdade — W. David Wills
45. Liberdade no Lar — A. S. Neill
46. Liberdade na Escola — A. S. Neill
47. Use a Cabeça — Aaron Levenstein
48. Amor Contra o ódio — Karl Mennlnger
49. Liberdade, Escola, Amor e Juventude — A. S. Neill
50. A Saúde Mental da Criança — Michael M. Miller
51. Liberdade no Lar — A. S. Neill

EROS E TÂNATOS
O Homem Contra Si Próprio

Karl Menninger

Tradução de
Aydano Arruda

Copyright © 1938 by Karl A. Menninger

Título Original: MAN AGAINST HIMSELF
Código para obter um livro igual: V-52

Direitos exclusivos para a língua portuguesa da
IBRASA
Instituição Brasileira de Difusão Cultural Ltda.
Rua Ouvidor Peleja, 610 – Tel/Fax: (0xx11) 3791.9696
e-mail: ibrasa@ibrasa.com.br – home page: www.ibrasa.com.br

Nenhuma parte desta obra poderá ser reproduzida, por qualquer meio, sem prévio consentimento dos editores. Excetuam-se as citações de pequenos trechos em resenhas para jornais, revistas ou outro veículo de divulgação.

Tradução: Aydano Arruda
Capa: Armenio Almeida (MK Design)
Editoração Eletrônica: Armenio Almeida (MK Design)
Publicado em 2018

Dados Internacionais de Catalogação na Publicação (CIP)
(Câmara Brasileira do Livro, SP, Brasil)

M516e   MENNINGER, Karl, 1893-1990.

Eros e Tanatos: o homem contra si próprio. / Karl Augustus Menninger; tradução de Aydano Arruda. - São Paulo : IBRASA, 2018.

487 p.
ISBN 978-85-348-0346-5

1. Psicologia. 2. Psicanálise. 3. Suicídio. I. Menninger, Karl Augustus. II. Título.

CDU: 159.9

Maria José O. Souza CRB 8/5641
Índice para catálogo sistemático:
Psicologia: 159.9
Suicídio – psicopatologia: 616.89-00841.44
Psicanálise: 159.964.2

IMPRESSO NO BRASIL - PRINTED IN BRAZIL

Para aqueles que queiram empregar a inteligência na batalha contra a morte — a fim de fortalecer a vontade de viver contra o desejo de morrer e substituir por amor a cega compulsão de oferecer reféns ao ódio como preço da vida.

Prefácio

Não é novidade que o mundo está cheio de ódio, que os homens se destroem entre si e que nossa civilização se ergueu das cinzas de povos espoliados e recursos naturais dizimados. No entanto, relacionar essa destrutividade, essa evidência de uma malignidade espiritual, conosco, com um instinto, e correlacionar esse instinto com o benéfico e frutífero instinto associado ao amor, essa foi uma das últimas flores do gênio de Freud. Chegamos a entender que, assim como precisa aprender a amar sabiamente, a criança precisa aprender a odiar desembaraçadamente, a voltar tendências destrutivas de si própria para inimigos que efetivamente a ameacem e não para pessoas amistosas e indefesas, que são as vítimas mais comuns da energia destruidora.

É verdade, porém, que no final cada homem mata a si mesmo da maneira que escolhe, depressa ou devagar, mais cedo ou mais tarde. Todos nós sentimos isso, vagamente; existem tantas ocasiões para presenciar isso diante de nossos olhos. Os métodos são inúmeros e são eles que atraem nossa atenção. Alguns interessam a cirurgiões, alguns interessam a advogados e sacerdotes, alguns interessam a cardiologistas, alguns interessam a sociólogos. Todos eles devem interessar ao homem que vê a personalidade como uma totalidade e a medicina como meio de curar as nações.

Creio que nossa, melhor defesa contra a auto destrutividade reside na corajosa aplicação da inteligência à fenomenologia humana. Se essa é a nossa natureza, é melhor que a conheçamos e a conheçamos em todas as suas proteicas manifestações. Ver todas as formas de autodestruição do ponto de vista de seus princípios dominantes parece ser um progresso lógico no sentido da autopreservação e de uma opinião unificada sobre a ciência médica.

Este livro é uma tentativa de sintetizar e levar avante, nessa direção, o trabalho iniciado por Ferenczi, Groddeck, Jelliffe, White,

Alexander, Simmel e outros, que aplicaram sistematicamente esses princípios ao conhecimento da doença humana e de todos os malogros e capitulações que nos propomos considerar como formas variantes de suicídio. Ninguém melhor do que eu, conhece a desigualdade dos indícios a seguir e a natureza especulativa de parte da teoria, mas, quanto a isso, peço a indulgência do leitor, a quem sugiro que ter uma teoria, mesmo falsa, é melhor que atribuir acontecimentos à pura casualidade. Explicações de "casualidade" deixam-nos no escuro; uma teoria levará à confirmação ou rejeição.

K. A. M.

Agradecimentos

Estou em dívida com muitas pessoas por sua ajuda no registro e exposição das opiniões apresentadas neste livro.

Pela leitura antecipada do manuscrito e pelas valiosas sugestões daí resultantes, estou em dívida com meu colega e ex-professor, dr. Franz Alexander, do Instituto de Psicanálise de Chicago, com o dr. Franklin C. McLean, da Universidade de Chicago, com o dr. J. F. Brown, da Universidade de Kansas (também adjunto de pesquisa em psicologia na nossa Clínica) e com Nelson Antrim Crawford, de Topeka, diretor de *The Household Magazine.*

Em sentido mais geral, estou em dívida também com meus colegas da Clínica Menninger, com todos os quais discuti as ideias aqui expressadas e alguns dos quais leram o manuscrito em sua primeira redação.

Do falecido dr. William A. White recebemos em 1933 um auxílio de 2.500 dólares para alguns estudos especiais sobre pessoas com propensão a suicídio, donativo esse feito em nome de um doador anônimo. Esses estudos constituíram parte da base clínica da teoria geral do suicídio desenvolvida na Parte U deste livro.

Finalmente, devo reconhecer a inestimável assistência de Jeanetta Lyle, secretária editorial de nossa Clinica, que não só trabalhou diligentemente em todas as páginas do manuscrito, mas também realizou algumas investigações especiais sobre certos pontos, particularmente o ascetismo e o martírio na história, e contribuiu com períodos do texto em vários capítulos. O índice foi preparado por Margaret Linn, bibliotecária. [1]

K. A. M.

---

1. N. T. – A referência é ao índice remissivo constante da edição original em inglês.

Agradecimentos são devidos aos diretores de *The Psychoanalytic Quarterly, The Archives of Neurology and Psychiatry, The International Journal of Psychoanalysis, The Bulletin of the Menninger Clinic* e *The Journal of Urology,* pela permissão para reprodução de material publicado pela primeira vez em suas páginas.

Agradecimentos são devidos também a The Macmillan Company pela permissão para reprodução de versos do poema *C. L. M.,* de John Masefield, a Houghton Mifflin pelo poema *The Children Hour,* de Henry Wadsworth Longfellow, a Alfred A. Knopf pelo poema *As the Worm Turns,* de Clarence Day, a Farrar and Rinehart pelo poema *The Trumpeting Crane,* de Helene Magaret, ao *New Yorker* pelo poema *Miss Elizabeth Bates,* de Milo Ray Phelps, a Longmans, Green and Company por passagens de *The Historic Martyrs of the Primitive Church,* de Arthur James Mason, e *Memories and Studies,* de William James; e a Nervous and Mental Disease Publishing Company por passagens de *The Psychoanalysis of the Total Personality,* do dr. Franz Alexander.

Sumário

Prefácio 7

Parte I: DESTRUIÇÃO

    1. Eros e Tânatos 17

Parte II: SUICÍDIO

    1. O tabu 27
    2. Os motivos 31
    3. Recapitulação 95

Parte III: SUICÍDIO CRÔNICO

    1. Ascetismo e martírio 101
    2. Invalidez neurótica 157
    3. Adição ao álcool 172
    4. Comportamento anti-social 198
    5. Psicose 225

Parte IV: SUICÍDIO FOCAL

    1. Definições 243
    2. Automutilações 246
    3. Simulação de doenças ou ferimentos 300
    4. Policirurgia 311
    5. Acidentes propositais 332
    6. Impotência e frieza 351

Parte V: SUICÍDIO ORGÂNICO

        1. O conceito de totalidade na medicina   367
        2. O fator psicológico na doença orgânica   377
        3. A escolha do mal menor   419

Parte VI: RECONSTRUÇÃO

        1. Técnicas clínicas   433
        2. Técnicas sociais   472

PARTE I

Destruição

1/ Eros e Tânatos

Por mais que tentemos, é difícil conceber o nosso universo em termos de concórdia; pelo contrário, nós nos defrontamos em todo lugar com as evidências de conflito. Amor e ódio, produção e consumo, criação e destruição – a constante guerra de tendências opostas parece ser o coração dinâmico do mundo. O homem percorre a agitada gama de sua vida através dos riscos de doença e acidente, de feras e bactérias, do poder maligno das forças da natureza e das mãos vingativas de seus semelhantes. Contra essas inumeráveis forças de destruição, a longa e fina linha de defesa proporcionada pela inteligência científica luta incessantemente no esforço de impedir a destruição da humanidade. Não é de admirar que a atemorizada humanidade se volte ansiosamente para a magia e o mistério, tanto quanto para a ciência médica, à procura de proteção.

Vezes e vezes nos últimos anos, as águas crescidas do Ohio, do Mississipi e de outros rios derramaram-se sobre os campos e cidades de áreas populosas, arrastando as casas e jardins, os livros e tesouros, os alimentos e fábricas de milhões de pessoas. Quase ao mesmo tempo e no mesmo país, árvores foram mortas pela seca, capim secou sob o sol, gado pereceu de sede e fome; aves e pequenos animais selvagens desapareceram e uma crosta pardacenta substituiu a habitual verdura da paisagem. E recentemente a costa do Pacífico foi de novo sacudida por terremotos que destruíram o paciente trabalho de anos, enquanto a costa do Atlântico era varrida por furacões e tempestades devastadoras.

Enquanto essas espetaculares fúrias da Natureza causavam a destruição de milhões de pessoas indefesas, outros milhões jaziam em hospitais sucumbindo vagarosa ou rapidamente em consequência de destruidoras invasões de bactérias, toxinas e cânceres. E, salpicados aqui e acolá entre todas essas misérias, havia acidentes cotidianos que ocorrem nas atividades comuns da vida causando morte e destruição em lampejos rápidos e inesperados.

Seria de esperar que diante desses esmagadores golpes do Destino ou da Natureza, o homem se opusesse firmemente à morte e à destruição em uma fraternidade universal de humanidade sitiada. Mas não é o que acontece. Quem quer que estude o comportamento de seres humanos não pode fugir à conclusão de que precisamos levar em conta um inimigo dentro das linhas. Torna-se cada vez mais evidente que parte da destruição que flagela a humanidade é *autodestruição;* a extraordinária propensão do ser humano a aliar-se às forças externas no ataque contra sua própria existência é um dos mais notáveis fenômenos biológicos.

Homens voam sobre antigas e belas cidades lançando bombas explosivas em museus e igrejas, em grandes edifícios e em criancinhas. São encorajados pelos representantes oficiais de duzentos milhões de outras pessoas, todas as quais contribuem diariamente com impostos para a frenética fabricação de instrumentos destinados a dilacerar, retalhar e estraçalhar seres humanos semelhantes a elas, dotados dos mesmos instintos, das mesmas sensações, dos mesmos pequenos prazeres e da mesma compreensão de que a morte vem cedo demais para acabar com essas coisas.

Isso é o que veria quem examinasse nosso planeta superficialmente, e se olhasse mais de perto a vida de indivíduos e comunidades veria ainda mais coisas que o deixariam perplexo; veria contendas, ódios e lutas, inútil desperdício e mesquinha destrutividade. Veria pessoas sacrificando-se para ferir outras e gastando tempo, esforço e energia para encurtar esse recesso do oblívio, dolorosamente pequeno, que chamamos de vida. E, mais espantoso que tudo, veria alguns que, como se faltassem outras coisas a destruir, voltam suas armas contra si próprios.

Se, como suponho, isso deixaria perplexo um visitante de Marte, certamente deve espantar quem presuma, como talvez todos nós fazemos às vezes, que os seres humanos desejam o que dizem desejar: vida, liberdade e felicidade.

O médico, por exemplo, faz suas rondas diárias na firme crença de estar atendendo ao chamado daqueles que desejam prolongar suas vidas e diminuir seus sofrimentos. Chega a dar grande valor à vida e a presumir que sua atitude é universal. Esforça-se tremendamente para salvar a vida de uma única e insignificante criança ou de um único e inútil patriarca. Acredita ingenuamente na verdade absoluta do ditado de que a autopreservação é a primeira lei da vida. Sente-se um salvador da humanidade, um baluarte contra as hordas da morte.

De repente ou talvez gradualmente, desilude-se. Descobre que os pacientes muitas vezes não querem ficar bons como dizem. Descobre que seus solícitos parentes muitas vezes não querem que eles fiquem bons. Descobre que seus esforços são combatidos, não só pela Natureza, pelas bactérias e toxinas, mas também por algum diabrete da perversidade dentro do próprio paciente. Um velho professor que eu tive observou certa vez que o médico deve dedicar a maior parte de seus esforços a impedir que os parentes matem o paciente e depois confiar em Deus – às vezes no cirurgião – para o resto; mas o médico competente realmente faz mais do que isso. Não só contém os parentes, mas procura impedir que o paciente faça as coisas que favoreçam a doença e não a recuperação.

Foram observações como essas que levaram à formulação, por Sigmund Freud, da teoria de um instinto de morte. De acordo com esse conceito, existem desde o início em todos nós fortes propensões à autodestruição e essas propensões só se concretizam em verdadeiro suicídio nos casos excepcionais em que numerosas circunstâncias e fatores se combinam para torná-lo possível.

Contudo, surge esta questão: se um grande impulso para a morte domina todos nós, se no íntimo todos nós desejamos morrer, por que tantos de nós lutam contra isso como fazem, por que nem todos nós cometemos suicídio, como aconselharam muitos filósofos? Em certos sentidos, parece mais lógico investigar porque alguém vive

Eros e Tânatos

enfrentando dificuldades, tanto externas como internas, do que provar porque morremos, pois, nem todas as pessoas continuam a viver e todas conseguem finalmente morrer. Em outras palavras, por que o desejo de viver *sempre,* mesmo temporariamente, triunfa sobre o desejo de morrer?

Freud faz ainda a suposição de que os instintos de vida e de morte – chamemo-los de tendências construtivas e destrutivas da personalidade – estão em constante conflito e interação, exatamente como acontece com forças semelhantes na física, química e biologia. Criar e destruir, construir e despedaçar, esses são o anabolismo e catabolismo da personalidade, não menos que das células e dos corpúsculos – as duas direções em que as mesmas energias se exercem.

Essas forças, dirigidas originariamente para dentro e relacionadas com os problemas íntimos do eu, o ego, passam a ser finalmente voltadas para fora em direção a outros objetos. Isso corresponde ao crescimento físico e ao desenvolvimento da personalidade. Deixar de desenvolver-se, a partir desse ponto, significa voltar incompletamente para fora a destrutividade e construtividade dirigida para o eu, com que nós – por hipótese – nascemos. Em lugar de combater seus inimigos, tais pessoas combatem (destroem) a si próprias; em lugar de amar amigos, música ou a construção de uma casa, tais pessoas só amam a si próprias. (Ódio e amor são os representantes emocionais das tendências destrutivas e construtivas.) Todavia, ninguém se desenvolve tão completamente a ponto de livrar-se inteiramente de tendências autodestrutivas; de fato, pode-se dizer que os fenômenos da vida, o comportamento peculiar a diferentes indivíduos, expressam a resultante desses fatores colidentes. Uma espécie de equilíbrio, com frequência muito instável, é conseguida e mantida até ser perturbada por novos acontecimentos no ambiente, que causam uma rearrumação com resultado talvez muito diferente.

Com base nisso podemos compreender como é possível que algumas pessoas se matem rapidamente, algumas se matem vagarosamente e algumas não se matem, que algumas contribuam para sua própria morte e outras resistam valente e brilhantemente contra ataques externos à sua vida, diante dos quais seus semelhantes teriam logo sucumbido. Tão grande parte disso, porém, ocorre automática e inconscientemente, que parece à primeira vista tarefa impossível dissecar os pormenores de determinado acordo ou acomodação entre os instintos de vida e de morte. É precisamente por essa razão que a introdução da técnica psicanalítica de investigação nos proporciona um conhecimento inteiramente novo do processo através do esclarecimento de seus pormenores. Permite-nos reconhecer como adiamento da morte é às vezes comprado pelo instinto de vida por alto preço.

A natureza desse prêmio pago pelo adiamento da morte é muito variável tanto em grau como em espécie ([1]). Em alguns casos as condições são extremamente estreitas e limitadas, em outros são mais liberais. São esses prêmios, essas acomodações entre os instintos de vida e de morte, como as observamos nos seres humanos, que constituem a matéria deste livro. É, por assim dizer, uma investigação sobre o preço de viver – "o alto custo de vida" – como disse um de meus colegas.

Quando uma doninha ou uma marta rói sua própria perna a fim de escapar de uma armadilha, faz isso, até onde podemos julgar, consciente e deliberadamente, aceitando, por assim dizer, a plena responsabilidade da autodestruição auto preservadora. Alguns indivíduos humanos, obrigados a sacrifícios semelhantes para preservação de sua própria vida, também aceitam a responsabilidade e defendem seu ato com as razões lógicas que conseguem encontrar, às vezes corretas, muitas vezes falsas, mas geralmente bem plausíveis. Entre

---

(1) Ferenczi propôs esse desenvolvimento da teoria de Freud em notável trabalho intitulado *O Problema de Aceitação de Ideias Desagradáveis; Avanços no Conhecimento da Noção de Realidade (Further Contributions to the Theory and Technique of Psychoanalysis,* Londres, Hogarth Press, 1926.)

Alexander descreveu minuciosamente o mecanismo: "Do momento do nascimento em diante", escreveu ele, "o organismo encontra continuamente a dolorosa experiência de que o mundo não está mais modelado tão exatamente para suas necessidades subjetivas quanto o estava o útero materno. Quanto mais independente a criança se torna, porém, mais aprende que o caminho do prazer segue através da persistência, renúncia e sofrimento. Enquanto durante o período de sugação só precisa suportar renúncia sob a forma *passiva* de fome, aprende mais tarde que muitas vezes tem de procurar sofrimento *ativamente* a fim de obter prazer. E essa procura ativa de sofrimento por motivos táticos, que muitas vezes nos parece tão paradoxal, é característica do ego em suas relações com a realidade e o superego." – Alexander, Franz: *The Need for Punishment and the Death Instinct, The International Journal of Psychoanalysis,* 1929, Vol X, p. 260.

eles se incluem aqueles cujo suicídio parece perfeitamente razoável, por exemplo, o homem idoso que está morrendo de doloroso câncer e quietamente toma veneno. Contudo, entre eles se incluem também suicídios atenuados como os que são representados por ascetismo, martírio e muitos processos cirúrgicos.

Em outros casos, o indivíduo aceita a responsabilidade da autodestruição de má vontade e só em parte, não fazendo a menor tentativa para explicá-la ou defendê-la, de modo que os atos parecem sem propósito, como por exemplo o lento arruinar de uma vida pelo alcoolismo crônico ou morfinomania.

Ainda outros existem que não aceitam a menor responsabilidade pela autodestruição; a responsabilidade é por eles projetada sobre o Destino, inimizade ou circunstância; vê-se isso em alguns supostos acidentes, que com frequência são de natureza inconscientemente intencional.

Finalmente, há um quarto grupo no qual o ego do indivíduo não aceita responsabilidade pela autodestruição nem faz a menor tentativa de explicá-la ou defendê-la. Neste caso, a autodestruição é teoricamente representada por certas doenças físicas.

Em todos esses o impulso autodestrutivo está implícito ou explícito. Visto assim em série, prende nossa atenção e reclama que examinemos analiticamente os vários meios pelos quais homens praticam suicídio, às vezes sem o saber. Foi esse estudo analítico que eu tentei.

PLANO DO LIVRO

O plano deste livro é o seguinte. Encetaremos em primeiro lugar a discussão daqueles malogros na tentativa de acomodação descritos acima, dos quais resulta uma morte imediata, mais ou menos voluntária – em outras palavras, suicídio. Tentaremos descobrir que motivos subjacentes determinam essa escolha, porque em alguns indivíduos o desejo de morrer vence tão completamente o desejo de viver e o faz com a plena cooperação da inteligência consciente. Ao mesmo tempo, tentaremos indicar em que medida essas tendências podem ser reconhecidas antes de tão desastroso resultado.

Examinaremos depois várias formas das acomodações melhor sucedidas, nas quais o impulso de destruir o próprio eu parece diluir-se ou desviar-se, de modo que a morte é adiada, pelo menos, embora com dispêndio indevidamente grande sob a forma de sofrimento, malogro ou privação. Interessar-nos-emos tanto em descobrir porque tais indivíduos não cometem logo suicídio, como em saber porque são tão fortemente impelidos na direção de auto ferimento e auto restrição.

Isso nos levará à consideração de numerosas formas de autodestruição — formas abortivas, formas desfiguradas, formas crônicas — todos aqueles malogros na vida que parecem estar diretamente relacionados com evidentes equívocos e desgovernos da parte do indivíduo, mais que com inevitáveis acidentes do destino e da realidade. Nisso se inclui grande número de pessoas que demonstram não serem capazes de suportar o sucesso, que se saem bem em tudo menos em obter sucesso, e aquele número ainda maior dos que parecem falhar em tudo exceto na consumação do fracasso.

E, finalmente, consideraremos até que ponto e por que meios é possível arbitrariamente desviar essas malignas tendências autodestrutivas e evitar os desastres e sacrifícios através dos quais elas são contidas espontaneamente e nesses vários graus. Isso envolve a consideração das técnicas a que podemos recorrer para reforçar os instintos de vida em sua defesa contra as tendências destrutivas, com o propósito não apenas de prevenir suicídio em sua forma crua e imediata, mas também de enfrentar o problema mais amplo de diminuir os casos de vida prejudicada e de acomodações exorbitantemente onerosas na luta entre vida e morte.

A primeira parte deste livro é, portanto, uma análise dos motivos mais profundos de suicídio, isto é, suicídio no sentido comumente aceito. A parte seguinte considerará as formas crônicas de suicídio nas quais o efeito é difuso. A terceira parte considerará o tipo mais focalizado de autodestruição. A quarta parte tratará de uma extensão da teoria de autodestruição ao problema da doença física, extensão que deve ser considerada, por enquanto, em grande parte hipotética. A parte final tratará das técnicas existentes para combate à autodestruição e é, por isso, intitulada "Reconstrução".

PARTE II

Suicídio

1/ O Tabu

Há certos assuntos a cujo respeito muitas vezes falamos em tom de brincadeira, como que para evitar a necessidade de discuti-los seriamente. O suicídio é um deles. Tão grande é o tabu sobre suicídio que algumas pessoas não dizem a palavra, alguns jornais não publicam notícias dele e mesmo cientistas têm-no evitado como objeto de pesquisa.

Não é de admirar que meu amigo e conselheiro ficasse alarmado diante da meia dúzia de títulos sugeridos para o manuscrito deste livro. Todos eles envolviam esse sombrio tema, um tema capaz de repelir os próprios leitores que mais apreciariam as conclusões finais da análise. Como já sugeri, chegaremos à conclusão final de que há muitos meios pelos quais a vontade de viver pode triunfar sobre o desejo de morrer, muitos recursos para libertar-se da autodestruição, mas antes de analisá-los precisamos examinar o lamentável fato de que homens se matam e que imitar o avestruz em nada diminui essa realidade.

No decorrer dos últimos vinte e quatro minutos, em algum lugar dos Estados Unidos um homem matou-se. Isso acontece cerca de sessenta vezes por dia, em todos os dias; 22.000 vezes por ano. Isso só nos Estados Unidos; a frequência é duas vezes maior em alguns países europeus. Em toda parte, é mais frequente que o homicídio.

Em tais circunstâncias, seria de esperar que houvesse amplo interesse pelo assunto, que estivessem em andamento muitos estudos e pesquisas, que nossas publicações médicas contivessem artigos e nossas bibliotecas livros sobre a matéria. Não é o que acontece. Há romances, peças e lendas em abundância que envolvem suicídio – suicídio em fantasia. No entanto, é surpreendentemente pequena a literatura científica que trata disso. Essa, penso eu, é outra indicação do tabu que está ligado ao assunto – um tabu relacionado com emoções fortemente reprimidas. As pessoas não gostam de pensar séria e concretamente no suicídio.

De fato, meu próprio interesse por esse assunto nasceu de meu espanto e curiosidade diante das operações desse tabu em relação a parentes de alguns de meus pacientes. O que aconteceu foi isto: pacientes confiados a nossos cuidados no fundo de uma depressão temporária na qual ameaçavam suicidar-se começavam a melhorar e logo depois parentes procuravam retirá-los, ignorando completamente nossa advertência de que era cedo demais, que ainda havia perigo de suicídio. Frequentemente ridicularizavam a ideia de que tal coisa pudesse ser praticada por *seu parente,* insistiam que ele estava apenas blefando, que estava momentaneamente desesperado, que não falava sério, que não faria aquilo e assim por diante. Alguns dias ou semanas depois, os jornais publicavam a notícia da morte de nosso ex-paciente por enforcamento, tiro ou afogamento. Tenho um grande arquivo cheio desses recortes e, presa a eles, a advertência textual feita aos impetuosos parentes.

Por exemplo, um bom amigo meu, que estava sendo tratado durante uma depressão, foi acordado, tirado da cama e retirado do hospital no meio da noite por uma parenta contra quem sentia hostilidade, mas a quem era obrigado a obedecer. Advertimos essa parenta que era extrema imprudência retirar o paciente, que no fundo de sua depressão ele poderia praticar suicídio; o próprio paciente odiava deixar o hospital e implorou para que o deixassem ficar. Foi levado por essa parenta de um lugar para outro e finalmente para casa, a fim de lá recuperar a saúde sob os cuidados dela; pouco tempo depois se matou. Era um cientista, um homem competente, um homem de futuro.

Vi isso acontecer com tanta frequência que me interessei pelo problema de saber porque as pessoas não consideravam o suicídio como uma realidade e evitá-lo como sua responsabilidade. Nós, médicos, que tão arduamente trabalhamos para salvar vidas que às vezes não nos parecem dignas de ser salvas, deveríamos também ter certa responsabilidade pela salvação dessas vidas que muitas vezes oferecem tantas promessas e que são destruídas, por assim dizer, em um momento de impulsivo mau julgamento, um momento de determinada incompreensão, como a de Romeu quando encontrou Julieta adormecida e pensou que ela estivesse morta. Contudo, não podemos fazer isso sozinhos. Esforçamo-nos por conquistar a cooperação dos parentes para evitar a concretização de um suicídio potencial e os parentes deviam – se são humanos – levar a sério tais advertências e agir de acordo com elas. O fato é que o suicídio continua a atrair muito menos atenção do que sua seriedade e sua prevalência parecem justificar.

O assunto é grande demais para ser tratado amplamente em um único livro. Não tentarei apresentar os aspectos históricos, estatísticos, sociológicos ou clínicos do suicídio, mas darei ênfase ao exame dos fatores psicológicos inconscientes (e por isso geralmente descurados). *The Encyclopaedia Britannica, Hasting's Encyclopaedia of Religion and Ethics* e livros de referências semelhantes estão repletos de interessantes relatos sobre as várias técnicas, atitudes, consequências e interpretações do suicídio. Muitos deles mudam com a passagem do tempo e diferem grandemente nos vários países. Estudos estatísticos interessaram numerosos escritores, particularmente autoridades em seguros de vida, embora a maioria dessas estatísticas tenha uma margem de erro reconhecidamente grande. Até onde vão, as estatísticas indicam que nos povos civilizados o suicídio é muito mais comum entre homens, embora mulheres tentem suicidar-se com mais frequência do que homens. Nos homens a frequência de suicídio varia em proporção direta à idade; é duas vezes mais frequente entre homens de 40 anos do que entre homens de 20 anos. Não existe tal variação entre mulheres. O suicídio é mais frequente na primavera do que em qualquer outra estação, mais frequente entre solteiros do que entre casados, mais comum nas áreas urbanas do que nas rurais, mais frequente em tempo de paz do que em tempo de guerra e mais comum entre protestantes do que entre católicos ([1]).

Louis I. Dublin e Bessie Bunzel deram-nos um bom levantamento geral do assunto, ([2]) incluindo alguns dados históricos, antropológicos, psicológicos e estatísticos. Exames clínicos de suicídio foram raros e em geral muito insatisfatórios. Ruth Shonle Cavan escreveu um dos primeiros estudos psicológicos da era moderna ([3]); artigos ocasionais apareceram em publicações médicas com títulos como *Tipos Diagnósticos Diferenciais de Suicídio* ([4]), *Suicídio e Doença Mental* ([5]) e *Suicídio, Possibilidades de Prevenção pelo Reconhecimento Precoce de Alguns Sinais de Perigo* ([6]). Em geral, porém, o suicídio atraiu surpreendentemente pouca atenção dos médicos.

Poder-se-ia esperar alguma coisa dos psicanalistas, cujo interesse pelos tabus resulta do conhecimento dos poderes psicológicos da repressão. Todavia, mesmo eles só contribuíram com pouco. Para sermos justos, porém, devemos acrescentar que, embora o ato de suicídio propriamente dito não tenha sido completamente investigado por eles, a intenção de praticar suicídio foi objeto de muito estudo da parte de Freud, Abraham, Alexander e outros. No próximo capítulo, seguiremos suas pegadas e entraremos no tabu que envolve o assunto e nas repressões ainda mais fortes que protegem os motivos secretos que parecem convergir no sentido de induzir ao ato de suicídio.

---

1. Para um vivido e popular resumo de estatísticas e teorias, ver *Beware of Loneliness*, de Davidson, Henry A., *Coronet*, março de 1937.
2. Dublin, Louis I., e Bunzel, Bessie – *To Be or Not to Be! A Study of Suicide*, Harrison Smith e Robert Haas, 1933.
3. Cavan, Ruth Shonle – *Suicide*, University of Chicago Press, 1927.
4. Zilboorg, Grgory – Differential Diagnostic Types of Suicide, Archives of Neurology and Psychiatry, 1936, Vol. XXXV, pp 270-91.
5. Jameison, Gerald R. – Suicide and Mental Disease, Archives of Neurology ande Psychiatry, 1936, Vol XXXVI, p 1.
6. Fairbank, Ruth – *Suicide, Possibilities of Prevention by Early* Recognition *of Some Danger Signals, Journal of the American Medical Association*, Vol. XCVIII, pp. 1711-14, Ver também o recente estudo de Merrill Moore, *Cases of Attempted Suicide in a General Hospital, The New England Journal of Medicine*, agosto de 1937, pp. 291-303.

2/ Os Motivos

À primeira vista, parece gratuito oferecer uma explicação do suicídio. Na mente popular, o suicídio não é um enigma. Explicações fáceis podem ser lidas com monótona invariabilidade nos jornais diários, nos relatórios de seguros de vida, nos atestados de óbito e em levantamentos estatísticos. O suicídio, de acordo com essas fontes, é consequência simples e lógica de doença, desânimo, reveses financeiros, humilhação, frustração ou amor não correspondido. O que mais espanta não é serem essas explicações apresentadas continuamente, mas serem aceitas tão prontamente e sem discussão em um mundo no qual tanto a ciência como a experiência cotidiana confirmam que o óbvio não merece confiança. Não existe tal credulidade ou falta de curiosidade, por exemplo, com relação aos motivos do homicídio. Publicam-se milhares de histórias de mistério, de crime e de detetive, nas quais a explicação óbvia é perscrutada com sutil persistência pelo detetive herói. É significativo que nessas histórias quase nunca se procura a explicação de um *suicídio,* mas a de um *homicídio.*

A mais ligeira reflexão é suficiente para convencer qualquer um de que explicações tão simples quanto as mencionadas anteriormente não explicam coisa alguma.

A análise popular do suicídio poderia ser reduzida à seguinte fórmula: "O suicídio é uma fuga de uma situação de vida intolerável. Se a situação é externa, visível, o suicídio é corajoso; se a luta é interna, invisível, o suicídio é loucura." Esta concepção da autodestruição como uma fuga da realidade, da doença, da desgraça, da pobreza ou de coisas semelhantes é sedutora devido à sua simplicidade. Equipara-se a outras fugas, como tirar férias ou celebrar feriados, dormir, vaguear em delírio ou recorrer à embriaguez.

Contudo, existe tuna diferença essencial entre essas fugas, que têm todas elas a natureza de substitutos temporários, e o suicídio, que não é temporário. Não se pode substituir alguma coisa por nada, como refletia Hamlet em seu célebre solilóquio. Pode-se considerar axiomático que a mente humana não é capaz de conceber a inexistência e, portanto, por mais agnóstica ou cética que a pessoa que cogita de suicídio possa acreditar ser, seu ato trai sua crença em alguma espécie de vida futura mais tolerável que a vida presente. Por si só isso não é prova de que o suicida já tenha começado a aceitar a irrealidade em lugar da realidade de maneira irracional, pois a crença na vida futura é aceita por milhões de pessoas e constitui o aspecto essencial de muitas religiões. Embora seja rejeitada intelectualmente por muitos cientistas e outros, emocionalmente a expectativa de uma vida futura, ou melhor, de uma vida contínua é inerente ao inconsciente de todos nós. No inconsciente nós ainda somos animais e não há razão para acreditar que animais temam a morte; em nós, humanos, é nossa inteligência que "toma todos nós covardes".

A análise popular esboçada anteriormente se aproximaria mais da verdade, portanto, se fosse articulada de modo a dizer que o suicídio é uma *tentativa* de fuga de uma situação de vida intolerável. Isso chamaria mais vivamente nossa atenção para sua irracionalidade e para o poder exercido em tais indivíduos pela fantasia. Deixaria ainda sem correção o erro que existe na presunção implícita de que provêm inteiramente de fora as forças que induzem à fuga. O comportamento nunca é determinado apenas por forças externas; há impulsos de dentro, cujo ajustamento à realidade externa cria necessariamente pressões e tensões que podem ser muito dolorosas, mas toleráveis, exceto para alguns. Poderiam ser reunidos inúmeros exemplos da história e dos registros clínicos científicos para mostrar que, *para algumas pessoas, nenhuma realidade, por mais terrível que seja, é insuportável.*

Isso porque sabemos que o indivíduo, em certa medida, sempre cria seu próprio ambiente e assim o suicida ajuda de alguma maneira a criar a própria coisa da qual foge através do suicídio. Portanto, para explicarmos o ato dinamicamente, somos forçados a procurar uma explicação para o desejo de colocar-se em uma situação da qual não se possa fugir, a não ser pelo suicídio. Em outras palavras, se, para seus próprios propósitos inconscientes, a pessoa, encontra na realidade externa uma aparente justificação para autodestruição, os propósitos inconscientes têm maior significação na compreensão do suicídio do que circunstâncias externas aparentemente simples e inevitáveis.

Isso é muito bem apresentado por numerosos romancistas que descreveram a maneira como o homem que finalmente pratica suicídio começa sua autodestruição muito tempo antes ([7]). O título de um desses romances ([8]) é derivado de uma lenda famosa, da qual esta é uma versão: Um servo procurou amedrontado seu senhor dizendo que fora ameaçado pela Morte, com quem esbarrara na praça do mercado, e por isso desejava ir o mais depressa possível para Samarra, onde a Morte não o encontraria. O senhor deixou-o ir e dirigiu-se depois para a praça do mercado. Lá, vendo a Morte, perguntou-lhe porque ameaçara o servo. Ao que a Morte respondeu que não fora uma ameaça, mas um gesto de surpresa por ver em Bagdá o homem com quem tinha um encontro marcado para aquela noite em Samarra.

A história tem sido atribuída a cerca de cinquenta origens, segundo Alexander Woolcott, inclusive a Longfellow, Voltaire e Cocteau, e tem sem dúvida origem muito antiga, segundo acredita Woolcott. Isso indica que a ideia de que a pessoa tem inexoravelmente um encontro marcado com a morte, embora ostensivamente se empenhe em fugir dela, é intuitivamente reconhecida como fenômeno comum da experiência humana, seja a força propulsora em direção à morte projetada sobre o Destino ou reconhecida como impulso autônomo.

---

7. Ver, por exemplo, Thomas Mann – Death in Venice, Knopf, 1925.
8. O Hara, John *Appointment in Samarra*, Harcourt, Brace, 1934.

Todos nós sabemos agora que não se pode confiar em motivos conscientes para explicar o comportamento humano. Há muitos casos em que os motivos não podem ser confessados, não podem ser interpretados e, ainda mais pertinentemente, não são no mínimo grau reconhecidos pela própria pessoa. A psicanálise permite-nos em um caso particular vencer esses obstáculos porque nos dá acesso aos motivos inconscientes. Portanto, é através dessa fonte de estudo que podemos transformar a aparente irracionalidade do suicídio ou sua inadequada explicação em algo inteligível.

As observações já se acumularam a tal ponto que isso pode ser feito, imperfeitamente sem dúvida, mas pelo menos em esboço. São essas conclusões que tenho o propósito de expor ao leitor de maneira sistemática. Para isso, porém, precisamos antes eliminar a ingênua noção de que o suicídio é um ato simples e reconhecer que do ponto de vista psicológico é muito complexo, independentemente do que possa parecer. De fato, um obstáculo considerável ao estudo do suicídio é a presunção popular de suas ligações causais simples. Se fosse tão simples, este livro não teria a menor justificação, mas por outro lado o suicídio seria infinitamente mais comum.

Anuncia-se um dia que um homem rico suicidou. Descobre-se que seus investimentos falharam, mas sua morte proporciona vultoso seguro à sua família, que sem isso ficaria desamparada. O problema e sua solução parecem então bastante simples e óbvios. Um homem enfrentou corajosamente a ruína de maneira a beneficiar seus dependentes.

Mas por que começaríamos nossas interpretações somente neste ponto adiantado da vida de tal homem, o ponto em que ele perde sua riqueza? ([9]). Não deveríamos procurar descobrir como ele chegou a perdê-la? E, ainda mais pertinentemente, não deveríamos indagar

---

9. Existe uma noção predominante de que a perda de dinheiro é causa comum, de suicídio e doença mental. Isso foi desmentido muitas vezes, mas persiste apesar disso. Meu irmão e Leona Chidester examinaram estatísticas e casos individuais a fim de mostrar que prejuízos financeiros, reais ou imaginários, representaram porcentagem muito pequena do número total de fatores que precipitaram doença mental e mesmo quando isso ocorreu foi *menos* frequente durante a grande depressão financeira (1931-1934) do que durante épocas melhores.

Menninger, W. C., e Chidester, Leona, *The Role of Financial Loss in the Precipitation of Mental Illness, Journal of the American Medical Association,* 6 de maio de 1932, p. 1.398.

como ele ganhara, por que fora levado a juntar dinheiro e que meios empregara para satisfazer sua compulsão, que sentimentos de culpa inconscientes e talvez também conscientes estavam associados a ela e que sacrifícios e penas sua aquisição custara a ele e sua família? Além disso, mesmo aqueles que ganharam dinheiro e o perderam na vasta maioria dos casos não se mataram, de modo que ainda não sabemos quais foram os motivos mais profundos desse homem para tal ato determinado. Tudo quanto podemos realmente ver em tal caso é como se torna difícil e complexo o problema assim que lançamos um olhar mais que superficial sobre as circunstâncias.

Ou tomemos um exemplo representativo como o do caixa do banco de uma cidade pequena, indivíduo quieto, amistoso, merecedor da confiança geral, conhecido de quase todos os membros da comunidade. Certa tarde, depois de encerrado o expediente do banco, ele se fechou em seu escritório com um revólver e foi encontrado morto na manhã seguinte. Descobriu-se posteriormente um *deficit* em seus livros e ficou provado que ele se apropriara indebitamente de milhares de dólares dos fundos do banco. Seus amigos durante algum tempo recusaram acreditar que fosse possível um homem tão conhecido e digno de confiança ter feito isso; finalmente, porém, a opinião geral foi que ele de repente se tomara irracional, cedera a irresistível tentação e depois sucumbira ao remorso, do qual o suicídio fora a sequência apropriada, embora trágica.

Algumas semanas mais tarde, porém, surgiu um novo ângulo. Revelou-se que o homem tivera "um caso" com uma mulher. A explicação de seu suicídio que fora tão simples ficou então atrapalhada; era preciso reabrir a questão e encontrar nova solução. "É essa então a verdadeira explicação do caso", disse a gente da cidade. "Quando um homem casado e com filhos, sóbrio e respeitável, se envolve em um caso imoral logo esquece tudo sobre a honra." Outra versão foi esta: "Ele simplesmente precisava tirar o dinheiro para manter a mulher. Foi ela quem realmente o matou."

Observadores mais ponderados, porém, certamente investigariam a verdadeira significação de um complicado caso sexual dessa espécie na vida de um homem que parecia normalmente ajustado, pelo menos para saber porque tal fascinação o teria tornado incapaz de resistir à tentação financeira. Só alguns de seus amigos mais íntimos sabiam que suas relações com sua esposa haviam sido muito infelizes e só seu médico sabia que durante vinte anos de vida conjugal os dois haviam sido continentes devido à frieza da esposa.

"No fundo foi culpa de sua esposa", diziam esses poucos. "Ela sempre foi fria e sem simpatia."

Contudo, não é evidente que isso ainda não explica toda a questão – o curso da tragédia? "Por que se casara ele com tal mulher? Não poderia ter modificado as reações emocionais dela? Por que continuara a viver com ela durante vinte anos?"

Então alguém que tivesse conhecido esse homem quando criança poderia ter erguido sua voz: "Oh, mas você não conheceu a mãe dele! Era também uma mulher fria e dura, mais interessada por dinheiro do que pelos filhos. Não é de admirar que ele tenha sido incapaz de fazer uma escolha matrimonial mais inteligente ou de lidar com a esposa de maneira mais competente e satisfatória. Sim, se você tivesse conhecido a mãe dele..."

Levamos agora a corrente causai bem para trás da explicação simples que parecia tão evidente aos conterrâneos do homem. Vemos como era errônea e superficial a explicação inicial. Não devemos presumir que o simples fato de estender os elos da cadeia elucide mais plenamente os motivos. O que faz é mostrar como o ato parece diferente à luz de cada indício adicional, mas ainda dispomos apenas dos dados mais óbvios e externos. Nossa história está um pouco mais completa que a dada pelo jornal, mas ainda não explica porque a vida desse homem precisou ser tão crescentemente malsucedida e porque ele precisou terminá-la com suicídio. Tudo quanto podemos ver é que esse homem *começou a suicidar muito tempo antes de tomar o revólver na mão e muito tempo antes de tirar o dinheiro do banco.* Ainda não sabemos porque ele não foi capaz de mobilizar seus instintos de vida com mais êxito contra essas tendências destrutivas que o dominaram.

Temos razão, porém, para presumir que este método de lidar com a vida é determinado por alguma variação, anormalidade ou fraqueza inerente ao indivíduo ou pela aceleração ou poderoso reforço das tendências destrutivas da personalidade durante o período de formação da vida. Em qualquer dos casos, é evidente que as tendências auto derrotadoras surgem muito cedo na vida do indivíduo e influenciam fortemente todo o curso de seu desenvolvimento de maneira a obscurecer e finalmente vencer o benigno instinto de vida.

Essa opinião sobre suicídio afasta completamente os ingênuos julgamentos quanto à sua "bravura" ou "irracionalidade" e todas as explicações causais que aparecem nos resumos estatísticos e coisas semelhantes ([10]). Psicologicamente, repito, o suicídio é um ato muito complexo e não um simples, incidental e isolado ato de impulsão, lógico ou inexplicável. A análise de seus motivos torna-se difícil não só devido à insegurança dos motivos conscientes e óbvios, mas especialmente pelo fato de um suicídio consumado ficar fora do alcance de estudo e (como veremos mais adiante) o malogro em conseguir êxito – mesmo no suicídio – tender a expressar com precisão a resultante matemática de desejos componentes – conscientes e inconscientes – atuando como vetores. Se o homem descrito anteriormente ainda estivesse vivo e disposto a ser objeto de investigação, poderíamos analisar as primeiras influências e experiências, e determinar que tendências específicas causaram sua ruína.

Este é um ponto importante porque é perfeitamente lógico perguntar como se pode falar em motivos de suicídio quando a pessoa está morta e, portanto, não pode ser psicanalisada. A resposta é simples, porém. Foram feitos estudos psicanalíticos de muitas pessoas que tentaram o suicídio de maneira decidida e realística, só tendo sido salvas devido a descoberta acidental por amigos, parentes ou polícia antes que o gás ou o veneno tivesse exercido plenamente

---

10. Anteriormente, mesmo os mais científicos relatos de suicídio faziam essas ingênuas presunções e o ato era atribuído com simples finalidade a causas de toda espécie. As autoridades modernas são mais cautelosas, mesmo quando ainda há tendência a relacionar "fatores precipitantes", "fatores primários" e "fatores secundários", e entre eles relacionar unidades como "fadiga", "dificuldades financeiras", "solidão", "desejo de atenção", "maus métodos de estudo" e "casos amorosos". Recente estudo (Raphael, Power e Berridge – *The Question of Suicide os a Problem in College Mental Hygiene, American Journal of Orthopsychiatry,* janeiro de 1937, pp. 1-14) contém tabelas incluindo mais de 150 desses "fatores", cada um deles aplicado a um caso individual. Esses são sintomas, não fatores.

seus efeitos ([11]). Além disso, alguns pacientes *cometeriam* suicídio durante seu tratamento se não fossem as medidas preventivas adotadas pelos médicos e enfermeiras. Os motivos desses indivíduos são empiricamente conhecidos por nós. Finalmente, tendências ao suicídio, incompletas, mas claramente definidas, aparecem no decorrer do tratamento psicanalítico de muitos pacientes. £ uma combinação dos resultados de observação psiquiátrica e psicanalítica em todas essas oportunidades de pesquisa, feitas não só pelo autor, mas também por muitos predecessores e contemporâneos, que constitui a base do que se segue.

TRÊS COMPONENTES DO ATO SUICIDA

Não é difícil descobrir no ato de suicídio a existência de vários elementos. Antes de tudo é um *homicídio*. Na língua alemã é literalmente o homicídio de si próprio *(Selbstmord)* e em todos os equivalentes filológicos mais antigos a ideia de homicídio está implícita.

---

11. Ocasionalmente as vítimas de suicídio reconhecem e confessam *alguns* dos motivos inconscientes que induzem ao ato, durante o intervalo entre a execução do ato e o momento da morte. Isso é particularmente vivido em casos como os representados pelos seguintes recortes de publicações:

MATOU-SE QUANDO SONHAVA
Viveu apenas o suficiente para explicar o estranho disparo ROSEBUHG, Oregon, 13 de março AP) – Um tiro de revólver disparado durante um sonho, segundo informou aqui a polícia estadual, matou Phillip Pezoldt, proprietário na remota região de Diamond Rock.
Ouvindo um tiro, a sra. Louis Neiderheiser foi até o quarto de Pezoldt em sua cabana e encontrou-o agonizante, segundo relatou às autoridades. Disse que ele contou arquejante que estava sonhando, tirou um revólver debaixo de seu travesseiro e disparou-o contra si próprio.
Topeka Daily Capital, 14 de março de 1935.

Em Staunton, Vancouver, Arthur Fournier adormeceu em um ônibus, sonhou que estava dormindo em um navio que afundava. Ainda adormecido, levantou-se e gritou: "Ele está afundando! Saltem para salvar suas vidas!" Não sendo tolo para permanecer em um navio que afundava, Arthur Fournier saltou pela janela e morreu.
Time, 9 de novembro de 1931.

Todavia, o suicídio é também um homicídio *por* si próprio. É uma morte na qual estão combinados em uma só pessoa o assassino e o assassinado. Sabemos que os motivos de homicídio variam enormemente e o mesmo acontece com os motivos do desejo de ser assassinado, o que é uma questão inteiramente diferente e não tão absurda quanto possa parecer. Isso porque, havendo no suicídio um eu que se submete ao homicídio e parece desejoso de fazê-lo, devemos procurar os motivos dessa estranha submissão. Se o leitor imaginar uma cena de batalha, na qual um homem ferido está sofrendo muito e implora que o matem, compreenderá prontamente que os sentimentos do *homicida* seriam muito diferentes, conforme fosse ele amigo ou inimigo do homem ferido; os do homem que deseja ser *assassinado*, isto é, ser livrado de sua agonia, seriam iguais em ambos os casos.

Em muitos suicídios é perfeitamente evidente que um desses elementos é mais forte que o outro. Vemos pessoas que querem morrer, mas não são capazes de dar o passo contra si próprias; jogam-se diante de trens ou, como o rei Saul e Brutus, rogam a seus escudeiros que as matem.

Por fim, provavelmente nenhum suicídio é consumado a menos que – além de seu desejo de matar e de ser morta – a pessoa suicida deseje também morrer. Paradoxalmente, muitos suicidas, apesar da violência do ataque contra si próprios e apesar da correspondente rendição, não parecem muito ansiosos por morrer. Todo interno de hospital já lidou na enfermaria de emergência com candidatos a suicídio que lhe imploram para que salve suas vidas. O fato de morrer e ser morto atingirem o mesmo fim no que se refere à extinção pessoal leva o indivíduo de mentalidade prática a pensar: "Se uma pessoa deseja matar-se ou se se sente tão mal em relação a alguma coisa que está disposta a ser morta, certamente também deve desejar morrer." Todavia, o exemplo dado há pouco é apenas uma das muitas indicações de que tal não acontece. Matar ou ser morto envolve fatores de violência, enquanto morrer se relaciona com a entrega da vida e felicidade da pessoa. Uma discussão mais completa desses dois elementos será apresentada mais adiante. No momento, é suficiente acentuar que na tentativa de suicídio o desejo de morrer pode estar ou não estar presente ou pode estar presente em grau muito variável, o mesmo podendo acontecer com os outros desejos mencionados.

Resumindo, portanto, o suicídio deve ser considerado como uma espécie peculiar de morte que envolve três elementos internos: o elemento de morrer, o elemento de matar e o elemento de ser morto. Cada um deles exige análise separada. Cada um deles é um ato para o qual existem motivos, inconscientes e conscientes. Os últimos são em geral bastante evidentes; os motivos inconscientes serão agora nosso principal objeto de consideração.

1. O DESEJO DE MATAR

O instinto destrutivo que dorme até mesmo no coração da criancinha começa a tornar-se aparente como agressividade dirigida externamente acompanhada de raiva quase desde o momento do nascimento. Experiências feitas por psicólogos de comportamento ([12]) e observações de analistas de crianças ([13]) tomaram claro além de qualquer dúvida que contrariar ou ameaçar contrariar o bebê, por mais novo que seja, provoca intenso ressentimento e protesto. Não precisamos de experimentação para mostrar que o mesmo acontece com adultos ([14]).

A perturbação do conforto pré-natal da criança pelo violento ato do nascimento é a primeira dessas contrariedades ([15]).

---

12. Watson, J. B. — *Psychology from the Standpoint of a Behaviorist,* Lippincott, 1924.
13. Klein, Melanie — *The Psychoanalysis of Children,* Norton, 1932.
14. Contudo, só recentemente a psicologia investigou esta questão de maneira experimental e quantitativa. Ver, por exemplo, Dembo, T., *Der Arger als Dynamisches Problem, Untersvnchungen zur Handlungs und Affekt-psychologie,* Vol. X, organizado por K. Lewin, *Psychologische Forschung,* Berlim, 1931, Vol. XV, pp. 1-144; Lewin, K., *A Dynamic Theory of Personality,* McGraw-Hill, 1935; Brown, J. F., *The Modified Dembo Technique, Bulletin of the Menninger Clinic,* julho de 1937; Watson, J. B., e Watson, Rosalie Rayner, citados em Watson, *op. cit.;* Rosenzweig, S., *A Test for Types of Reaction to Frustration American Journal of Orthopsychiatry* outubro de 1935, pp. 395-403.
15. A importância do trauma do nascimento apontada pela primeira vez por Freud e depois desenvolvida ao ponto de ênfase excessiva por Rank é variadamente interpretada; há pouca dúvida, porém, de que ela estabelece o padrão para todas as ansiedades de frustração subsequentes, como as que se relacionam com a desmama, o afastamento dos pais, etc.

Mais concretamente aparentes são as reações da criança à aproximação de um rival e à ameaça de privação de satisfações como amamentação. Essas ameaças vigorosamente enfrentadas por ataque provocam de pronto os impulsos agressivos (antes auto absorvidos). Em essência, o objeto do ataque é a destruição do intruso. Ligados a isso há sentimentos de ressentimento e de medo – medo de represália e de outras consequências. O resultado líquido é o desejo de eliminar a fonte da ameaça de privação, do objeto do medo. (Pode haver subsequentemente medo de consequências provenientes de outros setores.)

Eliminar, afastar, aniquilar são todos sinônimos eufemísticos de destruir. Tais desejos, na linguagem prática mais especializada do adulto civilizado, representam simplesmente o desejo de matar – não em seus aspectos sadísticos agradáveis, mas em seus primitivos propósitos auto defensivos. Comumente, é claro, exceto na sociedade incivilizada de selvagens, criminosos e psicóticos, esse desejo é inibido. É inibido por numerosos fatores, externos e internos, que discutiremos pormenorizadamente mais tarde. O mais poderoso desses dissuasores é um impulso neutralizador, que resulta igualmente da vida instintual do indivíduo. As agressões são atenuadas pela mistura de sentimentos positivos; o ódio, como vimos, torna-se amor, de maneira mais ou menos completa. O intruso passa a ser um sujeito não muito ruim, com quem vale a pena negociar, mais tarde cooperar e mesmo aliar-se. O leitor pode pensar em numerosos exemplos disso: os gregos e os romanos, os saxões e os normandos, os índios americanos e os colonizadores e numerosos exemplos pessoais do inimigo declarado que se torna amigo cordial. Isso nem sempre acontece, naturalmente; às vezes a hostilidade é grande demais para ser vencida e às vezes é de tão curta duração que não conseguimos sequer lembrar de ter tido outra coisa além dos mais benignos sentimentos em relação ao indivíduo desde o início [16] Trata-se de um princípio acentuado por Freud, a saber, que a hostilidade em geral

---

16. Um cuidadoso estudo da importância dos motivos inconscientes que determina o desejo de matar, a escolha da pessoa morta e o método empregado para matá-la, e da confissão finai do crime é encontrado em *The Unknown Murderer* de Theodor Reik, Londres, 1936 (tradução inglesa da dra. Katherine Jones).

abre caminho para o contato com novos objetos, que o quente manto do amor cobre depois aos poucos como vegetação que progressivamente reveste uma encosta pedregosa.

Se os impulsos destrutivos, o desejo de matar, sejam dirigidos para fora ou voltados para o eu, forem suficientemente neutralizados de modo a desaparecerem completamente por trás das evidências de sentimentos positivos construtivos, o resultado não será mais destruição ou homicídio, mas construção e criação, a formação de vida e não a eliminação de vida. Nesse sentido, a procriação, o ato do coito, é a antítese polar do homicídio. Construtividade e criatividade podem ser dirigidas, naturalmente, para outra forma além dessa forma biológica imediata. E em deferência à velha moral que sustentava que quanto mais primitivo um processo, "mais baixo" era, esses "desvios para cima" foram chamados de sublimações. Um desvio ou deslocamento lateral – por exemplo, matar um veado em lugar de um membro da família – não é, estritamente falando, uma sublimação, embora às vezes assim o chamemos.

Se a infusão do elemento erótico, do "instinto de vida", não é suficientemente forte para neutralizar as tendências destrutivas, pode ainda assim alterar consideravelmente seu caráter, de modo que a destruição, embora ainda seja o objetivo e a realização, se torna menos completa e executada menos diretamente. Pode haver uma alteração de propósitos; vê-se isso nas mudanças de disposição e sentimento entre amantes, amigos e inimigos. A gente imagina poder observá-lo nas ondas alternadas de crueldade e compaixão demonstradas por um gato em relação ao camundongo capturado ou por alguns pais em relação a seus filhos. Todavia, em sua forma mais conhecida a erotização parcial da crueldade aparece como sadismo – a ebulição de prazer consciente no ato de destruição.

Tão desagradável é este fenômeno em suas manifestações mais cruas que à primeira vista parece difícil acreditar que possa representar alguma melhora. Tende-se a pensar que a erotização da crueldade aumenta ao invés de diminuir sua virulência. O homem que bate em um cavalo e dá demonstração de prazer sensual ao fazê-lo desperta em nós maior ressentimento que o homem que, mesmo por raiva e sem outra razão boa, mata a tiro seu cavalo. Pensamos no primeiro como estimulado à sua maior crueldade pelo que chamamos de sexualidade pervertida e anormal. E nisso estamos certos em parte. Sua sexualidade é pervertida por ser parcial ([17]); se fosse completa, impedi-lo-ia não só de matar o cavalo, mas também de bater nele. O homem que mata logo seu cavalo pode parecer mais humano, mas a lógica obriga-nos a considerá-lo menos civilizado e mais destrutivo até mesmo que o chicoteador sádico.

Isso se toma imediatamente evidente se substituirmos o cavalo por uma criança. O homem que mata seu filho por irritação ou por qualquer causa é considerado pela sociedade como digno de morte. A erotização parcial da agressividade incontrolável desse homem poderia ter substituído o homicídio por um lascivo açoitamento da criança, que poderia levá-lo à cadeia ou ao asilo, mas certamente não seria um crime capital.

Um pouco mais de erotização e o que chamamos de sadismo funde-se naquelas bondades severas e ostensivas que caracterizam muitos mestres-escolas, juízes e outras pessoas com autoridade, os quais aplicam amorosamente o que asseguram à sua vítima "ferir-me mais do que a você". Isso nem sempre é punição. Pode ser uma insistência compulsiva em favor da regra e do ritual em nome de um elevado ideal – lei, educação, religião ou formação do caráter. A hipocrisia disso em geral absolutamente não é reconhecida por seus autores, mas é reconhecida por suas vítimas.

A destrutividade voltada contra o eu pode ser erotizada parcial ou completamente. Às vezes esse prazer em torturar-se, do qual falaremos de novo na próxima seção, parece aumentar as motivações de autodestruição. Realmente, devemos lembrar-nos de que ele sempre representa uma graça salvadora – insuficiente, é claro, mas bastante para mudar a cor e a aparência, senão efetivamente contrariar a destrutividade total do ato.

---

17. Tecnicamente, esta é uma explicação incompleta. No sadismo não há apenas uma erotização insuficiente, mas há uma fusão incompleta das tendências instintuais, e a tendência erótica fica ligada ao ato e não ao objeto. Por exemplo, o açoitamento propriamente dito, independendo em parte de qual cavalo, criança ou mulher é açoitado, toma-se erotizado, torna-se um fim em lugar de um meio. Isso implica em certo aumento no narcisismo, pois o ato é sempre mais estreitamente ligado ao sujeito (seu autor) do que ao objeto. Toda essa questão ainda está, porém, envolta em considerável obscuridade, mas a formulação acima servirá aos propósitos deste texto.

Eros e Tânatos

Frequentemente se vê como, depois de tal provocação, a maré vazante da agressividade só é impedida de efetuar o suicídio imediato pela mais valente e persistente luta por parte dos impulsos eróticos. Às vezes em uma série de episódios pode-se ver os últimos perdendo terreno e o suicídio efetivo ocorre finalmente. Um caso desses eu já relatei antes (o do caixa que deu um desfalque). Em outras ocasiões, o instinto de vida parece predominar um pouco sobre as tendências destrutivas e segue-se uma série de episódios nos quais há decrescente malignidade. Por exemplo, um homem que eu conheci ficou com tanta raiva de seu irmão que cogitou conscientemente de matá-lo; conteve-se, porém, não apenas devido à lei e outras consequências, mas porque, por causa de sua mãe, sentia profunda obrigação protetora em relação a seu irmão. Ficou com tanto remorso ao contemplar o que considerava como seus desejos criminosos que fez várias tentativas de suicídio, todas as quais falharam completamente. Por motivos que não lhe eram inteiramente claros, começou depois a dirigir seu carro com imprudente abandono que parecia certamente levar a um resultado desastroso. Contudo, apesar de vários acidentes graves, não foi morto. Em seguida, concebeu a ideia de expor-se a alguma doença que o matasse e deliberadamente tentou contrair sífilis por meio de repetidas exposições. Contudo, só conseguiu apanhar gonorreia, de cujo tratamento se descurou completamente.

Voltou-se então para o álcool em uma série de bebedeiras. Apesar de tudo isso, continuou até esse tempo a gozar das boas graças de sua esposa e seu empregador, ambos os quais conheciam tão bem suas virtudes que não se deixavam cegar por seu inexplicável comportamento. Todavia, conseguiu depois brigar com ambos e perdeu sua posição, provocando deliberadamente discussões com seu empregador e exasperando sua esposa até o ponto de divórcio com declarações de que não a amava.

Longa e variada como é esta lista de agressões dirigidas contra si próprio, pode-se ver que representa uma série de intensidade decrescente. O suicídio real foi evitado. Foram evitadas também as consequências graves da maioria dos outros episódios; logo o homem arranjou outro emprego e a esposa voltou para sua companhia.

Uma fusão mais completa de impulso» construtivos e destrutivos resulta naquele apego positivo a objetos do ambiente que constitui a vida amorosa normal, evidenciada pela capacidade de discriminação entre verdadeiros inimigos e verdadeiros amigos, entre as coisas que devem ser odiadas e destruídas no interesse do bem pessoal e público, e as coisas que devem ser amadas. Crescimento da personalidade, educação, capacidade social e poder criativo só se tornam possíveis quando essas agressões são cada vez mais dirigidas para fora e não para dentro, focalizadas sobre objetos apropriados de ataque e completamente neutralizadas pelo amor quando tais objetos são desejáveis. Dessa maneira o auto amor e o auto ódio, o narcisismo primário e a auto destrutividade primária são tirados de sua preocupação primitiva com o eu e proveitosamente investidos no mundo exterior.

Em certas circunstâncias, porém, ocorre um rompimento em tão confortável e satisfatória distribuição de energia. O amor e ódio bem investidos desprendem-se de seus objetos de apego e exigem reinvestimento. Até certo ponto, é claro, isso acontece constantemente, em especial nos anos em que somos mais jovens e mais ativos. Em várias condições, porém, são necessários repentinos reinvestimentos de grandes quantidades de energia – resultando situações dramáticas que provocam uma interrupção forçada do ajustamento anteriormente confortável. Ou então pode ser encontrada crescente dificuldade para manter um reajustamento aparentemente satisfatório. É fácil imaginar quais acontecimentos repentinos produzem essa necessidade de reajustamento: a morte de uma pessoa amada ou, nesse sentido, a morte de uma pessoa odiada, a repentina diminuição de oportunidades de trabalho, a perda de um emprego, uma falsa acusação ou incriminação – tudo, enfim, que tome de repente necessário reinvestir amor e particularmente ódio pela repentina interrupção ou ameaça de interrupção de investimentos estabelecidos. Mais tarde tratarei com mais pormenores da natureza específica desses acontecimentos precipitantes. No momento, estamos interessados no que acontece ao fluxo interrompido de amor e ódio assim repentina e forçadamente solto de suas amarras exteriores.

Na pessoa normal, vale dizer na maioria das pessoas, depois de um período temporário de dor e ansiedade, há um gradual reinvestimento em novos objetos. Em certos indivíduos, porém, cujas peculiaridades predisponentes discutiremos mais tarde, isso não ocorre

– não pode ocorrer. Pelo contrário, os laços de amor e ódio, antes fundidos, são então privados de seu objeto, ficam separados e ambos voltam a seu ponto de origem – o próprio indivíduo. Mais uma vez então, como no começo, os impulsos agressivos ou destrutivos tomam a dianteira seguidos *mais ou menos* de perto pelos impulsos eróticos. Se a distância é muito grande, os impulsos destrutivos atingem seu alvo – a destruição. Na medida em que as tendências construtivas alcançam e neutralizam seus predecessores inclinados para a morte, o efeito suicida é desviado, adiado ou completamente contornado.

Em outras palavras, a teoria de suicídio é que o desejo de matar, inesperadamente privado de certas oportunidades ou objetos externos de satisfação inconsciente, pode voltar-se para a pessoa de "quem deseja" e ser executado como suicídio. Essa teoria corresponderá aos fatos se (a) for possível mostrar que existe efetivamente um reflexo das tendências destrutivas sobre o próprio indivíduo de modo que o eu seja tratado como se fosse um objeto externo; se (b) for provado em exame que pessoas propensas a suicídio são altamente *ambivalentes* em seus apegos a objetos, isto é, disfarçam com seus apegos positivos conscientes grandes e mal dominadas quantidades de hostilidade inconsciente (o desejo de matar); e se (c) em tais indivíduos o suicídio for efetivamente precipitado por ocasiões de repentina interrupção nos apegos a objeto, correspondentes às que foram sugeridas há pouco ([18]).

Aplicaremos esses três testes pela ordem, considerando primeiro a questão de saber se é possível a um indivíduo tratar a si próprio como objeto externo, frequentemente identificado com o próprio objeto para o qual eram dirigidos seu amor e ódio, e particularmente seu desejo inconsciente de matar.

Sabemos pelas fantasias de pacientes adultos, pelos sonhos, sensações, lembranças e atos repetitivos e padrões de comportamento, que no inconsciente, nas camadas infantis primitivas da mente, é

---

18. Não há necessidade de mostrar que essa forma de auto destrutividade é uma expressão direta de tendência instintual primitiva; essa é uma hipótese de Freud que não pode no momento ser verificada, mas que se ajusta bem aos fatos e ainda não sofreu contradição.

possível encarar o próprio corpo como não sendo parte da gente e é também possível tratar o próprio corpo como se incluísse o corpo de alguma outra pessoa. Este último fato chamamos de *identificação* ([19]) ou, mais precisamente, de *introjeção,* porque a pessoa identificada parece ser introjetada no eu. Assim uma mãe que sente vicariamente o prazer de sua filha ao ir para o colégio, por exemplo, faz isso pelo processo psicológico de identificar-se com a filha, isto é, estar dentro, fora e em torno da filha. O homem que ama leva figuradamente sua namorada para dentro de si. Por isso, todo tratamento que deseje dar à outra pessoa pode então ser realizado – logicamente – sobre si próprio. Essa volta de sentimentos hostis contra o eu, quando tal introjeção é feita (muitas vezes inconscientemente), tem assim uma utilidade psicológica. É o conhecido estratagema de "dar um pontapé no gato" usando a si próprio (o próprio corpo) como gato.

For exemplo, eu jogava golfe às vezes com um amigo muito irascível, mas decente, que em geral era sensível ao mais ligeiro barulho ou perturbação quando estava dando uma tacada. Seu *caddy* certa ocasião teve o infortúnio de sofrer um acesso de soluços que aborrecia cada vez mais meu amigo. Este conseguiu controlar-se quase até o final do jogo, quando estava tentando uma tacada muito difícil e o tenso silêncio foi interrompido pelos inúteis esforços do *caddy* para conter seu diafragma. Meu amigo endireitou-se rapidamente, com as feições contraídas de raiva, e ia explodir em palavrões quando algumas jogadoras suas conhecidas, deixando o fee vizinho, passaram perto de nós. Meu amigo conteve suas palavras instantaneamente, mas em um gesto de furiosa exasperação, girou o taco em um largo arco, ao final do qual a ponta do taco, bateu em seu próprio tornozelo com força suficiente para provocar um uivo de dor e fazer com que ele fosse manquejando para a sede do clube. Pouco tempo depois li no jornal a notícia de um homem que de fato quebrara a perna de maneira exatamente igual. Não é claro neste caso que o desejo do homem de golpear o *caddy* foi descarregado contra si próprio como substituto?

---

19. Em psicanálise chamamos de "identificação". O sentimento em relação a uma pessoa como se ela fosse outra pessoa e de "introjeção" a identificação de outra pessoa com o eu.

Algumas pessoas percebem imediatamente a verdade intuitiva dessa declaração, mas para outras a coisa inteira parece fantástica. "Foi apenas um acidente", dirão elas. "Ele perdeu o controle na raiva e aconteceu do taco atingi-lo. Como você sabe que era essa sua intenção?"

Há numerosas razões para que pensemos assim. Em primeiro lugar, às vezes as vítimas nos dizem isso se lhes perguntarmos. O mal é que em geral elas também não sabem. Podemos com frequência deduzir isso das circunstâncias que cercam o fato. Todo homem nota, por exemplo, que tem maior tendência a cortar-se quando faz a barba se está zangado com alguém e frequentemente se ouve homens dizerem: "Hoje de manhã eu descarreguei em mim mesmo." Uma amiga minha, esposa de um médico em cuja casa eu estava hospedado, ficou muito zangada com sua empregada por preparar mal o jantar; contudo, a fim de evitar uma cena, pagou a empregada e despediu-a sem dizer nada, mas entrou na sala de estar carregada de emoção e jogou-se na poltrona de onde se levantara apenas poucos momentos antes. Na poltrona havia deixado sua tesoura, que então penetrou em sua coxa até uma polegada mais ou menos. Minha amiga saltou da poltrona e, em sua dor e exasperação, exclamou: "Foi tudo culpa da empregada!" Por mais ilógico que pareça esse raciocínio, era, em certo sentido, absolutamente verdadeiro.

Frequentemente se lê no jornal (por exemplo, no que tenho nas mãos ao escrever isto) que um rapaz, repreendido por seu pai devido a alguma pequena negligência, se enforcou no celeiro poucas horas depois. Estamos acostumados com intuitiva precisão a explicar tais ações com base em vingança. Todo leitor poderá lembrar-se de casos semelhantes em sua infância, que provocaram sentimentos semelhantes, mas felizmente foram satisfeitos em imaginação, não em ação. Imaginamos como nossos pais ficariam tristes por noj terem maltratado como haviam feito. Mas esse rapaz foi mais longe. Seu ódio era tão grande que ele se mostrou disposto a sacrificar a própria vida para dar-lhe vasão. É claro que seu ato feriu o pai, mas não tanto quanto feriu a ele próprio. Deve ter sido a seu pai que ele realmente desejava matar. Sabemos que alguns rapazes matam seus pais em circunstâncias idênticas, mas evidentemente esse rapaz não podia fazer tal coisa; talvez amasse demais o pai para matá-lo, talvez o temesse demais; talvez temesse as circunstâncias; seja como for, não podia fazer tal coisa. O que podia fazer era matar o pai que existia dentro de si próprio, tecnicamente, o pai *introjetado*. Todo menino introjeta seu próprio pai em certa medida durante os anos que passam enquanto ele está crescendo; provavelmente muitos homens que estão lendo isto são capazes de reconhecer conscientemente que levam seu pai consigo no coração. No pensamento primitivo do inconsciente isso não é mera figura de retórica.

Há poucos anos encontrei no jornal esta notícia típica:

PERDAS NA BOLSA CAUSAM SUICÍDIO

Deixando um bilhete no qual indicava que perdas na bolsa de títulos o deixaram na miséria, A, B. C., de 32 anos, aviador da Guerra Mundial, pôs termo à vida com veneno, ontem, em um quarto do Hotel M.

Uma arrumadeira encontrou o corpo algumas horas depois de sua morte. Perto dele havia um copo e o vidro que continha o veneno. Um *post script* em em um bilhete que deixou para sua irmã, sra. D. E. T., com endereço no Hotel G., em Nova York, explicava o motivo de seu gesto. Dizia: "Dei tudo quanto tinha aos corretores na rua esta manhã."

Chicago Herald and Examiner, 17 de novembro de 1930.

A interpretação que seria comumente dada a tal notícia pelo leitor ocasional ou pelo moralíssimo escritor de editoriais provavelmente seria que o jogo na bolsa de títulos arruína algumas pessoas e que algumas delas "não são capazes de suportar isso".

Explicações assim fáceis têm exatamente aquelas deficiências que discutimos antes. São excessivamente simples e banais. Não levam em conta os violentos conflitos emocionais que se travam no coração da vítima. Naturalmente, sem outros detalhes além dos mencionados na notícia do jornal, não podemos saber quais foram eles, mas a última frase nos dá uma pista significativa. Sugere fortemente contra quem se inflamou o ódio desse homem. Não é uma mera explicação; é uma rancorosa acusação. Quase se pode ouvir essa vítima dizer: "Como fui tolo!" Por mais verdadeiro que isso seja, devemos lembrar-nos de que tolos não se matam. São mais capazes de matar aqueles que os fizeram de tolo.

Desconfio, de fato tenho quase certeza, com base em minha experiência clínica, que esse homem identificou o corretor consigo mesmo e matando-se estava na realidade pretendendo matar simbolicamente o corretor. Disse isso a um amigo meu que riu da ideia, "Posso entender", disse ele, "que esse sujeito talvez desejasse um pouco ser corretor pois estava tão interessado na bolsa de títulos e posso entender como ele talvez tenha odiado o corretor, mas se queria matar o corretor, por que não o matou?"

Neste caso particular, não sei porque ele não matou o corretor diretamente e não indiretamente. Isso só poderia ser apurado após horas de paciente investigação sobre todas as complicações da vida mental desse homem. Mas meu amigo era um indivíduo intelectualmente honesto. Algumas semanas depois, trouxe-me o seguinte recorte, datado realmente de poucas semanas antes da data do primeiro recorte:

CLIENTE MATA CORRETOR E PÕE TERMO À PROPRIA VIDA
FILADÉLFIA, Pensilvânia, 10 de outubro (AP) – G. H. J., de 32 anos, membro de uma família de projeção social e funcionário de confiança de C. Co., corretores de títulos, foi morto a tiros hoje nos escritórios da Companhia por um ex-cliente, que em seguida disparou a arma contra si próprio, morrendo posteriormente no hospital.
Foi alvejado três vezes quando falava com o ex-cliente...
Chicago Tribune, 11 de outubro de 1930.

"Encontrei isto", disse meu amigo, "e estou agora um pouco mais inclinado a acreditar em sua explicação. Como vê, este sujeito matou *mesmo* o corretor! De acordo com sua teoria, acho que ele o matou *duas vezes.*"

Meu amigo presumiu que eu estava meramente teorizando, porque não está familiarizado com a literatura psicanalítica. Os exemplos que dei são, é claro, absolutamente inconvincentes para quem deseje prova científica. Não os apresento como prova, mas apenas como exemplos existentes do que acontece e de como eles se ajustam com precisão à explicação oferecida. Seria possível reunir estatísticas para mostrar a mesma coisa – isto é, que os índices de suicídio e homicídio mostram uma relação inversa constante. Nos países católicos há em geral índice mais alto de homicídio e índice mais baixo de suicídio... Todavia, mesmo estatísticas não provam nossa tese. A prova realmente depende de paciente investigação de exemplos que ficam sob nossa observação durante o tratamento de indivíduos que estão estudando intensivamente seus próprios motivos. Citarei alguns desses exemplos clínicos mais adiante.

Consideremos agora mais minuciosamente a pergunta feita por meu cético amigo: Por que esses indivíduos que fervem de raiva não matam a outra pessoa? Por que não atacam o verdadeiro objeto de seu ódio ao invés de descarregar seu ódio sobre alguém ou alguma outra coisa de maneira indireta?

Numerosas razões evidentes por si mesmas ocorrem à mente. Por exemplo, a resistência oferecida pela realidade pode ser grande demais — o objeto atacado pode ser mais poderoso que o atacante.

Ou então o ataque a um inimigo pode ser inibido por vários fatores internos, principalmente o medo. Há, antes de tudo, o medo das consequências, um medo inteligente e justificável. Naturalmente a pessoa teme o castigo de ir para a penitenciária ou para a forca. Existem, porém, outros medos que são ainda mais dissuasivos do que esse; por exemplo, o medo que tem origem na consciência. Provavelmente alguns de nós cometeriam muitos crimes se pudessem escapar impunes, mas por outro lado ninguém pode escapar inteiramente de sua consciência e em alguns casos ela é tremendamente poderosa. Sem dúvida, é possível fazer negócio com a consciência, de tal modo que alguns indivíduos incapazes de furtar um níquel da companhia de bondes podem enganar seu competidor em centenas de dólares sem o menor remorso. Um indivíduo assim, como o personagem da fábula de Esopo que poupou as cobras e matou as minhocas, talvez não hesitasse em cometer homicídio (no que tange à sua consciência) se lhe fosse permitido fazer uma ligeira expiação em algum outro sentido. O fato, porém, é que a consciência é um forte dissuasor e um juiz severo. Muitos homens, só por esse motivo, acham mais fácil matar sua vítima indiretamente, isto é, atacando a si próprios — como o credor japonês que se matou diante da porta de seu devedor.

Existem, porém, outros medos além do medo das consequências e da consciência. Um desses medos que mina a força do impulso

Eros e Tânatos

agressivo pela intimidação é o medo de intenção hostil na outra pessoa, um medo que amplia além da realidade o perigo do adversário. A pessoa com frequência percebe no íntimo que superestima o poder ou a maldade do inimigo, porque está falsamente atribuindo ao inimigo algo do ódio que só ela sente. Um pouco disso serve como excitação, mas o excesso serve como intimidação. A intimidação precisa de um desvio do objetivo e, em consequência, é alguma outra pessoa ou, mais convenientemente, o eu, que suporta o peso do ataque.

Finalmente, a não execução de uma agressão direta pode ser resultado de enfraquecimento pela mistura de elementos eróticos. Quer isso dizer simplesmente que achamos difícil demais matar alguém que amamos. Amor e ódio sempre atuam simultaneamente, embora as proporções possam variar. Já expliquei que o princípio psicológico fundamental é que o amor tende a seguir o ódio e neutralizá-lo, assim como os venenos de um rio são gradualmente purificados pelo oxigênio do ar. Consequentemente, se o ódio, isto é, a destrutividade, não se mostra suficientemente expedito ou poderoso em sua ação, é obstado, frustrado pelo desenvolvimento dessa infusão erótica. Com frequência se vê isso em guerras, particularmente em guerras demoradas, e em lugar nenhum mais claramente que no registro bíblico do conflito entre os judeus e os filisteus, onde a constante ansiedade dos líderes espirituais de Israel era causada pela possibilidade de serem estabelecidas relações amistosas, intercambiados costumes e depostas as armas. Sansão, como protótipo dos israelitas, lutou valentemente até quando o elemento erótico, isto é, sua afeição pelos filisteus, por um deles em particular, minou sua força de maneira tornada diagramaticamente clara pela conhecida história.

Passamos assim da aplicação do teste de introjeção psicológica para a consideração de dois outros testes, o do caráter da personalidade de indivíduos fortemente dados a introjeção e o da natureza dos acontecimentos que a precipitam. Dificilmente podemos separá-los, mas vamos tentar.

O que há de característico em número muito grande de suicídios é a aparente impropriedade do agente precipitante. Já vimos que estes acontecimentos precipitantes não podem ser considerados por seu valor aparente, mas examinemos alguns deles. Uma moça matou-se porque ficou deprimida depois de cortar seus cabelos; um homem matou-se porque foi obrigado a deixar de jogar golfe; uma mulher suicidou-se depois de perder dois trens; um menino pôs termo à própria vida porque seu canário morreu. Essa lista poderia ser estendida até o infinito. Todo leitor será capaz de pensar em alguns exemplos [20].

Nesses casos, os cabelos, o golfe e o canário tinham um valor exagerado, de modo que quando foram perdidos ou quando houve ameaça de serem perdidos, o recuo dos laços emocionais cortados foi fatal. Todavia, por que existem superestimações tão extravagantemente exageradas e avaliações tão extravagantemente erradas? Não podemos pôr de lado a questão dizendo que eram pessoas tolas; precisamos saber porque sua tolice se expressou dessa maneira particular, se quisermos compreender porque tendências agressivas podem voltar-se para o eu.

Observação clínica estabeleceu que tais indivíduos são emocionalmente ou psicologicamente imaturos no sentido de nunca terem ido além dos métodos infantis de amar e ser amado. A criança ama com a boca; o desenvolvimento normal supõe que em considerável medida ela substitui isso por outros modos de amar e receber amor.

Assim como a criança de peito se ressente da desmama e acaba que está sendo tomado dela algo que tem o direito de possuir, as pessoas predominantemente infantis e "orais" em seu desenvolvimento de personalidade não são capazes de suportar contrariedade. Portanto, não é realmente exagerado dizer que para tais indivíduos os objetos supervalorizados nos casos há pouco mencionados – os cabelos, o golfe, o canário etc. – são equivalente ao seio da mãe. A criança sente que morrerá se o tirarem dela, como certamente aconteceria se nada fosse dado para substituí-lo. Mas não é só isso. Ela sente raiva da pessoa que a privou do seio. Um estudo da vida de

---

20. Alguns dos exemplos acima foram tirados de nossos próprios arquivos. Outros são mencionados em um artigo intitulado *New Reasons for Suicide, Current Opinion,* junho de 1923, p. 728. O caso seguinte foi noticiado em *Time,* 7 de dezembro de 1936: Em Nadrljan, o camponês Jovan Bata, de 60 anos, comprou sua primeira vaca. Uma semana depois encontrou o animal morto em seu estábulo. "Não posso suportar essa perda", escreveu o camponês Bata antes de enforcar-se em uma viga.

fantasia de crianças, como foi feito, por exemplo, por Melanie Klein ([21]), e o estudo dos costumes de tribos selvagens, como foi feito por Roheim ([22]) e outros, indicam sem dúvida que sugar o seio não está muito distante de canibalismo e que a criança, se pudesse, beberia não apenas o leite, mas também o seio e a mãe inteira. Faria isso em parte pela mesma razão do homem que matou a galinha dos ovos de ouro, isto é, seu insaciável e imperativo desejo. Contudo, motivo igualmente forte é o hostil, já discutido algumas páginas atrás, que se reflete no fato da criança morder o mamilo quando a mãe tenta retirar o seio. Para acreditar nisso, basta pensar como um cão age quando alguém tenta tomar-lhe o osso; certamente não hesitaria em morder a mão que lhe dá comida. Morder é apenas o primeiro passo de devorar que os selvagens realmente executam. Quando nos lembramos que no calendário do tempo os seres humanos "civilizados" estão apenas alguns segundos distantes dos canibais e alguns minutos distantes das feras, não nos surpreendemos ao descobrir que no inconsciente o canibalismo ainda não está extinto. Milhões de devotos cristãos comemoram a morte de seu líder a frequentes intervalos durante o ano por uma cerimônia na qual é claramente anunciado pelo pastor que a congregação vai comer o corpo e beber o sangue de seu líder. Mesmo após Calvino ter vencido sua discussão com a igreja organizada, na qual sustentava que o pão não era realmente o corpo de Cristo, foi claramente reconhecido que ele *simboliza* o corpo de Cristo. Teólogos provavelmente negariam que esse canibalismo simbólico tenha conteúdo agressivo É certamente um método simples, primitivo e biologicamente dirigido de indicar amor, mas ao mesmo tempo comer o corpo de outra pessoa pode ser também uma expressão de ódio, como por exemplo, nas fantasias infantis representadas por histórias de fadas como Jack, o Gigante Assassino, o Homem de Gengibre e Chapeuzinho Vermelho (na qual o lobo se disfarça como avó e procura comei a menina). Ambas as significações estão provavelmente implícitas no ato, diferindo quanto às proporções em circunstâncias diferentes.

---

21. Klein, *op. cit.*
22. Roheim, Geza, *Social Anthropology: A Psychoanalytic Study in Anthropology and a History of Australian Totemism*, Boni and Liveright, 1926.

Tive alguma dificuldade para tomar clara a base dessa atitude oral porque parece provável que a introjeção é uma técnica psicopatológica favorita dos indivíduos que nunca abandonaram suas propensões orais infantis. Talvez isso devido em parte ao fato da introjeção ser o equivalente psicológico de comer outra pessoa.

Uma das fontes de nosso conhecimento desses caracteres de personalidade oral é a doença conhecida como melancolia. Em sua forma mais típica é causada pela perda de uma pessoa amada. A pessoa normal reage durante algum tempo com sofrimento, isto é, sente-se como se algo belo e desejável no mundo tivesse sido tomado dela deixando a vida mais pobre com sua perda. O tempo cura tais ferimentos, porém; a cada dia o sofrimento do luto torna-se menor. Na melancolia, porém, a perda de um ente amado, não necessariamente pela morte, de fato com mais frequência pelo abandono, resulta em uma espécie diferente de reação. Há a mesma aflição e tristeza, mas com conteúdo diferente que se torna maior e não menor. Não é o mundo que parece pobre e vazio, é alguma coisa dentro do próprio indivíduo. Ele se queixa de sentir-se sem valor, miserável e desgraçado. Com frequência diz que não deviam deixá-lo viver e pede para ser levado à prisão ou à forca. É claro que odeia a si próprio.

Pode-se ver (agora que o caminho foi apontado por Freud, Abraham e Ferenczi) que tal indivíduo odeia a si próprio só um pouco mais do que ama a si próprio. Apesar de falar que não tem o menor valor, exige daqueles que o cercam desmedida quantidade de atenção, simpatia, ansiedade e cuidado. Mas esse amor e ódio que dirige então para si próprio de maneira tão desorganizada e infrutífera são voltados contra ele próprio por uma razão muito clara. Estavam antes investidos no objeto de amor perdido, só que então o ódio era inconsciente. Quando o objeto de amor é perdido, suas emoções ficam, por assim dizer, estendendo-se para o espaço sem nada em que pousar. Tal estado de coisas não pode continuar, assim como um homem inclinado sob um abismo e segurando-se a uma árvore na beirada não pode permanecer nessa posição se a árvore ceder. Se pudesse fazer um diagrama verbal fantástico do que acontece, eu imaginaria um elo elástico de amor entre nosso paciente e seu objeto de amor, um elo que esconderia completamente o núcleo interior de hostilidade. Quando o objeto de amor é repentinamente tirado, esse elo de amor, em lugar de ser gradualmente absorvido e redirigido como acontece na pessoa normal, volta-se repentinamente sobre o eu e ao fazê-lo divide-se em seus dois componentes de amor e ódio. Duas coisas acontecem então: a direção do sentimento é necessariamente mudada e os dois elementos do sentimento ficam separados e, portanto, nuamente aparentes. Dessa maneira o paciente de melancolia pode descarregar contra si próprio, em amargos reproches e ataques, as hostilidades antes ocultas que sentia em relação ao objeto amado, mas que são então dirigidas contra ele próprio porque dentro de seu ego está incorporado aquele objeto.

Prometi que apuraríamos se seria ou não possível mostrar definitivamente que pessoas propensas ao suicídio se caracterizam na constituição de sua personalidade por forte ambivalência. Já me referi ao fato empírico, um fato que é do conhecimento comum, assim como da experiência profissional, de que os melancólicos se inclinam fortemente para o suicídio, mas não demonstrei que os melancólicos são ambivalentes. Não tentarei fazê-lo porque isso já foi exposto repetidamente nos escritos de autores psicanalíticos (ver os nomes há pouco mencionados; o leitor pode também consultar a edição revisada de meu livro, *The Human Mind,* na qual essas teorias são resumidas na discussão da personalidade cilcóide). Os psicanalistas agora geralmente concordam em que as fases intermediárias do desenvolvimento psicossexual, entre a primeira fase de completa autossatisfação intrauterina e a fase final de amor amadurecido e normal investido em objeto, são todas ambivalentes; isto é, que são fases instáveis, de transição, nas quais tanto os elementos de amor como os de ódio estão ativos e incompletamente fundidos. O melancólico é um tipo de personalidade fortemente influenciado por acontecimentos traumáticos (frustrações) que ocorreram na fase oral de seu desenvolvimento, o período de amamentação e desmama. Não conhecemos todas as razões pelas quais alguns indivíduos são tão fortemente afetados por essas decepções orais; alguns observadores acreditam em um suposto fator constitucional ou hereditário, enquanto outros consideram isso apenas como um meio de esconder nossa ignorância por trás de conceitos vagos. Sabemos, porém, e nisso estamos de acordo, que os indivíduos que continuam a ser fortemente influenciados ou determinados em suas relações com o mundo exterior por essa fase de seu desenvolvimento, ao invés de abandonarem essa modalidade em favor de outra mais adulta, se caracterizam por forte ambivalência, uma ambivalência que muitas vezes assume a forma de alterações cíclicas de repressão de um ou outro dos elementos na relação emocional. Algumas pessoas revelam sua ambivalência mostrando-se bondosas e generosas com uma mão, por assim dizer, e sovinas com a outra, ou dando um golpe com uma mão e acariciando com a outra. Outras têm longos períodos de generosidade, de bondade, de manifesta afeição, mas podem de repente voltar-se para tipo inteiramente oposto de comportamento e atitude. Esses períodos podem ter uma semana, um ano ou uma década de duração. E quem examinar de perto os apegos de tais indivíduos por seus objetos de amor, descobrirá indícios da hostilidade inconsciente que se traem sutilmente na maneira, nas condições ou nas consequências do amor, e em face de provocações, mesmo espantosamente ligeiras muitas vezes, essa hostilidade surgirá. Em geral só surge em sonhos, pensamentos, impulsos; a consciência apressa-se então em jogá-la para trás sobre o eu. Uma mãe amorosa (desse tipo) fica repentinamente horrorizada à ideia que lhe ocorre de que poderia machucar seu filho; pouco depois seu único pensamento é para sua própria perversidade e autodestruição. (A pessoa normal rejeitaria tal pensamento como absurdo e o "esqueceria" – o reprimiria.)

Posso ilustrar essa ambivalência e sua típica dependência de traços do caráter oral com o exemplo de uma mulher em cujo começo de vida houve uma frustração oral muito séria. (Tão dramaticamente desolados foram os dias de sua infância e tão severo foi seu afastamento da dependência maternal, que sua vida serviu de base para um romance realístico popular.) Apesar disso ela se tornou uma mulher admirável, competente e interessante, mas sempre insatisfeita. Insatisfeita é na realidade um termo moderado para descrevê-la. De fato, ela era voraz em suas relações com outras pessoas. As pessoas não podiam deixar de gostar dela, porque se mostrava muito agradável, mas logo percebiam que ela as estava cercando de amor – asfixiando-as, como disse alguém, à maneira de um polvo.

Isso não pode ser melhor expressado do que nas palavras de sua própria irmã, que lhe escreveu certa vez:

Eros e Tânatos

"Você precisa perceber, minha querida irmã, que amedronta e afasta seus amantes amando-os tanto. Você ama intensamente e deseja que a amem ainda mais intensamente. Mas seu amor é positivamente engolfante, devorador. Você não pode comer seu amante como se fosse um bolo, sabe? Pelo menos, se o fizer não pode esperar continuar a tê-lo!"

Como acontece frequentemente com tais indivíduos, essa mulher tinha propensão a escolher amantes que as circunstâncias lhe tornavam absolutamente impossível possuir. Um deles, por quem estava profundamente apaixonada na época em que se submeteu a tratamento, havia dado o nome de Allen e era geralmente mencionado como "Al". Pouco tempo depois de separar-se dele (por instigação dele) essa paciente tentou suicidar-se tomando uma dose excessiva da droga Allonal e teve um sonho no qual ela e um grupo de homens, representando o analista, o amante Allen, o pai e o irmão dela, de quem tinha muito ciúme, e outros estavam em um carro, que foi acidentado. Todos foram mortos exceto ela. "Sim", disse ela com absoluta espontaneidade, "todos foram mortos, Al e todos." Falando-se depressa, "Al e todos" (*) soa muito parecido com Allonal. Essa pista verbal tornou imediatamente claro que na tentativa de matar-se com a droga Allonal ela estava também devorando seu amante e os outros homens que a decepcionaram. Essa tendência a devorar era tão evidente em todas as suas ações, que mesmo sua irmã a percebeu. Assim, ela obteve Al apesar da fuga dele, por meio de incorporação oral, e simultaneamente o destruiu pelo mesmo método, isto é, fazendo um ataque destrutivo contra si própria em quem Al fora (estava sendo) incorporado. Na realidade, como ela sabia muito bem, matar-se seria um golpe trágico para Al, rapaz instável, muito excitado e aflito pela situação – e seria também um golpe palpável no analista uma vez que a análise da paciente não fora segredo para muitos observadores e críticos. Contudo, vê-se aqui como esses fatores da realidade não são primários em tais episódios – mas apenas super determinam-nos.

Pessoas desse tipo de organização de caráter infantil ou "oral" não desenvolvido são, portanto, propensas a reagir com essa divisão

---

(*) N. T. – "Al and all" no original inglês.

ou recuo das tendências instintuais quando expostas a certas decepções e frustrações – para elas insuportáveis. Esse é o tipo mais conhecido de precipitação da inversão em tendências ambivalentes, que aparece como suicídio ou melancolia.

Contudo, outro tipo de precipitação é frequentemente observado nesse mesmo tipo de personalidade. (Há também outros tipos de personalidade propensos a suicídio, que mencionaremos mais adiante.) De fato, precisamente a espécie oposta de acontecimentos é capaz de provocar a mesma reação. Ao invés de cometer suicídio devido a infortúnio, alguns desses indivíduos reagem da mesma maneira à boa fortuna inesperada. Não podem suportar certos grandes sucessos. Sei de homens e mulheres que ficaram esmagados pela depressão em seguida a uma promoção, aumento de renda ou repentina compreensão de sua importância e prestigio na comunidade.

Lembro-me de um homem que, devido em parte a seu bom discernimento e em parte a um pouco de sorte, foi capaz de conseguir considerável sucesso com seu banco ao mesmo tempo que o banco seu concorrente e muitos outros estavam falhando; assim que percebeu isso plenamente, ficou deprimido e acabou se matando. Lembro-me de outro homem cuja sagacidade comercial lhe permitiu vencer em numerosos empreendimentos durante o mesmo período de crise econômica nacional e que reagiu de igual maneira. De fato, a mesma mulher descrita antes, que ficou tão deprimida quando perdeu seu amante "Al", posteriormente levou uma vida calma durante vários anos em circunstâncias de considerável privação e solidão. Conheceu depois um moço rico que a pediu em casamento; e, embora o amasse e desejasse aceitá-lo, sua repentina boa fortuna lançou-a novamente em depressão com cogitações suicidas.

Como explicaremos isso? Realmente não é tão paradoxal quanto pode parecer. Alguns indivíduos, como vimos, são fundamentalmente ambivalentes e, por mais que alguns deles possam afirmar sua independência emocional, seu desapego e seu discernimento objetivo, no íntimo desejam muito livrar-se da necessidade de tão ambicioso esforço para ter uma existência mais passiva; em suma, serem amados. De fato, com frequência se ressentem de sua incapacidade de reconhecer ou executar seus desejos de passividade e de satisfação receptiva. Poder-se-ia dizer que tais indivíduos são amadurecidos, realizados, bondosos e competentes muito além de suas capacidades reais. Alexander qualificou isso apropriadamente de "viver além dos próprios meios emocionais". Isso, porém, ainda deixa sem explicação porque eles ficam deprimidos e se suicidam em reação ao sucesso. Freud foi o primeiro à acentuar que essa era a reação à desaprovação de uma consciência super crescida, "hipertrofiada". O homem assim passa a vida inteira sob os ditames de uma consciência que diz: "Você precisa trabalhar; você precisa renunciar; você precisa sacrificar-se; você precisa ganhar; você precisa dar; você precisa realizar; você precisa negar sua expectativa de ser abençoado com presentes, com amor, com uma vida fácil. Isso é o que você deseja, é claro, mas não pode tê-lo. Tê-lo significaria roubar ou suplantar alguém, significaria o malogro de alguém, a usurpação por você da posição antigamente ocupada por seu invejado irmãozinho ou alguma outra pessoa da família. Isso você não pode ter, sob pena de morrer."

Consequentemente, quando a realidade entra em conflito com a consciência, quando a sorte ou os resultados de trabalho árduo proporcionam exatamente a recompensa que lhe pareceria inteiramente apropriada, a consciência reage com uma proibição que perturba a economia dos investimentos instintuais'. O desejo de ser morto, que discutiremos logo, desenvolve-se em resposta à consciência tirânica.

Tais indivíduos perdem seus etos e métodos de sublimação do ódio e reagem a essa interrupção da mesma maneira que aqueles que são interrompidos ou frustrados em seu programa de amar. A frequência com que homens, aposentados do trabalho ativo na meia-idade e esperando entregar-se a dez ou vinte anos de confortável relaxação, sucumbem prontamente a alguma doença sugere que, quando suicídio consciente e deliberado não é determinado por essa revolução, a realização inconsciente do mesmo fim é instituída pelos processos corporais. Todavia, isto é antecipar a matéria de uma seção posterior do livro.

Devemos dizer uma palavra final quanto a outros tipos de personalidades nos quais pode ocorrer o suicídio. Os indivíduos cujo infantilismo se manifesta em sua incapacidade de fazer outra coisa além de "querer o que querem e quando querem", de não suportar qualquer demora em sua satisfação, podem não ser do tipo oral ambivalente descrito. Podem ter uma organização psicológica um pouco mais atrasada ou mesmo mais primitiva, mas a ambivalência é ainda uma característica. Além disso, há indivíduos cujas primeiras experiências na vida foram tão aterrorizadoras, tão desalentadoras, tão prematuramente convincentes da dureza da realidade e da falta de amor disponível para eles, que vivem constantemente prevendo a necessidade de conveniência de abandonar todas as tentativas de obter do mundo amor ou felicidade. Isso é o que vemos no tipo de personalidade esquizoide. Para tais pessoas todos os apegos a objetos são excessivamente tênues e fracos; a frustração não é, por isso, tão inesperada nem tão revolucionária e tende mais a precipitar uma completa reversão de todo interesse para o eu e um abandono de sua lealdade à realidade sob a forma de psicose. Ocasionalmente, porém, recorrem ao suicídio em lugar da psicose.

Recapitulando, confirmamos a teoria até o ponto de mostrar que introjeção é uma realidade psicológica e que ocorre no grau realístico de suicídio em indivíduos de certa constituição imatura de personalidade por ocasião de uma viva decepção, frustração, ou o inverso. Deveríamos esperar daí que o suicídio fosse mais frequente em sociedade primitiva do que em sociedade civilizada. Alguns estudiosos da matéria declararam ser indubitavelmente esse o caso [23]. (Com base na mesma coisa, deveríamos esperar que formas atenuadas de suicídio fossem mais frequentes entre povos civilizados.) Gente primitiva e pessoas com desenvolvimento imaturo da personalidade são menos capazes de ter em relação a objetos apegos relativamente livres de um alto grau de ambivalência e ficam por isso mais completamente à mercê de circunstâncias que lhes roubam seus instáveis objetos de amor.

Que tais interrupções em apegos, que podem parecer muito ardentes ou podem, por outro lado, parecer triviais, precipitam uma introjeção do desejo de matar e uma consumação do ato de suicídio é atestado pela longa lista de causas precipitantes já mencionadas.

---

23. Zilboorg, Gregory – *Considerations ou Suicide, with Particular Reference to that of the Young*, Am. Jour. Orthopsychiat., janeiro de 1937, pp. 15-31.

Comparando-se isso com a lista de causas precipitantes de suicídio entre selvagens, pouca diferença será encontrada. Westermarck ([24]), por exemplo, diz: "As causas que entre selvagens levam ao suicídio são múltiplas: decepção amorosa ou ciúme; doença ou velhice; pesar pela morte de uma criança ou cônjuge; remorso, vergonha ou orgulho ferido, raiva ou vingança. Em vários casos a pessoa ofendida mata-se para expressar o propósito de vingar-se do ofensor. Assim, entre os povos da língua Tshi, na Costa do Ouro, se uma pessoa comete suicídio e antes de fazê-lo atribui o ato à conduta de outra pessoa, a lei nativa exige que esta outra pessoa sofra igual destino. À prática é qualificada como "matar-se sobre a cabeça de outro" e a pessoa cuja conduta se supõe ter levado o suicida a cometer seu precipitado ato é sujeita a morte de natureza exatamente igual – a menos que a família do suicida seja apaziguada por uma compensação em dinheiro.

"Entre os Chuvashes era costume antigamente a pessoa enforcar-se na porta de inimigos; entre os Thlinkets (insulares selvagens) a pessoa ofendida e incapaz de vingar-se de outra maneira comete suicídio a fim de denunciar aquela que fez a ofensa, para vingança de seus parentes e amigos sobreviventes.

"Chineses fazem o mesmo, não só porque a lei atribui a responsabilidade do ato a quem ocasionou, mas também porque se supõe que a alma desencarnada seja mais capaz que o homem vivo de perseguir o inimigo. Os brâmanes também acreditam nisso."

Que esses mecanismos inconscientes no suicídio são intuitivamente percebidos por muita gente pode-se deduzir diretamente de uma charge publicada em The *New Yorker*, em sua edição de 17 de novembro de 1934. A charge apresenta no primeiro quadro um homem sentado desanimadamente ao lado do retrato de uma mulher, com um revólver na mão direita. Nos quadros subsequentes, o homem primeiro ergue o revólver e o encosta na têmpora com ar de resignação. Depois, parece ocorrer-lhe um pensamento e ele baixa o revólver, ao mesmo tempo que lança outro olhar no retrato da mulher. No quadro final, lança a cabeça para trás e, apontando o revólver para o retrato da mulher, dispara, reduzindo-o a pedaços,

---

24. Westermarck, Edward – *The Origin and Development of the Moral Ideas*, Londres, 1906.

enquanto um ar de triunfo e satisfação se mistura com sua evidente raiva [25].

Tudo isso concorda com o que sabemos empiricamente a respeito do suicídio – de sua ocorrência em adolescentes instáveis e era personalidades rígidas de meia-idade, de sua precipitação pelos reveses da fortuna em casos amorosos, questões financeiras e assuntos familiares. Em todos eles, o desejo de matar é latente, oculto às vezes pela mais ardente maneira de fazer o amor, pela mais eterna paciência materna ou pela mais escrupulosa probidade. Aqueles que cometem suicídio incluem-se entre os membros mais distintos da comunidade – os mais generosos, os mais corretos, os mais inteligentes. Talvez, por isso, seja um choque eu atribuir a eles, como a todos os suicidas, quaisquer defeitos na estrutura da personalidade, qualquer imaturidade emocional ou primitividade psicológica. Todavia, atos falam mais alto que palavras. O homem que se mata, afinal de contas mata alguma coisa e até aí, por prova *prima facie,* deve ter sido dominado por um impulso – em termos psicológicos, um desejo – de matar. Todos nós temos tais impulsos, tais desejos; isso não é anormal. Todavia, a maioria de nós é capaz de resistir a eles e qualquer que seja o sofisma invocado para tentar justificar ou glorificar o suicídio, o fato é que se trata de um homicídio, um climax de destruição, e tem propósitos, motivos e consequências relacionados com esse fato inevitável.

Basta, portanto, no que se refere ao *desejo de matar* resultante de destrutividade primitiva, investido de neutralização fraca em um ou vários objetos, cuja repentina retirada ou infidelidade desloca o apego, separa os elementos do elo emocional e permite que o impulso homicida, então libertado, se aplique sobre a pessoa de sua origem como objeto substituto, realizando assim um homicídio deslocado.

---

25. Outras pessoas além dos psicanalistas deram ênfase à vingança como motivo de suicídio. Bermann (G., *Archiva de Medicina* Lega., Lisboa, abril, de 1931, p. 33) baseia o que considerou como uma hipótese original em entrevistas pessoais com pessoas que haviam tentado suicídio e que foram psiquiátrica e sociologicamente estudadas com muito cuidado. Sua ideia é que o suicídio tem sempre a forma de vingança contra alguma outra pessoa ou contra a sociedade em geral. Vingança contra um parente ou amante é muitas vezes bastante evidente, mas ele pensa que os suicídios de anarquistas, assim como daqueles que atacam a raça humana em geral ou se sentem vingativos em relação a ela devido à sua própria. inadequação e ressentimento, demonstram a mesma coisa.

Eros e Tânatos

2. O DESEJO DE SER MORTO

Chegamos agora ao segundo elemento do suicídio, o reverso do motivo de matar, isto é, o desejo de ser morto. Por que alguém deseja, não morrer ou matar, necessariamente, mas *ser* morto?

Ser morto é a forma extrema de *submissão,* assim como matar é a forma extrema de *agressão.* E o gozo de submissão, dor, derrota, mesmo extinção da vida, é a essência do masoquismo, isto é, a reação reversa ou inversa do princípio de prazer-dor. Contudo, seria uma errônea supersimplificação deixar as coisas nesse pé. Precisamos compreender agora porque é possível obter satisfações com a punição, esse fenômeno extraordinário que vemos ocorrer por todos os lados em pessoas que sentem prazer na doença e naquelas que se metem deliberadamente em apuros que as fazem sofrer.

Às vezes essa procura passiva de um método de cometer suicídio sem aceitar a responsabilidade dele atinge extremos absurdos. Um paciente, mentalmente em miséria completa, explorou a errônea crença popular sobre como se apanha resfriado e esforçou-se para livrar-se de si próprio tomando um banho quente e ficando em pé diante de uma janela aberta na esperança de contrair pneumonia. Outro paciente, que falava constantemente na vantagem do suicídio e que tinha, realmente, sido salvo de uma tentativa muito séria de autodestruição por monóxido de carbono em sua garagem, prometeu não tentar suicidar-se de qualquer maneira ostensiva; contudo, estava certo de sofrer do coração e por isso começou a praticar esporte vigorosamente na esperança de morrer de um ataque cardíaco. Isso teria tido (para ele) a dupla vantagem de realizar sua autodestruição e de refletir-se sobre o mau discernimento dos médicos que lhe permitiram dedicar-se a tais esportes. Todavia, infelizmente para suas intenções conscientes, não morreu, mas, para espanto seu e de todos os demais, venceu o torneio de tênis, derrotando mesmo vários jogadores muito experimentados e competentes. Sua reação a isso foi abandonar inteiramente o esporte, que lhe falhara em seu propósito primordial.

A explicação do desejo de sofrer e submeter-se à dor e mesmo à morte é encontrada na natureza da consciência. Todos sabem, para finalidades práticas, o que é consciência. Temos um reconhecimento intuitivo dela; temos conhecimento dela, assim como temos conhecimento do sistema policial de uma cidade onde não vemos realmente policiais. Contudo, esse conhecimento da consciência não é muito científico. Está agora determinado de maneira muito definida que consciência é uma representação psicológica e interna de autoridade, originariamente e principalmente autoridade paterna, mas fundida na vida posterior com padrões éticos, religiosos e sociais prevalecentes. É em grande parte formada na infância e meninice, raramente acompanhando as mudanças do ambiente exterior. Todos nós sabemos que ela às vezes nos leva a fazer coisas que não vemos sentido em fazer e nos impede de fazer outras coisas que gostaríamos de fazer e das quais não há boa razão para nos abstermos. A consciência é muitas vezes um bom guia, mas às vezes é um mau guia; e, bom ou mau, é preciso ser sempre levada em conta. Como todos sabem, ela pode ser subornada e comprada, mas não pode ser ignorada. O que não se sabe tão bem é que parte da consciência é inconsciente; há algumas coisas a respeito das quais nos sentimos culpados sem saber. Muitas pessoas que pensam desconsiderar a consciência ou que insistem em que nunca sofreram um sentimento de culpa, mostram por suas ações que isso não é verdade. Todos nós estamos familiarizados com exemplos disso, como no caso da filha do ministro religioso que vai a Greenwich Village em uma revolta contra sua criação puritana. Fazendo extremo esforço, evidentemente neurótico, ela consegue desafiar costume, convenção e moral; todavia, faz isso com tal veemência e com tão evidente infelicidade, que se tomou um tipo padrão de caráter representando a revolta desiludida e malsucedida contra a tirania da consciência.

Acredita-se que o poder da consciência se deriva de uma parcela dos instintos agressivos e originais que, ao invés de ser dirigida para fora a fim de exercer efeito destrutivo sobre o ambiente, é transformada em uma espécie de juiz ou rei interior. Suponha-se que uma pequena tribo de pessoas tentasse instalar-se em uma grande terra desconhecida; os adultos do sexo masculino seriam em sua maioria mandados para fora como caçadores e soldados, para combater os elementos da região circundante. Alguns seriam deixados em casa, porém, como policiais para manter a ordem interna. Se supusermos que alguns desses policiais estão vestidos à paisana e são, portanto, irreconhecíveis, teremos uma boa comparação com o que existe na organização interna da mente.

Governando ã atividade da consciência existem certas leis com que chegamos a familiarizar-nos pela experiência clínica. Uma delas é que o ego precisa sofrer na proporção direta de sua destrutividade dirigida para fora. É como se parte do instinto destrutivo conservado dentro do ego tivesse que continuar dentro do microcosmo da personalidade uma atividade precisamente comparável àquela que o ego está dirigindo para o macrocosmo exterior. Se o indivíduo dirige um ataque de certa natureza contra alguma pessoa no ambiente, a consciência, ou superego, dirige um ataque da mesma natureza contra o ego. Esta fórmula é bem conhecida por nós na organização social sob a forma de *lex talionis,* base intuitiva de todos os sistemas penais.

Em segundo lugar, o ego tem a difícil tarefa de tentar ajustar as fortes exigências instintivas da personalidade não só às possibilidades oferecidas pelo mundo exterior, mas aos ditames dessa consciência. Por exemplo, não só precisa lidar com a fome da pessoa e com o fato de ser difícil encontrar comida, mas tem de lidar também com a estipulação interior de que certos alimentos que se encontra talvez não possam ser comidos. Nessa tarefa de tentar ajustar as exigências do instinto, o ego descobre que parte da realidade *é* invencível, isto é, o desejo não a modifica; os instintos são igualmente irresistíveis ou pelo menos relativamente irresistíveis. Contudo, não é possível negociar com a consciência e, em consequência, o ego inventa recursos de toda espécie para simplificar as dificuldades de sua tarefa e atenuar seus próprios sofrimentos.

Às vezes, porém, as exigências da consciência são tão grandes e tão inexoráveis que não há como aplacá-las. O poder relativo da consciência, assim como a medida em que pode ser subornada, varia muito em diferentes indivíduos e no mesmo indivíduo em circunstâncias diferentes. Na melancolia, por exemplo, doença mental que discutimos algumas páginas atrás, parece haver um enorme super desenvolvimento da consciência, a tal ponto que um psiquiatra inglês (Glover) propôs que fosse dado à doença o nome de "hiperplasia crônica do superego (consciência)." Nessa questão de consciência há grande divergência entre o ponto de vista da sociedade em geral e o dos psiquiatras. O mundo considera o homem altamente consciencioso como um caráter forte e admirável. Por isso as pessoas ficam às vezes um pouco chocadas e perturbadas quando sabem que psiquiatras consideram a consciência de tal homem como um estigma neurótico e incubo. "Por quê?" indagam elas. "Porque", respondemos nós, "faz exigências inexoráveis a um indivíduo já sobrecarregado. Daí podem resultar muitas boas ações, mas estas são feitas sob compulsão interna que priva o autor de seu prazer." "Mas que desejariam vocês fazer?" perguntam. "Desejariam que os homens jogassem fora suas consciências? O termo "inconsciente" não é expressivo da ameaça de tal estado?"

"Não", responderíamos nós. "Em primeiro lugar ninguém pode jogar fora sua consciência. Na melhor das hipóteses, o indivíduo só pode perder aquela parte super crescida dela que recusa ser educada e lhe faz exigências despropositadas. Em segundo lugar, na medida em que podemos dispor da consciência, podemos substituí-la por inteligência. Isto parecerá a todos mais ético, no melhor sentido da palavra. Abster-se de um ato mesquinho ou, nesse sentido, de um homicídio porque fere nossa consciência é a mais fraca de todas as razões possíveis; abster-se porque há linhas de comportamento mais expedientes, mais sensatas e mais humanas denota que a pessoa, nesse caso pelo menos, atingiu autodomínio consciente, a maior das realizações do homem. E, finalmente, muito mal é perpetrado em nome da consciência, devido à sua obtusidade, sua crueldade e sua corruptibilidade: testemunha disso é a selvageria de conscienciosos Cotton Mather, John Brown, Torquemada, "Bloody Mary" e muitos outros.

Mais um fato ou "lei" relativo à consciência: o sentimento de culpa pode resultar de outras coisas além da agressão efetiva; no inconsciente o desejo de destruir é equivalente à destruição efetiva no que se refere à exposição do ego a punição. A Igreja Católica reconhece isso ao exigir que sejam contados no confessionário até mesmo os maus *pensamentos*.

Dostoiewski deu um exemplo muito famoso disso em *Os Irmãos Karamazov*, no qual Dmitri, que não matou seu pai, apesar disso parecia reclamar punição para si próprio como se o tivesse feito. Acumulou e exibiu toda espécie de provas circunstancialmente incriminatórias. Submeteu-se à horrível tortura do julgamento e deixou-se condenar à prisão perpétua, quando poderia facilmente ter escapado por meio das manobras apropriadas no tribunal. Seu irmão, Ivan, ficou louco com tudo isso e denunciou furiosamente o tribunal, dizendo que era absurdo dar tanta importância ao caso, pois todas as pessoas presentes na sala eram tão culpadas quanto Dmitri. "Todos vocês desejaram a morte de seus pais!" gritou ele. "Por que perseguem meu irmão, que não fez mais do que isso?" Dmitri, porém, sabia que ter desejado a morte do pai como o fizera (chegara mesmo a planejá-la) impunha um peso de culpa quase tão grande como se tivesse de fato praticado o ato.

Freud[26] acentuou que é um significativo paralelo o fato do pai do próprio Dostoiewski ter sido assassinado por um desconhecido e, apesar disso, quando o próprio Dostoiewski foi sentenciado à prisão por um crime do qual era inocente, ter ele sofrido o terrível castigo sem se abater, provavelmente porque, como seu personagem Dmitri, tinha inconscientemente um sentimento de culpa em relação à morte de seu pai e a correspondente necessidade de punição. Não só não matara seu pai, mas amava-o e conscientemente não desejava que ele morresse; no entanto, sabemos que no inconsciente é como Ivan disse. Esse é também o tema das conhecidas tragédias de *Édipo Rei* e *Hamlet,* assim como de muitas outras desde Sófocles, Esquilo e Shakespeare.

Assim é que quem alimenta desejos homicidas sente também, pelo menos inconscientemente, a necessidade de punição de espécie correspondente. Vemos a verdade de uma declaração feita por Freud [27] há muitos anos, no sentido de que *muitos suicídios são homicídios disfarçados,* não apenas devido à introjeção que discutimos anteriormente, mas também porque só o homicídio justifica no inconsciente a pena de morte, mesmo quando ambos são aplicados ao eu. Em outras palavras, os melancólicos muito raramente matam alguém além de si próprios, embora seu motivo impulsor seja o desejo de matar outra pessoa.

---

26. Freud, Sigmund – Dostoiewski und die Vatertötung, Gesammelte Schriten, Vol. VIII e XII, Internacionaler Psychoanalytischer Verlag, Viena, 1934.
27. Freud, Sigmund – Collected Papers, Vol. II p. 220, Londres, 1933.

O leitor deve estar lembrado de que esse desejo de matar é geralmente inconsciente; pode ter sido consciente uma vez ou ocasionalmente, tendo sido depois reprimido, disfarçado por uma atitude consciente de amor, proteção e obediência. Isso e a maneira como o sentimento de culpa associado a emoção reprimida opera para determinar o desejo de morrer são bem ilustrados no seguinte caso de suicídio duas vezes evitado.

A sra. Z. era uma mulher sueca de boa família, cujo pai, conhecido advogado e juiz, era muito autocrático. Este mandou sua filha para uma cara escola de aperfeiçoamento e depois fez com que ela passasse um ano na Europa. Quando ela regressou do estrangeiro, insistiu em que se casasse com um velho amigo da família, anos mais velho que ela e que já estava morrendo de câncer. Como sempre, ela o obedeceu sem discutir.

Quinze meses mais tarde seu marido morreu, deixando-lhe uma pequena fortuna. Contudo, embora nunca tivesse proclamado amar o marido, ela ficou então severamente deprimida. Adquiriu a ideia de que *ela* estava muito doente, exigiu que a operassem e conseguiu ser atendida! Em seguida tentou o suicídio abrindo o gás na cozinha, mas foi descoberta, levada para o hospital e revivida.

Recuperou-se e apaixonou-se por outro amigo de seu pai, também advogado e muitos anos mais velho que ela, pediu-lhe que a desposasse e finalmente ele o fez. Pouco depois disso, seu pai morreu e ela reagiu com uma segunda depressão e uma segunda tentativa de suicídio.

Para quem não esteja familiarizado com histórias psiquiátricas, essa pareceria ser a história de uma mulher instável que reagiu excessivamente à dor causada pela perda de entes queridos. Todavia, cuidadoso estudo dos fatos oferece-nos uma explicação melhor para seus impulsos suicidas. Ela sentia de maneira muito definida que o casamento com seu primeiro marido apressara a morte dele. Mas mesmo que isso fosse correto, porque teria ela adquirido o sentimento de responsabilidade e culpa pelo fato, quando era bem sabido que se casara por insistência de seu pai e não por seu próprio desejo? Não poderemos suspeitar que seu sentimento de tê-lo matado era expressão de um desejo? Esse desejo poderia ter ocorrido a qualquer pessoa em tais circunstâncias e nesse caso foi sem dúvida fortalecido por um desejo de morte, mais profundo e mais antigo, contra o pai, a quem amava e odiava ao mesmo tempo, odiava porque a autocracia dele modelara sua vida a ponto de obrigá-la ao trágico casamento. (O desejo da morte de alguém é, na determinação de reações da consciência, *inconscientemente* equivalente ao ato de homicídio propriamente dito.) O sentimento de culpa pela satisfação de seus desejos de morte acentuado pela herança do dinheiro de seu marido causou antes de tudo uma depressão, depois uma compulsão de submeter-se a sofrimento cirúrgico e finalmente uma tentativa mais direta de autopunição pelo suicídio. Tendo malogrado o suicídio, ela foi impelida a aliviar seu sentimento de culpa por meio de outro organismo conhecido tecnicamente como "anulação": aproximou-se de outro substituto do pai e concitou-o a desposá-la, como se dissesse: "Por favor, tome-me! Experimente-me de novo. Deixe-me repetir minha relação com um homem sem matá-lo. Eu não serei tão destruidora; não desejo que você morra, mas desejo submeter-me a você. Faça comigo o que quiser."

Aconteceu, embora eu não o tivesse mencionado antes, que esse segundo marido era um indivíduo bastante severo, que sem querer satisfez sua necessidade de punição de maneira branda, mas suficiente; com ele, ela foi feliz até a morte de seu verdadeiro pai, o objeto original de seu amor, mas também de seu profundo ressentimento inconsciente. Esse acontecimento reviveu de novo seu sentimento de perda e ao mesmo tempo seu sentimento de culpa por seus desejos de morte; este último impeliu-a à repetição da tentativa de execução auto imposta.

Uma paciente deprimida suicidou-se um dia depois de ter pela primeira vez expressado francamente por sua mãe uma hostilidade latente, desde muito antes, na qual o desejo da morte de sua mãe estava mais que implícito. Outro paciente tentou o suicídio após receber de seus pais uma carta que o encolerizou particularmente. É um comentário técnico de importância que pacientes psicóticos fortemente dados a propensões de atuação devem ser vigiados com muito cuidado nas ocasiões em que parecem apresentar melhora clínica com aumento da expressão exterior das hostilidades durante longo tempo reprimidas.

A relação de tais casos poderia ser multiplicada por qualquer psiquiatra. Há talvez certo valor inesperado nos exemplos menos conclusivos, mas mais sugestivos, extraídos dos vividos e muitas vezes sucintos relatos de suicídio feitos na imprensa diária. Sente-se, naturalmente, a falta de uma visão clara dos fatores inconscientes. Por outro lado, porém, faltam também as complicações da própria situação analítica e às vezes as indicações na direção de princípios analíticos são extraordinariamente claras. Considere-se, por exemplo, o seguinte e sugestivo relato sobre um homem que fez de matar outros sua profissão e finalmente voltou contra si próprio sua aptidão profissional. O peso de culpa que um homem desses carrega não poderia ser mostrado mais claramente.

CORONER (*) DIZ QUE CARRASCO SE MATOU

Auburn, Nova York, 23 de fevereiro (AP) – O sucinto relatório do *coroner* esclareceu hoje o mistério que envolvia a morte de J. K. L., de 55 anos, ex-carrasco estadual e durante muito tempo conhecido como o "homem misterioso" de Auburn.

"Morte por suicídio" foram as crípticas palavras que o dr. W. E. W. empregou para relatar os resultados da autópsia. O carrasco aposentado fora encontrado morto na véspera no porão de sua casa.

Os nervos de aço que permitiram a H. mandar calmamente 141 homens para a morte na cadeira elétrica durante sua carreira como carrasco permaneceram com ele até o fim, segundo indicou o laudo médico. Foram encontrados no corpo dois ferimentos, um do lado esquerdo do peito, que, não causando morte instantânea, foi seguido pelo outro na têmpora direita.

Topeka Daily Capital, 24 de fevereiro de 1929.

Ossorgin ilustra algo muito semelhante em seu belo romance *Quiet Street.* Aqui o calejado carrasco sente-se dominado pelo pânico diante de ameaças de morte dirigidas a ele e realmente sucumbe à morte em resultado de uma operação, para cuja recuperação seu corpo pareceu incapaz de contribuir.

(*) N. T. – Nos países de língua inglesa, *coroner* é autoridade judiciária incumbida de investigar os casos de morte suspeita.

Eros e Tânatos

O PROBLEMA DA HEREDITARIEDADE NO SUICÍDIO

Uma circunstância de suicídio frequentemente mencionada nos relatos de jornais e em discussões populares sugere um problema correlato que deve ser discutido a esta altura. O seguinte é um exemplo:

REPETE O ATO DO PAI

X., Kansas, 30 de janeiro (Especial) – Foi aqui recebida a notícia do suicídio de M. N., de 29 anos, professor de Agricultura na Escola Normal de X., Nebraska. O professor era diplomado pela Universidade do Estado e viveu aqui até alguns anos atrás. Seu pai suicidara-se há cerca de seis anos.

Topeka Daily Capital, 21 de janeiro de 1932.

O suicídio em famílias é uma questão que não teve quase a menor investigação científica competente. Relatos de jornais como esse indicam que na mente popular a tendência suicida é hereditária. Em meus próprios estudos, encontrei várias famílias nas quais certamente parecia ser. Por exemplo, uma parente procurou-nos aos 61 anos de idade devido a fortes propensões suicidas que por várias vezes tentara satisfazer. Três das irmãs da paciente se haviam matado de maneira idêntica; a mãe e a avó da paciente também se mataram da mesma maneira. Além disso, a mãe da paciente era gêmea e seu irmão gêmeo também se matara!

Em outro caso, em uma família altamente considerada, havia cinco filhos e duas filhas; o filho mais velho matou-se aos 35 anos, o mais novo adquiriu uma depressão e tentou o suicídio várias vezes, mas finalmente morreu por outras causas aos 30 anos, um terceiro matou-se de maneira semelhante a seu irmão mais velho, outro irmão matou-se com um tiro e a irmã mais velha tomou veneno em uma festa e morreu. De toda essa família só restou dois filhos.

Tenho também arquivado numerosos casos de irmãos e irmãs que se mataram. Em um desses casos, três irmãs se mataram simultaneamente.

Por mais impressionantes que possam ser esses casos, não há prova científica convincente de que o impulso suicida seja hereditario e há muita prova psicanalítica mostrando que esses casos de suicídios numerosos em uma única família podem ser explicados com base psicológica. Superficialmente, há o elemento de sugestão ([28]), porém mais profundo do que ele é o fato conhecido de que desejos inconscientes de morte atingem seu mais alto desenvolvimento contra membros da família e, quando um membro da família morre ou se mata, os desejos inconscientes de morte dos outros membros da família são inesperadamente satisfeitos; isso produz uma repentina e esmagadora onda de sentimentos de culpa que substituem o desejo de morte então satisfeito. Essa onda pode ser tão grande e tão esmagadora a ponto de tornar necessário que o culpado seja punido com a morte. Às vezes, como todo psicanalista sabe, a pessoa faz isso sonhando que é executada, enforcada ou morta de alguma outra maneira, ou sentenciada a prisão perpétua. Em outros casos, o elemento de sugestão mostra o caminho para a efetiva autoimposição da pena de morte.

Além disso, no caso de suicídio por parte de vários irmãos não podemos deixar de suspeitar da existência de uma estrutura psíquica paralela resultante de antecedentes comuns para explicar o comportamento paralelo. Naturalmente, não há dois indivíduos, nem mesmo gêmeos, que sejam exatamente iguais ou tenham exatamente o mesmo ambiente, mas mesmo irmãos (e irmãs) separados por muitos anos de diferença de idade podem apresentar efeitos semelhantes do tratamento recebido de um pai patológico.

Por essas razões, portanto, podemos dizer que é desnecessário invocar a hereditariedade como explicação de suicídio familiar múltiplo.

---

28. O método empregado é muitas vezes idêntico e mesmo as datas podem corresponder. A condessa de Cardigan, por exemplo, segundo foi noticiado na imprensa, lutava com impulsos suicidas todo ano no aniversário do suicídio de sua mãe, observando: "Se eu não me matar neste dia, sei que terei outro ano de vida." Finalmente, no oitavo aniversário, quase na mesma hora em que ocorreu o suicídio de sua mãe, Lady Cardigan obteve êxito em seus esforços para matar-se. Nem mesmo o mais ardoroso crente na hereditariedade esperaria que o impulso suicida se repetisse em ciclos anuais.

Eros e Tânatos

SIGNIFICAÇÃO DOS MÉTODOS EMPREGADOS

Em relação à maneira como a necessidade de punição e o desejo de ser morto são satisfeitos pelo suicídio devemos dedicar certa consideração à significação dos métodos empregados. Concorda-se em que, estatisticamente, os homens parecem preferir matar-se a tiro e as mulheres tomar veneno, gás ou água (afogamento). Isso evidentemente tem relação com os papéis masculino e feminino na vida, isto é, agressivo ativo e receptivo passivo.

Muito sugestiva é a consideração de alguns dos métodos mais incomuns. Ilustram eles claramente a necessidade de punição e, pela forma de punição, sugerem frequentemente valores eróticos particulares associados a certos atos simbólicos. O seguinte trecho de um artigo ([29]) publicado há trinta anos não pode ser superado quanto à clara exposição desses fenômenos:

> Nada é mais surpreendente nos registros de suicídio do que a extraordinária variedade e novidade dos métodos a que o homem recorreu em seus esforços para fugir do sofrimento e dos infortúnios da vida. Naturalmente seria de supor que uma pessoa decidida a cometer suicídio o faria da maneira mais fácil, mais conveniente e menos dolorosa; mas a literatura sobre o assunto prova conclusivamente que centenas de suicidas, todo ano, põem termo à própria vida das maneiras mais difíceis, angustiantes e extraordinárias; que dificilmente existe um método possível ou concebível de autodestruição que não tenha sido tentado. Quando recortei de um Jornal meu primeiro caso de auto cremação com querosene e fósforo, considerei-o como um método notável e incomum de pôr termo à vida; mas logo descobri que a auto cremação é relativamente comum.
>
> ... Tenho casos bem autenticados em que homens ou mulheres se suicidaram enforcando-se ou tomando veneno no topo de árvores altas; jogando-se sobre serras circulares que giravam velozmente; explodindo dinamite na boca; enfiando na garganta atiçadores aquecidos ao rubro; abraçando-se a fogões aquecidos ao rubro; despindo-se completamente e deixando-se congelar até a morte sobre montes de neve diante de portas ou sobre pilhas de gelo em carros refrigeradores; lacerando a garganta em cercas de arame farpado; afogando-se de cabeça para baixo em barricas; sufocando-se de cabeça para baixo em chaminés; mergulhando em fornos de coque aquecidos ao branco; jogando-se em crateras de vulcões; atirando em si próprios com engenhosas combinações de espingarda e máquina de costura; estrangulando-

---

29. Kerman, George — *Problems of Suicide, McClure's Magazine,* Vol. XXXI, p. 227.

-se com os próprios cabelos; engolindo aranhas venenosas; furando a cabeça com saca-rolhas e agulhas de cerzir; cortando a garganta com serras manuais e tesouras de tosquiar; enforcando-se com galhos de videira; engolindo tiras de roupas de baixo e fivelas de suspensórios; forçando parelhas de cavalos a arrancarem suas cabeças; afogando-se em tinas de sabão de potassa; mergulhando em retortas de vidro fundido; saltando em tanques de sangue de matadouro; decapitando-se em guilhotinas feitas em casa; e crucificando-se.

Antigamente métodos tão extraordinários quanto esses teriam sido considerados apenas como indicações da natureza insana do ato de suicídio, mas isso quando ainda acreditávamos ignorantemente que o chamado comportamento insano não tinha significação. O trabalho de Freud e, nesse sentido particular, também o trabalho de Jung ([30]) aguçaram há muito tempo os olhos e a compreensão dos psiquiatras para a natureza significativa de toda palavra e ato do paciente psicótico. Comportamento psicótico é ininteligível para os não iniciados, em parte por revelar o conteúdo do inconsciente de maneira tão franca, tão clara e indisfarçada. Há, naturalmente, outras razões, uma das quais é o tipo mais arcaico de simbolismo usado. Toda fala humana é baseada no uso de simbolismo, mas em sua maior parte os símbolos são arbitrários e mecanicamente padronizados, ao passo que a linguagem e o comportamento do paciente psicótico fazem uso de símbolos mais primitivos que são pouco conhecidos apesar de sua universalidade.

Não temos o direito de ignorar a significação de determinado método de cometer suicídio por achá-lo sem sentido. À luz da experiência clínica sabemos com razoável grau de certeza o que significam alguns desses símbolos e, portanto, desses métodos. Tomemos, por exemplo, o caso acima mencionado de suicídio em que a pessoa abraça um fogão aquecido ao rubro. Esse ato sugere, além dos motivos que determinam o ato autodestrutivo, a existência de um desejo intensamente patológico de ser amado, um sentimento de tão completa frieza interior que abraçar um fogão aquecido ao

---

30. Jung, Carl — *The Psychology of Dementia Praecox,* traduzido para o inglês por Frederick Peterson e A. A. Brill, Washington, Nervous and Mental Disease Publishing Co. Monograph Series, edição revisada, 1937.

rubro é semelhante a um clímax final de satisfação destrutiva, como que para dizer: "Finalmente, meu coração está quente." Faz pensar no popular poema humorístico de Service, *The Cremation of Sam McGee,* ou na canção popular de sucesso há alguns anos, *Turn on the Heat.* O clínico que trabalha com pacientes neuróticos está tão familiarizado com a amargurada queixa de que o mundo é um lugar frígido, que achará isso menos incrível do que o médico prático, que é mais sensível ao sofrimento externo do que ao sofrimento interno.

O suicídio por auto crucificação é uma identificação muito evidente com Jesus e tais aspirações messiânicas em forma menos extrema não são consideradas senão normais. O ensinamento de muitas igrejas é que devemos procurar ser os mais semelhantes possíveis de Jesus e em algumas formas de culto religioso isso é levado, como no caso de Los Hermanos Penitentes, do Novo México, ao ponto de uma pseudo crucificação do membro mais piedoso da seita. Ele é amarrado a uma cruz e erguido. Na realidade, isso fica apenas a um passo do martírio da mesma espécie auto imposto e auto infligido.

Mergulhar em vidro fundido, tinas de sabão, crateras de vulcão etc. representa naturalmente apenas formas mais dramáticas e mais dolorosas de afogamento. A significação de fantasias de afogamento foi uma das primeiras descobertas da psicanálise, não apenas devido à sua frequência como forma de suicídio, tanto imaginado como consumado, mas também por ser uma fantasia comum em forma disfarçada e indisfarçada na vida mental de muitas pessoas. Quando submetidas a investigação psicanalítica essas fantasias parecem ter relação bem definida com o desejo de voltar â serena bem-aventurança da existência intrauterina, uma espécie de inversão da primeira grande experiência do nascimento. Em meu livro, *The Human Mind,* dei numerosos exemplos dessa fantasia, tirados da Bíblia, da poesia, de conversas casuais com o homem da rua, do hinário da igreja, de acontecimentos noticiados nos jornais, de pacientes no sanatório e de escritos de Shelley e Freud.

Se for perguntado por que o suicida escolhe lugar tão horrível para afogar-se, não precisaremos senão lembrar que tais fantasias podem ser acompanhadas por forte sentimento de culpa e que há uma conhecida (concomitante) concepção do útero, ou da entrada no útero, como sendo algo terrível. Reconhecemos isso na natureza das representações mitológicas da entrada na vida futura – o cão Cérbero, o terrível rio Estinge, o purgatório e assim por diante.

Nesse sentido, pode-se lembrar a extraordinária carreira de Harry Houdini (Ehrich Weiss) que gostava particularmente de livrar-se de situações aparentemente inextricáveis, "camisas de força, grilhões de todas as maneiras, correntes, algemas, celas de prisão, cofres, cestos, caixas de vidro, escrivaninhas com tampa de correr e mesmo caldeiras de ferro. Com os braços completamente presos, ele saltava de pontes; suspenso de cabeça para baixo em uma talha soltava-se das malhas do aparelho que o prendia. Deixava-se acorrentar e sepultar sob seis pés de terra, fechar em cofres de aço, encerrar em enormes caixões com a tampa pregada. Certa vez, libertando-se depois de um esforço que durou mais de uma hora, disse: "A dor, a tortura, a agonia e a miséria daquela luta viverão para sempre em minha mente." Suas variações do ato de fuga eram infinitas, nada sendo bizarro, tedioso ou difícil demais desde que estivessem presentes os princípios de uma força coercitiva." ([31]) Suas fugas mais dramáticas foram de esquifes enterrados no chão e de correntes sob a água. Aliado a isso, inconscientemente, estava o fato de ter extraordinário apego à sua mãe ([32]), que afetou fortemente toda sua vida. Pode-se ver aqui a aplicabilidade da explicação dada acima. No aniversário da morte de sua mãe em 1925 inseriu em seu diário uma cópia do poema que Masefield dedicou à sua própria mãe:

> In the dark womb where I began
> My mother's life made me a man.
> Through all the months of human birth
> Her beauty fed my common earth.

---

31. Ver Bragman, Louis J., Houdini *Escapes from Reality, The Psychoanalytic Review*, outubro de 1929, p. 404.

32. Em seu diário, ele escreveu coisas como esta: "Estou arrumando as cartas de minha Santa Mãe para serem transcritas a fim de poder pô-las em forma de livro... Estou fazendo com que as cartas da Querida Mamãe sejam escritas em bom alemão à máquina para que eu as possa ler facilmente. Muitas amargas lágrimas estou derramando. Em todo o monte de cartas que guardei desde 1900, cada uma é uma história de amor, uma oração a Deus para que proteja seus filhos, para que sejamos bons seres humanos... Passei um período terrível depois do espetáculo por causa de minha Querida Mãe."

I cannot see, nor breathe, nor stir,
But through the death of some of her (*).

>(De C. L. M. em *The Poems and Plays of John Masefield,* Macmillan, 1918, p. 111)

Bragman observa apropriadamente que "quase toda proeza efetuada por Houdini representava uma forma de pseudo suicídio."
Voltando à significação de outros métodos, deixar que um caminhão, um rolo compressor ou um trem passe por cima de si é tão análogo a submeter-se de maneira passiva a um poder irresistível, que pode servir como outra clara evidência da validade do segundo componente de suicídio discutido acima (o desejo de ser morto).

Finalmente, devido a sua analogia com o ato de tomar veneno e atirar em si próprio, devemos considerar a significação dos métodos representados pelo exemplo de enfiar na garganta um atiçador aquecido ao rubro. Todo médico pergunta a si próprio porque alguns pacientes desejosos de matar-se com veneno o fazem pelo método inseguramente letal, mas certamente doloroso, de beber fenol. Um desses pacientes bebeu calmamente ácido clorídrico puro; vomitou, naturalmente; depois tentou repetidas vezes praticar o suicídio com esse agente, diluindo-o em cerveja de gengibre. Disso resultou um longo período de tratamento cirúrgico de estenose esofagiana resultante de queimaduras do ácido, no qual foi necessário dilatar dolorosamente o esôfago todos os dias com uma vela. Enquanto continuou o doloroso tratamento (intra-oral), ele pareceu bastante alegre e com boa disposição, recusando como desnecessário qualquer tratamento psicanalítico. Finalmente teve alta, restabeleceu seu lar e seu negócio, e depois, um ano mais tarde, suicidou-se comendo traques pirotécnicos!

(*) N.T. - No escuro útero onde comecei.
A vida de minha mãe fez de mim um homem.
Durante todos os meses de nascimento humano
Sua beleza alimentou minha terra comum.
Não posso ver, nem respirar, nem mexer-me,
Senão através da morte de alguma coisa dela.

Esses métodos estão muito provavelmente relacionados com fortes desejos orais, cuja origem já foi discutida, isto é, uma grande intensificação da função erótica da boca, aliada a um exagero patológico da necessidade de amor recebido de maneira infantil, ou seja, através da boca. Quem conhece *Three Contributions to the Theory of Sex,* de Freud, reconhecerá a relação psicológica desses métodos com o persistente chupar de dedos na criança e o *fellatio* no adulto. A mesma boca que anseia pelo prazer proibido com tão terrível intensidade é o lugar que experimenta uma punição correspondentemente grande. A criança cuja mãe lava sua boca com sabão por ter ela dito palavrões bem pode imaginar que, se se entregar a fantasias ou atividades orais ainda mais proibidas como ocorre com todo adolescente, a punição, caso seja descoberta, não seria menos terrível do que ter sua garganta queimada com fogo ou ácido.

Essa preocupação com fantasias de prazer sexual pela boca sempre parece chocante e incrível para aqueles que não estão familiarizados com a vida íntima de fantasia de pacientes neuróticos. Mesmo médicos que conhecem muito hem seus pacientes não podem acreditar que eles tenham pensamentos tão repulsivos. Deve-se lembrar que os próprios pacientes ficam mais chocados que qualquer outra pessoa quando alguém os descobre. É exatamente essa terrível repugnância e o medo coincidente de punição que causam tanta tensão em um paciente cujo treinamento oral inicial foi de alguma maneira deficiente ou super condicionado, a ponto de predispô-lo, sem seu conhecimento consciente, a tais desejos. Quando tal conflito se toma intolerável pode, como nos casos citados, mostrar-se nessa terrível representação dramática da satisfação e punição *per os.*

Exatamente o que todos esses métodos podem ter significado em todos os pormenores para esses indivíduos determinados nunca saberemos, mas sua semelhança com fantasias e sonhos neuróticos a que estamos muito familiarizados na psicanálise deixa pouca dúvida quanto à sua significação geral e reforça o que dissemos em relação aos motivos de suicídio, isto é, que ele representa em um único ato um homicídio e uma expiação. Notamos, porém, que nesse homicídio e na submissão expiatória existe um novo elemento, um elemento que é menos violento e mais romântico. Esse curioso elemento, cuja análise se mostrará muito mais importante do que poderia parecer inicialmente, é o elemento erótico.

O ELEMENTO ERÓTICO

Assim como atividades destrutivas dirigidas para outra pessoa ficam atenuadas ou mesmo inteiramente encobertas por amor, a submissão passiva à violência pode tornar-se, como dizemos, erotizada, isto é, pode oferecer certas oportunidades para que as tendências construtivas ou amorosas se desenvolvam e se misturem com as tendências agressivas, parcial ou completamente. Erotização significa simplesmente, como já vimos antes, que essas qualidades construtivas que proporcionam prazer são acrescentadas ou sobrepostas. Podem atingir o ponto de fusão parcial que aparece como satisfação sexual consciente no sofrimento. Obter prazer da dor é tecnicamente chamado de "masoquismo", fenômeno clinico que foi sujeito a muitas investigações psicológicas ([33]). É sabido que algumas pessoas gostam de ser esperneadas e que isso é acompanhado por inconfundíveis indicações de prazer sexual, mas é difícil imaginar que mesmo tais indivíduos se interessassem em ter sua dor deleitável levada ao extremo de serem espancadas até a morte. Nancy Sykes (de *Oliver Twist*) fez isso, porém, e todos nós conhecemos outras pessoas iguais a ela. Há informação de que alguns dos mártires da antiguidade expressaram a máxima alegria e prazer na ocasião de morrer, e morrer pelos meios mais sanguinários e dolorosos que se possa imaginar.

Isso só pode ser entendido se lembrarmos o princípio de que as tendências destrutivas vão à frente e as tendências construtivas caracterizadas por sentimentos amorosos e eróticos seguem atrás.

Um desses recursos para aumentar as satisfações agradáveis de submeter-se ao ataque de outros ou submeter-se a ataque auto infligido depende do que chamamos de exibicionismo. Exibicionismo é uma satisfação mórbida em exibir-se diante de pessoas e, embora seja geralmente interpretado como um ato agressivo contra pessoas

---

33. Freud, Rado, Homey e outros.

e por esse motivo condenado, é na análise mais profunda um prazer passivo. Representa, por assim dizer, uma extrema e dramática submissão aos olhos dos espectadores – não agressivamente, mas masoquistamente. "Pela emoção e satisfação que minha entrega à morte possa proporcionar-vos, eu me submeto a isso." E assim a necessidade de punição é dramaticamente satisfeita e acompanhada – atenuada – pelo prazer narcisístico de exibir-se e despertar emoções em outras pessoas.

São realmente raros exemplos tão claros desses princípios quanto o seguinte:

ele "ilustra" um suicídio
Convidado, desafiado na festa, bebe veneno igual ao que matou a moça
T., Pensilvânia, 1.° de janeiro de 1930 (AP) – L. M., de 26 anos, morreu hoje em consequência dos efeitos de veneno que tomou ontem à noite, ao ser desafiado em uma festa em Nova York. Convidados estavam discutindo o recente suicídio da sita. E. V., de 19 anos, quando M. se dirigiu à cozinha e apanhou um vidro do mesmo veneno que a moça havia tomado.

Reaparecendo entre os convidados, perguntou se alguém o desafiava a bebê-lo. Pensando que ele tivesse posto água no vidro e estivesse brincando, um dos presentes à festa fez o desafio e M. tomou todo o líquido do vidro.

Oscar Wilde ([34]) compreendeu isso claramente em seu *The Master:*

E quando as trevas caíram sobre a terra, José de Arimatéia, tendo acendido uma tocha de pinho, desceu do morro para o vale. Pois tinha coisas a fazer em sua casa.

E ajoelhando-se sobre as pedras duras do Vale da Desolação, viu um moço que estava nu e chorava. Seus cabelos tinham a cor do mel e seu corpo era uma flor branca; mas havia ferido seu corpo com espinhos e sobre os cabelos pusera cinzas como uma coroa.

E ele que tinha grandes posses disse ao moço que estava nu; "Não me admira que sua tristeza seja tão grande, pois sem dúvida Ele era um homem justo."

---

34. Wilde, Oscar — *Fairy Tales and Poems in Prose,* Modern Library, 1927.

E o moço respondeu: "Não é por Ele que estou chorando, mas por mim mesmo. Eu também transformei água em vinho, eu curei o leproso e dei vista ao cego. Andei sobre as águas e dos habitantes dos túmulos expulsei demônios. Alimentei os famintos no deserto onde não havia comida e fiz os mortos se erguerem de suas estreitas casas; e por ordem minha, diante de uma grande multidão de pessoas, uma figueira estéril secou. Todas as coisas que esse homem fez eu também fiz. *E, no entanto, eles não me crucificaram.*"

Estreitamente ligado ao motivo exibicionista no suicídio está sua relação com masturbação. Tem sido observado que tentativas de suicídio às vezes se seguem à interrupção de atividades auto eróticas habituais do indivíduo. Essa interrupção pode resultar de uma proibição de forças externas ou da consciência da própria pessoa. Em qualquer dos casos, os mecanismos pelos quais o suicídio é precipitado são os mesmos; a masturbação causa um grande peso de culpa, porque na mente inconsciente sempre representa uma agressão contra alguém. Essa culpa exige punição e, enquanto as práticas auto eróticas são continuadas, a punição é encerrada na satisfação, pois muitos imaginam que a masturbação representa grave perigo para a saúde e para a vida da pessoa, tanto neste mundo como no outro. Esse sentimento de perigo e desesperado risco aumenta o prazer masoquístico do ato. Mas quando o processo é interrompido, terminam abruptamente as satisfações autopunitivas e eróticas, enquanto as agressões são estimuladas pela proibição imposta. As tendências autodestrutivas voltam-se então para o eu, privadas de uma parte de sua mitigação erótica, e recorre-se ao suicídio, não apenas porque ele representa uma forma mais violenta de preocupação sexual com o eu, mas também porque oferece um meio para punição daqueles que a vítima acha responsáveis por sua privação. Como na meninice quando seu prazer sofria a interferência dos pais, o indivíduo diz então: "Está vendo onde sua crueldade, suas proibições, sua falta de amor me levaram?" A punição aplicada a si próprio (por entregar-se ao ato) é assim ao mesmo tempo punição daqueles que supostamente interferem no ato ([35]). Essa preocupação sexual agressiva com o eu

---

35. Este ponto foi acentuado por Stekel em uma discussão sobre suicídio perante a Sociedade Psicanalítica de Viena, em junho de 1910, da qual Freud e outros também participaram.

é a essência da satisfação masturbatória e, como vimos, aplicando-se isso também ao suicídio, podemos às vezes considerar um como representando substituto do outro.

A opinião psicanalítica sobre masturbação é que ela é autodestrutiva, não das maneiras que geralmente se supõe, mas no sentido de representar uma preocupação com o eu, baseada em sentimentos agressivos em relação a outras pessoas.

Uma engenhosa sugestão de Georg Groddeck ([36]) levou-me ao seguinte pensamento quanto à relação da história da Criação com a concepção dos instintos de vida e morte. "Foi para desviar seu amor de seu investimento auto centralizado, procurando apenas seu próprio prazer, que lhe (ao homem) foi dada uma ajudante... alguém que o ajudasse... a encontrar parte de seu prazer em outro lugar além de seu próprio corpo."

Naturalmente Groddeck não quis dizer que Eva foi criada para salvar Adão. Levanta, porém, a questão de saber porque, do ponto de vista filosófico, deveria haver dois sexos no mundo. Os biologos têm sua explicação para isso; os psicólogos também têm direito a apresentar a sua. Do ponto de vista de nossa teoria dos instintos é bem possível que a diferenciação exista para permitir o desenvolvimento do instinto de vida através de seu cultivo no investimento em objeto – um objeto suficientemente semelhante ao eu para ser aceitável e suficientemente dissemelhante para ser complementar. Isso significa simplesmente que durante o breve período em que amamos (outra pessoa além de nós próprios) nós vivemos – o que corresponde com espantosa precisão a numerosos ditados atribuídos a Jesus e Platão.

Em relação à masturbação como um fator no suicídio, não devemos deixar de mencionar os suicídios ocasionais que têm relação direta com o medo de *exame*. É sabido que muitas pessoas têm um medo exagerado e erótico de exames. No adolescente ou na criança de escola, esse medo pode em muitos casos ser atribuído, como Sadger ([37]) sugeriu pela primeira vez, aos temores de interrogatório

---

36. Groddeck, Georg, *Book of the Id,* Nervous and Mental Disease Publishing Co., 1926.
37. Sadger, J. — *Concerning Fears of Examinations and Dreams of Examinations, Internationale Zeitschrift fur Psychoanalyse,* Vol. VI, pp. 140-50, 1920.

a respeito de certos hábitos. Sadger adiantou que alguns suicídios de crianças de escola resultantes de um enorme medo de exames foram sem dúvida devidos ao medo de que sua masturbação fosse descoberta. Narra um caso muito representativo [38].

Há ainda outro meio pelo qual o instinto de vida encontra satisfação, paradoxalmente, na morte auto infligida. Depende do mais mortal dos investimentos eróticos, o narcisismo. Matar-se em lugar de ser executado ou morto pelo destino é conservar em seu íntimo a ilusão de ser onipotente, pois a pessoa é pelo ato e no ato de suicídio senhora da vida e da morte. Tais fantasias de onipotência, apesar de tão exaltadas por poetas e esquizofrênicos, nem por isso devem ser consideradas como relíquias infantis. Pressupõem ou presumem a certeza de uma vida futura, de uma reencarnação – de modo que o suicídio, na interpretação consciente da vítima, não é uma morte verdadeira. A mesma fantasia dereística atua quando o suicídio é escolhido para evitar a morte nas mãos de outros ou para demonstrar coragem, devoção, intrepidez etc. O narcisismo já discutido no suicídio exibicionista é aqui auxiliado por vã fantasia.

---

38. Citado pelo autor em *The Human Mind*.

3. O DESEJO DE MORRER

Quem tenha estado sentado à beira da cama de um paciente que agoniza em consequência de um ferimento auto infligido e ouvido os apelos por ele dirigidos ao médico para que salve sua vida, cuja destruição apenas poucas horas ou minutos antes fora tentada, deve ter ficado impressionado pelo paradoxo de alguém que desejava matar-se não desejar morrer!

A presunção popular é que tendo cedido a repentino impulso o paciente depois "mudou de ideia". Isso deixa sem resposta porque o ato teria provocado essa mudança. A dor em geral não é grande. A perspectiva de morte é na realidade menor do que antes da tentativa, pois "enquanto há vida há esperança". Tem-se a impressão do que para tais pessoas a tentativa de suicídio é às vezes uma espécie de histrionismo insincero e que sua capacidade de lidar com a realidade é tão mal desenvolvida que elas procedem como se realmente pudessem matar-se e não morrer [39]. Temos razão para acreditar que a criança tem tal concepção da morte – que é "ir embora" e que dessas idas embora há muitas vezes um retorno. De fato, o conceito de uma vida futura, que é tão real para muitas pessoas, provavelmente se baseia nessa identificação entre morrer e ir embora. (Tão semelhante, como acentuou Freud, à feliz alegria manifestada pela criança com quem se brinca de esconder.)

É preciso distinguir entre o desejo *consciente* de morrer (ou de não morrer) e o desejo *inconsciente* de morrer, sendo o primeiro, conforme já vimos, resultante de numerosos vectores cooperativos e colidentes. Suspeita-se de um desejo inconsciente de *não* morrer – ou mais corretamente da ausência de desejo de morrer – nas frequentes tentativas de suicídio que malogram por falha técnica.

---

39. Provavelmente, como sugeri no primeiro capítulo, isto é sempre verdadeiro – mas, em algumas pessoas, parece ser feito quase conscientemente. Meu colega em psicanálise, N. Lionel Blitzten, de Chicago, deu ênfase a esta qualidade de transmitir ao observador uma impressão de insinceridade e histrionismo em certos tipos de depressão para as quais ele cunhou o nome de "Anfitimia". Ver Blitzten, N. L., *"Amphithymia", Arch. Neurol, and Psychiat.*, novembro de 1936, pp. 1.021-36.

Muitos relatos desses casos aparecem nos jornais, por exemplo:

O sr. Q. R. S., de Los Angeles, primeiro tentou "enforcar-se em um candelabro. O candelabro caiu. Depois cortou a garganta e continuou vivo. Abriu os pulsos e ainda ficou vivo. Abriu as veias nos cotovelos. Quando chegaram dois detetives e um médico, ele foi declarado morto. Em seguida, Q. R. S. pulou para fora da cama e começou a lutar com os três."
Time, 17 de novembro de 1930.

Em Fort Lee, N. J., O. P. escreveu dois bilhetes de despedida, subiu ao parapeito de uma ponte, pronto para matar-se com um salto de 250 pés. Enquanto vacilava, o policial C. K. gritou: "Desça daí senão eu atiro." O. P. desceu.
Time, 16 de julho de 1934.

Em Denver, T. S. desandou a rir quando um revólver de um dólar que comprara para matar-se explodiu, fazendo saltar uma bala que bateu em seu peito sem causar dano. Acalmado pela polida, T. S. anunciou que tentaria continuar vivendo.
Time, 7 de dezembro de 1936.

Poderosas tendências autodestrutivas com evidentes elementos agressivos e punitivos, que foram frustrados em todos os casos pelo que parece ser uma relativa fraqueza do desejo de morrer, são indicadas neste relato do poeta William Cowper, tirado de *Anatomy of Suicide,* de Forbes Winslow, publicado em 1840, que corresponde em geral tão de perto ao comportamento de certos tipos de pacientes, conhecidos por todo psiquiatra, a ponto de eu desejar citá-lo por extenso.

Um amigo arranjou-lhe o emprego de funcionário leitor da Câmara do Lordes, esquecendo-se de que o nervoso acanhamento que fazia uma exibição pública ser para ele "veneno mortal" lhe tomaria impossível desempenhar as funções de seu cargo. Essa dificuldade veio à mente do poeta e o abatimento instantaneamente envolveu suas faculdades. A seu pedido, sua situação foi mudada para a de funcionário das publicações; mas mesmo antes que pudesse tomar posse do cargo foi ameaçado de um exame público perante a Câmara. Isso o deixou completamente miserável; não tinha resolução de declinar do que possuía forças para fazer; o interesse de seu amigo e sua própria reputação e necessidade de apoio forçavam-no a uma tentativa da qual desde o início sabia não lhe ser possível sair-se bem. Nesse miserável estado, como o viajante de Goldsmith, "atemorizado demais para parar e fraco demais para seguir", compareceu diariamente durante seis meses ao escritório onde devia examinar as publicações como preparação para sua prova. Seus sentimentos eram como os de um homem no local da execução, toda vez que entrava pela porta do escritório; e só passava os olhos mecanicamente pelos livros, sem extrair deles a menor porção de informação que desejava. Quando se aproximava a data de seu exame, sua agonia tornou-se cada vez mais intensa. Esperava e acreditava que a loucura viesse socorrê-lo; tentou também decidir-se ao suicídio embora sua consciência desse severo testemunho contra ele; com nenhum argumento conseguiu convencer-se de que isso era certo; mas seu desespero prevaleceu e ele procurou com um farmacêutico os meios de autodestruição. Um dia antes da data em que devia ser feita sua apresentação pública, notou por acaso uma carta no jornal que à sua mente desordenada pareceu como uma maldosa acusação contra si próprio. Imediatamente jogou o jornal e correu para o campo decidido a morrer em uma vala; mas ocorreu-lhe a ideia de que talvez pudesse fugir do país. Com a mesma violência passou a fazer apressados preparativos para a fuga; todavia, enquanto estava ocupado em arrumar sua mala mudou de ideia, lançou-se dentro de um coche e ordenou ao homem que o levasse até o cais da Torre, onde pretendia jogar-se no rio, não refletindo que seria impossível executar esse propósito naquele lugar público sem ser observado. Quando se aproximou da água, encontrou um carregador sentado sobre algumas mercadorias; voltou então ao coche e retomou a seus alojamentos no Templo. No caminho tentou beber o láudano, mas assim que erguia o vidro, uma convulsiva agitação de seu corpo impedia que ele chegasse a seus lábios; e assim, lamentando a perda da oportunidade, mas incapaz de aproveitá-la, chegou a seu apartamento meio morto de angústia. Então fechou a porta e jogou-se na cama, com o láudano perto, tentando incitar-se ao ato; mas uma voz interior parecia constantemente proibi-lo; e, assim que estendia a mão para o veneno, seus dedos se contraíam e eram detidos por espasmos. Nessa altura alguns dos moradores do local chegaram, mas ele escondeu sua agitação; e, logo que ficou sozinho, sofreu uma mudança e tão detestável lhe pareceu o ato que jogou fora o láudano e reduziu o vidro a pedaços. O resto do dia passou em forte insensibilidade e à noite dormiu como de hábito; contudo, quando acordou às três da madrugada, tomou seu canivete e descansou o peso do corpo sobre ele, com a ponta dirigida para o coração. O canivete quebrou-se e não penetrou. Ao nascer do dia, levantou-se e enrolando uma forte liga no pescoço, amarrou-a na guarda de sua cama. Esta cedeu com seu peso; mas, amarrando-a na porta teve mais êxito e permaneceu suspenso até perder toda a consciência da existência. Depois de algum tempo a liga partiu-se e ele caiu ao chão, de modo que sua vida foi salva; mas o conflito fora maior do que sua razão podia suportar. Sentiu por si próprio um desprezo que não devia ser expressado ou imaginado. Sempre que saía à rua, parecia que todos os olhos se voltavam para ele com indignação e desdém. Sentia-se como se tivesse ofendido Deus tão profundamente que sua culpa nunca poderia ser perdoada e todo seu coração se encheu de dores de tumultuoso desespero.

E que dizer daqueles que, como os poetas e filósofos, estão convencidos da conveniência da morte, mas não são capazes de levar-se a matar (a si próprios) ou ser mortos? Leopardi, por exemplo, "o maior poeta da Itália moderna, que desejava a Morte em belas rimas desde quando era menino, foi o primeiro a fugir com abjeto terror da Nápoles assolada pela cólera. Mesmo o grande Montaigne, cujas calmas meditações sobre a Morte são suficientes para torná-lo imortal, disparou como um coelho quando a peste irrompeu em Bordéus." ([40]) Todos os pessimistas, de Schopenhauer para baixo, estavam convencidos da conveniência da morte, mas não podiam escapar da necessidade de continuar vivendo ([41]).

---

40. Citado de *The Story of San Michele,* de Axel Munthe, prefácio da edição americana, Dutton, 1929. Essa preocupação de poetas e muitos adolescentes com pensamentos de morte é mencionada por A. A. Brill (*The Death Instinct in Relation to Normal and Abnormal Life, Medical Leaves,* 1937, pp. 18-24), que lembra *Thanatopsis* de Bryant e poemas de Goethe, Byron, Shelley, Keats e Poe.

41. Um estudo feito há alguns anos em Breslau, na Alemanha, mostrou que depois da Guerra Mundial a tentativa de suicídio aumentou muito mais que o suicídio consumado. Po-

Foram realizados estudos científicos que indicam ser extremamente difundida a consciência de um desejo de morrer ([42]). É muitas vezes particularmente evidente em doenças mentais, especialmente naquela forma na qual Freud ([43]) disse a respeito da vítima:

> ... ele tem um olho mais vivo para a verdade... Quando em sua exacerbação de autocrítica ele se descreve como mesquinho, egoísta, desonesto, com falta de independência, alguém cujo único objetivo tem sido esconder as fraquezas de sua própria natureza, por tudo quanto sabemos é bem possível que tenha chegado muito próximo do autoconhecimento; só podemos imaginar porque um homem precisa ficar doente antes de poder descobrir verdade dessa espécie.

Tais pacientes, especialmente aqueles de inteligência superior e grau mais brando de doença, muitas vezes reúnem argumentos quase irrespondíveis em favor da conveniência de morrer. Acentuam com apaixonada eloquência e com impecável lógica que a vida é dura, amarga, fútil e sem esperança; que envolve mais dor que prazer; que para eles não há nela o menor proveito ou propósito e nenhuma justificação concebível para que continuem vivendo. Cito uma de minhas pacientes que anotou algumas de suas amarguradas reflexões durante um período em que estava tão melancólica a ponto de precisar ser constantemente confinada e vigiada:

---

der-se-ia pressupor que os alemães – como muitos outros na Guerra Mundial – haviam tido o suficiente de morte, vicariamente. A abundância dela por todos os lados estimulou uma resistência maior que a média ao instinto de morte em favor do instinto de vida – ou amor. O último, como veremos, não só é responsável por atividade sexual, que também aumentou nos anos subsequentes à Grande Guerra, mas está estreitamente ligado aos desejos de matar e de ser morto, que, como sugerimos, são importantes componentes do ato de suicídio. Poderíamos esperar, portanto, que as *tentativas* de suicídio fossem mais frequentes e o malogro dessas tentativas – no interesse da autopreservação – também mais frequente. Isso corresponde precisamente às conclusões de W. Oppler (*Increase of Attempted Suicide and Their Reasons, Archiv für Psychiatrie und Nercenkrankheiten, 8* de outubro de 1927, p. 95; 28 de janeiro de 1928, p. 335).

42. Cavan, Buth Shonle – *Suicide, University* of Chicago Press, 1928. Bromberg, W., e Schilder, P., *Death and Dying; A Comparative Study of the Attitudes and Mental Reactions Toward Death and Dying, The Psychoanalytic Review,* Vol. XX, p. 133, 1933.

43. Freud, Sigmund – *Mourning and Melancholia, Collected Works,* 1925, Vol. IV, p. 156, Londres.

Não me pergunte porque eu gostaria de morrer. Com uma disposição mais enérgica eu o desafiaria a dizer-me porque devo viver, mas agora só fico imaginando, e mesmo imaginar é difícil quando se tem uma convicção preconcebida em favor da morte.

Objetivamente falando, ou pelo menos tentando fazê-lo, estou delirante, mas fico muito aflita pelos delírios que tenho e não consigo saber onde termina o delírio e começa a realidade. Vivo em um mundo em que o delírio olha em meu rosto sob uma máscara horrível que me parece esconder a realidade.

Não encontro sucessos encorajadores em reconhecimento para levar-me a esforço mais estrênuo. Eu gostaria muito mais de voltar minhas costas a tal mundo e misturar-me com os elementos insensíveis da terra para não ter a mínima responsabilidade por suas vampirescas monstruosidades.

O ego que antigamente me satisfazia parece agora tão insignificante que eu me desprezo por ter sido ludibriada. Um ego tão inútil quanto o meu, sem valor para mim mesma ou para outros, faria melhor em abandonar o mundo e fazer seu último e gracioso gesto em uma série de ondulantes ondas na superfície de um rio no qual poderia afundar com deliciosa finalidade.

Esse desejo consciente de morte será alguma vez uma indisfarçada expressão do instinto de morte? Penso que não. Ernest Jones ([44]) diz: "Com as formas mais brandas de ciclotimia podemos muitas vezes fazer a interessante observação de que o paciente em sua disposição deprimida tem vivida noção de estar sendo mais normal, de perceber a vida como realmente é e de reconhecer que em sua disposição mais alegre ele era meramente influenciado por várias ilusões que deformavam sua percepção da realidade. No entanto, análise profunda mostra constantemente que mesmo o pessimismo

---

44. Jones, Ernest — *The Concept of a Normal Mind, Our Neurotic Age,* organizado por Samuel D. Schmalhausen, Farrar and Rinehart, 1932.

45. Isto se refere, naturalmente, não à escalada de montanhas no sentido popular, mas às subidas com desafio à morte de que participam entusiasticamente *os* membros de numerosos clubes europeus e americanos organizados para esse fim. Que isso exerce certo fascínio sobre a imaginação popular é evidente pelos numerosos artigos a respeito publicados em revistas, nos últimos anos. Um deles atribui a crescente tendência de assumir riscos incríveis à Guerra Mundial:

"Então (depois da guerra) o alpinista típico era um rapaz de dezoito ou dezenove anos, de rosto magro e expressão sombria para sua idade. A gente via que ele era jovem demais para ter estado em batalhas, mas sabia que ele passara pela guerra. Olhava para a fome a seu redor e decidia que não havia senão magro futuro para os moços de sua geração. Adquiria uma perspectiva fatalística da vida e como via pouco de beleza por que lutar, dedicava-se em lugar disso ao cultivo do sacrifício e do perigo (isto é, morte).

filosófico a respeito da vida é ligado a inibições internas de gozo e autocontentamento que, por sua origem e destino depois de análise, só podem ser consideradas como artefatos na evolução do indivíduo."

O instinto de morte é provavelmente muito mais evidente nas atividades dos indivíduos temerários do que nas meditações pessimistas de pacientes melancólicos e filósofos. Como acentua Alexander, nenhuma outra coisa pode explicar tão bem o prazer dos alpinistas ([45]), dos corredores de automóvel, dos escaladores de edifícios quando se expõem desnecessariamente a grandes perigos ([46]).

Às vezes esse impulso de desafiar a morte toma-se notável traço de caráter ([47]). "A satisfação narcisística derivada dos poderes de realização da própria pessoa pode de fato desempenhar um papel aqui, mas ninguém deixará de ver o impulso, completamente independente disso... de brincar com a morte, de expor sua vida a sérios

---

"... A essência do alpinismo é que, como a vida, deve ser perigoso. Ele acredita que a maior satisfação é sentida por aqueles que, não somente sobem até o limite de sua capacidade, mas, em certas ocasiões, estão dispostos a assumir riscos além daquele limite. Como disse um de seus porta-vozes; "No esporte de alpinismo, vale a pena arriscar a própria vida conscientemente, deliberadamente e meritoriamente." (Muller, Edwin — *It's Foolish to Get* Killed, Saturday Evening *Post, 9 de junho de 1934.)*

46. Que ilustração mais dramática disso poderia ser encontrada do que a incrivelmente arriscada (e fatal) expedição de balão de Salomon Andrée ao Polo Norte — de cujo diário extraio estas linhas:

"Não posso negar que todos nós três estamos dominados por um sentimento de orgulho. Pensamos que podemos muito bem enfrentar a morte, tendo feito o que fizemos. Não será tudo isso talvez a expressão de um sentimento extremamente forte de individualidade de quem não pode suportar a ideia de viver e morrer como um homem nas fileiras, esquecido pelas gerações vindouras? Isso é ambição!

"O barulho das linhas de guia na neve e o trapear das velas são os únicos sons ouvidos, com exceção do gemido do cesto. (Ver *Andrée, The Record of a Tragic Adventure,* de George P. Putnan, Harcourt, Brace, 1930, e particularmente a crítica de Russel Owen sobre a obra no *New York Times* de 16 de novembro de 1930, com a significativa legenda *Andrée, o que ousou o impossível.)*

47. Ver, por exemplo, o relato de Mark Ridge *(Time,* 19 de março de 1934), que insistiu em experimentar um "traje estratosférico" por ele desenhado, fazendo-se fechar em um tanque de aço cheio de gelo seco a uma temperatura de 100 F. abaixo de zero. "O temerário Ridge, 28 anos, há muito tempo está disposto a arriscar-se à Morte pela Ciência." Naturalmente, exemplos disso, mais discretos e não menos corajosos, enchem as páginas da história da medicina, mas nesses casos os benefícios à sociedade compensam o impulso puramente autônomo de correr grande risco de morte.

riscos... algo como um antegozo... da satisfação final do instinto de morte." ([48])

É minha opinião que podemos também interpretar como uma prova da atividade do instinto de morte a observação de que os processos fisiológicos do corpo parecem ser capazes de atuar a favor ou contra a personalidade em geral. O fenômeno que Freud designou como "submissão somática" pode ser por nós considerado uma espécie de aceitação biológica das tendências instintuais modificadas ou dirigidas pela psique. Frequentemente se veem coisas como a ilustrada em um caso estudado pela dra. Catherine Bacon, de Chicago. As atividades autodestrutivas conscientes desse paciente iam ao ponto de arranhar-se com a deliberada intenção de causar tuna infecção da pele, com a declarada esperança da morte. Isso é comum na simulação de doenças. Uma paciente minha procurava propositadamente lugares com correntes de vento para sentar-se, na esperança de apanhar pneumonia e morrer. Que determina, porém, se essas infecções serão ou não fatais? Podemos supor junto com o bacteriologista que se trata inteiramente de uma questão de relações quantitativas entre virulência e resistência ou, em outras palavras, de mera casualidade? A possibilidade é que tais infecções se tomem sérias apenas nos casos em que há tendências destrutivas fortemente ativas, das quais pode ou não haver outras provas perceptíveis. É possível que a força disponível do instinto de morte determine essa aceitação biológica da oportunidade externa de autodestruição.

Há outra coisa que desejo mencionar. Tem sido sugerido que o desejo de morte pode ser apenas um disfarce do fenômeno observado com frequência e comum ente interpretado como fantasias de nascimento ou, mais precisamente, desejo de voltar ao útero. Supõe-se que o suicídio por afogamento, como eu já disse antes, seja particularmente claro em sua sugestão simbólica dessa tendência. Creio não ser impossível, porém, que essa interpretação seja uma exata inversão e que fantasias de nascimento e os vários fenômenos

---

48. Alexander, Franz, *The Need for Punishment and the Death Instinct, International Journal of Psychoanalysis*, abril-julho, 1929, p, 256.

interpretados como desejo de voltar à paz do útero talvez sejam apenas representações pictóricas do que, no nível mais profundo, é o desejo inconsciente de morte.

Toda a teoria de um instinto de morte e, portanto, também do elemento "desejo de morrer" no suicídio é apenas uma hipótese, em contraste com os demonstrados fatos da existência dos outros dois elementos. É interessante, porém, especular quanto à sua relação precisa com o fenômeno do suicídio.

Para explicar completamente os fatos clínicos, somos obrigados a pressupor uma porção não diferenciada da corrente original de energia autodestrutiva ("instinto de morte") separada do que foi transformado, de um lado, em agressão externamente dirigida a serviço da autopreservação e, de outro lado, na formação de consciência. Podemos, portanto, supor mais que esse remanescente não diferenciado de energia autodestrutiva finalmente concretiza a morte do indivíduo (normal) através da gradual emergência do estado latente em que é (foi) temporariamente confinado pelas atividades dos instintos de vida. Na pessoa que comete suicídio, por outro lado, ele rompe repentinamente os laços que o prendem, adquire poder e dá fim imediato à existência do indivíduo. Essa alteração das coisas deve ser considerada excepcional, só consumada em face de alguma fraqueza relativa do instinto de vida, isto é, alguma deficiência na capacidade de desenvolver amor, pois é função do amor (o instinto erótico) transformar tendências destrutivas em medidas de autodefesa e adaptações socialmente úteis, ou em consciência. Gradualmente, é claro, todos esses recursos falham e a morte vence; mas às vezes ameaça vence prematuramente, com frequência ajudada pelo funcionamento incompleto ou ineficiente dos recursos amorosos neutralizadores. Nesses casos, como veremos nos capítulos posteriores, é possível comprar imunidade temporária mediante sacrifício.

Encontra-se uma ilustração análoga (que possivelmente depende de algum profundo paralelismo vitalístico) na maneira como vegetação se desenvolve e se espalha, transformando as substâncias duras e sem vida do solo inorgânico em macios e belos tecidos, ao mesmo tempo que preserva esse solo da devastadora erosão e dissolução a que estaria sem isso condenado. Enquanto cresce e viceja, a vegetação pode absorver e aproveitar os elementos da terra, do ar e da água, transformando-os nesse fruto temporário. Mais cedo ou mais tarde, porém, os elementos inorgânicos vencem; o vento causa erosão e a água traz inundação, de modo que os nutridores da vida se tornam seus destruidores. Essas substâncias inorgânicas destroem não apenas a vegetação, mas como todo agricultor sabe, para seu pesar, destroem também a si próprias; o solo desgasta-se, a umidade evapora-se e restam apenas ar e areia estéril.

3/ Recapitulação

Foi meu propósito nesta primeira seção acentuar os seguintes pontos:

Primeiro, que a destrutividade existente no mundo não pode ser toda atribuída ao destino e às forças da natureza, mas deve em parte ser atribuída ao próprio homem.

Segundo, que essa destrutividade da humanidade parece incluir uma grande medida de auto destrutividade, em paradoxal contradição com o axioma de que a autopreservação é a primeira lei da vida.

Terceiro, que a melhor teoria para explicar todos os fatos atualmente conhecidos é a hipótese de Freud sobre o instinto de morte ou impulsos primários de destrutividade em oposição ao instinto de vida ou impulsos primários de criatividade e construtividade; são várias fases de interação entre esses dois instintos que constituem os fenômenos psicológicos e biológicos da vida.

Quarto, que de acordo com a concepção de Freud tanto as tendências destrutivas como as construtivas são originariamente autodirigidas, mas se tornam cada vez mais extrovertidas em ligação com o nascimento, o crescimento e as experiências da vida. Em seus contatos com outros, o indivíduo primeiro reage com introversão de suas tendências agressivas, seguida por uma extroversão das tendências eróticas ou construtivas, que pela fusão com as primeiras podem atingir vários graus de neutralização da destrutividade, desde neutralização total até quase nenhuma neutralização.

Quinto, que quando há uma interrupção forçada desses investimentos externos ou quando é encontrada excessiva dificuldade para mantê-los, os impulsos destrutivos e construtivos se voltam de novo para a pessoa de sua origem, isto é, são voltados contra o eu.

Sexto, que aqui também, se ocorre separação, as tendências destrutivas assumem a dianteira e podem prevalecer permanentemente, de modo que sobrevêm a autodestruição em grau menor ou maior; que nesse acontecimento se podem encontrar indicações do desejo de matar e do desejo de ser morto, assim as formas erotizadas desses dois desejos.

Sétimo, que naqueles casos em que os impulsos autodestrutivos são alcançados e parcialmente, mas não completamente neutralizados, temos as numerosas formas de autodestruição parcial ou crônica a serem discutidas nos capítulos subsequentes.

Oitavo, que naqueles casos em que os impulsos autodestrutivos precedem de muito ou suplantam os impulsos construtivos neutralizadores, o resultado é o dramático exemplo de imediata autodestruição conhecido como suicídio.

Nono, que cuidadoso exame dos motivos mais profundos d« suicídio confirmam esta hipótese pelo fato de parecerem regularmente que há elementos de pelo menos duas e possivelmente três fontes. São elas: (1) impulsos derivados da agressividade primária cristalizada como desejo de matar; (2) impulsos derivados de uma modificação da agressividade primária, a consciência, cristalizada como desejo de ser morto; e (3) eu creio haver indicação de que parte da agressividade primária original autodirigida, o desejo de morrer, se alia aos motivos mais sofisticados e aumenta a força vetorial total que impele à autodestruição precipitada.

Décimo, que isso é sem dúvida complicado por fatores externos – atitudes sociais, padrões familiares, costumes da comunidade e também pelas distorções da realidade resultantes de incompleto desenvolvimento da personalidade. O mesmo indivíduo cujas experiências da meninice inibiram de tal modo seu crescimento emocional a ponto de tornar-lhe difícil estabelecer e manter os objetivos externos apropriados para absorver seus amores e ódios tem probabilidade de ser aquele cuja capacidade de experimentar a realidade é prejudicada a ponto de tornar o suicídio apenas mais uma brincadeira de "ir a Jerusalém".

Décimo-primeiro, que estamos certos de que o suicídio não pode ser explicado como resultado de hereditariedade, sugestão ou qualquer dos sintomas de desajustamento que com tanta frequência o precedem. Pelo contrário, podemos frequentemente ver o firme progresso de tendências autodestrutivas que aparecem pela primeira vez muito tempo antes da consumação do ato crítico.

Décimo-segundo, que tendo assim examinado as operações das tendências destrutivas e construtivas dentro de fórmula que resulta em suicídio imediato, podemos passar a examinar os casos de neutralização melhor sucedida, representados pelas formas crônicas e atenuadas de autodestruição.

PARTE III

Suicídio Crônico

1/ Ascetismo e Martírio

INTRODUÇÃO

Em contraste com as repentinas e agudas manifestações de autodestruição representadas pelo ato de suicídio, as formas de autodestruição nas quais o indivíduo comete suicídio lento – suicídio em polegadas por assim dizer – poderiam, penso eu, ser chamadas de suicídio *crônico* ou autodestruição crônica.
  O ascetismo, por exemplo, com seus variados e engenhosos recursos para prolongar a existência com o propósito de sofrer mais privações, é o próprio refinamento da morte lenta. Numerosos casos de prolongada invalidez neurótica também se incluem nessa categoria de formas inibidas de suicídio, muitas vezes parecendo que o paciente se aferra tenazmente à vida que não parece valer a pena viver. A adição ao álcool é uma maneira um pouco mais forte, mas certamente não menos inibida, de atingir a autodestruição. Depois há outras formas de suicídio crônico que são mais drásticas, como o martírio e o chamado "azar crônico", nas quais o indivíduo, talvez por meios provocadores, instiga sua própria destruição e a suporta nobremente. Aqui a sutileza consiste na destreza com que a vítima manipula sua situação para seus próprios fins e depois se aproveita dela, tudo inconscientemente, é claro.

Propomo-nos estudar psicologicamente essas formas crônicas e atenuadas de autodestruição e estabelecer relação entre os motivos nelas descobertos e aqueles do suicídio direto sem disfarce que já foram discutidos antes, a saber: um componente agressivo dirigido extremamente; um impulso punitivo, isto é, submissão à punição por um sentimento de culpa; um motivo erótico (obtenção de prazer, cuja natureza essencialmente sexual é encoberta por cuidadoso disfarce); e finalmente um impulso autodestrutivo cujo único objetivo é a extinção do indivíduo.

Há uma diferença fundamental entre suicídio crônico e suicídio "agudo". No primeiro o indivíduo adia a morte indefinidamente, à custa de sofrimento e diminuição de função, o que é equivalente a um suicídio parcial – uma "morte em vida" é verdade, mas ainda assim vida. Em tais pessoas, porém, o impulso destrutivo é muitas vezes de natureza progressiva, exigindo pagamentos cada vez maiores até que finalmente o indivíduo fica, por assim dizer, falido e precisa entregar-se à morte efetiva. Naturalmente, esse processo de renúncia gradual ocorre em todos nós. Nas palavras de Musonius:

> Assim como um proprietário de terra que não recebeu seu aluguel derruba as portas, retira o telhado e entope o poço, eu pareço estar sendo expulso deste pequeno corpo, onde a natureza, que me alugou, tira um a um, olhos e ouvidos, mãos e pés.

Em alguns indivíduos, porém, os processos naturais são acelerados pela ativa cooperação da personalidade.

Nietzsche disse que o Cristianismo só permitia duas formas de suicídio – o martírio e o lento suicídio do asceta – e ornamentava ambos com as mais altas dignidades e as mais altas aspirações, ao mesmo tempo que denunciava todas as outras de maneira terrível.

Pelos relatos das austeridades dos monges antigos e medievais tem-se a impressão de que muitos deles encurtaram seus dias por esses dois métodos. Dizem que São Francisco de Assis, quando estava morrendo, declarou em um passageiro acesso de *insight*, ([1]) que havia pecado contra o corpo sujeitando-o a privações. Imaginou ele que, quando estava rezando durante a noite, ouviu uma voz dizer:

"Francisco, não existe no mundo pecado que, quando a pessoa se converte, Deus não perdoe; mas aquele que se mata com árduas penitências não encontrará misericórdia na eternidade." Contudo, ele atribuiu essa voz ao demônio! ([2])

É evidente que o asceta se destrói em maior ou menor grau por rigores auto impostos, mas é mais difícil entender o martírio como *autodestruição*, pois em geral é realizado passivamente. Ao contrário do asceta que se condena voluntariamente a uma vida de sacrifícios, fome e flagelação, o mártir é maltratado por outros quando persegue algum ideal. Parece por isso que a punição é incidental e não procurada, o que talvez seja verdade em muitos casos. O martírio, como outras espécies de grandeza, é às vezes imposto à pessoa, mas em outros casos parece ser procurado voluntariamente (embora em geral de maneira inconsciente) ([3]).

O heroico sacrifício de cientistas que voluntariamente se expõem a riscos fatais resultantes de pesquisa, patriotas que dão a vida

---

1. O *"Webster's New Twentieth Century Dictionary of the English Language* define *insight* como: "capacidade de ver e compreender claramente a natureza interior das coisas."
2. Hase, Charles Berthond — Sf. *François d'Assise, étude historique d'après le Dr. Karl Hase,* pp. 137-38, Paris, Michael Levy Frères, *1864.*
3. Há numerosos exemplos de martírio voluntário na história da igreja primitiva. "O suicídio direto e deliberado", diz Lecky (Lecky, W. E. H. – *History of European Morals,* Vol. U, p. 49, Appleton, 1884), "que ocupa lugar tão proeminente na história moral da antiguidade, desapareceu quase completamente dentro da Igreja; mas fora de seu pálio os Circumcelliones, no século IV, constituíram-se em apóstolos da morte e não só levaram ao mais alto ponto o costume de provocar martírio, desafiando e insultando as assembleias dos pagãos, mas até mesmo se mataram em grande número, imaginando, segundo parece, que essa era uma forma de martírio e lhes asseguraria salvação eterna. Reunidos em centenas, Santo Agostinho diz mesmo em milhares, em paroxismos de frenética alegria saltavam da beira de penhascos, até as rochas embaixo ficarem vermelhas de seu sangue." Santo Agostinho e Santo Optatus fizeram relatos desses suicídios em seus trabalhos contra os Donatistas.
Tertuliano (citado por Mason, Arthur James em *The Historie Martyrs of the Primitive Church,* Londres, Longmans, Green, 1905, p. 106, escreveu:
"Durante a ardorosa perseguição de Airisu Antonius na Asia todos os cristãos de uma cidade reuniram-se e apresentaram-se juntos a seu tribunal. Ele ordenou a execução de alguns e observou aos restantes: "Infelizes criaturas! Se vocês querem morrer, podem encontrar sozinhos precipícios e cordas para enforcarem-se."
Exemplos assim flagrantes de martírio provocador em um grande grupo parecem ser raros. Há muitos casos, porém, em que o mártir parece ter recebido com alegria seu destino e tirado mesmo grandes satisfações de seu sofrimento. Alguns deles serão descritos neste capítulo, mas não se fará tentativa de classificar mártires em divisões de propositais e acidentais.

pela liberdade, santos da igreja e outras pessoas que dão a vida pela sociedade ou por aqueles a quem amam geralmente não é considerado suicídio, porque a utilidade social do rumo escolhido – o elemento de criatividade – denota a vitória dos elementos construtivos mais que dos elementos destrutivos da natureza da pessoa. O indivíduo talvez tenha ou talvez não tenha desejado destruir-se – mas se o valor social ou real de seu sacrifício é predominante, nisso reside a prova de que as forças autodestrutivas não foram triunfantes. O retrato que Dickens traçou de Sydney Carton é assim psicologicamente sólido apesar de toda sua romântica fuga das realidades e probabilidades. O mártir que domina inteiramente suas agressões e consegue redenção o faz em virtude de uma vitória de amor, final, embora cara.

Para nossa exposição da autodestruição, portanto, eu escolhi os exemplos de autoimolação em que o desejo de destruir o eu é mais claramente demonstrado, relativamente livre de impulsos neutralizadores em favor da vida e do amor; os exemplos em que pode ser apresentada prova de que a vítima não só aceitou seu destino, mas regozijou-se com ele e aproveitou-o para seus próprios fins, ou em que o indivíduo procurou deliberadamente os meios de sua destruição; e aqueles em que o elemento de valor social, indicado pela utilidade do sacrifício, esteve ausente ou distintamente subordinado às satisfações pessoais.

O ascetismo pode também em alguns casos ser usado de maneira construtiva, de acordo com os objetivos que são conscientemente procurados por esse meio. A disciplina do corpo para um propósito final (como, por exemplo, o ascetismo do atleta em treinamento ou do inválido que precisa abster-se temporariamente de satisfações habituais) é praticamente diferenciada das formas de ascetismo que destroem o corpo ou ignoram inteiramente suas exigências.

A. ESTUDOS CLÍNICOS DE MARTÍRIO E ASCETISMO

Embora haja, de um lado, muitos exemplos históricos de ascetismo e martírio de que todos nós temos conhecimento de maneira geral, há também exemplos mais acessíveis de ascetismo e martírio com que psiquiatras estão particularmente familiarizados como casos clínicos. Os primeiros tendem a ser glorificados pelo público, enquanto os últimos são encarados com desprezo ou divertimento e às vezes com indignação. Nesta era materialista, o mártir precisa justificar seu martírio mais ou menos por sua utilidade social, mas houve tempo em que isso não era necessário – quando o martírio existia por si só. Esses "mártires clínicos" oferecem-nos o material mais acessível de que dispomos para o estudo empreendido neste capítulo.

A psiquiatria não se interessa em justificar ou condenar tais indivíduos, mas em examinar a estrutura da constituição de sua personalidade e os mecanismos psicológicos através dos quais sua principal satisfação na vida é tirada de sofrimento ou privação. Esse paradoxo do prazer extraído da dor é talvez um dos enigmas cruciais da psicologia e deu origem a muitas teorias e filosofias. Quando é conscientemente reconhecido que o prazer tem natureza sexual, descrevemos o fenômeno como masoquismo *declarado* e o ponto de vista psicanalítico é que o elemento erótico entra até certo ponto em todos esses fenômenos, mesmo quando não é reconhecido como tal. Em consequência muita literatura psicanalítica, particularmente a literatura mais antiga, funda-se na presunção de que masoquismo é a principal característica do martírio, suposição que descobertas mais recentes sobre motivação inconsciente não confirmam.

Surgem repetidas oportunidades para o estudo psicanalítico de exemplos clínicos de ascetismo e martírio sob a forma de invalidez neurótica caracterizada pela incapacidade de aceitar ou gozar os prazeres da vida e pela compulsão de meter-se em situações lamentáveis e extrair conforto da simpatia despertada por tais apuros. Passarei em revista os aspectos principais em alguns casos típicos.

O primeiro é de uma mulher na qual tanto ascetismo como martírio eram proeminentes como sintomas caracterológicos. Embora afortunada em muitos sentidos, ela era para a maioria de seus amigos objeto de grande piedade devido ao martírio que parecia obrigada a sofrer nas mãos do homem e de Deus. Era para um círculo muito menor que aparecia no papel ascético, que envolvia completa incapacidade de aproveitar as oportunidades de prazer, incapacidade que parecia aos outros deliberada e sem sentido.

Com grande sacrifício da parte de seus pais, foi mandada quando moça a um colégio, onde jogava suas oportunidades acadêmicas contra suas aspirações sociais e vice-versa, privando-se de vida social sob a alegação de que precisava estudar e descuidando-se dos estudos sob a alegação de que uma moça tinha direito a certa vida social. Saiu do colégio e depois, embora extraordinariamente talentosa e bela, insistiu em entrar em uma medíocre e monótona rotina comercial a que se agarrou arduamente até ficar doente. Um pouco mais tarde em sua vida, desenvolveu um de seus talentos e tomou-se competente musicista, mas depois de alguns anos começou a negar a si própria todas as oportunidades de ensinar ou estudar música, de modo que dez anos mais tarde parecia ter-se esquecido completamente de tudo quanto soubera a respeito de música e sua interpretação. Como isso é semelhante aos ascéticos medievais que afastavam de si os talentos capazes de proporcionar prazer, como, por exemplo, o dotado linguista que dominou vinte idiomas, mas impôs a si próprio a penitência do silêncio durante trinta anos!

Alguns anos depois, por um golpe de sorte, teve oportunidade de viver em Nova York, satisfazendo assim uma velha ambição. Todavia, lá tendo chegado, negou sistematicamente a si próprio todos os prazeres metropolitanos. Tesouros de prazer, como exposições de arte, bibliotecas, concertos, museus, para cuja apreciação ela tinha inteligência suficiente, foram inteiramente evitados. Nem se suponha que passava seu tempo em divertimentos frívolos; de maneira nenhuma. Trabalhava arduamente em uma tarefa nada congenial para ajudar seu marido, que na realidade não precisava dessa ajuda. Com seu consentimento, senão por sua escolha, viviam em aposentos pardacentos; não fazia amigos, levava uma existência absolutamente monótona e descolorida. Seu único consolo era a vasta quantidade de piedade que dedicava a si própria pensando como era miserável. Nesse particular, naturalmente, parecia afastar-se do caráter ascético, que se orgulha do que nega a si próprio e dos rigores que se impõe, só se lamentando em segredo.

Posteriormente, essa mulher teve ainda mais oportunidades de prazer e educação social. Viveu vários anos em uma das capitais da

Europa e viajou à vontade pelo Continente, Ilhas Britânicas e Extremo Oriente. Todavia, ali também repetia sua curiosa auto imolação, pelo menos no que se referia a genuíno prazer. Fez mais conhecidos (não amigos), bebeu mais e foi mais a festas, mas nada disso lhe deu prazer. A posição oficial de seu marido no governo americano deu-lhe acesso aos mais altos círculos sociais, o dinheiro e o gosto dele em matéria de roupas combinaram-se para fazer dela, como uma amiga certa vez a descreveu, uma das mulheres melhor vestidas da Europa. Durante algum tempo foi muito procurada, mas sua curiosa incapacidade de sentir prazer em alguma coisa dava a seus amigos tal sentimento de futilidade em suas relações com ela, que foi sendo gradualmente abandonada.

Seu ascetismo estendeu-se também a suas relações conjugais. Não só era sexualmente fria apesar de um desejo consciente de ser diferente, mas não podia, com consciência limpa, permitir a si própria qualquer dos outros prazeres da vida conjugal. Não era capaz, por exemplo, de convencer-se que poderia ter um filho, como desejava ter. Só ficou grávida depois de dez anos de vida conjugal e tão logo isso aconteceu rejeitou completamente o marido, como se achasse que uma pessoa era o máximo que tinha o direito de reivindicar. Tomou a criança e foi para a Inglaterra, onde viveu em reclusão e solidão durante vários anos, rejeitando ou pelo menos matando de fome as amizades que lhe foram oferecidas pelos novos conhecidos que lá fez. Seu marido mandava-lhe bastante dinheiro, que ela conseguia gastar sem dar muita demonstração. Usava roupas simples e sem atração, vivia em uma casa pequena e sem conforto, descuidava-se de sua aparência a tal ponto que sua antiga beleza ficou obscurecida, recusava receber gente mesmo em retribuição de ocasionais convites que recebia de outros e, em suma, levava a vida de um eremita ascético.

Poderiam ser dados muitos outros exemplos de seu ascetismo, mas mostrarei agora alguns dos meios que ela usava para desempenhar o papel de mártir. Distingo isso do papel de asceta pelo fato da maioria de suas autoprivações e restrições descritas acima serem auto impostas e sua responsabilidade francamente reconhecida por ela. No martírio o indivíduo imagina-se, retrata-se ou realmente se torna vítima da crueldade das circunstâncias ou de outra pessoa.

Nesse sentido o asceta é um pouco mais lúcido do que o mártir, que consegue o mesmo sofrimento para si próprio e, não percebendo que ele é em grande parte auto imposto, projeta a responsabilidade. Essa mulher inclinava-se a culpar outros por parte do sofrimento que experimentava. Fazia isso mais por inferência que por acusação direta. Por exemplo, embora não acusasse seu marido de tê-la mandado para aquela solitária aldeia da Inglaterra, dava a impressão de que tal acontecera e reconhecia mesmo que ele tivera boas razões para isso, por ter sido ela tão desagradável, indiferente e crítica. Enquanto vivia sozinha ficava doente repetidamente e certa ocasião permaneceu gravemente doente durante alguns meses. Nessas ocasiões, era uma figura verdadeiramente lamentável, sozinha com seu filho, muito distante de seu marido e de todas as pessoas que conhecia, excluída por si própria das pessoas da terra para onde se mudara, doente, solitária e miserável. A simpatia, a que não deixava de misturar-se perplexidade, que isso despertava em seus parentes e nos parentes de seu marido, era a única satisfação que tirava de fontes externas.

Em seu tratamento psicanalítico subsequente ela repetiu, como fazem sempre os pacientes psicanalíticos, as técnicas que achara vantajosas na meninice, mas que depois lhe falharam tão miseravelmente, isto é, tentar, de um lado, despertar piedade metendo-se em situações deploráveis ou, de outro lado, tentar responsabilizar o analista ou alguma outra pessoa pelo sofrimento que experimentava. Por exemplo, adquiriu ligeira infecção na garganta. Por causa disso rejeitou vários convites feitos por um conhecido para algumas funções sociais. Desejava que o analista examinasse sua garganta e lhe receitasse alguma coisa. O analista disse-lhe que tal tratamento não fazia parte da psicanálise e que ela devia consultar um otorrinolaringologista, cujo nome lhe deu. Ela o consultou, mas insistiu em que seu tratamento a deixara pior. A infecção na garganta tornou-se realmente grave, fazendo com que permanecesse de cama durante uma semana. Quando se restabeleceu o suficiente para reiniciar sua análise, acusou o analista de não ter-se interessado por ela porque não examinara sua garganta, de ter-se descuidado dela deixando de receitar-lhe alguma coisa, de tê-la mandado a um médico que a deixara pior, de ter-se sentido satisfeito por ficar livre dela durante uma semana e de ter realmente sentido prazer com seu sofrimento. Depois, repentinamente, retratou-se de tudo isso, soltando um longo suspiro como se se resignasse a seu destino, e insistiu em que aceitaria tudo como seu quinhão na vida.

Esse martírio talvez não coincida com a concepção que o leitor faz de martírio, como sofrimento deleitável, assim como a seu ascetismo falta a autossatisfação que alguns ascetas notáveis demonstram, mas é preciso lembrar que essa mulher era uma mártir *malograda*. e uma asceta *malograda,* isto é, seu martírio e seu ascetismo absolutamente não foram capazes de sustê-la. (Os verdadeiros mártires consideram o mártir e o asceta extremados como indivíduos completamente entregues à aceitação de uma interpretação irreal da vida, uma espécie de psicose socialmente aceitável. A neurose, em seu apego à realidade, fica em um ponto qualquer entre a normalidade e psicose e o fato de terem malogrado o ascetismo e martírio dessa mulher, embora a tenha tomado neurótica, salvou-a de uma "polida" psicose e abriu caminho para o retorno à normalidade, o que conseguiu através de seu tratamento.

Com o conhecimento de que tal comportamento adulto é provavelmente predeterminado pela experiência da infância, examinemos a infância dessa mulher com particular referência às circunstâncias que a levaram a adotar a técnica de asceta-mártir.

Em seus sonhos ela habitualmente se representava como uma negra, como uma velha horrível, como uma moça gorda e sem atrativos ou em algum outro papel repelente. Como já vimos, isso é quase o que ela desejava vir a ser. Todavia, quando criança, ela era muito bonita, fato que foi aproveitado por seus pais pobres, mas ambiciosos, que fizeram muitos sacrifícios a fim de explorá-la. Negavam coisas a si próprios e a seus outros filhos a fim de dar a ela belos vestidos e as oportunidades sociais oferecidas pela cidade pequena onde viviam. Uma irmã mais velha, Gladys, talvez tenha sido quem mais sofreu tanto subjetiva como objetivamente. Enquanto à nossa paciente nunca ensinaram serviços domésticos nem dela exigiram qualquer trabalho doméstico, mas esperavam apenas que vivesse em bela indolência, impunham a Gladys a ideia de que não era tão bonita nem tinha tanta probabilidade de fazer bom casamento, devendo por isso aprender a cozinhar e privar-se de coisas como roupa em favor das perspectivas da irmã mais nova. Fizeram da paciente literalmente a rainha da família, para o que sofreram todos, mãe, pai, irmã e filhos menores.

Sua perversa satisfação com essa honraria foi acompanhada por tal sentimento de culpa que ela finalmente se tornou incapaz de aceitar seus frutos e essa foi uma das razões pelas quais se viu obrigada (na vida posterior) a provar que *não* era feliz, que *não* era afortunada, que *não* era invejável, mas exatamente o inverso. Porque precisou ter esse sentimento de culpa se torna mais evidente se considerarmos o que aconteceu àqueles cujos sacrifícios tomaram possível seu sucesso. A irmã mais velha, Gladys, tornou-se uma solteirona trabalhando na casa dos pais idosos. O pai faliu e abandonou o lar. A mãe viveu uma existência de pobreza e tristeza, sustentando-se com as migalhas que lhe eram mandadas pelos outros filhos.

Isso explica o elemento de culpa e autopunição que parece ser regularmente um dos motivos do martírio; mas há geralmente outros motivos e eles também foram encontrados nessa paciente.

Examinemos a maneira como seu martírio e ascetismo eram usados como agressão, isto é, uma arma de ataque. Este aspecto da questão foi sem dúvida bastante claro para seu marido. Ela quase arruinou sua carreira por frustrar sistematicamente o gozo e a plena utilização das oportunidades que ele tinha e dar sempre a impressão de que ele a tratava vergonhosamente e era responsável por sua miséria. Foi em razão de sua capacidade e generosidade que ela pôde viajar e viver tão bem como viveu; ele lhe proporcionava muitos dos luxos da vida e não foi por sua culpa que ela não os gozou. Em pagamento, porém, ela não só fazia o máximo para dar aos outros a impressão de que ele era um patife, mas infernizava-o e censurava-o tão amarga e injustamente por seus sofrimentos a ponto de tornar sua vida doméstica intolerável. Para ter assistência nas misérias que impunha a si própria gastou muitos milhares de dólares com médicos.

Agora que vemos o elemento agressivo em seu martírio, devemos procurar uma explicação em sua infância também para esse elemento. Origina-se em parte das circunstâncias já relatadas, com um acréscimo. Poder-se-ia supor que a paciente sentia prazer em ser a beldade da cidade, a não ser pelos pruridos de consciência que isso talvez lhe causasse – e certamente lhe causaram mais tarde. A família sem dúvida supunha isso, mas o fato é que, mesmo quando mocinha, da tinha plena consciência dos propósitos materialísticos que existiam por trás dos sacrifícios da família em seu favor; percebia que seus parentes procuravam explorar sua beleza para sua própria redenção financeira e social. A intensa amargura de seu ressentimento tornou-se muito vivida durante seu tratamento psicanalítico e refletiu-se de maneira curiosa no final dele, pois durante algum tempo ela resistiu obstinadamente a reiniciar a vida normal sob a alegação de que fazendo isso só daria crédito ao analista. Fora explorada por sua família e exibida ao mundo, ostensivamente em benefício de seu futuro, mas na realidade para o bem da família. Achava que o analista queria que se restabelecesse não tanto por interessar-se por ela quanto por desejar que o mundo visse como ele era bom analista. Por essa razão recusou durante muito tempo voltar à sua música, por mais que conscientemente o desejasse e embora suas apresentações fossem solicitadas. Dessa maneira tentava vingar-se do analista que achava insincero, assim como se vingara de sua própria família por privilégios que (com razão) considerava insinceros. Tão amarga foi sua compreensão da insinceridade da família que nunca mais pôde acreditar que aqueles que lhe declaravam amor fossem sinceros no que diziam. Isso era devido em parte também ao fato de ela própria nunca ter sido inteiramente sincera, mas achar que sua insinceridade não lhe fora imposta [4].

Finalmente, consideramos o motivo erótico no martírio dessa mulher, que apareceu muito vividamente em sua análise pela maneira como usava ou tentava usar o sofrimento para conquistar o amor do médico (como fizera antes com outros, mas sem *insight*). O incidente de sua dor de garganta já foi mencionado; houve dúzias de episódios semelhantes. Durante sua análise ela se lembrou de incidentes como os seguintes: Quando estava na escola primária, antes da era da exploração adolescente, lembrava-se de ter descoberto que era

---

4. Pessoalmente me inclino à opinião de que este elemento de insinceridade é talvez o mais importante e característico fator inconsciente no suicídio e se reflete no fato do mártir sempre parecer tão intensamente sincero.

capaz de fazer seu nariz sangrar à vontade golpeando-o com a mão por trás de um livro ou da tampa da carteira, e o sangue que escorria do nariz servia-lhe então como desculpa para não fazer as lições e conquistar a simpatia de sua professora e de seus colegas.

Tomou-se claro para ela na análise que por trás de seu remorso aparente havia um motivo inconfessado. Empregando suas próprias palavras: "Enquanto fingia sentir-me tão culpada por causa de minha vitória sobre minha irmã e enquanto aparentemente me punia, eu procurava realmente atingir o mesmo fim por meios diferentes; estava tentando também atrair atenção, só que então o fazia exibindo meus sofrimentos e minha aparência miserável em lugar de exibir meus belos vestidos e meus cachos." Este uso do exibicionismo a serviço da vida erótica nós já discutimos, mas havia no martírio um valor e significação eróticos mais profundos, que foram uma das descobertas finais no curso de sua análise. Por baixo do verniz, da insinceridade, do exibicionismo, do fingimento superficial e do coquetismo, a paciente sentia profundo desejo de ser amada e um sentimento de que fora frustrada. Por mais que a família a "promovesse" e a vestisse para ser admirada pelo mundo exterior, era a filha mais velha, Gladys, que todos, especialmente o pai, realmente amavam. A mãe demonstrava certa preferência por nossa paciente, mas uma preferência que, como já disse, a paciente achava insincera e, portanto, inaceitável. Todavia, essa rejeição não poderia ser completa, porque a deixava sem ninguém que a amasse. Por essa razão identificou-se até certo ponto com sua mãe, em relação à qual nunca se sentiu ou agiu muito bondosamente. A mãe sacrificava-se e fazia o papel de mártir para promover a paciente. Embora a paciente considerasse isso uma expressão insincera de amor, era tudo quanto tinha e se apegava a isso apesar de seu ressentimento. Pode-se expor isso tudo com muita simplicidade dizendo que ela só era capaz de encontrar satisfação erótica identificando-se com a mãe em sua miséria.

Nestas palavras necessariamente numerosas, vimos como o ascetismo e martírio de uma mulher tinham relação com enterrados sentimentos de culpa, vingança e amor deformado, todos os quais surgiram na infância e permaneceram em forma latente ou desenvolvimental até florescerem plenamente na meia-idade. Separados de outros dados de sua vida e personalidade, parecem quase evidentes demais; mas de maneira nenhuma eram tão evidentes para ela e seus amigos. Como todos os neuróticos, ela era um enigma para seus amigos, que, atônitos, lhe davam a piedade que ela parecia exigir.

Outro caso muito típico de martírio declaradamente neurótico pode ser aqui brevemente examinado com vantagem porque indica a semelhança essencial de padrão entre esses mártires clínicos. O caso é tirado de Stekel ([5]). Uma mulher de 23 anos de idade apresentou-se para tratamento ostensivamente porque depois de três anos de vida conjugal permanecia sexualmente fria. Havia, porém, muitos outros sintomas. Sua vida era inteiramente sem prazer e ela não se interessava por coisa alguma. (Essa incapacidade de interessar-se com prazer por alguma coisa é característica da vida de muitas donas de casa e mereceu de Myerson ([6]) a designação de "anhedonia".) Sofria constantes dores de cabeça e depressão, chorando continuamente, às vezes durante semanas. Era uma dedicada escrava de sua família, nunca se afastando do círculo familiar. Consultava sua mãe e irmã antes de tomar qualquer decisão, por mais trivial que fosse. Em suas atividades domésticas, na criação dos filhos, na escolha de suas roupas, em tudo submetia-se à opinião delas. Queixava-se porque seu marido não estabelecia certas tarefas para ela fazer cada dia e não a obrigava a fazer as coisas que devia fazer.

Embora de religião protestante, essa moça fora mandada para a escola de um convento católico até os 18 anos porque não havia em sua comunidade colégios comuns bons. Era muito piedosa. Muitas vezes, por arrependimento, dormia sobre o chão tendo só um lençol por baixo. Desejava tornar-se freira, mas não tinha coragem de confessar suas antigas atividades sexuais, que haviam consistido em muitos jogos sexuais com colegas, com um irmão mais velho e com um tio, que a seduzira. Para expiar esses pecados fizera o juramento de nunca se entregar a um homem e achava que seria errado para ela sentir prazer em relações sexuais.

---

5. Stekel, Wilhelm – *Sadism and Masochism,* traduzido para o inglês por Brink, Vol. U, p. 287, Live right. 1929.
6. Myerson, Abraham – *The Nervous Housewife,* Little, Brown, 1920.

O tratamento trouxe à luz que, embora servisse sua família com dedicação, fundamentalmente tinha raiva de todos os seus membros.

Odiava sua irmã, que lhe fora dada como modelo; tinha fortes desejos de morte em relação à sua mãe por causa de seu ciúme e culpara sua mãe por seu próprio casamento infeliz. Quanto a seu pai, a paciente tinha muita raiva por causa das infidelidades dele.

Suas agressões expressavam-se mais plenamente em relação a seu marido. Era periodicamente dominada por uma mania de comprar, embora em geral fosse muito econômica. Nessas ocasiões esbanjava grandes quantias de dinheiro em artigos inúteis ou desnecessários, que se sentia impelida a comprar e que depois jogava fora. Seu marido censurava-a por suas extravagâncias e ela resolvia solenemente nunca voltar a fazê-lo, mas logo cedia à mesma tentação. Havia muitas outras indicações indiretas de sua atitude hostil para com o marido – sua extrema dependência e falta de iniciativa, sua franqueza em relação a suas fantasias e ao amor de outros homens, sua frieza e seu descontentamento. Não podia cuidar de seu filho porque ele a deixava muito nervosa. No curso de seu tratamento, confessou que muitas vezes desejava bater na criança e que às vezes sentia vontade de esganá-la.

A psicanálise revelou que sua extrema submissão e obediência eram uma maneira infantil de expiar seu ódio e descontentamento interiores, que sua frieza servia como autopunição, como expiação e como agressão contra seu marido. Foi curada pela análise e sua atitude de mártir foi suficientemente vencida de modo a permitir-lhe afastar-se de seus pais.

Pode-se dizer com segurança que milhares, senão milhões, de casos semelhantes de mártires domésticas arrastam sua triste existência neste país neste exato momento ([7]). De fato, eu lamentaria muito se os exemplos extremados das formas mais dramáticas de autodestruição levassem os leitores a supor que tais coisas são ocorrências ocasionais e extravagantes. Pelo contrário, é provavelmente verdade que todos nós até certo ponto nos entregamos à autodestruição sob

---

7. Ver Myerson, A. – *The Neurosis of the Housewife, Medicine and Surgery,* março de 1918, e também o livro já citado do mesmo autor.

o disfarce de martírio, defendendo-nos de censura ou suspeita por meio de várias racionalizações. De fato, poderíamos dedicar tempo considerável ao estudo desses suicídios crônicos que são evidentes para todos nós na vida de amigos que não se consideram neuróticos ou psicóticos e, naturalmente, em circunstância nenhuma se consideram mártires religiosos. O empregado que vai sendo promovido vitoriosamente e depois, mediante o que dá às vezes impressão de ser estudado descuido ou mesmo negligência intencional, joga fora sua oportunidade de última e definitiva promoção, para a qual parecia vir-se esforçando; o homem que depois de fazer firme progresso e dar todas as indicações de grande promessa futura de repente muda de rumo e se desvia para o que todos consideram uma direção menos proveitosa; o homem que sem justificação adequada desanima, ergue as mãos para o ar e se resigna para consternação de todos quantos lhe desejavam bem; o homem que consegue notável sucesso e depois anula os benefícios desse sucesso e prejudica sua própria reputação por meio de uma série de atos calculados para inspirar precisamente as atitudes adversas naqueles que o cercam – esses e muitos outros exemplos ocorrem à mente. Um dos leitores de um dos primeiros rascunhos deste manuscrito escreveu-me: "Presenciei recentemente a iminente destruição da carreira de um dos homens mais brilhantes que já conheci por um processo tão impressionantemente análogo ao verdadeiro suicídio que confirma inteiramente sua tese principal. Passei várias horas com ele tentando mostrar-lhe que, embora tivesse na realidade um pouco de razão para seus sentimentos, os sentimentos que finalmente o levaram a apresentar sua resignação, estavam em completa desproporção com as realidades da situação e eram consequentemente neuróticos, que ele devia procurar ajustar-se ao mundo em lugar de tentar ajustar o mundo a si próprio... Esses casos são comuns; o mecanismo provavelmente ocorre em maior ou menor escala... em todo ser humano e geralmente não é reconhecido pelo indivíduo, por seus amigos ou por seu médico."

Às vezes é reconhecido pelos amigos, embora não o seja pelo indivíduo. Conheci uma mulher que tinha grandes ambições sociais; pondo de lado sua evidente ambição, era uma pessoa agradável com muita coisa a recomendá-la. Em certa ocasião, deu uma pequena festa que não considerava particularmente essencial à sua ascensão social e nessa festa comportou-se de maneira excessivamente rude e grosseira. Com isso selou sua condenação social tão definitivamente como se tivesse cometido um crime. Alguns dos presentes se incluíam entre os árbitros sociais da coletividade e outros eram competentes mexeriqueiros. Entre os dois grupos, o destino da pobre mulher foi decidido, em resultado de comportamento que não pode ser considerado mero acidente, mas uma expressão de agressividade e essencial hostilidade por trás de seu exterior geralmente amável. Mas que esse determinado episódio foi autodestrutivo e que representou uma tendência de personalidade da mulher de maneira nenhuma ficou escondido dos conhecidos que o presenciaram.

A mesma coisa acontece com muito mais frequência do que imaginamos. Todo leitor pode provavelmente lembrar-se de numerosos casos em que conseguiu roubar de si próprio uma recompensa ou sucesso que certamente teria sido seu se não fossem suas atividades autodestrutivas. Contudo, somente quando essa auto traição compulsiva vai além do que podemos suportar, é que ficamos alarmados ou procuramos ajuda – e às vezes nem mesmo então. Frequentemente a pessoa é capaz de perceber em sua própria vida ondas de autoderrota, em geral seguindo certos padrões estabelecidos. Lembro-me de um homem que exemplificou isso em todos os setores de sua vida. Era extraordinariamente popular entre as mulheres e finalmente conquistou uma atraente esposa, da qual, porém, se distanciou e divorciou ([8]). Tornou-se competente jogador de golfe e venceu numerosos torneios, mas no apogeu de seu sucesso começou um declínio progressivo que nenhum exercício pareceu capaz de deter. Contou-me que observara um aspecto peculiar em sua atuação no golfe; com frequência estava com uma partida praticamente ganha, por assim dizer, muito antes de seu término, mas perdia todas as tacadas finais de maneira muito inesperada. Isso, é claro, era exatamente o que fazia em tudo o mais na vida, isto é, jogava fora o sucesso quando já o tinha nas mãos, correspondendo assim ao tipo

---

8. Essa fuga do amor como forma especial de autodestruição está discutida mais amplamente em relação com os ascetas históricos.

de caráter freudiano que é incapaz de suportar sucesso devido ao sentimento de culpa implícito em tal sucesso.

O homem mencionado ilustrou ainda melhor esse padrão conseguindo grande sucesso financeiro em poucos anos depois de iniciar-se no negócio e perdendo depois não só todo o seu dinheiro, mas também o dinheiro de numerosos outros indivíduos que o tinham confiado a seus cuidados.

Os motivos por trás desse ascetismo e martírio cotidiano são provavelmente os mesmos que vimos nos casos neuróticos já discutidos; sem dúvida, muitas vezes procuramos falhar, procuramos destruir a nós próprios e realmente nos estamos destruindo no exato momento em que pensamos estar conquistando sucesso.

MÁRTIRES PSICÓTICOS

Os motivos inconscientes de martírio (e de ascetismo) tornam-se muito mais dramáticos e ao mesmo tempo mais transparentes quando atuam na vida daqueles indivíduos cuja devoção a suas convicções (ou compulsões) é maior que sua lealdade à realidade. Refiro-me ao ascetismo e martírio que se observa no psicótico. Toda clínica psiquiátrica e todo hospital psiquiátrico está familiarizado com eles em suas numerosas formas; por exemplo, nos conhecidos delírios messiânicos muitas vezes levados ao extremo de tentativas de autocrucificação.

Parece que será provavelmente valioso para nossa exposição incluir aqui um curto relato de dois exemplos representativos nos quais esses elementos de agressão, erotismo e autopunição podem ser claramente distinguidos. Passaremos depois ao exame de indivíduos mais distintos que viveram há tanto tempo que não estão ameaçados de diagnóstico psiquiátrico, mas cujo comportamento nem por isso é menos suscetível de análise semelhante ([9]).

---

9. No estudo de mártires históricos, não fiz a menor tentativa de distinguir entre aqueles que hoje consideraríamos psicóticos e os demais.

Eros e Tânatos

O paciente K. era o segundo de oito filhos nascidos da união de uma mãe altamente idealista e de um pai rude e alcoólatra. O paciente ficou impressionado, quando era ainda muito pequeno, pelo ensino religioso ministrado por sua mãe, com particular ênfase no sofrimento de Jesus e nos perigos do fogo do inferno.

Apesar disso, entregou-se a certa medida de rebelião adolescente, incluindo o emprego de alguns palavrões, mentiras e a quantidade normal de pequenos furtos; mas aos dezesseis anos foi oficialmente batizado e tomou a resolução de levar a "vida de um bom cristão". Começou a frequentar todos os serviços religiosos regulares e ocasionais reuniões de revivalismo, das quais participava ativamente.

O pai do paciente fundara uma pequena firma industrial que os filhos, dirigidos pelo paciente, haviam expandido considerável, mente, com o que a família se tornou muito abastada. Vários dos irmãos retiraram-se para dedicar-se a outras atividades, de modo que o paciente ficou praticamente com plena posse de uma grande empresa, que seus planos engenhosos e sua personalidade jovial combinaram-se para tomar muito próspera.

Durante o período ativo de seu sucesso comercial, o paciente tornou-se cada vez mais religioso, mas aos 35 anos de idade decidiu que já havia ganho bastante dinheiro e que dedicaria o resto de sua vida a Deus em lugar de defender seus próprios "interesses egoísticos". Despertou interesse popular pelo apoio a certas obras públicas à custa de considerável sacrifício pessoal e financeiro, envolvendo o gasto de mais de uma centena de milhares de dólares. Acreditava ser isso seu dever "como bom cristão para benefício de todo o povo de Deus". Sua generosidade teve, porém, o efeito de incrementar mais seu próprio negócio e esse resultado inesperado tornou necessários maiores esforços de sua parte para prestar algum serviço que realmente lhe custasse alguma coisa.

Quando estava com essa disposição, empenhou-se em uma campanha contra o que considerava ser uma representação depreciativa da religião. Ficou muito entusiasmado com isso e gastou vários milhares de dólares promovendo suas objeções antes de ser obrigado a desistir pela intervenção de parentes. Estes não sabiam bem o que fazer com ele, pois, embora tivesse aparentemente jogado fora grandes quantias de dinheiro de maneira tola (vivendo enquanto isso de maneira excessivamente humilde e auto sacrificadora), suas atividades haviam até então promovido indiretamente o negócio da família. Entretanto, tornou-se então inconfundivelmente claro que levara a ideia de sacrifício, serviço e submissão a um grau patológico e um estudo psiquiátrico demonstrou que estava mentalmente doente. Achou que um hospital psiquiátrico particular seria bom demais para si próprio e preferiu ir para uma instituição estadual. Lá fez repetidas tentativas de fuga "a fim de ser capturado e espancado" (para citar suas próprias palavras). Em certa ocasião foi tão severamente satisfeito nesse sentido que ficou de cama várias semanas em resultado dos ferimentos.

Quando finalmente saiu do hospital, foi para um quarto de hotel, onde passou três dias sozinho "crucificando-se". Queimou deliberadamente os pés e as mãos no aquecedor, feriu as solas dos pés e as palmas das mãos e fez com cortes a figura de uma cruz na testa. Não comeu nem dormiu, mas rezou constante e fervorosamente. Sobrevieram septicemia e gangrena nos dedos dos pés, pelo que vários deles precisaram ser amputados. O paciente permaneceu então vários meses criticamente doente. Sua explicação para o episódio era que sentia que, para viver a vida de um bom cristão, devia castigar-se a fim de convencer Deus de sua sinceridade. Dessa maneira achava que poderia um dia conquistar a recompensa que buscava, isto é, o amor de uma mulher pura e bela. Isso o levou a confessar seus aflitivos sentimentos de culpa relacionados com masturbação e fantasias a respeito de mulheres imorais. Sem dúvida, os sentimentos de indignidade e pecaminosidade, juntamente com sua necessidade de punição por esse motivo, eram forças poderosas que o incitaram a esse e aos subsequentes atos de automutilação.

A tendência ascética mostrou-se nesse paciente de muitas maneiras. Descuidou-se totalmente de seu negócio, que finalmente abandonou. Recusou aceitar dinheiro de sua família, mesmo quando dele necessitava; um dia deu suas boas roupas a um vagabundo e aceitou em troca os farrapos do vagabundo. Andou durante milhas sobre a neve e dormiu sem sapatos, congelando vários dos dedos restantes nos pés; passou fome na estrada enquanto pedia caronas para ir a Chicago ajudar a promover uma das obras públicas pelas quais tivera ativo interesse. Repetidas vezes recusou ajuda que lhe era oferecida, insistindo em que devia viver nas mesmas condições de privação que seus companheiros cristãos.

Certa ocasião, quando viajava de automóvel, deu a alguém seu último galão de gasolina. Quando acabou a gasolina do carro, abandonou-o calmamente e fez o resto da viagem a pé. Quando caminhava pela estrada vestido de andrajos, sem alimento nem dinheiro, encontrou tuna nota de dois dólares. Considerou isso como um milagre, uma indicação de que Deus o estava vigiando, mas como era um presente de Deus devia devolvê-lo a Deus. Por isso guardou o dinheiro só até encontrar uma igreja, onde o deu de esmola.

Como foi indicado, a vida erótica do paciente estava intimamente relacionada com suas concepções religiosas. Afirmava ter sido a pessoa mais apaixonada do mundo desde os cinco anos de idade. Durante toda sua vida ansiara pelo grande amor e paixão de rima moça pura, como é descrita na Bíblia, e estava disposto a suportar qualquer quantidade de dor e privação para conquistar esse amor. Falava de sua vida como representando dor, paz e amor. Nos anos anteriores a seu casamento, apaixonara-se numerosas vezes, mas sempre que a relação se aproximava de intimidade, ficava alarmado. Temia as terríveis consequências do que chamava de "adultério". Às moças que não permitiam sequer tocá-las, perseguia fervorosamente, considerando-as com reverência por sua pureza.

Uma vez em que sonhou que tivera contato sexual com uma mulher, seus sentimentos de culpa oprimiram-no de tal modo que tão logo conseguiu sair da cama mergulhou em um banho de água fervente e sofreu várias queimaduras. Contando o episódio, acrescentou: "Quanto mais eu sofro, mais apaixonado fico." Disse que nunca experimentara o auge de sua paixão, mas "Deus sabe que espero algum dia, se não nesta terra, então na outra, ou peço a Deus que corte essa coisa apaixonada porque a expectativa me fez sofrer mais que qualquer coisa que já conheci, desde minha infância."

A dinâmica do martírio voluntário deste paciente pode ser em parte deduzida do que ele relatou sobre seu passado; sua devoção pela mãe e seu medo do pai dominador levaram-no a adotar o papel submisso da "criança boazinha" como único meio seguro para obter amor e satisfação erótica. Essa posição significava a rejeição, como más, de toda sexualidade e expressões agressivas normais. Por causa de seu medo e seu amor em relação ao pai todo-poderoso foi levado a identificar-se com sua santa Mãe em tenra idade. (Ele próprio disse que esses "sentimentos apaixonados" datavam da idade de cinco anos, aproximadamente a época em que a criança, de acordo com a teoria freudiana, se debate entre o desejo de tomar a mie do pai e tê-la só para si, e o medo da força superior do pai e o desejo de conquistar-lhe as boas graças.) A identificação tinha em si própria a natureza de martírio (pois sua mãe era uma mártir de seu pai); mais tarde o ideal-mártir tornou-se mais claro em sua identificação com Jesus, como alguém que era também filho de um pai poderoso e punitivo, e que não permitira a si próprio expressão sexual. Ficando muito aquém de seu ideal, o paciente via-se continuamente obrigado a fazer expiações extravagantes por entregar-se a fantasias sexuais, expiações nas quais se identificava de novo com Jesus e tirava prazer masoquista de suas tentativas de crucificar-se.

Nisso diferia do verdadeiro masoquista, porque não exigia que essa tortura fosse aplicada por uma imagem pessoal de pai e porque, como os mártires e ascetas da antiguidade, disfarçava mesmo de si próprio a satisfação erótica que tirava de suas penitências. O componente agressivo do martírio do paciente era evidente em seu comportamento provocador em relação à família e amigos, na maneira como se descuidava deles, no extravagante gasto dos recursos que poderiam ser utilizados para atender às necessidades deles e em seu confessado gosto pela luta. O fato de perseguir mulheres que não recebiam bem sua devoção era também agressivo, porque frequentemente o levava ao ponto de humilhar as mulheres. Brigava interminavelmente com sua esposa, embora permitisse que ela o espancasse sem fazer a menor tentativa para defender-se ([10]).

O caso do sr. Y. foi ainda mais dramático. Era um rico e culto cavalheiro cubano, de 40 anos de idade. Dois anos antes de serem feitas as observações seguintes ocorrera certo episódio a que ele atribuíra grande importância. Vira nas ruas de Havana uma mulher que o atraíra irresistivelmente e a seguira até o apartamento dela.

---

10. Para um relato mais minucioso e técnico deste caso, ver Reider, Norman – *Self-Mutilation in Paranoia, J. Kansas Med. Soc.,* abril de 1936, pp. 133-36.

Observou-a quando entrava pela porta e desaparecia. Exatamente nesse momento notou um vendedor de flores sentado no pátio do prédio com coroas de flores arrumadas sobre uma longa vara. A associação dessa misteriosa e bela mulher com o vendedor de flores pareceu-lhe ter uma significação simbólica no sentido de que ele devia fazer uma escolha entre a vida, representada pela mulher, e a morte, representada pelo homem e as coroas. Decidiu escolher a vida e bateu ousadamente à porta do apartamento onde a mulher entrara. Pareceu-lhe um bom presságio a porta ser aberta pela mulher que o fascinara e que graciosamente o convidou a entrar. Despediu-se pouco tempo depois e voltou para casa.

Estava um tanto cansado de sua experiência da tarde e deitou-se para descansar. Com disposição para meditação, refletiu que sua "escolha" da "vida" fora feliz, tão feliz realmente que parecia conveniente fazer um sacrifício para evitar a vingança de Deus. Decidiu que deixaria de ter relações com sua esposa, embora ela tivesse sido uma esposa dedicada e afetuosa, sem outra ideia no mundo senão torná-lo feliz. Ela não pudera dar-lhe filhos devido a esterilidade, mas não a acusava por isso. Quando assim meditava, pegou no sono e não compareceu ao encontro que marcara com a esposa para jantar. Considerou o fato como um sinal do Céu no sentido de que sua decisão de fazer o sacrifício fora aprovada.

Mais ou menos nessa época notou que as pessoas começavam a olhá-lo de maneira peculiar, que algumas coisas estranhas lhe estavam acontecendo em seu escritório, que mexiam em sua correspondência e que as pessoas diziam coisas curiosas a seu respeito, tudo o que o convenceu ainda mais de que fora separado de alguma maneira por um poder sobre o qual não tinha controle e cuja identidade não lhe era conhecida. Nesse período observou anúncios do filme cinematográfico "O Sinal da Cruz" e imediatamente decidiu que esse era o símbolo do poder ou organização que escolhera para alguma grande missão. Em seguida, o paciente começou a ficar muito aborrecido com pessoas que chamava de "maricas" e para provar que *não* era ele próprio um "maricas", mas um homem forte, decidiu assumir a direção do negócio, dispensando todos os empregados, menos um, que era seu íntimo amigo. Chamou os diretores da companhia para dizer-lhes que havia adiado a reunião regular e convocaria outra quando lhe parecesse conveniente. Nos dias seguintes ficou cada vez mais perturbado, combativo e hostil para com sua esposa, ordenando-lhe que saísse de sua presença e ameaçando matá-la se entrasse no aposento onde se encontrava.

Quando, meses depois, o paciente relembrou o período mencionado, acreditou que fora uma tentativa de sua parte para ter um comportamento que assegurasse sua partida de Cuba para os Estados Unidos. Trazido para este país a fim de receber tratamento psiquiátrico, achou que fora escolhido por seu governo para povoar os Estados Unidos com milhões de crianças que teria com milhares de moças. A princípio insistiu muito em começar imediatamente, mas quando isso lhe foi recusado entendeu a recusa como significando que não fizera sacrifícios suficientes para ser digno de tão grande missão.

A fim de preparar-se queimava sua carne com cigarros acesos e recorria muitas vezes a uma faca para fazer ferimentos em si próprio. Embora permanecesse dia e noite sob os cuidados de um enfermeiro especializado, queimou gravemente seu braço sobre um cano de vapor enquanto fingia dormir, sem sequer mudar de expressão. Recusava comer durante vários dias seguidos, embora gostasse muito de comer e se fizesse todo o esforço para tentá-lo com suas iguarias preferidas. Mesmo quando era forçado a comer, não tomava outra coisa além de uma mistura muito desagradável de leite, ovos, suco de laranja, óleo de fígado de bacalhau, açúcar e sal. Um período de jejum durou três meses durante os quais deixou de fumar cigarros, de ler, de dançar (de que sempre gostara muito), de ir ao cinema e a outros lugares, e, vestido com suas roupas velhas e gastas, ficava sentado sozinho em seu quarto, recusando falar com qualquer pessoa. Quando lhe disseram que uma de suas irmãs estava doente e provavelmente desenganada, não fez outro comentário senão dizer que já havia dado praticamente tudo e que parecia ser necessário então dar também sua irmã. Não demonstrou o menor interesse em reassumir suas responsabilidades comerciais, dizendo que tais negócios eram do mundo e há muito tempo havia renunciado a todas as coisas dessa espécie.

Posteriormente, o sr. Y. demonstrou cada vez maior antagonismo pelas pessoas que chamava de "maricas", dizendo que elas tentavam tomá-lo "mole" dando-lhe um exemplo de vida fácil no mundo, que não eram capazes de enfrentar sacrifícios como os que impusera a si próprio e que nada faziam de criativo. Acreditava representar um contraste absoluto com essas pessoas porque fora escolhido para uma missão de inestimável benefício para o mundo e que exigia um homem de ferro.

Quando aumentou nossa experiência com o sr. Y., tornou-se evidente que sua doença representava uma luta contra impulsos homossexuais. Em sua própria história, voltara-se do vendedor, que tinha coroas de flores enfiadas em uma vara (provavelmente um símbolo de sexo para ele), para a estranha mulher. O fato de ter escolhido a mulher foi uma fuga da tentação homossexual para atividade heterossexual. Depois desse incidente em que a tentação sexual pervertida provavelmente chegou perto da consciência, reforçou suas defesas mudando repentinamente de um indivíduo passivo e pachorrento, cujo maior prazer era ficar zanzando pela casa, para um indivíduo agressivo e beberrão, que começou a frequentar casas de prostituição e brigar com seus amigos. Mais tarde, no sanatório em que foi internado, observou-se que ficava perturbado quando se fazia qualquer tentativa de substituir por enfermeiras os enfermeiros que dele cuidavam. Sua constante insistência quanto à sua potência era também uma defesa, tanto quanto seu sistemático ódio aos que chamava de "maricas". Isso foi ainda mais corroborado pelo material revelado em sonhos; sonhava que se estava casando, mas para seu grande espanto era uma mulher em vez de homem, e um homem, seu amigo, segurava uma comprida vara, que insistia em tentar enfiar nele.

Neste caso, os vários elementos determinantes do acentuado quadro de martírio-ascetismo são claramente visíveis. O elemento erótico estava explícito; era de natureza confusa, envolvendo fachadas heterossexuais para a negação de impulsos homossexuais. O elemento autopunitivo era também reconhecido francamente (e representado inconfundivelmente) pelo paciente. Menos convincente talvez para quem ler isto sem ter visto o paciente é a evidência de intenção ou ação agressiva. Todavia, se fosse possível mostrar claramente como este indivíduo era obstinado em sua recusa de aceitar qualquer das responsabilidades de seu lar e seu negócio, como ele ficava furioso à menção de certas pessoas que ele desafiava ou contrariava, como era difícil cuidar dele como paciente, tais dúvidas seriam inteiramente dissipadas. Mártir e ascético ele era – com agressão desafiadora, confusão sexual e culpa autopunitiva destacando-se em baixo relevo.

B. OS MÁRTIRES E ASCETAS HISTÓRICOS

Casos como os que citamos têm a desvantagem de parecer – ao leitor mediano – excessivamente extremados. "Talvez", dirá tal leitor, "essas pessoas extraordinárias existam e façam essas coisas extraordinárias por essas razões extraordinárias. Mas isso não é o que eu entendo por martírio, que é uma coisa sensata sem a menor ligação com razões malucas." Para o psiquiatra não há essa enorme diferença entre o "maluco" e o são, mas apenas diferenças de grau e de ênfase. A pessoa psicótica – o mártir "maluco" – tem maior probabilidade de descuidar-se dos valores sociais ou subordiná-los a seus próprios impulsos instintivos, mas é também mais direta na revelação dos motivos de seus atos, ao passo que a pessoa sã os esconde sob cuidadosos disfarces.

Quando se contempla os registros dos mártires e ascetas históricos torna-se evidente como os fatores psicológicos subjacentes no martírio, por exemplo, foram obscurecidos através de racionalizações – "as grandes causas", as "circunstâncias inevitáveis". Esses casos precisam ser reexaminados para se apreciar plenamente a extensão a que foi levada a autodestruição socialmente aprovada. Os métodos variaram muito, desde aquelas formas em que os indivíduos com vistas à perfeição espiritual se abstinham do casamento, abandonavam os prazeres da vida, faziam jejum, davam seus bens aos pobres e viviam na mais completa simplicidade, mas sem retirar-se da sociedade humana, até aqueles em que as pessoas procuravam a santidade retirando-se completamente de seus semelhantes e vivendo como eremitas em grande privação e solidão, muitas vezes sujeitando-se às torturas adicionais da fome, flagelação, exposição a intempéries e exaustão [11].

São Jerônimo declara com uma onda de admiração como viu um monge que durante trinta anos vivera exclusivamente de pequena porção de pão de cevada e água lamacenta; outro que vivia em um buraco e nunca comia mais que cinco figos como seu repasto diário; um terceiro que só cortava os cabelos no Domingo da Páscoa, que nunca lavava suas roupas, que nunca trocou sua túnica até ela cair aos pedaços, que passou fome até seus olhos ficarem baços e sua pele ficar "como pedra-pomes"... Dizem que durante seis meses São Macário de Alexandria dormiu em um pântano e expôs seu corpo nu às picadas de moscas venenosas. Costumava carregar consigo oitenta libras de ferro e viveu durante três anos em um poço seco. São Sabino só comia milho apodrecido depois de ficar um mês na água. São Besário passou quarenta dias e noites no meio de arbustos espinhosos e durante quarenta anos nunca se deitou para dormir, penitência esta última que foi também praticada durante quinze anos por São Pacômio. Alguns santos, como São Marciano, limitavam-se a uma única refeição por dia, tão pequena que continuamente sentiam os aguilhões da fome. De um deles se conta que sua alimentação diária eram seis onças de pão e algumas ervas; que parecia nunca reclinar-se sobre uma esteira ou cama ou mesmo estender seus membros comodamente para dormir; mas às vezes, por excesso de cansaço, seus olhos se fechavam durante as refeições e a comida caía de sua boca... De outro famoso santo, chamado João, afirma-se que durante três anos inteiros permaneceu rezando, inclinado sobre uma pedra; que durante todo esse tempo nunca se sentou ou deitou, e que sua única alimentação era o Sacramento que lhe levavam aos domingos. Alguns dos eremitas viviam em covas abandonados por feras, outros em poços secos, enquanto outros encontravam um congenial local de repouso entre os túmulos. Alguns desprezavam todas as roupas e rastejavam por toda parte como os animais selvagens, cobertos apenas por seus emaranhados cabelos. Na Mesopotamia e em parte da Síria existia uma seita conhecida pelo nome de "pastadores" que nunca dormia sob um teto, não comia carne nem pão, mas passava todo seu tempo na encosta das montanhas e comia capim como o gado. A limpeza do corpo era considerada poluição da alma e os santos mais admirados tornaram-se uma pavorosa massa de sujeira empastada. (Lecky, W. E. H., *op. cit.,* Vol. II, pp. 107-109).

---

11. O deserto era um retiro favorito de ascetas. Satisfazia seu desejo de solidão e do mínimo de estimulação externa. Além disso, era considerado o lar da Divindade (observem-se os retiros de Moisés, Isaías, Jesus. e Maomé). Dizem que os essênios, interessante grupo de judeus-pré-cristãos que viviam em extrema austeridade e que foram considerados por Josephus como os ascetas mais antigos conhecidos dos historiadores, originaram-se no deserto e para lá voltaram como eremitas. O desejo do asceta de ir para o deserto é explicado como uma volta simbólica à paz e quietude do útero materno por Schjelderup (Die *Askese,* Berlim, Walter de Gruyter, 1928), que reuniu impressionante coleção de material sobre a questão de ascetismo extraída de numerosos livros, de suas experiências em mosteiros na Europa e no Oriente, e das análises de dois pacientes.

Um dos ascetas do Novo Mundo é descrito com beleza e delicadeza por Willa Cather ([12]). Jeanne Le Ber, filha única de um rico comerciante de Montreal, foi muito mimada em sua infância. Seu pai, que gostava de sociedade e recebia a todas as pessoas distintas que visitavam Montreal, sentia prazer em apresentar sua encantadora filha a seus convidados que a cobriam de presentes e atenções.

Embora afetuosa e amável, a menina logo demonstrou tendência ascética. Quando estava na escola dava aos outros as caixas de doce que lhe mandavam de casa. Por baixo dos ricos e belos vestidos que seu pai lhe comprava, sempre usava uma camisa de pano de crina encostada à pele.

Quando chegou à idade de casar, seu pai, desejoso de arranjar-lhe um bom partido, fixou para ela um grande dote e apareceram numerosos pretendentes para cortejá-la, um dos quais seu companheiro de infância. Jeanne, porém, pediu que a deixassem entrar para o convento. Quando seus pais e mesmo seus diretores espirituais lhe imploraram que não tomasse os votos, obteve permissão para retirar-se em sua casa, fazendo o voto de castidade por cinco anos, período de tempo durante o qual não falaria com membro algum de sua família. Seus pais consentiram nesse arranjo na esperança de que a moça, de dezessete anos, logo abandonasse sua resolução, mas a partir do dia em que iniciou seu retiro não falaram com ela nem a viram mais, exceto quando passava por eles a caminho da igreja. Seu pai, abatido pela ruína de suas esperanças, retirou-se da vida social e evitava sua casa. Sua mãe no leito de morte mandou chamar a filha, implorando-lhe que fosse até seu lado, mas Jeanne recusou.

Quando terminaram os cinco anos, Jeanne renovou seu voto e, depois de dez anos de vida solitária na casa de seus pais, tomou seu dote e com ele fez construir uma capela, na qual mandou fazer uma cela para si própria atrás do altar. A cela consistia em três pavimentos: uma grade no primeiro pavimento permitia-lhe assistir à missa, sem ser vista. Seu alimento, simples e escasso, era-lhe entregue através de uma pequena janela. O segundo pavimento era um quarto de

---

12. Gather, Willa — *Shadow on the Rock,* Knopf, 1934, pp. 130-36. 150-53.

Eros e Tânatos

dormir, no qual cabia apenas uma estreita cama e onde ela dormia nas mais frias noites canadenses apenas com uma colcha, mas com o travesseiro a apenas algumas polegadas do Santíssimo Sacramento do outro lado da parede da capela. No terceiro pavimento, ela bordava toalhas de altar e paramentos ou tecia e fazia meias para os pobres.

Essa estreita torre de pedra era seu túmulo em vida, do qual nunca mais saiu, nem mesmo para tomar ar e fazer exercício, exceto à meia-noite de cada dia, quando ia à igreja rezar durante uma hora. No inverno tinha um pequeno fogão que acendia quando o frio era extremo, para que seus dedos não ficassem duros a ponto de não poder trabalhar. Com todo esse espírito de sacrifício, dizem que se sentia tão encantada com sua existência que preferia sua cela a todo o resto do mundo.

Deixo ao leitor decidir que pormenores distinguem esse exemplo magnífico de ascetismo e martírio auto escolhido, dos exemplos clínicos antes citados. Os elementos de alegria na dor, de amor satisfeito por sofrimento, de autonegação, senão "punição", e de agressão contra os pais e o enamorado (sob a forma de decepcioná-los e rejeitá-los) são bastante claros.

Outro exemplo histórico citado pelo mesmo autor, descreve o martírio de um dos primeiros missionários do Canadá, Noel Chabanel, que pereceu em um ataque de iroqueses. Chegou à América procedente de Toulouse, na França, onde fora professor de retórica. Era uma pessoa de refinamento e delicadeza, inapta para os sacrifícios da vida missionária entre os selvagens. Apesar disso foi viver entre eles a fim de aprender sua língua e convertê-los. Em suas enfumaçadas *wigwams,* (*) dormindo e comendo com cães e selvagens, atacado por vermes, enjoado pela sujeira, pelos cheiros e pelas comidas sujas e mal preparadas, que consistiam em carne de cão e outras iguarias semelhantes, sofreu intermináveis torturas. Não é de admirar que depois de cinco anos de estudo fosse incapaz de dominar a língua desse povo que lhe era tão repulsivo, embora falasse grego, hebraico, italiano e espanhol, além de sua língua, o francês. Os índios olhavam o jovem e delicado intelectual com desprezo e aproveitavam

---

(*). N. T. — Cabana ou barraca dos índios da região dos Grandes Lagos, na América do Norte.

toda ocasião para feri-lo ou escandalizá-lo; certa vez, segundo conta a história, induziram-no a comer carne que depois lhe disseram ser carne humana e em seguida caçoaram de sua aflição. Ele nunca se acostumou com as privações e sacrifícios como faziam os outros missionários, mas levava tuna existência miserável, dormindo na neve para fugir das sujas cabanas dos índios, comendo milho cru, servindo de alvo de rudes gracejos, humilhado por sua ineficiência no trabalho que escolhera, cansado da brutalidade e indecência dos selvagens e sentindo constante saudade da França.

Seu superior, vendo seu desespero e total inaptidão para sua tarefa, recomendou seu regresso à França, mas padre Chabanel, tendo à mão os meios para seu lenitivo, voltou as costas à beleza e paz de sua vida antiga para sempre, fazendo o voto de permanecer nas missões do Huron pelo resto da vida. Morreu dois anos depois quando estava estacionado na selva, embora nunca se tenha sabido se morreu de exposição às intempéries ou foi assassinado pelos índios.

Penitências têm sido parte do culto religioso de várias seitas mesmo no presente. A mais conhecida delas, talvez, nos Estados Unidos pelo menos, é a dos flageladores mexicano-americanos, conhecidos como "Los Hermanos Penitentes de Sangre de Cristo" e em geral chamados simplesmente de "Penitentes", que vivem no norte do Novo México e no Sul de Colorado. De acordo com a história eclesiástica, essa seita surgiu e floresceu na Europa nos séculos XIII e XIV, praticando flagelação pública para aplacar a ira divina ([13]).

Outra curiosa seita dessa espécie é a Filipovtsi, descrita por Baring ([14]), o qual diz que no século XVIII, na Rússia, famílias inteiras e mesmo aldeias pertencentes a essa seita barricavam-se a fim de morrer de fome. No reinado de Alexandre II, um camponês convenceu vinte outros a retirarem-se para a floresta e deixarem-se morrer de fome.

Outro grupo russo descrito por Stepniak ([15]) chamava seus membros de Cristãos, mas os de fora escarninhamente transformaram esse nome em *Chlists,* que significa "chicotes", uma vez que a auto-

---

13. Ver Henderson, Alice Corbin — *Brothers of Light,* Harcourt, Brace, 1937.
14. Baring, Maurice, *The Russian People,* Londres, Methuen, 1911, pp. 352-54.
15. Stepniak, Michael Dragomanoff, *The Russian Peasantry,* Harper Bro., 1888.

flagelação desempenhava papel importante em seus ritos religiosos. Eles protestavam contra a vida familiar e pregavam absoluta continência. Os Skoptsi ou Castrati (que serão discutidos mais adiante) pertenciam a este grupo.

Deve-se acentuar que esses rigores não foram praticados apenas por ramificações cristãs. A maioria das religiões apresenta o mesmo fenômeno. Práticas ascéticas são descritas entre os fiéis maometanos ([16]), assim como entre os adeptos do Budismo, do Bramanismo e muitas outras religiões ([17]). Os judeus, os gregos, os romanos e muitos outros acreditavam no sacrifício para evitar a baveja divina ([18]). Juvenal descreve como os ritos expiatórios do culto de Isis despertavam grande entusiasmo em Roma; mulheres partiam o gelo do rio Tibre nas manhãs de inverno para mergulhar três vezes na água, arrastavam-se sobre joelhos sangrando em volta do campo de Tarquin ou realizavam longas peregrinações ao Egito para conquistar as boas graças da Deusa.

O ideal ascético não se limita ao pensamento religioso; a teoria de que o corpo deve ser mantido subordinado ao espírito pela autonegação foi ensinada por muitos filósofos pagãos, entre os quais Platão e Cícero.

Por mais interessantes que sejam essas práticas ascéticas generalizadas, seria impossível estabelecer os motivos psicológicos individuais de todas elas. Não devemos ignorar uma certa justificação lógica para o ascetismo e martírio históricos dependendo das condições sociais em que floresceram. O fato de homens negarem a si próprios

---

16. Miyan Hatim de Sambhal, que morreu em 1562, passou dez anos vagueando de cabeça descoberta e pés descalços, jamais dormindo em uma cama. Muhamad Ghawth passou doze anos nos montes ao norte do Ganges entregue a severa austeridade, alimentando-se de folhas de árvores e dormindo em cavernas. Sliaikh Burhan durante quase cinquenta anos antes de sua morte absteve-se de carne e da maioria dos outros alimentos e bebidas... Nos últimos tempos de sua vida, absteve-se também de beber água, passando seu tempo em meditação em uma pequena cela escura. (Hastings, James, *Encyclopaedia of Religion and Ethics,* Scribner, 1910).

17. Ascetas hindus permanecem em atitudes imóveis com o rosto e os braços erguidos para o céu até os tendões se contraírem e a postura transformar-se em rigidez; ou se expõem à inclemência do tempo em estado de absoluta nudez, rasgam seus corpos com facas ou alimentam-se de carniça e excremento. Entre os maometanos da índia há faquires que foram vistos arrastando pesadas correntes ou balas de canhão ou rastejando sobre as mãos e os joelhos durante anos; outros foram encontrados deitados sobre pontas de prego como se fossem uma cama; e ainda outros pendurarem-se sobre uma fogueira branda durante meses com um

confortos comuns e mesmo coisas necessárias ou se exporem ao que nos parece serem riscos desnecessários e temerários pode ser interpretado como significando que suas atitudes eram determinadas por fortes tendências individuais inconscientes para a autodestruição, mas, ao mesmo tempo, esses impulsos eram sem dúvida estimulados por certas influências populares da era ou da cultura, as quais ensinavam que, por esses meios, a vida em outro – e maior – sentido era salva e não destruída. Toda cultura contém numerosos elementos que tendem a encorajar e facilitar as tendências autodestrutivas do indivíduo. Essas influências podem ser mecânicas, econômicas, filosóficas, educacionais, sociológicas ou morais. Não somos capazes de avaliar objetivamente a destrutividade de algumas dessas tendências em nossa própria civilização porque estamos perto demais para ter uma perspectiva adequada. Consideramos autodestrutivo o martírio voluntário descrito, mas provavelmente ignoramos muitos dos aspectos suicidas de nossa própria cultura, talvez mesmo considerando-os preservadores. É bem possível que em anos vindouros nosso próprio período seja considerado como um daqueles em que as tendências auto aniquiladoras do homem atingiram o máximo. (Considere-se, por exemplo, nossos acidentes de trânsito com automóveis, nossas atividades militaristas, nosso desperdício de recursos naturais e nosso descuido com os valores humanos.)

Eu poderei, portanto, ser criticado com razão, se na citação de exemplos impressionantes desse fenômeno que eu destaquei, aparecerem como peculiarmente autodestrutivos, fanáticos religiosos

---

sol tropical brilhando por cima. Entre os judeus modernos sabe-se que alguns dos membros mais piedosos das sinagogas se submetem à penitência de flagelação voluntária antes do início do Jejum da Expiação, duas pessoas aplicando sucessivamente uma na outra 39 chicotadas ou 13 vergastadas com um açoite triplo. Entre os Vasts zoroastrianos, 30 chicotadas com o Sraoshokarana é uma expiação que limpa as pessoas de seus pecados... Heródoto conta que os egípcios antigos batiam em si próprios enquanto as coisas que ofereciam como sacrifício estavam sendo queimadas e que os habitantes de Carian, no Egito, cortavam o rosto com facas nessas ocasiões. Entre os mexicanos antigos derramar sangue era uma maneira preferida e muito comum de expiar pecados e demonstrar devoção... "eles retalhavam sua carne como se fosse insensível e deixavam o sangue correr em tal profusão que parecia ser um liquido supérfluo do corpo." (Clavigero, *History of Mexico.*) A auto mortificação também fazia parte do culto religioso de muitas tribos incivilizadas da América do Norte. (Westmarck, *op. cit.,* Vol. II, p. 353).

18. O famoso poema de Schiller, *The Ring of Pohycrates* resume esse sentimento. Ver também Money-Kyrle, *The Meaning of Sacrifice,* Londres, 1930.

que, dentro de seu ambiente cultural, talvez não fossem mais que qualquer outro grupo estreitamente unido na defesa de um ideal contra uma sociedade hostil. Não foi essa minha intenção; pelo contrário, os trabalhosos, eruditos e muitas vezes pitorescos registros existentes a respeito desses primeiros mártires os tomam mais acessíveis a estudo que qualquer outro grupo e por essa razão, na coleta de exemplos de ascetismo e martírio para ilustrar os fatores de atrito, agressão e erotismo, já demonstrados em outras formas de auto destrutividade crônica, eu recorri abundantemente a crônicas religiosas, assim como a outros relatos históricos.

O COMPONENTE AUTOPUNITIVO

Conta-se que um índio chamado Inepegut, que vivia na reserva de índios de White Rocks, no Utah, matou sua mãe quando estava embriagado. Deixou a tribo durante o resto de sua vida, mais de trinta anos, fez penitência como criminoso condenado por si próprio, vivendo como eremita da pouca comida que lhe deixavam aqueles que dele se compadeciam. Não usava roupas e vivia sem abrigo no inverno e no verão, embora exposto a extremos de calor e frio, de modo que nas vezes em que dormia sobre o chão seu cabelo ficava congelado no gelo e precisava ser cortado a machadadas para soltá-lo.

O motivo autopunitivo tão simplesmente revelado nessa história em geral não é tão claramente demonstrável na vida dos mártires e ascetas da lenda ou da história, não porque as penitências fossem menos severas, mas porque os atos pelos quais se puniam não eram tão evidentes ([19]). Os próprios santos diziam que eram pecadores e que seu sofrimento era uma expiação, mas somos inclinados a considerar esses protestos como indicações de consciências excessivamente tenras e não como provas de culpa, esquecendo que a necessidade

---

19. Podemos tirar nossas próprias conclusões do seguinte: Hitler abstém-se de álcool, fumo, carne e casamento. *(Mein Kampf,* Munique Eher Verlag, 1927.) Mussolini nunca toma bebida alcóolica, é vegetariano, não fumou mais desde a Guerra Mundial, não toma chá nem café, mas apenas uma bebida preparada com folhas da árvore de tília. *(Time,* 15 de março de 1937.) Trotsky não toma bebida alcóolica, só come carne uma vez por semana, não fuma e proibiu que alguém fume na sua presença. *(New York Times,* 21 de fevereiro de 1937.)

de punição não está necessariamente associada a crimes hediondos ou pecados nefandos. Esforços extraordinários para trazer dor e ignomínia a si próprio são provas *prima facie* de que o indivíduo sofre de sentimentos de culpa e procura punição para aliviá-los. A maioria das pessoas não reconhece que a consciência do indivíduo mediano não corresponde em seu padrões ao mundo da realidade, sendo muito mais rígida e menos sensível à razão. No reino do inconsciente, fantasias de crime são tão pesadamente carregadas de culpa quanto crimes reais e devem ser punidas. Mesmo impulsos instintuais, inocentes em si próprios, podem ser fonte de angustiante remorso.

De acordo com a teoria psicanalítica, a autocondenação e a autocrítica são reflexos de atitudes paternas e funções paternas incorporadas pela criança no começo da vida e usadas como guia em toda sua conduta futura. Indiscutivelmente as restrições da civilização e as renúncias exigidas pela maioria dos credos religiosos tendem a reforçar essas atitudes paternas, mas não são responsáveis principais por sentimentos de culpa, os quais atuam mesmo em povos primitivos entre os quais se desconhecem crenças e filosofias, em um sentido refinado [20].

A história oferece abundantes testemunhos da existência do sentimento de culpa em ascéticos. Está registrado que o sofrimento mental deles era tão grande, que apesar de toda sua autotortura não encontravam paz, mas lutavam com a tentação sob a forma de imaginários demônios e espíritos maus [21], e eram atormentados

---

20. Westermarck (op. *cit*.) acredita que o ascetismo "dificilmente ocorre em nações que não têm vivida noção de pecado" e infere que certas religiões intensificaram o sentimento de culpa em pessoas antes quase desprovidas dele e por isso tomaram mais urgente a expiação. Sem negar a verdade nisso, estudo psicanalítico refutou conclusivamente a noção de que o sentimento de culpa se origina fundamentalmente de ensinamentos religiosos. Pelo contrário, os conceitos religiosos originaram-se de profundas necessidades psicológicas da humanidade e destinam-se a permitir a expressão de algumas delas, inclusive o sentimento de culpa.

21. Na representação pictórica da tentação de Santo Antônio, da autoria de um discípulo de Hieronymus Bosch, no Museu Metropolitano, formas grotescas são empregadas para simbolizar as tentações e os maus pensamentos. Embora o simbolismo pareça obscuro a princípio, exame mais acurado revela muitas ideias conhecidas. O olho e o ouvido de um velho, por exemplo, provavelmente representam pais sempre vigilantes e a bela mulher nua cercada por figuras muito bestiais representa a degradação do sexo. As posturas lascivas de algumas das criaturas fantásticas ilustram ainda mais a natureza das tentações. Contudo, não é necessário presumir que o artista tivesse consciência da significação simbólica das figuras.

Eros e Tânatos

pelo que consideravam pensamentos ímpios, acreditando-se seduzidos pelo demônio que (segundo pensavam) vinha até eles em suas miseráveis celas na calada da noite sob a forma de uma bela mulher. Aparentemente, apesar de todas as suas expiações, eles se curvavam sob uma esmagadora carga de desespero e medo. Quanto ao remorso pelos seus pecados, está registrado que um santo, depois de sua conversão, não passava um dia sem derramar lágrimas, e que de outro caíram os cílios por chorar continuamente.

Alguns eram capazes de projetar seus sentimentos de culpa sobre uma parte de si próprios (o corpo) e, maltratando-o e descuidando-se dele, satisfazer sua consciência. Sustentavam que o corpo era mau, que era antagônico às coisas espirituais da vida e por suas exigências impedia que o homem atingisse a perfeita santidade. Se falhasse diante das crueldades que lhe eram impostas, tanto melhor. (Compara-se essa atitude à do paciente psicótico descrito acima, que se vingava de seu corpo de várias maneiras.)

Autopunição dessa espécie era necessária não só para sossegar a consciência, mas para aliviar o medo de punição maior (e possível extinção) por uma autoridade mais alta. É difícil compreender porque surgiu a ideia de que o sofrimento agrada a Deus, ao menos que se aceite a teoria de que se supunha que o sofrimento aplacasse e desarmasse uma potência vingadora. Surge então a questão de saber porque o medo de punição estava ligado a atos como comer, beber e sentir prazer sexual, e porque se pensava que abster-se dessas coisas evitava a vingança. A explicação psicanalítica para isso é que originariamente na vida do indivíduo as potências superiores a serem agradadas eram os pais e que as práticas ascéticas são determinadas pelas atitudes deles. A criança tem muitos ressentimentos contra os pais devido à interferência deles em seus desejos, mas em geral esforça-se muito para ocultar os ressentimentos por causa do medo de desagradá-los. Às vezes entrega-se a atos proibidos e por esse motivo, assim como por causa de sua revolta não-declarada, sente-se culpada e atemorizada. Para apaziguar sua consciência e evitar punições mais severas por parte dos pais, pode punir-se ou sacrificar-se de alguma maneira. Como a sexualidade é cercada por muitos tabus e é absolutamente proibida à criança, é evidente que pode ficar sob proibição tão severa que persiste em toda a vida adulta.

A tendência a passar fome tem origem mais obscura, a menos que se ignore a questão dizendo que o jejum é meramente um meio eficaz de sofrimento e por essa razão se recomenda ao indivíduo que deseja punir-se. É sabido, porém, que no inconsciente a punição é em geral ligada muito de perto ao crime. Para uma explicação mais específica da tendência a não satisfazer o apetite por comida, precisamos, portanto, voltar à situação da infância. A tendência ascética tem sido frequentemente observada em crianças que recusam alimentação. Aqui uma mistura de motivos que existem para tal comportamento tende a confundir a questão. A criança pequena talvez deseje prender atenção, despertar piedade e interesse, exercer poder sobre os pais, desafiá-los ou exasperá-los deixando de comer. Mais profundo que todos esses motivos, porém, é a ansiedade da criança devido a perigo imaginário ligado ao ato de comer. Para ela isso adquiriu uma significação psicológica peculiar ligada às fantasias infantis de comer gente. Psicanalistas [22] e outros estudiosos encontraram prova de que, no inconsciente, o canibalismo não é abandonado na extensão em que o costume social o abandonou desde nossos tempos de aborígine. Já mencionei isso na discussão do caráter oral. Se todo o ato de comer se toma carregado demais com a fantasia de comer alguém ou com o medo de ser comido, a apreensão, a culpa e o medo da criança causam uma inibição. Pode-se estabelecer como axiomático que onde há medo e culpa em ligação com o objeto, se desenvolve uma inibição.

Devorar nossos inimigos é uma fantasia essencialmente infantil (filogenética e ontogeneticamente), mas é preciso não esquecer que muitos modos infantis de pensamento persistem inalterados

---

22. Ver especialmente as seguintes referências: Freud, Sigmund, *The Future of an illusion, Liveright,* 1928, p. 17; Freud, Sigmund, *Inhibition, Symptom and Anxiety,* Psychoanalytic Institute, Stamford, Conn., 1927, p. 23; Abraham, Karl, *Selected Papers on Psycho-Analysis,* Londres, Hogarth, 1927, pp. 251, 257, 276, 420, 488; Maleove, Lillian, *Body Mutilation and Learning to Eat,* Psychoanalytic Quarterly, 1933, Vol. II, pp. 557-61; Eder, M. D., *On the Economics and the Future of the Super-Ego,* International Journal of Psychoanalysis, 1929, Vol. X, p. 251; Jones, Ernest, *Recent Advances in Psychoanalysis,* 1929, Vol. X, p. 251; Jones, Ernest, *Recent Advances in Psychoanalysis,* International Journal of Psychoanalysis, 1920, Vol. I, p. 165; Fenichel, Otto, *Outlines of Clinical Psychoanalysis,* Norton, 1934, e *Psychoanalytic Quarterly Press, Albany,* 1934; Lewis, Nolan D., *The Psychobiology of the Castration Reaction,* Psychoanalytic Review, 1928, Vol. XV, p. 53; Klein, op. cit., pp. 219-20.

no inconsciente e dominam o comportamento do adulto, embora, como acentuou Melanie Klein, o adulto normal possa racionalizar suas aversões de todas as maneiras, ao passo que, na criança, hábitos dessa espécie são atribuídos a maldade ou excentricidade. Assim o adulto pode racionalizar a aversão pela carne sob a alegação de que frutas e hortaliças constituem dieta mais higiênica, que é de mau gosto comer came, que seu estômago é constituído de tal forma que não digere carne ou que se abstendo dela honra a Deus.

Aversões especiais por alimento, às vezes levadas ao ponto de recusar comer qualquer coisa, são comumente encontradas na doença melancolia (síndrome maníaco-depressivo), onde esse sintoma frequentemente assume grande importância. Esta doença é também caracterizada por sentimentos de culpa e indignidade, e por medidas autopunitivas. Fantasias canibalistas infantis desempenham importante papel nessa doença, que é em geral precipitada por uma decepção em relação a um objeto amado. O paciente reage a essa decepção não por meio de um ataque efetivo contra o objeto, mas por uma fantasia inconsciente de vingar-se devorando-o. Dessa maneira, mata o que o decepcionou e ao mesmo guarda-o amorosamente dentro de si [23]. É desse grande "pecado" que o melancólico se censura com

---

23. Cf. fantasia de Longfellow:

> Eu vos (suas filhas) tenho presas em minha fortaleza,
> E não vos deixarei partir,
> Mas vos porei na masmorra
> Na torre redonda do meu coração.
>
> E ali vos guardarei para sempre,
> Sim, para sempre e mais um dia,
> Até as paredes caírem em ruínas,
> E se desfazerem em pó!

N. T. – Do original em inglês.

> I have you (his daughters) fast in my fortress,
> And will not let you depart,
> But put you down into the dungeon
> In the round-tower of my heart.
>
> And there will I keep you forever,
> Yes, forever and a day,
> Till the wails shall crumble to ruin,
> And moulder in dust away!

De *"The Children's Hour"*
Houghton Mifflin, 1899

característica amargura. A aversão por alimento é ao mesmo tempo uma negação e uma punição pelo ato imaginado.

O COMPONENTE AGRESSIVO

Além dos elementos de culpa mais obscuros que os mártires e ascéticos dão a impressão de serem compelidos a satisfazer, parece haver no martírio certas satisfações positivas que deveríamos estar preparados para analisar. Uma delas é o conhecido impulso instintual para destrutividade e agressão que descobrimos na análise dos motivos ocultos de suicídio. De fato, como a civilização exige que o controlemos ou ocultemos, devemos esperar que esteja escondido. É claro que em geral, na mente do público não está associado àqueles que servem a grandes causas e, no caso dos mártires, embora frequentemente observado, em geral não é levado em conta por críticos, assim como por admiradores, devido ao tremendo preço pago pelo privilégio. Todavia, na consideração científica dos motivos psicológicos de comportamento, não podemos ignorar uma determinante importante por causa do que custa ao indivíduo satisfazê-la. Além disso, o grande sentimento de culpa implícito na necessidade de punição, discernível nos ascetas e mártires como ilustram as páginas anteriores, implica em uma agressividade e destrutividade de intenção ou realização, que devemos sistematicamente procurar.

Às vezes é perfeitamente evidente; greves de fome, por exemplo, têm uma intenção agressiva abertamente declarada. Parece a princípio contrário à natureza humana que um indivíduo possa obrigar outra pessoa a fazer sua vontade simplesmente compelindo o antagonista a presenciar seu sofrimento e assim forçando-o a assumir a obrigação moral, mas ilógica, por ele. No entanto, esse apelo muitas vezes se mostrou eficaz onde haviam falhado agressões mais diretas. Diz-se que foi usado frequentemente pelas vítimas dos Conquistadores. A tentativa de suicídio coletivo dos mineiros húngaros famintos é outro caso semelhante. Credores costumavam sentar-se diante da porta de seus devedores ameaçando matar-se de fome se não fossem pagos. Uma lenda indiana ([24]) conta que certa vez, quando um rajá mandou destruir a casa de um brâmane e confiscar suas terras, o brâmane revidou jejuando no portão do palácio até morrer e depois se tornou um fantasma vingador que destruiu o rajá e sua casa. Há notável semelhança entre essa lenda e o comportamento da criança que, quando está com raiva de seus pais, diz consigo mesma (e que criança não o disse?): "Eles vão se arrepender quando eu morrer."

Entre o sofrimento agressivo tão conscientemente dirigido e aquela forma na qual o sofredor não tem consciência de seu desejo de ferir outros não há muita distância. Tem sido observado frequentemente que o refreamento antinatural de impulsos instintuais tende a murchar a personalidade e enfraquecer sua capacidade de adaptação social. Assim o ascético muitas vezes se torna eremita, cortando todos os laços de afeição com sua família e seus semelhantes. Acredita-se geralmente que severa restrição de prazeres físicos normais causa uma deterioração das qualidades de bom humor, generosidade, franqueza e energia, o que é verdade até certo ponto. A teoria psicanalítica, porém, dá maior importância à etiologia desenvolvimental, acreditando que a falta original de desenvolvimento dos suavizantes instintos amorosos que neutralizariam os impulsos hostis e resultariam no desenvolvimento de tolerância, bondade e generosidade, é responsável pela severidade e rigidez da personalidade. O férreo controle que o asceta impõe a certas formas de atividade em si próprio (e muitas vezes a quase toda forma de atividade, destrutiva ou criativa) não é suficiente para conter as agressões que são extraordinariamente poderosas na pessoa em quem o desenvolvimento de amor foi impedido ou sufocado, mas é suficiente para mudar a forma e direção de sua expressão. É, por exemplo, em geral uma expressão passiva, na qual o transtorno ou ferimento causado a outra pessoa parece ser inerente à dor maior do próprio sofredor; ou o asceta ou mártir faz parecer que o dano causado a outros é produzido impessoalmente através da causa que ele esposou. Assim a responsabilidade pela agressão é desviada da consciência.

A natureza da agressão do mártir nunca foi mais concisamente declarada do que em quatro versos de Clarence Day:

---

24. Relatado por Westermarck, *op. cit.,* Vol. II, p. 649.

AS THE WORM TURNS

When lovely woman weds a Tartar
And learns too late that love is grim.
How sedulously she plays the martyr,
And meanwhile makes one out of him. (*)

The New Yorker, 2 de março de 1935.

Em um estudo das agressões típicas do mártir, é impressionantemente evidente como elas em geral se dirigem para as pessoas mais estreitamente ligadas a ele, em geral membros de sua família. Já se disse de um santo que era tão bondoso a ponto de nunca saber que tivesse sido duro ou desumano com pessoa alguma, *exceto com seus parentes*. Isso não é tão estranho como pode parecer à primeira vista, pois até certo ponto essa tendência de ser cruel com aqueles que mais se ama está presente em todos nós. A necessidade de odiar é tão fundamental quanto a necessidade de amar e as duas emoções combinam-se em nossos sentimentos em relação às pessoas que nos cercam. Em geral a necessidade de amar e ser amado é suficientemente desenvolvida para dominar as relações da pessoa com sua família, embora o frequente rompimento de estreitas relações comprove o ódio subjacente. Contudo, no mártir, como sugerimos, os instintos amorosos são mal desenvolvidos e os impulsos de ódio adquirem assim força esmagadora.

Um dos heróis de meu Estado, John Brown, liderou uma famosa luta contra a escravidão; durante vinte anos andou de um lado para outro na pobreza, exortando, implorando, lutando, queimando e matando, antes de ser ele próprio finalmente enforcado, condenado por traição e homicídio. Tinha verdadeiro espírito de mártir; várias vezes antes do dia em que foi proferida sua sentença, disse: "Agora eu presto infinitamente mais para ser enforcado do que para qualquer

---

(*). N. T. – QUANDO A COISA APERTA
Quando uma mulher adorável se casa com um selvagem
E aprende tarde demais que o amor é cruel,
Com que persistência ela se faz de mártir
E ao mesmo tempo faz dele um mártir.

outro propósito." Era como se sua inclinação desde o princípio fosse morrer pela causa a que dedicara seu espírito ardente e violento. A respeito dele escreveu seu advogado: "... Ele responde que não sairia se a porta da cadeia fosse deixada aberta de par em par... Sim, creio que é melhor abandonar a esperança de salvar nosso velho amigo. Isso porque ele quer ser enforcado! Que o céu salve sua alma, pois o velho *quer* ser enforcado!"

Enquanto Brown vagueava pelo país, perseguindo sua visão com intrépido e fanático zelo, sua paciente esposa lutava com o frio, a fome e abjeta pobreza em uma desolada fazenda de Adirondack. O casal tinha treze filhos, dos quais nove morreram. Viviam em uma casa não rebocada, cheia de goteiras, e chegavam quase a passar fome nos longos e duros meses de inverno, sem dinheiro nem comida. Quando os filhos tiveram idade suficiente para ser de utilidade ao pai este mandou buscá-los e lhes pediu que se sacrificassem em sua guerra santa. O tímido protesto da mãe para não entregar o filho que virilmente tentara tomar o lugar do pai como chefe da família, assumindo responsabilidades pesadas demais para seus jovens ombros, foi impiedosamente posto de lado diante das exigências do que Brown considerava o certo. Uma vez esse filho escreveu ao pai que seus irmãos estavam ocupados com suas próprias famílias e não lutariam mais em tão sangrenta e desesperada causa. Sabiam o que era ter gente perseguindo-os para matá-los em Kansas, ser humilhados por seu severo pai, "o homem mais temido no território", ir para a prisão pelos homicídios de seu pai, atos que lhes repugnavam. Um filho ficou louco. Outro foi morto a tiro. Mas apesar disso o pai prendia-os implacavelmente a seu propósito. "Diga a meus filhos que embora estejam fortemente contra mim eu não os libero", escreveu ele. Não os liberou, pois dois deles tiveram morte horrível em Harpers Ferry sob sítio. Quando um milhar de homens cercou a cidade e as probabilidades eram desesperadoramente contra o punhado de homens de Brown, este recusou render-se e mandou um de seus moços tratar com o inimigo para pôr termo ao tiroteio. O homem foi prontamente aprisionado. Brown mandou então seu próprio filho, o rapaz de quem sua mãe dependia e que tentara conservar consigo, a fim de negociar com as tropas. O rapaz foi alvejado, mortalmente ferido, diante dos olhos de seu pai, e arrastou-se dolorosamente de volta para o arsenal onde morreu lentamente. Ainda assim, o velho recusou render-se e foi dominado pela força. Nele não parecia haver a menor piedade por seus filhos, nenhum enternecimento quando lhe imploraram que os deixasse partir e viver em paz [25].

Vezes e vezes nas histórias de mártires encontra-se essa insensibilidade diante do sofrimento de entes amados. Grandes exploradores e cientistas puseram de lado os mais estreitos laços e responsabilidades de família para empreenderem solitárias expedições e perigosas missões. Conhecemos bem o "escravo" dos negócios que sacrifica a felicidade de sua família, assim como a sua própria, à sua ambição. Há inúmeros exemplos de agressões inconscientes da pessoa que se sacrifica – artistas que desistem de suas vidas (e abandonam suas famílias como fez Gauguin) por causa da arte; revolucionários que põem em perigo suas próprias vidas e põem em perigo suas famílias e seus amigos com uma ardente devoção a um ideal; donas de casa que se tornam mártires de suas famílias ou de seus deveres domésticos e, com isso, tornam infelizes todos os que as cercam. Nossa investigação psicológica recusa permitir que aceitemos a ingênua presunção de que tão grande indiferença pelo conforto e bem-estar alheios seja sempre incidental e inevitável.

Muitos relatos antigos sobre santos contam como eles fugiram de sua mãe e não somente fugiram dela, mas a rejeitaram realmente. A mãe (ou irmã) é muitas vezes apresentada como seguindo o asceta até seu retiro e implorando para vê-lo, enquanto o santo endurece seu coração e recusa ter qualquer coisa a ver com ela. O elemento de prazer em derrotar a mãe é claramente evidenciado em tais histórias. Às vezes a mãe convence um superior a ordenar a seu filho que a veja e o filho recorre a meios engenhosos como ir vê-la disfarçado e com os olhos fechados para que a mãe não o reconheça e para não a ver.

São Poemen e todos seus seis irmãos haviam abandonado sua mãe para dedicar-se à vida ascética. A velha mulher foi sozinha ao deserto para ver seus filhos mais uma vez antes de morrer. Avistou-os quando estavam deixando suas celas para ir à igreja, mas *eles*

---

25. Para mais pormenores ver Ehrlich, Leonard, *God's* Angry *Man,* Simon and Schuster, 1932, de onde foi tirado este material.

Eros e Tânatos

imediatamente correram de volta para as celas e lhe bateram a porta na cara. Ela permaneceu do lado de fora chorando amarguradamente e pedindo-lhes que a deixassem vê-los. Recusaram porém, abrir a porta, dizendo-lhe que ela os veria depois da morte.

A história do famoso Simeon Stylites é ainda mais reveladora de sua atitude agressiva para com sua mãe. A seu respeito, Lecky diz: "Ele fora apaixonadamente amado por seus pais e, se podemos acreditar em seu panegirista, iniciou sua santa carreira despedaçando o coração de seu pai, que morreu de pesar depois de sua fuga. Sua mãe, porém, sobreviveu. Vinte e sete anos depois de seu desaparecimento, numa época em que suas austeridades o tomaram famoso, ela ouviu dizer pela primeira vez onde ele estava e se apressou em visitá-lo. Contudo, todo seu trabalho foi em vão. Nenhuma mulher era admitida dentro do recinto de sua morada e ele recusou permitir-lhe até mesmo olhar seu rosto. Suas súplicas e lágrimas misturavam-se com palavras de amarga e eloquente censura. "Meu filho", ela é apresentada dizendo, "por que me fez isto? Eu o tive em meu útero, você sobrecarregou minha alma de dor. Eu lhe dei leite do meu seio, você encheu meus olhos de lágrimas. Feios beijos que lhe dei, você me deu a angústia de um coração dilacerado; tudo quanto eu fiz e sofri por você, você me pagou com a mais cruel das injustiças." Finalmente, o santo mandou uma mensagem dizendo-lhe que ela logo o veria. Durante três dias e três noites ela chorou e suplicou em vão, depois, esgotada pelo sofrimento, pela idade e pela privação, deixou-se cair fracamente no chão e soltou seu último suspiro diante da porta inospitaleira. Então, pela primeira vez, o santo, acompanhado de seus adeptos, saiu. Derramou algumas piedosas lágrimas sobre o cadáver de sua mãe assassinada e fez uma oração encomendando sua alma ao céu... e depois, entre os murmúrios de admiração de seus discípulos, o santo matricida voltou a suas devoções."

Esse foi o santo cujas penitências superaram as de quase todos os ascetas de seu tempo pela sua engenhosidade e por seu caráter doloroso. "Um mau cheiro horrível, intolerável aos circunstantes, exalava-se de seu corpo e vermes caíam dele sempre que se movia e enchiam sua cama. Às vezes, deixava o mosteiro e dormia em um poço seco, habitado, dizia-se, por demônios. Construiu três pilares, o último deles com sessenta pés de altura e apenas dois côvados de circunferência, e sobre este pilar, durante trinta anos, permaneceu exposto a toda mudança do tempo, curvando seu corpo incessante e rapidamente em oração quase até o nível dos pés. Um espectador tentou contar esses rápidos movimentos, mas desistiu por cansaço depois de contar 1.244. Durante todo um ano, conta-se, São Simeon ficou em pé sobre uma perna, com a outra coberta por úlceras pavorosas, enquanto seu biógrafo era encarregado de permanecer a seu lado, para apanhar os vermes que caíam de seu corpo e colocá-los de novo nas feridas, com o santo dizendo ao verme: "Come o que Deus te deu." [26]

Orgulho e satisfação inconscientes em desafiar e ferir uma pessoa amada são discerníveis no diário da notável mártir, Perpétua [27], moça bem-nascida e bem-educada, única filha de pai e mãe indulgentes. Embora tivesse apenas vinte e dois anos, sua firmeza de propósito distinguiu-a entre o pequeno grupo de cristãos primitivos que foi aprisionado com ela. Ela registrou suas lutas contra seu idoso pai, contando como resistiu a todas as tentativas dele para dissuadi-la do que considerava uma fé perigosa. Certa ocasião ele ficou tão irritado com seu desafio que se atirou sobre ela para arrancar-lhe os olhos, mas "foi-se embora conquistado", como ela diz complacentemente, acrescentando: "Depois, durante alguns dias, agradeci a Deus por ser deixada sem meu pai e fui revigorada pela sua ausência."

O diário, que se supõe ter sido escrito por ela, quando estava na prisão, pouco tempo antes de seu martírio, descreve várias cenas dolorosas com seu pai, nas quais ele a procurou roído de tristeza, pedindo-lhe que tivesse piedade de seus cabelos brancos, lembrando-lhe que a havia preferido a todos os seus irmãos e implorando-lhe que não arruinasse sua família expondo-a a escárnio e suspeita, "pois nenhum de nós será capaz de falar como homem livre, se alguma coisa lhe acontecer". Ele compareceu ao julgamento, levando nos braços o filho pequeno de Perpétua e implorou-lhe que tivesse piedade da criança, "que não poderá viver quando você partir". Hilário, o procurador, que dirigia o julgamento, ficou comovido pela visita

---

26. Esta citação e a do parágrafo anterior são tiradas de Lecky, *op. cit.*, p. 334.
27. Ver Manson, *op. cit.*, pp. 85-105.

da desesperada dor do velho homem e concitou Perpétua a poupar a encanecida cabeça de seu pai e os tenros anos de seu filho, mas ela não lhe deu atenção. Finalmente, conta ela, quando seu pai insistiu em tentar convencê-la, Hilário ordenou-lhe que se virasse e alguém golpeou o velho homem com um bastão. Contudo, ela ainda não ficou livre dele, pois quando se aproximava o dia dos esportes na arena ele foi vê-la de novo, começou a arrancar a sua barba, jogou-se de bruços no chão e "disse palavras que poderiam comover toda a criação". Perpétua, porém, não desistiu de seu propósito.

O relato da morte de Perpétua é feito por Tertuliano, o qual conta que ela conservou seu ânimo até o fim, discutindo com a tribuna sobre certos arranjos para os esportes com tal veemência que impôs seu ponto de vista; mais tarde despertou a admiração da multidão por sua coragem na arena; e, por fim, depois de ter sido atirada longe por uma vaca selvagem, ainda foi capaz de tomar a mão vacilante do jovem noviço de gladiador e levar a ponta da espada até sua própria garganta. "Talvez", diz seu historiógrafo, "tal mulher não pudesse ser morta de outra maneira... se ela própria não o desejasse." [28]

AGRESSÕES PROVOCADORAS

Diferindo um pouco quanto ao propósito das agressões já descritas, existem aquelas em que o principal objetivo parece ser provocar perseguição ou castigo para obter satisfação autopunitiva ou masoquista. Nos primeiros dias da igreja cristã o fanático zelo de alguns de seus adeptos manifestou-se em sortidas contra os pagãos, nas quais queimavam templos, quebravam ídolos, derrubavam altares e lutavam com os camponeses que tentavam defender os santuários de seus deuses. Esses insultos enfureceram o povo e puseram em perigo a vida de todos os cristãos. O Conselho de Illiberis, um dos conselhos da Igreja primitiva, julgou necessário fazer um cânon recusando o título de mártir às pessoas que fossem executadas por tais ofensas

---

28. Extraído de Manson, op. Cit., pp. 85-105.
29. Ibid., pp. 290-92

provocadoras. Apesar disso, o martírio alcançado em resultado de enraivecer o povo por atos temerários e desafiadores era ainda procurado como alta honraria por alguns fanáticos, como ilustra a história de Apphian e Aedesius ([29]). Esses moços eram irmãos, membros de uma família distinta em Lícia. Apphian tomou-se cristão e fugiu de casa para Cesaréia, onde aderiu a uma comunidade de estudantes e teve uma vida de rigoroso ascetismo durante quase um ano, até quando houve um édito exigindo a presença de toda a população em ritos sacrificais. O governador ia fazer uma libação aos deuses, quando Apphian atravessou o grupo de soldados e oficiais, e segurou a mão do governador, pedindo-lhe que desistisse. Foi preso e colocado no tronco da prisão. Outras formas de tortura foram usadas para fazê-lo retratar-se, como enrolar trapos embebidos em óleo nas suas pernas e atear-lhes fogo. Finalmente foi jogado ao mar.

Seu irmão Aedesius estava decidido a não se deixar superar. Era bem-educado, familiarizado com a literatura latina, tanto quanto com a grega. Logo depois da morte de seu irmão foi condenado a trabalhos forçados nas minas de cobre da Palestina. Quando foi solto, dedicou-se à austera profissão de filósofo, até o dia em que o governador do Egito proferiu sentença contra algumas moças cristãs em Alexandria, onde Aedesius estava morando temporariamente. Aedesius aproximou-se do governador, esbofeteou-o primeiro com a mão direita e depois com a esquerda, jogando-o ao chão. Como seu irmão, foi submetido a uma série de torturas e depois jogado ao mar. O fato de nenhum desses jovens ter correspondido às altas ambições que seus pais tinham a seu respeito, de um deles ter fugido de casa porque a achava intolerável e de ambos terem atacado de maneira quase idêntica uma pessoa de alta categoria indica um conflito com a autoridade, pelo qual pagaram com a vida. Esse desafio e provocação à autoridade são característicos de muitos ascetas e mártires, como já vimos. O que não se pode ignorar é o evidente desejo de lutar com a autoridade e de ser subjugado (como certamente era o caso). O desafio tem o propósito de estimular punição certa e rápida.

Muitas vezes os magistrados parecem ter percebido esse elemento de provocação e tentado evitar satisfazê-lo. Tinham a difícil tarefa de, por um lado, tentar controlar o povo enfurecido pelos métodos militantes dos cristãos e, por outro lado, reprimir os membros fanáticos da comunidade cristã sem satisfazer seu frenético desejo de martírio. A rivalidade entre candidatos ao martírio parece ter sido um fenômeno comum (³⁰).

Um autor declara que os juízes poderiam ter sido desculpados se houvessem perdido a calma com os mártires, tão provocadoras eram as respostas às perguntas do tribunal, como relatam os *Atos dos Mártires,* mas pelo contrário registra-se em muitos casos que os juízes demonstraram grande paciência e bondade em seus esforços para salvar os mártires da condenação que pareciam estar procurando. Respostas como "Nós sustentamos a autoridade do Rei divino, por isso não dedicamos consideração à autoridade de homem mortal" eram destinadas a desafiar a autoridade do tribunal civil. Os executores e os juízes cansavam-se muitas vezes de sua horrível tarefa e procuravam diminuí-la decidindo deixar que os prisioneiros saíssem em liberdade. Muitas vezes o juiz, comovido pela mocidade e inexperiência de alguns daqueles levados à sua presença, oferecia-se para conceder liberdade condicional aos jovens cristãos sob responsabilidade de parentes seus. Em alguns casos, os advogados contratados por amigos do prisioneiro, contra a vontade dele, salvavam-no desvirtuando o caso perante o juiz, que se mostrava muito disposto em ouvi-los em lugar do prisioneiro. Todavia, os mártires repetidamente anulavam esses bondosos esforços em seu favor, proclamando temerariamente seu desprezo pela autoridade e seu desejo de uma morte gloriosa.

O COMPONENTE ERÓTICO

Falamos de satisfações de outra categoria no martírio – satisfações de natureza positiva que tendem a mitigar o desanimador so-

---

30. Este elemento é ilustrado na lenda de Leo, idoso asceta que vivia na costa sul da Ásia Menor, Mason, *op. cit,* pp. 200-01), o qual perdeu um amigo pelo martírio e ficou acabrunhado por sua vida ter sido poupada. Certa noite sonhou que viu seu amigo martirizado à sua frente em uma grande torrente de água. Lutando contra a correnteza, conseguiu chegar ao lugar onde estava o amigo. No dia seguinte, dirigiu-se ao túmulo de seu amigo para lá rezar. Passando por um templo pagão, o velho homem nele entrou correndo, derrubando as lanternas e velas

frimento e transformá-lo em um êxtase de dor. Nossa experiência clínica e também um estudo dos relatos históricos nos dão a impressão de que em certos casos existe nessa espécie de sofrimento um prazer físico semelhante ao prazer associado à satisfação do instinto sexual, senão a uma representação direta dele. Que alguns homens e mulheres chegam a extremos incríveis para submeter-se a crueldade, extraindo satisfação sexual consciente de maus-tratos, é fato conhecido, provavelmente mais conhecido que o fato de fenômenos de masoquismo poderem atuar (embora não reconhecidos e não admitidos) na paixão pelo sofrimento e nas experiências místicas e extáticas que sobrevêm a muitos através de privação, degradação e tortura física a serviço de uma causa. Essas experiências são muitas vezes descritas em termos sensuais nos relatos históricos.

Além dessa satisfação, há outras que, embora derivadas do mesmo elemento instintual, são mais úteis para tornar o destino tolerável do que para levar à sua escolha. Algumas delas são expressamente relatadas nos escritos da época. Entre elas se incluem a exploração

---

oleosas, e gritando desafios. Foi preso e submetido a julgamento, durante o qual, em lugar de responder às acusações, discursou para o juiz. Está registrado que o juiz foi paciente com o ancião, mas finalmente cedeu ao clamor da multidão ultrajada e ordenou que o jogassem no rio, para grande alegria do prisioneiro.

Caso semelhante é o de Teodoro, um soldado nascido na Síria. Ele tornou claro que era cristão e foi por isso levado à presença do governador da província para ser examinado. Condenou o culto de deuses pagãos em termos nada ambíguos, mas as autoridades inclinaram-se a ser complacentes com ele e não ordenaram sua prisão. Na mesma noite Teodoro aproveitou-se de sua liberdade para ir atear fogo ao templo da Mãe dos Deuses (por cujo culto esse distrito era famoso), que ficava bem no centro da cidade. Não escondeu seu ato, mas antes rejubilou-se com a destruição. Contudo, mesmo então as autoridades relutaram em puni-lo e ofereceram-lhe não apenas perdão, mas também promoção, se fizesse o sacrifício. (Esse costume de queimar incenso diante de estátua do imperador, forma habitual com que eram obrigados a honrá-lo os cristãos que entravam em conflito com a lei, representava de acordo com algumas autoridades mais uma prova de lealdade ao poder civil do que uma confissão de qualquer crença determinada e a recusa dos cristãos em prestá-la despertava sentimentos de impaciência um tanto semelhantes àqueles causados muitos anos mais tarde pela recusa dos quacres em prestar juramento perante o tribunal. (Lecky, *op. cit.,* Vol. I, p. 405.) Os judeus também recusavam fazer sacrifícios ao imperador, mas raramente eram molestados porque sua religião, embora exclusivista, não era agressiva, e em consequência gozavam da liberdade de abster-se dos ritos nacionais oficiais.)

Teodoro, porém, continuou a responder a esse oferecimento com palavras de ultraje e insulto aos deuses e contra o imperador. Quando foi finalmente torturado para quebrar sua resistência, começou a cantar. Seu biógrafo diz: "Um curto, mas alegre encarceramento terminou em morte pelo fogo." (Mason, *op. cit.,* pp. 233-34.)

do sofrimento para conquistar poder e prestigio neste mundo ou no outro, e o exibicionismo, ambos conspicuamente representados nos relatos da vida de muitos mártires.

É muitas vezes impossível dizer se as satisfações eróticas obtidas do sofrimento são primárias (motivação) ou secundárias (aproveitamento), porque a possibilidade de *exploração* subsequente da situação atua como *motivo* determinante, embora provavelmente menos poderoso que os derivativos instintuais mais diretos (neutralização da agressão por infusão erótica). Que o paradoxo do prazer extraído da dor existia e influenciava os mártires não é difícil mostrar com base nos relatos históricos; tentei ir mais longe e selecionar vários casos que indicam a possível natureza da satisfação em certas situações.

Muitos mártires foram sustentados em seu sofrimento pela expectativa de conquistar poder, sabendo que suas orações eram consideradas muito mais eficazes que as das pessoas comuns. Sonhos e visões registrados mostram uma consideração infantil pela distinção e pelos privilégios especiais que se supunha serem obtidos através do martírio. Nessa sede de poder, extraterrena, mas apesar disso compulsiva, o grau de sofrimento era considerado importante para determinação do grau de exaltação. Um cipriota escreveu a quatro cristãos que estavam na prisão em Roma havia muitos meses: "A própria demora de vosso martírio eleva-vos a maiores alturas e a extensão de tempo, longe de diminuir vossa glória, engrandece-a. Cada dia acresce-vos uma nova distinção. Vossos méritos tornam-se maiores a cada mês que passa sobre vós. O homem que sofre de uma só vez conquista só uma vitória, mas o que permanece sob constantes inflições e enfrenta a dor sem deixar-se vencer recebe uma coroa diária." ([31]). (Este argumento pode lançar um pouco de luz sobre os motivos por que formas crônicas de autodestruição são frequentemente escolhidas em lugar de formas mais diretas.) ([32])

---

31. Mason, *op. cti.*, p. 153.
32. Ver a jactância de Santo Antônio no relato de Flaubert (Flaubert, Gustave, *The Temptation of St. Anthony,* traduzido para o inglês por Lafcadio Heam, Harper Bro., 1932): "Ouçam! Nestes trinta ou mais anos eu morei e gemi incessantemente no deserto!... E aqueles que são decapitados, torturados com tenazes aquecidas ao rubro ou queimados vivos são talvez menos meritórios do que eu, considerando-se que minha vida inteira é um só prolongado martírio."

Um tanto semelhante à sede de poder é a satisfação obtida de exibir a própria fortaleza sob tratamento cruel. A raiz erótica de exibicionismo é facilmente discernível. A vaidade (narcisismo) em forma não disfarçada é vista com desagrado pela sociedade, talvez por causa de sua natureza antissocial, mas também por causa de sua significarão erótica. O ato de exibir-se em sua forma clássica e não disfarçada, isto é, expondo o corpo nu, é proibido por lei e a flagrante demonstração de egotismo pessoal é universalmente desaprovada. Um ator ou qualquer outro artista se torna impopular quando seu amor por si próprio atravessa o disfarce da arte. Todavia, em formas indiretas e socialmente aceitáveis, o exibicionismo é admirado, desde que seu motivo subjetivo seja suficientemente disfarçado. O ascetismo e o martírio, mais particularmente o último, são dois dos mais eficazes disfarces, porque contêm o elemento de grande sofrimento, muitas vezes absolutamente desproporcional.

A satisfação experimentada não precisa ser acompanhada por sentimentos conscientes de prazer. De fato, os relatos levam-nos a acreditar que os ascéticos em geral executavam sua "piedosa ginástica" (como um escritor chama seus rituais cansativamente compulsivos) de maneira bastante triste. Suas atividades parecem obsessivas mais do que conscientemente agradáveis, embora alguns homens santos indicassem êxtase místico em relação com suas privações. Os mártires, porém, são muitas vezes descritos como tendo sido joviais, mesmo alegres, quando entregavam sua vida impulsivamente.

Um caso em que o elemento exibicionista pareceu fortemente indicado foi o de um jovem cristão condenado à morte por sua fé e sentenciado a ser jogado imediatamente no rio. Conta-se que o moço, muito decepcionado, declarou: "Eu pensei que teria todas aquelas torturas com que me ameaçastes e depois, ao fim delas, seria passado pela espada. Fazei-o, eu vos imploro, para que fiqueis sabendo como os cristãos por meio de sua fé são ensinados a desprezar a morte." Diz-se que o governador se compadeceu (!) ao ponto de acrescentar à sua sentença a morte pela espada e o moço lhe agradeceu por aumentar a medida de seus sofrimentos [33].

---

33. De Mason, *op. cit.*, p. 351.

Pode-se argumentar que o desejo de discrição do mártir parece em muitos casos privá-lo de toda oportunidade de satisfações exibicionistas; mas isso é presumir que ele precise de um grande público; muitas vezes seus sofrimentos são exibidos a uma única pessoa; e em outros casos ele parece contentar-se com seu amor próprio (embora, tecnicamente falando, isso seja narcisismo puro e não narcisismo secundário ou exibicionismo), como fazia Narciso na lenda grega. Na autoimolação religiosa o exibicionismo pode ser dirigido a um deus. O costume de humilhar-se perante um deus – um meio de exaltar o deus e rebaixar-se publicamente – é generalizado. Westermarek alude à prática mourisca de amarrar homens santos e jogá-los em um tanque para que sua lamentável condição possa induzir Deus a mandar chuva. Poder-se-ia esperar, portanto, que um motivo de sofrimento do mártir fosse despertar piedade e interesse no deus a que serve, assim como nos assistentes. Já mencionamos a gênese dessa atitude no desejo que a criança tem de despertar interesse em seus pais. A piedade, sendo semelhante ao amor, é às vezes aceita em lugar do amor e é avidamente procurada.

Afora o exibicionismo, porém, o sofrimento do mártir e do ascético parece não ter relação com a satisfação de impulsos eróticos, parece de fato estar associado à renúncia de todos os interesses sexuais. A tendência a renunciar ao sexo foi tão acentuada nos primeiros adeptos da Igreja quanto nos casos clínicos que citamos. Para dar alguns exemplos dessa tendência [34]: São Nilo, que tinha esposa e dois filhos, ansiava por juntar-se aos ascetas e finalmente convenceu sua esposa a consentir na separação; Santo Ammon, na noite de seu casamento, saudou sua esposa com um discurso sobre os males do estado de casado e os dois concordaram em separar-se imediatamente; Santa Melânia convenceu seu marido, depois de longa e séria discussão, a deixá-la dedicar-se ao ideal ascético; Santo Abrão fugiu de sua esposa na noite de seu casamento [35].

---

34. Extraído de Lecky, op. *cit.*, Vol. II, p. 322.
35. Entre as numerosas lendas com esse espírito existe uma citada por Lecky (II, p. 323), atribuída a Gregório de Tours, que fala de um rico jovem gaulês que estava apaixonadamente ligado à sua jovem noiva. Na noite de seu casamento, ela lhe confessou com lágrimas que fizera o voto de conservar sua virgindade e lamentava que seu amor por ele a tivesse induzido

Embora os líderes menos fanáticos da igreja encarassem com alarma a difusão de tais ensinamentos e determinassem que pessoas casadas não deviam dedicar-se â vida ascética a não ser por consentimento mútuo, considerava-se popularmente como prova de santidade abster-se de relações sexuais.

Pode-se perguntar que satisfação erótica é possível obter com tão evidente fuga da sexualidade. Fica-se muito impressionado com a severidade da consciência que proíbe a tais indivíduos, não só o prazer erótico, mas todos os outros prazeres da vida. Este elemento é o único percebido pelo mártir, exatamente como é observado pelo resto do mundo, enquanto o prazer masoquista que ele tira da situação é em geral inteiramente ignorado e só pode ser deduzido pela observação do comportamento do indivíduo sofredor com cuidado mais que normal.

Entre as lendas dos santos que fugiram do casamento está a de Santo Alexis, que deixou sua esposa na noite do casamento. Muitos anos depois regressou à casa de seu pai onde a esposa ainda chorava seu abandono. Ali pediu alojamento em nome da caridade e viveu desconhecido de sua família até morrer. O aproveitamento erótico possível nesse arranjo é evidente; a situação permitia ao homem solitário e sem amor viver entre seus entes amados; estar desabrigado e no entanto ter um lar; ser cuidado e alimentado pelo pai como fora na infância e meninice; ser objeto de veneração e devoção, mas ao mesmo tempo estar livre dos pesos da maturidade e do casamento; assim a situação permitia-lhe singular medida de satisfação sob o disfarce de grande privação, pois ele negava a si próprio o prazer de revelar sua identidade à família.

A história de Polyeuctus e Nearchus ([36]), que foi aproveitada como tema de uma peça de Corneille, ilustra uma motivação erótica

---

ao casamento. O jovem lhe prometeu que ela teria liberdade de cumprir seu voto, embora permanecessem unidos. E está registrado que quando ela morreu vários anos depois o marido declarou que a devolvia a Deus tão imaculada quanto a recebera.

36. Polyeuctus e Nearchus exam soldados na mesma legião romana e íntimos amigos. Nearchus era cristão e quando foi publicado um édito contra os cristãos afastou-se de seu amigo para não atrair sobre ele suspeita e perigo. Polyeuctus ficou muito perturbado por isso e ainda mais desgostoso quando descobriu que Nearchus acreditava que a amizade entre ambos devia cessar na morte, pois os incréus estavam perdidos. Decidiu que arriscaria sua sorte com

Eros e Tânatos

quase sem disfarce na escolha do martírio. Seja ou não historicamente verdadeira em todos os seus pormenores, é interessante porque mostra a percepção intuitiva que o autor teve da satisfação (erótica) intensamente pessoal que um indivíduo pode procurar e encontrar no sofrimento por uma causa abstrata.

Muitas formas de masoquismo exigem que a punição ou os maus tratos sejam aplicados ou, pelo menos, aprovados por um ente amado, embora no masoquista religioso essa necessidade possa ser encoberta por êxtases místicos do espírito. Por exemplo, o padre William Doyle, membro da Sociedade de Judeus, mártir moderno, morto em ação em 1917, impôs a si próprio grandes desconfortos pessoais, entre os quais um cilício, correntes, exposição a urtigas e espinhos, e à água gelada à meia-noite; deitava-se nas pedras frias da capela; flagelava-se e negava a seu bom apetite a satisfação de todas as necessidades, menos as mais grosseiras. Seu caderno de anotações registra minuciosamente as tentações que teve com respeito ao açúcar, bolo, mel, geleia e outras guloseimas. "Violenta tentação de comer bolo, resistida várias vezes. Feroz tentação de tirar bolo, etc. Bebi chá frio. Tentado a tirar doces."

Que esses sacrifícios eram dedicados a Deus em sentido muito pessoal é evidenciado em anotações de seu diário, como estas: "Deus tem-me concitado fortemente durante este retiro a abandonar intei-

---

seu amigo. Nearchus ficou satisfeito com essa decisão, mas temeu que a fé de seu amigo não fosse suficientemente bem fundada para resistir às terríveis provas a que seria submetida; Polyeuctus, porém, não sentia tais dúvidas; temia ser levado à morte antes de receber o batismo e por isso separou-se de seu amigo. Quando foi tranquilizado quanto a esse ponto, ficou impaciente por demonstrar sua boa-fé e, arrastando o amigo para o lugar onde estava pregado o édito contra os cristãos, leu-o com escárnio, depois arrancou-o e destruiu-o. Alguns momentos depois, encontraram uma procissão que levava os ídolos de volta ao templo e Polyeuctus lançou os ídolos ao chão e pisou-os. Os dois foram presos e levados à presença do magistrado local, que era sogro de Polyeuctus. O magistrado ficou desgostoso com o rumo das coisas e implorou a Polyeuctus que não se comprometesse mais até avistar-se com sua esposa, mas Polyeuctus manteve-se inflexível, dizendo que esposa e filho nada eram para ele a menos que dessem o mesmo passo que havia dado. Censurou o sogro por tentar afastá-lo de seu caminho e recusou deixar-se comover pelas lágrimas de sua esposa. Seu sogro não teve outra escolha, pelo código da época, senão sentenciá-lo à morte. Polyeuctus aceitou calmamente a sentença a ser degolado, dizendo que via um moço conduzindo-o (seus companheiros cristãos presumiram que fosse Cristo). Suas últimas palavras foram de encorajamento e afeição a seu amigo Nearchus. (Extraído de Mason, *op. cit.*, pp. 120-22.)

ramente a manteiga" e "No final do retiro veio-me a compreensão de que, agora que fiz a Jesus todos os sacrifícios que podia em questão de alimentação, Ele vai pedir-me diminuição da quantidade." Essa relação pessoal com um Deus severo, mas amoroso, está ainda melhor indicada em suas próprias palavras: "Desejo voltar ao meu quartinho à noite para acalmar-me e aquietar-me, mas temo fazer isso, pois Ele é muitas vezes tão amoroso lá... É um sentimento de desamparo ser jogado de um lado para outro, por assim dizer, pelas ondas do amor, sentir o ardente e abrasador amor de Seu coração, saber que Ele pede amor e depois perceber que um coração humano é tão minúsculo." ... as vezes eu me sinto meio louco com o amor de Deus." E novamente: "Toda fibra de Sua divina natureza está vibrando de amor por mim... toda batida de seu gentil coração ó um latejo de intensa afeição por mim..." Não se pode duvidar da intensa satisfação erótica dessas experiências místicas [37].

Há, porém, outra forma de masoquismo, na qual o próprio sofrimento parece ser toda a fonte de satisfação, independente do agente que o aplica. Freud chama isso de "forma moral de masoquismo". O sofrimento é o importante, quer venha de amigos, de inimigos ou de um destino impessoal. A satisfação proporcionada por tal masoquismo é evidente na impaciência com que a pessoa procura situações em que deva sofrer e no alívio de tensão que o sofrimento sempre lhe traz. Que aquilo que se chama significativamente de "gosto pela dor" pode dominar o indivíduo e dar um colorido peculiarmente "imoral", a sua excessiva moralidade tem sido notada vezes e vezes por observadores sensatos. Assim, o asceta é "tentado" a pecar a fim de poder fazer maiores penitências e o mártir "provoca" seus perseguidores em um furor que vai muito além do zelo religioso.

Isso foi reconhecido e lamentado pelos primeiros padres da Igreja que chegaram a aplicar penalidades a fiéis que se entregavam a sofrimentos excessivos. Aqueles que se ofereciam ao martírio eram reprovados, mesmo que se saíssem bem da prova. "Não é vontade de Cristo que nos apresentemos espontaneamente aos ajudantes e sol-

---

37. Campbell, Charles Macfie, *Human Personality and the Environment*, Macmillan, 1934, pp. 25-28. (Resumido de O'Rahilly, Alfred, *Father William Doyle, S.J., A Spiritual Study*, Logmans, Green, 1925.)

dados do demônio e lhes criemos a culpa por mortes adicionais, forçando-os a serem mais cruéis do que seriam sem isso", disse o bispo de Alexandria [38]. Não fez censuras àqueles que pagavam dinheiro para não serem molestados em sua religião; concitou seus fiéis a protegerem-se retirando-se para esconderijos quando houvesse ameaça de perigo, mesmo que outros fossem capturados em lugar deles, e isentou de toda culpa os cristãos que fossem forçados a prestar sacrifício por força violenta ou quando inconscientes.

No entanto, o ardente fervor dos mártires continuou a arrebatá-los. Durante a epidemia de martírio que varreu a Igreja cristã primitiva, "homens pareciam de fato estar amando a morte" [39]. Ignatius, bispo de Antióquia, na Síria, estava, segundo se conta, em estado de exaltação extraterrena antes de seu martírio. Fora condenado a lutar contra feras em Roma e quando se dirigia de Antióquia para lá escreveu sete epístolas. Seu único temor era que alguns cristãos poderosos em Roma obtivessem seu perdão. "Eu temo vosso próprio amor", escreveu-lhes ele, "porque pode fazer-me uma injustiça... Oh, que eu possa gozar as feras que estão preparadas para mim. Eu as incitarei a destruir-me sumariamente... Se não o fizerem espontaneamente, eu as levarei a fazê-lo. Que venham fogo, cruz e encontros com animais selvagens, arrancamento de ossos, retalhamento de membros, esmagamento de todo meu corpo, cruéis torturas do demônio, deixai-me apenas alcançar Jesus Cristo." Dizem [40] que nada do que já havia acontecido contribuiu tanto para aumentar a glória do martírio como "a embriaguez de espírito com que esse ardente profeta sírio se precipitou como um meteoro do Leste para o Oeste a fim de morrer."

A história religiosa está cheia de relatos de martírios igualmente apaixonados. De um mártir inglês, muitos anos depois dos primeiros cristãos, conta-se [41] que estava tão alegre durante os três meses de seu encarceramento que muitos ficaram admirados, pois ele sempre fora tímido em casa. Quando foi levado para a execução observou-se

---

38. Extraído de Mason, *op. cit.,* pp. 312-14.
39. Ledcy, *op. cit.,* Vol. I, p. 391.
40. Mason, *op. cit.,* pp. 17-20.
41. Pollen, John Hungerford, *Acts of English Martyrs,* Londres, Buns and Oates, 1891.

que chegou ao patíbulo antes do xerife "como se fosse um noivo indo para suas núpcias". Edward Burden, outro mártir inglês, sofria de tuberculose e jazia doente em sua cama na prisão, quando recebeu uma intimação para comparecer perante o tribunal. Revigorado pela perspectiva de rápido martírio (que não lhe foi negado), correu para o tribunal com tanta alacridade que os juízes repreenderam o carcereiro por ter dito que ele era um homem doente.

SUMÁRIO

Neste capítulo consideramos que o comportamento de muitos mártires e da maioria dos ascetas é essencialmente autodestrutivo, seja a vítima considerada santo, herói, paciente psiquiátrico ou um amigo tolo. Sob exame, os componentes do impulso autodestrutivo no ascetismo e no martírio são aparentemente idênticos àqueles encontrados para determinar o suicídio efetivo – o autopunitivo, o agressivo e o erótico. Evidentemente, porém, estão em proporções diferentes. O fato de ser adiada a morte é indicação de um grau maior de neutralização do elemento destrutivo pelo elemento erótico, neutralização que parece variar muito em casos diferentes. A natureza precisa da interação desses vetores pode ser estudada em uns poucos exemplos, em número insuficiente para permitir generalizações, além daquelas já sugeridas: no suicídio crônico os elementos eróticos são mais fortes e os elementos destrutivos Relativamente mais fracos, do que no suicídio direto e imediato. Todavia a batalha é feroz e sangrenta, mesmo naqueles em quem, à força de grande sacrifício, uma pequena chama de vida é conservada ardendo durante tempo relativamente longo.

Pode ser argumentado pelas pessoas de mentalidade filosófica que todo indivíduo que se conforma com as exigências da civilização para restringir seus apetites e controlar seus impulsos agressivos adquire uma tendência ascética. Nessa linha de ideias, a educação parece um treinamento em ascetismo – ascetismo que chega a seu pleno florescimento no abnegado sacrifício cotidiano do indivíduo por seus filhos e pelo bem-estar social de sua comunidade. O paralelo entre o sacrifício do indivíduo ao bem comum e o fenômeno que descrevemos no capítulo anterior não pode, porém, ser levado longe sem que se torne evidente uma importante diferença: no indivíduo normal as renúncias feitas são ditadas por exigências da realidade externa – as leis de saúde, da sociedade e da necessidade econômica – e destinam-se a proporcionar-lhe recompensas da realidade. Em outras palavras, são aceitas como condições de vida. Na vítima de suicídio crônico, por outro lado, as renúncias são ditadas mais por necessidade interior do que pela realidade externa e, embora o próprio indivíduo possa considerá-las como meios de perpetuar a vida, apresentam-se ao observador objetivo como autodestruição explícita.

2/ Invalidez Neurótica

Há certas formas de martírio que não gozam da mesma aprovação popular que as formas convencionais que descrevemos. Parece faltar-lhes o elemento voluntário e, no entanto, dificilmente podem ser descritas com precisão como sacrifício involuntário porque não se desenvolvem a serviço de um ideal, mas parecem antes ser coisa puramente pessoal – até mesmo egoística. Por esta razão falta-lhe? a aprovação dada ao martírio auto sacrifical dedicado a uma causa.

Esses mártires dos quais estou falando não são também francos no reconhecimento de suas intenções. O mártir ortodoxo enfrenta seu destino com pleno reconhecimento da necessidade de sacrifício; as vítimas da autodestruição crônica que vamos descrever negam até o fim que a destruição que conseguem para si próprias seja de qualquer maneira procurada por elas. Refiro-me ao martírio da invalidez crônica.

Naturalmente, excluo de consideração a invalidez crônica que surge sobre uma base fortuita ou extrínseca; uma vítima do câncer, de acidente de automóvel provocado por outra pessoa ou de doença hereditária certamente não poderia ser considerada mártir feito por si próprio. Tenho em mente principalmente os casos em geral descritos pelos médicos como inválidos neuróticos e hipocondríacos, mas não pretendo excluir a ocorrência de sintomas físicos e lesões físicas reais. Sabemos como alguns indivíduos se aproveitam de qualquer doença e falseiam sua importância e gravidade; a maior suscetibilidade de tais indivíduos à doença é igualmente bem conhecida. Como bem disse Forsyth ([42]), em geral cuida-se desses pacientes submetendo-os a desnecessário tratamento médico ou cirúrgico, intensificando assim a condição neurótica, ou dizendo-lhes que o médico *pensa* que não têm coisa alguma, mas suspeita que seja preciso vigiar ou cuidar de algum órgão ou sistema, ou finalmente dizendo-lhes que não apresentam indicação de doença orgânica e que tudo é "funcional", "imaginário", "só na cabeça", com a insinuação de que são mentirosos, simuladores de doenças ou "malditos neuróticos", merecedores da infeliz espécie de cuidados que deve necessariamente acompanhar tal caracterização. Tudo isso faz o jogo das necessidades inconscientes desses pacientes e justifica seus sentimentos de serem incompreendidos, negligenciados, maltratados – em suma, *martirizados.*

Esses mártires inválidos crônicos são tão conhecidos, pelo menos dos médicos, que seria chover no molhado recitar simplesmente descrições sintomáticas ou históricas de casos de tais pessoas. Provavelmente a maioria de todos os pacientes que consultam médicos e outras pessoas para obter auxílio se inclui nesta categoria. Por isso penso que compete a nós estudar minuciosamente, do ponto de vista psicológico, alguns casos representativos para o fim de mostrar a semelhança da motivação psicológica desses casos com a das formas mais convencionais e menos disfarçadas de autodestruição crônica discutidas no capítulo anterior.

Citarei dois exemplos, um deles tão extremo e firmado há tanto tempo que, embora pudesse ser observado e bem compreendido psiquiatricamente, o paciente foi completamente insensível a qualquer espécie de tratamento; o outro, um caso em certa época também considerado sem esperança, mas finalmente curado, é de importância aqui não tanto por causa de seu resultado, quanto porque o tratamento usado lançou muita luz sobre os motivos determinantes

---

42. Forsyth, D., *Place of Psychology in Medical Curriculum,* Anais da Royal Society of Medicine, 1932, Vol. XXV, pp. 1.200-12.

da doença. Ambos os pacientes eram do sexo feminino; talvez as mulheres sejam mais frequentemente dadas a essa forma de autodestruição do que os homens.

A primeira paciente era casada, com sessenta anos de idade, mas bem conservada apesar de seus inúmeros infortúnios. Durante toda a vida tivera preocupação com seu corpo. Além de exagerar a gravidade de toda doença física – e haviam sido relativamente poucas as doenças dessa natureza – ela sempre tivera medo de várias enfermidades e muitas vezes imaginara estar sofrendo de diversas condições malignas.

Apesar de sua neurose, fora capaz de ocupar com êxito muitos empregos. Deixara, porém, cada cargo espontaneamente, devido a uma doença real ou imaginária. Além das habituais doenças da infância, a primeira enfermidade de que podia lembrar-se fora um ataque de gripe quando tinha 24 anos. Nos anos posteriores, mostrava-se frequentemente inclinada a culpar esse ataque de gripe por todo seu subsequente desajustamento e miséria. Sempre fora, porém, característica sua atribuir tudo à sua última doença e dizer que estava indo muito bem até quando *aquilo* acontecera e lhe causara uma "recaída".

Toda sua história era uma sucessão de incidentes desenvolvendo-se mais ou menos da seguinte maneira: Depois de restabelecer-se vagarosamente da última doença anterior, arranjava um emprego, trabalhava compulsivamente, mas com muitas dificuldades neuróticas e considerável infelicidade, durante vários anos, até ocorrer outra doença – mesmo algo tão brando como um abcesso no ouvido ou um ataque de gripe – após o que abandonava o emprego, exagerava tremendamente os sintomas, exigia atenção, queixava-se e preocupava-se constantemente, irritava seus parentes, médicos e enfermeiras até deixá-los quase loucos; depois melhorava, arranjava outro emprego e repetia todo o processo.

Deixou um bom emprego para casar-se com um desmiolado sem dinheiro, cuja posição intelectual e cultural estava muitos graus abaixo da sua. Esse casamento neurótico falhou desde o princípio. Estava casada fazia menos de um ano quando começou uma fase de constantes preocupações, altercações e queixas de vários sintomas físicos, que gradualmente se focalizaram em uma suposta "apendicite crônica", condição que agora a maioria dos médicos considerara mítica. Finalmente conseguiu fazer-se operar, mas a intensa hipocondria e invalidez que a levaram ao hospital estadual começaram então de maneira séria. Como sempre, ela culpou essa operação por tudo. Em primeiro lugar, nunca devia ter sido submetida a ela, dizia; o médico deixara-a sair do hospital cedo demais; devia ter ido para algum outro lugar e não para onde fora. Era sempre: "Se isso não tivesse acontecido ou se eu tivesse feito outra coisa em lugar do que fiz, toda esta complicação e doença poderiam ter sido evitadas."

Uma vez no hospital, considerou-se enfraquecida e esgotada, tão fraca que nunca se restabeleceria. Tomava sua pulsação dúzias de vezes por dia e ficava apreensiva ao mais ligeiro aumento ou diminuição de seu ritmo, fosse real ou imaginário; observava toda sensação nova na região do coração ou em outro lugar do peito, interpretando-a como sinal de uma doença cardíaca maligna; preocupou-se intensamente durante algum tempo com sua tireoide, pensando que ela estava crescendo e que precisaria submeter-se a uma operação da qual não sobreviveria; nunca deixava de preocupar-se com seus intestinos, sendo muito melindrosa quanto a sua dieta, na tentativa de prevenir um movimento intestinal, aborrecendo-se quando temia estar iminente uma deles e, quando finalmente ocorria, era dominada por fraqueza e exaustão a ponto de precisar deitar-se durante várias horas para reanimar-se. Quando um pouco de água era acidentalmente derramado sobre sua cabeça e seu ouvido, queixava-se e preocupava-se durante dias quanto a uma possível infecção no ouvido; quando bateu contra alguém e machucou um pouco o olho, gritou e gemeu durante vários dias, dizendo que estava cega, e ficou quase decepcionada ao descobrir que não estava. Quando foi levada ao dentista para extração de um dente com abcesso, gemeu e lamentou-se durante dias, andou de um lado para outro com uma toalha ou um lenço sobre a boca, recusando deixar examinar sua boca e dizendo que nunca ficaria boa, quando estava passando tão bem antes e que nunca deveriam ter feito aquilo nela. Contraiu um ligeiro resfriado durante um inverno e ficou de cama, imagem viva da miséria e sofrimento, até desaparecer o resfriado e a partir de então essa ligeira doença tornou-se outra lesão irreparável. Quando era possível encorajá-la a sair para um curto passeio, sentar-se ao sol ou descer alguns degraus para fazer hidroterapia, queixava-se amargamente ao voltar, dizendo que se excedera e se machucara, lançando toda a culpa desses fatos sobre quem a concitara a sair.

Olhemos agora mais de perto a origem e o desenvolvimento desses sintomas e doenças. Essa paciente era a segunda de três irmãs, sendo três anos mais nova que a mais velha e nove anos mais velha que a mais nova. Seu pai, homem paranoide e irresponsável, preferia a irmã mais velha até quando nasceu a mais nova, a quem dedicou então toda sua atenção, sempre tratando a paciente com desprezo, batendo nela por várias traquinagens, mas nunca batendo nas irmãs. A paciente dormia entre seus pais na cama até uns seis anos de idade e lembrava-se de que não era capaz de adormecer se não segurasse o lóbulo da orelha de seu pai ou não encostasse a mão no rosto de sua mãe. Posteriormente, quando passou a dormir sozinha, muitas vezes acordava durante a noite e, achando tudo muito quieto, esforçava-se por escutar a respiração de cada membro da família. Se não conseguia ouvi-la, ficava aterrorizada e precisava levantar-se, dar a volta pela casa e ver com seus próprios olhos que todos ainda estavam vivos; só depois era capaz de voltar a dormir. Tinha desejos conscientes de morte em relação a sua irmã mais nova, o que a enchia de horror, e tinha mesmo impulsos de atacá-la com uma faca. Ao mesmo tempo, enchia-se de temores de lesão em seu próprio corpo e tinha medo de não ser capaz de rezar o suficiente para evitar a destruição de si própria e do resto da família. Nisso vemos como temia a punição sob a forma do ferimento ou doença que desejava ver cair sobre outros.

A paciente foi muito pudica quanto ao sexo durante toda sua meninice, mas começou a masturbar-se aos treze anos e simultaneamente adquiriu os mais acentuados temores de ferimento em seu próprio corpo. Com frequência se examinava cuidadosamente no espelho, especialmente o rosto e os órgãos genitais, para ver se não havia sinais de ferimento. Tinha medo de ficar cega ou de ferir-se internamente de alguma maneira. Sua masturbação era acompanhada por fantasias de violento ataque contra si própria e de ferimento e morte dos outros membros da família. Sentia que nunca recebera afeição de seus pais, mas só censura e punição, especialmente de seu pai, e sem dúvida provocava seus pais a puni-la a fim de receber pelo menos essa forma de atenção.

Depois de dominar seus sentimentos eróticos aos dezoito anos, sentiu-se muito pura e casta durante cinco anos. Mais tarde, porém, notou que quando algo corria mal em seu trabalho tinha um sentimento de ansiedade seguido por um clímax sexual involuntário sem qualquer estimulação genital. Tornava-se assim evidente que a masturbação e o alivio sexual estavam associados a ansiedade e punição. Não se casou senão aos 37 anos e imediatamente depois do casamento adquiriu intensa sifilofobia, achando que estava sendo destruída pela terrível doença.

No hospital, jurou muitas vezes que se mataria, por ser essa a única saída; quando ansiosa ou perturbada, imaginava estar cortando a garganta ou os pulsos com um pedaço de vidro ou uma faca, depois ia ao banheiro sentar-se ao lado da banheira e morrer sobre seu próprio sangue. Muitas vezes imaginava estar-se enforcando ou introduzindo veneno em seu reto. Depois, porém, era muitas vezes dominada pelo terror de, entregando-se a tais fantasias, ter-se ferido irreparavelmente – ferido seu coração, sua tireoide, sua saúde física em geral – e ficava tio perturbada a ponto de achar novamente que suicídio era a única coisa que lhe restava. Assim a paciente destruiu-se centenas de vezes em fantasia, tendo a fantasia a significação simbólica de um assalto sexual que o corpo ao mesmo tempo desejava e temia. Suas fantasias autodestrutivas eram provocadas por raiva contra as enfermeiras ou os médicos devido a alguns maus-tratos pequenos ou imaginários. A maneira como isso repetia a situação do começo da infância é evidente.

Suas melhoras frequentes, mas transitórias, eram sempre atribuíveis a alguma demonstração de afeição da parte do médico, especialmente quando ela podia ver nessa afeição algum elemento sexual. Por exemplo, após ter discutido com o médico questões sexuais e ele ter-lhe explicado alguma questão sexual, sentia-se aliviada às vezes durante uma tarde inteira; depois começava a ter fantasias sobre sexo à sua maneira habitual, como um ataque, e ficava atemorizada, especialmente quando experimentava sensações genitais agradáveis. Certa ocasião o médico puxou suas calças para cima e arrumou o colete quando se levantou para deixar o quarto depois de uma visita.

Ela pensou que o médico fizera isso para despertar nela sentimento sexual e sentiu uma quente excitação de prazer e contentamento durante várias horas, até acontecer alguma coisa que pôde interpretar como rejeição, quando ficou novamente perturbada, ressentida e obcecada por fantasias sadomasoquistas. A paciente permaneceu sempre insensível a todo tratamento.

Veem-se nesse caso todos os elementos de autodestruição revelados pela análise dos motivos mais profundos de suicídio – mas com um elemento de salvação ou polpação que encontra refúgio na cronicidade. Essa pobre mulher sofreu mil mortes e, embora seus desejos de morte em relação a outros provavelmente não tenham matado ninguém, certamente tornaram muita gente infeliz. Pacientes assim todo médico conhece para seu pesar.

São, literalmente, mártires e ao mesmo tempo, fazem, dos outros, mártires. Seu martírio tem os mesmos motivos inconscientes que aqueles acentuados nos mártires históricos discutidos no capítulo anterior – agressão e autopunição, ambas erotizadas. Os motivos conscientes, porém, nesses mártires inválidos, são evidentemente muito diversos; em lugar de uma grande causa, um propósito religioso ou romântico, toda sua preocupação parece ser consigo mesmos e, se seu sofrimento realiza alguma coisa além disso, é geralmente sem seu conhecimento ou é interpretado tardiamente como um *post scriptum*. Faz lembrar com que presunção os amigos de Jó conseguiram explicar as virtudes e as razões de suas aflições. Lembro-me de um santo mais moderno, atormentado pelo reumatismo, que refutava sua própria dúvida com a brava declaração: "Não é a todos que Deus pode encarregar de sofrer." Outros tiram maior satisfação do efeito que causam nos médicos e em seus amigos do que em contemplar a medida em que isso agrada a Deus.

Em seguida, desejo apresentar com um pouco mais de pormenores a história de uma paciente semelhante, um pouco mais jovem, mas igualmente doente, igualmente parecendo sem esperança, igualmente resistente aos numerosos tratamentos que recebeu. Seu pai era um aristocrático "filho nativo" da Califórnia, cujos cavalos, pomares e riquezas não davam o menor alívio a sua constante ansiedade pela filha inválida.

Ela foi atendida pela primeira vez na cama, prostrada, uma moça magra, delicada e de aparência etérea, incapaz de andar e mal capaz de falar. Sofria constantemente severas e torturantes dores. Além da dor que mudava de uma parte para outra do corpo, tinha constantes dores de cabeça; não era capaz de comer; suas funções digestivas e menstruais eram excessivamente irregulares; só dormia com grandes doses de drogas soníferas. Tudo isso começara de repente dezesseis anos antes, alternando-se desde então os episódios agudos com remitências parciais. Sua vida adulta inteira fora uma peregrinação de um médico para outro, de um hospital para outro, à procura de alívio para sua prostrante invalidez. Suas peregrinações não deram resultado, porém, pois ela não experimentou melhora e ouviu vários médicos dizerem que ficaria aleijada e inválida pelo resto da vida. Outros manifestavam esperanças neste ou naquele tratamento; houve mais de uma dúzia de grandes e pequenas operações; para não falar em outras espécies de tratamento – remédios, regimes alimentares etc. Ela própria abandonara toda esperança – não esperava mais coisa alguma de qualquer tratamento. Foi transportada em uma ambulância e levada em uma maca até um leito onde durante dias mal se moveu. Quando era absolutamente necessário mover-se, ela contraía seu rosto em agonia, torcia-se de um lado para outro, arqueava as costas, apertava a mão sobre o abdome ou sobre as costas e gemia baixinho como se estivesse lutando para controlar uma expressão mais perturbadora de seu grande sofrimento. Descrevia a dor do lado como uma sensação dentro de si algo "tenro e inchado", como se facas quentes fossem enfiadas nela.

Exames físicos, neurológicos e de laboratório revelaram base estrutural ou fisiológica insuficiente para a dor. Havia muitas cicatrizes de operação, mas nada orgânico que explicasse seu sofrimento. Uma inválida crônica, uma "mártir" desse tipo, cuja condição desafiara os esforços médicos (e religiosos) durante dezesseis anos, que depois de todo esse tempo ainda estava sofrendo tão agudamente que nem mesmo era capaz de falar, certamente não poderia ser considerada material promissor ou mesmo provável para bom êxito terapêutico. No entanto, essa mulher, dois anos depois, estava passando bem, clínica e socialmente. Isto é importante, não como prova do valor do método psicanalítico que foi empregado, mas como prova de que em certas condições um tipo de martírio improdutivo e devastador pode ser vencido e, mais importante que tudo, os motivos de tais fenômenos podem ser desnudados e comparados com aqueles que examinamos anteriormente.

Naturalmente há em sua história muitos fatores que, por respeito à discrição profissional e à economia de espaço, não podemos incluir nesta narrativa. Nem descreverei com minúcias como ela foi gradualmente levada a encarar os fatores psicológicos de seu caso como dignos de consideração, especialmente porque protestava veementemente desde o princípio que seus sintomas eram físicos e que quem lhes atribuía causas psicológicas a interpretava mal e impugnava seus motivos e sua honestidade, sugerindo que sua dor era imaginária. Basta dizer que lhe foi assegurado que seus sintomas não eram imaginários, mas também lhe foi assegurado que podia estar enganada ao acreditar que aquela dor e sofrimento não podiam ter origem psicológica. Em lugar de ser acentuada a satisfação que estava evidentemente obtendo com sua doença, processo que só teria despertado seu ressentimento, foi sugerido que, como ela não conhecia a significação de sua doença, talvez fosse possível encontrar a explicação no inconsciente, que poderia ser explorado pela técnica psicanalítica. Finalmente, ela iniciou uma psicanálise, não com esperanças pessoais, mas, como disse, "só por causa de mamãe".

Sempre que pacientes falam dessa maneira evidentemente (mas inconscientemente) hipócrita em ficarem bons por causa de alguma outra pessoa, suspeitamos que sua hostilidade em relação a essa pessoa é tão grande que se tornam capazes de ignorar lugares comuns como o fato de ninguém ficar bom ou permanecer bom por causa de alguém a não ser por causa de si mesmo. Por outro lado, sabemos que muitas vezes pessoas ficam doentes devido ao desejo de ferir alguém e a declaração citada é uma sugestão de reconhecimento parcial por parte do paciente de que está usando sua doença como arma contra a pessoa por cuja causa diz que deseja ficar boa. Em outras palavras, é uma declaração parcialmente verdadeira, significando: "Vou tentar agora abandonar um pouco a minha hostilidade contra fulano de tal."

Essa nossa suspeita mostrou-se bem fundada no caso em apreço; não demorou muito para a paciente dizer muito francamente, primeiro, que desejaria que sua mãe a tivesse criado de maneira diferente, depois que sentia ressentimento e rancor contra sua mãe e finalmente que se lembrava de fantasias infantis sobre a morte de sua mãe.

Havia boa razão para isso. Em primeiro lugar, sua mãe a criara com extremo grau de repressão e restrição; nada dissera à filha sobre sexo, a não ser que ela infelizmente era uma moça e teria de sofrer as consequências desse destino, que como todas as mulheres devia submeter-se com sofredora paciência ao impiedoso domínio dos homens. Medo e ressentimento em relação aos homens tornaram-se maiores porque essa paciente era a única menina em uma família de cinco filhos e seus pais davam aos rapazes muitos privilégios que negavam a ela. Para tornar as coisas ainda piores, aos doze anos de idade, exatamente quando começou a menstruar (o que a assustou muito), foi mandada para uma escola de meninas muito rigorosa na Suíça, onde nenhum contato teve com rapazes durante seis anos.

A paciente logo abandonou a piedosamente sofredora máscara de hipocrisia por meio da qual permitira que sua doença parecesse um martírio involuntário. Começou a perceber muito claramente, em resultado de frequentes repetições da fórmula, que suas ondas de doença eram expressões de seu próprio ódio. Em resultado de ressentimentos contra os pais, particularmente a mãe, revidava com o único meio de agressão que tinha, isto é, a resignação passiva (exemplificava isso no sanatório recusando ajudar a si própria de qualquer maneira, dependendo das enfermeiras para os menores serviços). Depois devido a seu intuito hostil agressivo, essa resistência passiva criou um peso na consciência e um sentimento de culpa que procurava expiar pelo aumento de formalidades religiosas e mais particularmente pelo aumento de sintomas dolorosos. A fim de provar a si própria e ao mundo que estava realmente expiando seu sentimento de culpa precisava convencer os médicos e enfermeiras de que sofria verdadeiramente. Por esse meio reforçava as realizações agressivas de sua passividade e ociosidade. Isso, por sua vez, criou sentimentos conscientes de desânimo, desespero, autocensura e culpa, e todo o ciclo foi então repetido, tomando-se cada vez maior, como uma bola de neve empurrada encosta abaixo. Inverteu inteiramente o método feminino normal de atrair atenção, passando de "Veja, como sou bonita, como sou atraente, como sou inteligente" para "Veja como estou doente, como sou miserável, como estou cheia de dores." Essa substituição de amor por piedade, como demonstrou muita experiência psicanalítica, depende de um sentimento de culpa resultante de agressões poderosas, mas inibidas.

Não podemos entrar em todos os pormenores da análise dessa paciente, mas é necessário para fins de clareza levar a explicação suficientemente longe para justificar o tremendo envolvimento de sintomas físicos e a repetida submissão à cirurgia. O primeiro indício disso surgiu em um sonho no qual ela e outra pessoa estavam era uma casa. A outra pessoa parecia ser parte dela própria e ao mesmo tempo parecia ser um homem. Ela estava com medo que alguém visse o homem, por isso saltou para a cama e cobriu a cabeça com o lençol, mas depois disse, como se falasse com o homem que era parte dela própria: "Que importa se alguém o ver? Por que tentar continuar escondendo?"

Esse sonho prenunciava crescente compreensão do ressentimento que tinha por sua própria feminilidade e da inveja que sentia dos homens. Ela reconhece (no sonho) que pensa em si própria como sendo parte homem, parte mulher – mas tenta esconder a parte "homem". De fato, poder-se-ia dizer que toda sua vida se centralizou no desejo de tornar-se um menino como seus irmãos e no sentimento de culpa implícito na ideia de tornar-se um menino roubando a masculinidade deles. Esse mostrou ser o motivo inconsciente no fundo de sua repetida submissão a cirurgiões. Um dia em que estava na igreja, onde fora compulsivamente como parte de seu ritual de expiação, ocorreu-lhe de repente que talvez desejasse sofrer como Jesus, como vinha evidentemente fazendo havia muito tempo, a ponto mesmo de ter uma dor do lado igual à que Jesus tivera, pelas seguintes razões: Jesus era um homem; portanto, sendo Jesus, embora a gente sofra, pode-se ser homem.

Essa "ideia irreligiosa", como a qualificou, perturbou-a muito, mas depois voltou a perceber que era a base de grande parte de seu fervor religioso. Explicava seu desejo de acreditar em milagres, sua fidelidade a suas devoções, seu sentimento de que algum dia receberia sua recompensa e que Deus atenderia às suas orações. Sentia que talvez, se sofresse muito, pudesse ser-lhe concedido o privilégio de tornar-se homem. Isso começou a aparecer muito claramente em sua análise. Continuava queixando-se de que nada estava conseguindo. Não era claro o que desejava da análise, mas evidentemente esperava que acontecesse algo maravilhoso. Esperava que a análise satisfizesse sua constante procura de masculinidade. Com essa finalidade afirmou ao analista sua crença em milagres e sugeriu que esperava que acontecesse um milagre em sua análise. Por todos os meios demonstrava que inconscientemente estava assumindo a posição de que, se a análise fizesse dela um homem, valeria o sofrimento que lhe custava.

Por aí podemos ver que os sintomas dessa mulher tinham relação direta com o irmão odiado e com inveja de homem, e com a culpa a isso ligada. Sendo seus pais responsáveis, como achava, por discriminação contra ela por ser menina e não menino, era lógico que manifestasse seu ressentimento indiretamente contra eles e isso só podia fazer explorando a doença. Dessa maneira, os sintomas serviam para satisfazer sua fantasia, puni-la pela fantasia e permitir-lhe obter um valor de realidade em lugar da fantasia ou em acréscimo a ela. A família gastara muitos milhares de dólares com ela, que exigira a atenção e os serviços de literalmente centenas de médicos e enfermeiras. Sacrificara partes de sua anatomia vezes e vezes, sempre com alguma aparente justificação física. Como acontece muitas vezes, esse método de sacrificar parte do corpo repetidas vezes é frequentemente insuficiente para aliviar as emoções que o provocam.

Nos últimos meses de seu tratamento psicanalítico, o material tinha relação com um processo chamado restituição. Não só ela repudiava seus sonhos, suas fantasias, suas livres associações e seus pensamentos conscientes de ambições masculinas, sua inveja dos irmãos e, particularmente, de seu físico, mas houve uma tendência definida no sentido de dar em lugar de tomar. Por exemplo, sonhava em dar presentes a seus irmãos, em lugar do tipo anterior de sonho no qual estava sempre tomando alguma coisa deles; em lugar de comer seus irmãozinhos ou alguma parte deles, alojando-se essa porção de seu lado e causando dor, começou a sonhar em alimentar seus irmãos e outras pessoas, e agir de maneira mais maternal. O analista, seus pais e outras pessoas que nas fases iniciais de sua análise eram simbolizados em seus sonhos como tiranos, criados negros ou reis, começaram a ser por ela retratados em cores mais naturalísticas como amigos seus, em relação aos quais podia sentir-se igual e ser igualmente considerada. Esse crescente grau de objetividade refletiu-se na melhora geral de seu ajustamento social.

Talvez seja interessante para o leitor, embora não seja particularmente pertinente à teoria, esboçar a história subsequente. Sob tratamento psicanalítico foi obtido *insight* sobre a origem dessas fobias e compulsões, e a situação original aliviou-se o suficiente para corrigir os sentimentos de decepção e ressentimento. Quanto aos sintomas físicos propriamente ditos, a paciente abandonou-os inteiramente. Suas dores desapareceram e suas funções fisiológicas adquiriram a periodicidade e ausência de dor comuns à mulher normal. No comportamento exterior, tomou-se uma pessoa absolutamente diferente. Sua aparência física mudou para melhor em grau incrível. Em lugar de preocupar-se com seus sofrimentos e com novas propostas para seu tratamento, passou a preocupar-se cada vez mais com os interesses e prazeres femininos normais. Voltou para o colégio e fez alguns cursos em que estava interessada; desenvolveu ativa vida social; passou a dar e frequentar festas. Pouco tempo depois, conheceu um engenheiro de mineração, ficou noiva e posteriormente se casou com ele, sendo agora mãe de dois filhos.

Não citei o resultado desse caso com o espírito de depoimento em favor de uma marca de remédio. A psicanálise tem seus fracassos assim como seus sucessos terapêuticos, mas nenhum deles está em nossa atual consideração. Estes são os fatos: a mulher, por motivos inteiramente removíveis, crucificara-se durante quase vinte anos em uma cruz de invalidez, pregada a ela por repetidas e bem-intencionadas, mas inúteis, tentativas de aliviar-se por meio de técnicas cirúrgicas e medicinais. Esta não é uma reflexão sobre tais técnicas de tratamento nem sobre aqueles que as aplicaram; parte da auto destrutividade da paciente residia na persistência com que se lançava sobre aqueles médicos e exigia aquele tipo de tratamento. O primeiro passo para sua salvação foi dado por um daqueles médicos, que lhe acentuou, com a perda temporária de sua amizade, que ela estava exigindo um tratamento que não era apropriado para seu caso e insistiu em que considerasse lealmente as possibilidades de estudo e tratamento psiquiátricos.

SUMÁRIO

Resumindo, podemos ver que elementos de inveja agressiva e correspondente autopunição com erotização foram primordialmente responsáveis pela autodestruição gradativa e crônica desses mártires inválidos. A utilidade secundária da doença em ambos os casos continha esses elementos de agressão, autopunição e aproveitamento erótico. Deve-se lembrar que esta é precisamente a mesma fórmula que encontramos presente em mártires e ascetas. O resultado prático difere em um aspecto, isto é, que o mártir e o asceta são melhores sucedidos na obtenção de favor popular, por esposarem uma causa que tem atração social um pouco mais ampla. O neurótico é, como sentem todos quantos lidam com ele, mais interessado em si próprio ou, para empregar um termo mais psicanalítico, mais narcisista. Pelo menos seu narcisismo é mais envolto em sensações corporais e não pode ser satisfeito, como no caso do mártir, pelo elemento mais intangível da aprovação social. Essa diferença parece maior do que realmente é, pois, alguns indivíduos neuróticos conseguem conquistar a simpatia e interesse de vasto número de pessoas, além dos médicos e enfermeiras, enquanto outros despertam antagonismo em todos, inclusive nos médicos e enfermeiras.

Na invalidez crônica temos um conflito manifesto entre o desejo de viver e o desejo de morrer. Às vezes isso é evidente nas produções conscientes desses pacientes; dizem francamente que "prefeririam morrer a continuar sofrendo desse jeito"; referem-se muito à sua condição como de morte em vida; às vezes são os parentes e amigos que percebem que tal aflição é pouco melhor que a morte e pode mesmo ser aliviada pela morte. O fato, porém, é que os inválidos crônicos desse tipo raramente morrem moços e, apesar de frequentes ameaças de suicídio, raramente recorrem a ele.

Como interpretaremos isso psicológica e psicodinamicamente? Podemos, naturalmente, continuar na ingênua presunção tantas vezes feita pelo próprio paciente, de que ele é a infeliz vítima de um destino cruel. Contudo, o material que acabamos de apresentar, para nada dizer da experiência de todo médico praticante, convence-nos de que este "destino" é em grande parte escolhido e autodeterminado. É fácil pôr de lado toda a questão, dizendo que se trata simplesmente de masoquismo. Contudo, masoquismo de maneira nenhuma é uma condição simples. É uma resultante muito complexa de numerosos fatores. O fato extraordinário de uma pessoa encontrar prazer no sofrimento ou preferir a dor ao prazer não pode ser facilmente explicado. Só pode ser compreendido quando se vê que os sofrimentos visíveis são muito menores que os sofrimentos invisíveis de tal pessoa, ou melhor, os temores invisíveis de sofrimento. Expondo isso muito simplesmente: para alguns indivíduos é melhor ser alvo de piedade que ser ignorado; é mais terrível ser lançado na escuridão de fora, seja no sentido de ser deixado sozinho e sem amor ou no sentido de ser castrado ou morto, do que sofrer qualquer medida concebível de dor. Por isso, para tais indivíduos o amor só pode ser obtido sob a forma de piedade, mas como tal é melhor que a morte ou o abandono.

Esses são, porém, apenas princípios gerais e acentuam o fato de tal transação, tal conciliação com o destino ou o destino imaginado, envolver um preço terrível, um caro sacrifício, o sacrifício de considerável porção da personalidade. Nesse sentido, o preço que o inválido crônico paga pela vida é tão grande a ponto de ser virtualmente autodestrutivo. O tema de pagar caro demais pelo próprio assobio é muito mais velho que a conhecida história de Benjamin Franklin. É preciso entender, porém, que tal concepção ou errônea concepção, tal interpretação errônea de toda a situação da vida da pessoa, não poderia persistir se não fosse cimentada por mais que uma única experiência ou falsa impressão. É ali cimentada, por assim dizer, por alguma satisfação envolvida nela e essa satisfação deve depender em parte, creio eu, da oportunidade de realizar uma medida de autodestruição instintual.

Em outras palavras, penso que podemos interpretar a invalidez crônica como uma batalha empatada entre as forças de destruição e erotização, isto é, a vontade de viver e a vontade de destruir e morrer. Quando o instinto de morte é um pouco mais forte ou a defesa um pouco mais fraca, o paciente morre de sua doença. Quando são um pouco maiores, as capacidades eróticas vencem as tendências destrutivas e o paciente descobre outras técnicas para viver e amar sem o involuntário martírio da invalidez que, caro como é, continua sendo sua única satisfação na vida.

3/ Adição ao Álcool

Há apenas alguns anos, se um psiquiatra se aproximasse do assunto do álcool, presumir-se-ia de imediato que iria lidar principalmente com a célebre síndrome, o delirium tremens. Como estudante na Escola de Medicina Harvard, há vinte anos, ensinaram-me minuciosamente, assim como a meus colegas de classe, os pormenores de diagnóstico diferencial que distinguia o delirium tremens de meia dúzia de outros quadros psicóticos um tanto semelhantes a ele. E isso não foi tudo quanto aprendi a respeito do álcool e sua função na perturbação da saúde mental.

Hoje, na prática ativa da psiquiatria, tendo pacientes diariamente diante de meus olhos, inclusive muitos que o álcool arruinou ou quase arruinou, não cheguei a ver três casos de delirium tremens em igual número de anos. Não que esse mal tenha desaparecido da terra, pois nas enfermarias de hospitais públicos ou por trás das grades das cadeias da cidade tenho certeza de que são admitidos diariamente novos casos [43]. Todavia, atualmente esses casos não in-

---

43. "O dr. Karl M. Bowman, diretor do departamento de psiquiatria do Bellevue Hospital, de Nova York, em recente palestra na Academia de Medicina de Nova York, discutiu a necessidade de meios mais eficazes para o tratamento de alcoólatras crônicos. Declarou que no Bellevue Hospital seu departamento está tratando mil casos de alcoolismo por *mês* e acentuou que tratamento temporário, multas ou penas de prisão não curariam esses ébrios. Recomendou

teressam aos psiquiatras tanto quanto aqueles que oferecem melhor oportunidade de descobrir porque o paciente bebe e não quais são os resultados de seu hábito de beber.

Não penso que isso represente qualquer modificação nos efeitos do álcool sobre o ser humano. Penso, porém, que é a melhor ilustração possível da mudança de ênfase, interesse e conceito na psiquiatria. Outrora olhávamos curiosamente – e, sem dúvida, também terna e humanamente – os resultados finais de homens cujo cérebro estava por fim reagindo em dramático espetáculo a uma dose excessiva e cumulativa de veneno. Aquelas pessoas, apreciavelmente mais numerosas, cujo auto envenenamento produzia sintomas menos vividamente coloridos de alucinações e terrores eram consideradas como problemas sociológicos – não psiquiátricos. A psicologia do homem impelido a arruinar-se por auto envenenamento, apesar de desastre, remorso e resoluções de abandoná-lo, de uma maneira ou outra escapou à consideração dos psiquiatras e foi deixada a cargo do clero, das assistentes sociais, dos proibicionistas ou do diabo.

A embriaguez é tão velha quanto Noé, mas embriaguez não é adição ao álcool. Muitos que ficam embriagados nunca se tornam adictos. Além disso, às vezes se vê um adicto ao álcool que nunca ou raramente está "bêbedo" no sentido popular (porque está parcialmente embriagado o tempo todo e os efeitos são ocultos pela falta de um elemento de comparação). Não é minha intenção discutir a função do álcool na vida de uma pessoa normal ou os prazeres de beber em sociedade. Muita coisa indica que em nossa civilização o álcool tem tuna função muito útil a executar e pode ser tuna fonte de aumento de felicidade e diminuição de hostilidades.

Resta, porém, o fenômeno da autodestruição pela irresistível adição ao repetido e excessivo uso de álcool ([44]). Todo o mundo conhece

---

o estabelecimento de instituições estaduais para tratamento de longa duração de bêbedos crônicos e alcoólatras psicopáticos. Casos brandos de alcoolismo deviam ser tratados em períodos mais curtos de assistência hospitalar. Chamou atenção para o fato de que atualmente só os alcoólatras cujas famílias dispõem de recursos para pagar tratamento em hospital particular estão recebendo atenção adequada." *(Mental Hygiene News*, N. Y., janeiro de 1937.)

44. A adição a drogas é psicologicamente semelhante, mas difere pelo fato de todo hábito de entorpecente ser socialmente tabu, enquanto a ingestão de álcool é socialmente aprovada e por isso imensamente mais perigosa e frequente como base de adição.

exemplos disso – indivíduos que sofrem do que parece ser um impulso irresistível de abandonar todas as obrigações e oportunidades, e fazer seus castelos de cartas desmoronarem sobre suas cabeças por ficarem embriagados. Toda assistente social conhece lares cheios de amargura e desespero em resultado da adição ao álcool por parte de um pai, esposo, filho ou mesmo mãe. Além disso, todo psiquiatra (e outras pessoas, naturalmente) poderia, junto com o autor, citar caso após caso de homens proeminentes ou antes bem-sucedidos, cujas vidas foram literalmente arruinadas dessa maneira peculiar. Digo "peculiar" porque é paradoxal que uma substância que dá e durante séculos tem dado prazer, alívio e estímulo ao homem, se torne, para alguns, um instrumento de autodestruição.

Alguém talvez fosse tentado aqui a dar uma resposta jocosa, dizendo que, se de fato é autodestruição, pelo menos é uma forma agradável de autodestruição. Com isso não poderia concordar quem conhecesse intimamente o sofrimento de um adicto ao álcool ou de sua família. Pode parecer engraçado ao observador casual, mas para a família do alcoólatra e finalmente também para ele é uma tragédia que nada tem de engraçado.

Ao mesmo tempo, porém, há um pouco de verdade naquele gracejo. É um exemplo do que pode ser chamado de "humor negro" – como no caso do condenado que, a caminho do local de sua execução, observou: "Isto sem dúvida vai me servir de lição."

Sendo verdade que o álcool tem a qualidade de proporcionar certo grau de alívio ao sofrimento de enfrentar a realidade e também a outros sofrimentos psíquicos resultantes de conflitos emocionais, ao extremo de ser procurado com a finalidade de aliviar dor, o emprego de álcool pode ser considerado como uma tentativa de auto cura. Alguns alcoólatras reconhecem isso, mas muitos outros não se deixam convencer de que suas periódicas bebedeiras são mais do que brincadeiras engraçadas que ninguém deveria invocar contra eles, embora possam terminar em uma confusão bastante suja e cansativa, com algumas decepções por todos os lados. Esse desejo de ser tratado como criança e ver ignoradas suas mais sérias agressões é muito característico do tipo de personalidade que acha tão irresistível o excessivo consumo de álcool.

Isso nos leva a perguntar que tipo de personalidades ou que experiências predisponentes em qualquer personalidade levam à escolha dessa espécie de suicídio. A fim de chegar a algumas conclusões a esse respeito permitam-me descrever algumas das situações típicas.

Traçando a história da bebida nos indivíduos que mais tarde se tornam suas vítimas, em geral encontramos dificuldades para saber quando o hábito de beber socialmente, relativamente inofensivo, foi suplantado por um tipo de bebedeira mais maligno e mais compulsivo. De fato, esse é um dos insidiosos perigos do álcool para indivíduos instáveis. Uma história típica do período inicial seria mais ou menos assim: George é o filho mais velho de uma família proeminente. Vai muito bem na escola, tanto socialmente como nos esportes. Não é talentoso, mas é estimado por seus professores, assim como por todos os estudantes. É mandado para a universidade estadual. Até essa época, tivera pouco contato com álcool; seus pais eram contrários a ele sob qualquer forma. Na universidade vê considerável uso de bebidas, mas participa pouco disso inicialmente; depois, com crescente frequência, encontra um ou outro grupo de companheiros com os quais pode passar a noite ou o fim-de-semana, bebendo cada vez mais. Seus pais ouvem falar a respeito e há uma cena familiar. George mostra-se muito humilde e penitente, prometendo não fazer mais aquilo. Três meses depois há notícias de repetidas bebedeiras e ameaças de suspensão, seguindo-se outra cena familiar e mais penitência e promessas.

Às vezes (na realidade, muito raramente) os pais nesse ponto consultam um psiquiatra e o que dizem, se suas palavras, gestos, atitudes e comportamento podem ser sintetizados e resumidos, é mais ou menos isto: "Somos gente muito importante, como sabe, e temos um filho muito bom, de fato, um rapaz extraordinário, atualmente frequentando a universidade, e que teve recentemente algumas complicações com bebida. Naturalmente, sabemos que é um tanto absurdo considerar isso como coisa séria ou como algo que possa despertar o interesse de um psiquiatra, pois o rapaz não está maluco; de fato, nada há com ele realmente, a não ser más companhias. Não achamos que ele precise de tratamento, mas talvez o senhor pudesse assustá-lo um pouco, talvez ameaçá-lo de interná-lo um dia ou dois, se não deixar de beber. Diga-lhe que terá delirium tremens. Ele apenas foi um pouco estragado por excesso de divertimento lá na universidade."

Embora haja exceções, em geral os pais de alcoólatras, por motivos que compreenderemos melhor mais tarde, são peculiarmente cegos quanto aos sofrimentos de seus filhos. Pensam que, porque seu filho é popular na escola secundária ou porque entrou em uma associação estudantil ou em uma equipe esportiva no colégio, tudo corre bem para ele, paz e contentamento enchem seu coração. Esses pais pouco percebem do sofrimento suportado silenciosamente (muitas vezes inconscientemente) por crianças de boa aparência e bem consideradas. Quando esses sofredores descobrem os poderes amenizantes temporários do álcool, torna-se necessário mais que cenas familiares, censuras e ameaças para impedir a repetição. Nós, psiquiatras, sabemos disso por repetidas experiências, mas a maioria de nós descobriu que é absolutamente inútil tentar convencer esses pais de que não somos senão alarmistas que desejam assustá-los para que façam um tratamento mais radical para o qual não veem a menor necessidade. Equiparam-nos aos mais fanáticos proibicionistas, cujas violentas acusações ao álcool provavelmente causaram mais mal do que bem, ao desviar pessoas de seu uso apropriado.

Em geral os pais não nos consultam; não consultam ninguém. O rapaz pouco tempo depois deixa a universidade e arranja um emprego. Os pais talvez ouçam rumores de bebedeiras em fins de semana, mas não lhes dão importância. A notícia de que o filho perdeu o emprego por beber sobrevêm então como um grande choque. Provavelmente ele chega depois em casa muito desanimado. Seu pai sente-se provocado, denuncia tal comportamento e manifesta seu desgosto. A mãe chora. O filho fica completamente humilhado, evidentemente cheio de remorsos, mais semelhante a uma criança crescida que a qualquer outra coisa, e sabe disso. Novamente apresenta desculpas, toma resoluções e faz promessas. Passam-se alguns meses e os pais encontram razão para presumir que seu bom rapaz abandonou o mau hábito e vai viver feliz dali para frente.

Naturalmente isso não acontece. Eu poderia empilhar histórias de casos e fazer um relato composto, o qual mostraria que a carreira do alcoólatra é um desses episódios após outro. Mais empregos, mais bebida, mais demissões, mais cenas, mais promessas, mais decepções. É claro que pode haver muitas variações. O casamento geralmente ocorre cedo e envolve muitas vezes ajuda financeira dos pais. Pode haver filhos para complicar o quadro. Às vezes, a esposa ajuda; no mais das vezes não ajuda; frequentemente ela própria adere às bebedeiras. Lembro-me de um caso em que a esposa de um paciente alcoólatra tomou uma bebedeira enquanto seu marido estava sendo submetido a tratamento de alcoolismo e, levando consigo suas duas assustadas filhinhas, guiou seu carro por quinhentas milhas até o sanatório onde o marido estava internado para pedir-lhe que abandonasse o tratamento e se juntasse a ela.

Há outra complicação a ser mencionada: apesar de sua adição a bebedeiras ocasionais, essas vítimas às vezes progridem muito bem, surpreendentemente bem mesmo. Algumas só começam a beber seriamente após terem conseguido considerável sucesso. O leitor deve lembrar-se que observamos exatamente isso com respeito ao suicídio; alguns só se matam, tentam fazê-lo ou sentem vontade de fazê-lo depois de sucesso ou recompensa. Não repetiremos a explicação, mas só mencionamos aqui o paralelismo.

Mais cedo ou mais tarde, porém, a maioria dos alcoólatras vê-se em um impasse sem esperança. Perdem todos os amigos, afastam suas esposas, levam seus pais a repudiá-los [45] ou entram em conflito com a lei, devido a acidentes de automóvel quando embriagados, escândalos sexuais, falsificação de cheques, ultraje ao pudor etc. (Os últimos, como é natural, não são necessariamente impasses, mas em geral há uma acumulação de circunstâncias que os transforma em impasses.) Romancistas descreveram isso – Ernest Hemingway, Scott Fitzgerald, John O'Hara, John Dos Passos.

Não sei o que geralmente acontece depois disso. Naturalmente o psiquiatra vê apenas pequena proporção deles. Sabemos que alguns acabam na prisão, alguns no asilo e alguns se suicidam. Sabemos também que muitos outros vão de um sanatório para outro ou de uma suposta "cura" para outra. Aqueles que finalmente vemos vêm

---

45. Um pai, exasperado pelas inúmeras tentativas de ajudar seu filho, disse ao alcance de meus ouvidos: "Ele pode cair na sarjeta e apodrecer, que não erguerei mais um dedo para ajudá-lo."

à nossa presença em geral porque parentes e amigos chegaram a sentir-se mais exasperados e provocados do que podiam aguentar. É de fato muito raro um adicto alcoólatra procurar espontaneamente um psiquiatra. Em geral procura sob compulsão de fora, médica, legal ou moral – às vezes física. As espasmódicas tentativas de salvarem-se, de abandonarem sua intemperada necessidade de períodos de insensibilidade alcoólica, em geral são falsas; eles são insinceros, irresolutos, muitas vezes flagrantemente hipócritas. A razão disso não está em alguma perversidade, mas na profunda desesperança e desespero que todo alcoólatra experimenta secretamente. Para ele os esforços de qualquer pessoa ou instituição para libertá-lo do hábito do álcool são como que tentativas de privá-lo do único meio que tem para aliviar seu insuportável sofrimento – por mais oneroso, desastroso e decepcionante que esse meio lhe tenha sido. Por essa razão, tais pacientes em geral evitam psiquiatras e hospitais psiquiátricos, onde seria possível aproximar-se da base subjacente do alcoolismo, e jogam com a ideia de que uma pescaria, um período em uma fazenda, uma casa de saúde, uma suposta "cura" ou apenas "um repouso" darão resultado.

Se e quando o alcoólatra chega a um hospital psiquiátrico, sua admissão é regularmente acompanhada por certas circunstâncias peculiares. Em primeiro lugar, tende a estar embriagado, embora estivesse sarando de uma bebedeira anterior na ocasião em que tomou a decisão de submeter-se a tratamento psiquiátrico. A previsão do sofrimento da abstenção, a filosofia da "última oportunidade" e às vezes uma onda de ressentimento contra "amigos bem-intencionados, mas enganados", levam a uma bebedeira final. A ela pode seguir-se um período de vergonha cheio de remorsos. Nisso o paciente partilha, de um lado, da atitude dos grupos religiosos mais rigorosos para os quais beber é um pecado do qual se deve abster com base em convicção moral e, de outro lado, da mistura de ressentimento, decepção e piedade manifestada por seus parentes e amigos.

Nessa ocasião o paciente promete tudo e corresponde a todas as regras e expectativas. Isso, porém, gradualmente cede lugar a crescente afirmatividade e truculência – tudo no hospital é "terrível" e o paciente está "inteiramente curado e pronto para voltar imediatamente ao trabalho" (mesmo quando não existe mais trabalho, tendo o paciente destruído completamente todas as suas oportunidades).

Nesse sentido, devo mencionar outro fenômeno curioso, mas quase invariável. É o característico otimismo patológico de que tanto o paciente como todos os membros de sua família parecem geralmente sofrer. A palavra "sofrer" é escolhida deliberadamente porque em geral essa atitude é o mais sério obstáculo ao êxito do tratamento desse mal. Por mais desesperado que o caso possa parecer a princípio ou por mais desolador a ou trágica que seja a história, em geral bastam apenas algumas semanas para que o paciente e (o que é realmente muito mais estranho) seus parentes se convençam de que ele já está perfeitamente bom, fez uma mudança radical em sua psicologia, nunca mais voltará a entregar-se a tal hábito e por isso deve-se confiar nele e esperar que reassuma toda sua parcela de responsabilidade na vida. Ainda quando esse mesmo truque, essa mesma fórmula de promessa e decepção, foi repetido vezes e vezes, continua dando resultado, porque os membros da família *desejam* acreditar nele. É o círculo vicioso de interação entre as agressões mútuas do paciente e da família.

Parece quase evidente demais para merecer menção que esse otimismo e essa falsa noção de segurança são apenas uma auto-sugestão usada para o fim de fugir à necessidade de efetuar uma alteração completa na psicopatologia subjacente. O alcoólatra sofre secretamente um terror indizível que não é capaz de enfrentar. Só conhece o recurso de afogar o medo bebendo e essa "cura" (a bebida) torna-se depois pior que a doença, pelo menos no que se refere às indicações exteriores. Quando é forçado a isso, repudia temporariamente a tentativa de auto cura de preferência a confessar ou enfrentar a razão da necessidade dela e aceita uma cura cientificamente aplicada e mais promissora, da qual logo foge, como foi descrito.

Alguns pacientes alcoólatras, porém, quando deles nos aproximamos corretamente, podem ser levados a uma tentativa de descobrir o que há por trás da compulsão alcoólica, que grande ansiedade os impele a esse conforto suicida. Que resulta de dificuldades da vida exterior é um alibi que nenhum paciente alcoólatra apresenta a um psiquiatra que tenha conquistado sua confiança. No mundo existem complicações, é claro, e alguns problemas insolúveis que atormentam a alma dos mais resistentes, mas não são eles, ou pelo menos não são só eles, que impelem à solução alcoólica. (Se fossem, todos nós nos tornaríamos alcoólatras.) Não, a vítima da adição ao álcool sabe o que a maioria de seus críticos não sabe, isto é, que o alcoolismo não é uma doença ou pelo menos não é a principal doença de que ela sofre; além disso, *sabe que não conhece* a origem ou natureza do horrível sofrimento e medo que em seu interior a impelem cegamente à autodestruição alcoólica. É como um pobre animal ao qual tenham envenenado ou ateado fogo e que corre cegamente para o mar, procurando uma morte para fugir de outra.

De fato, vemos com frequência pacientes que começam com intenções suicidas conscientes e acabam ficando bêbados (ou que bebem primeiro a fim de fazer uma tentativa de suicídio) como se isso fosse (como é!) uma morte menos certa do que um tiro de revólver. Muitos dos pacientes tratados por adição ao álcool preocupam-se em seus momentos de sobriedade com ideias de autodestruição, às vezes aliadas à percepção de sua própria indignidade, pecaminosidade e incompetência. Alguns pacientes executam principalmente essas intenções suicidas, por assim dizer, apesar de ficarem bêbados. Um deles, por exemplo, cortou seu rosto repetidamente com uma navalha. Outro se feriu com uma faca. Vários saltaram ou tentaram saltar de lugares altos e parece quase desnecessário falar dos milhares de casos de pessoas que rumam para o suicídio embriagando-se e depois tentando dirigir seus automóveis.

Assim, a adição ao álcool pode ser considerada não como uma doença, mas como *fuga* suicida à doença, uma desastrosa tentativa de auto cura do conflito interior invisível, agravado, mas não primordialmente causado (como pensam muitos) por conflito exterior. É literalmente verdade que o alcoólatra, como ele próprio diz, não sabe porque bebe.

Hoje, porém, depois de minuciosas investigações psicanalíticas sobre a vida mental inconsciente de bom número de alcoólatras, feitas por numerosos trabalhadores psicanalíticos ([46]), sabemos porque alguns deles bebem. Por que?

---

46. Rado, Sandor, *The Psychic Effects of Intoxicants, International Journal of Psychoanalysts,* 1926, Vol. VII, pp. 396-402; Rado, Sandor, *The Psychoanalysis of Pharmacothymia (Adição a Droga), Psychoanalytic Quarterly,* Vol. II, pp. 1-23, 1933; Simmel, Ernst, Zum *Problem*

Comecemos pelos aspectos mais superficiais. "Os alcoólatras" são quase invariavelmente indivíduos alegres, sociáveis e faladores, que se tornam muito populares, que de fato parecem *obrigados* a se fazerem muito estimados e são muito habilidosos nisso. Basta muito pouca perspicácia, porém, para descobrir que esse desejo desordenado de ser amado que os compele a tais esforços para serem encantadores e conquistarem popularidade em um ou outro círculo revela grande sentimento subjacente de insegurança, um sentimento que precisa ser constantemente negado, compensado ou anestesiado.

Pela experiência clínica também sabemos que tais sentimentos de insegurança e inferioridade dependem menos de comparações da realidade efetiva que de razões inconscientes, "irracionais" – geralmente sentimentos de grande frustração e raiva, acompanhados do medo e culpa que a raiva provoca. Naturalmente, tudo isso é agora inconsciente. Mas outrora foi *plenamente* consciente, consciente demais. De fato, uma função suplementar do uso do álcool é a maior repressão de tais sentimentos e lembranças que ameaçam emergir, tornar-se conscientes de novo. Esses indivíduos, quando crianças, sofreram amarga decepção, *inesquecível* decepção, *imperdoável* decepção! Sentem, com razão, que foram traídos e toda sua vida subsequente é uma prolongada e disfarçada reação a esse sentimento.

É verdade que toda criança experimenta decepção e frustração; isso é inevitável na natureza da realidade. Nascemos em um mundo no opal precisamos deixar de dirigir nossa existência de acordo com

---

von Zwang und Sucht, Bericht V. allg, arztl. Kongress f. Psychotherapie, 1930; Knight, Robert P., *The Dynamics and Treatment of Alcohol Addiction,* lido no XIV Congresso da Associação Psicanalítica Internacional, Marienbad, Tchecoslováquia, 4 de agosto de 1936, e publicado no *Bulletin of the Merunin get Clinic,* Vol. I, pp. 233-50, 1937; Knight, Robert P., *The Psychodynamics of Chronic Alcoholism, Journal of Nervous and Mental Diseases,* novembro de 1937, pp. 538-48.

Knight acredita que existem pelo menos duas variedades clínicas principais de adição ao álcool: (1) Aquela em que a adição ao álcool parece ser um sintoma reativo no curso de uma doença mental que se desenvolve na vida adulta; e (2) aquela em que o alcoolismo è o mais saliente dos numerosos recursos utilizados por um caráter desenvolvimentalmente deformado resultante do começo da infância. Tal distinção é extremamente valiosa do ponto de vista clínico. A primeira naturalmente tem prognose muito melhor; mas, embora o desenvolvimento da personalidade total seja muito diferente, os motivos psicológicos são essencialmente os mesmos em ambos os tipos.

o princípio do prazer para seguir um programa de dirigir nossa existência de acordo com um princípio de realidade, o que descobrimos por penosa prova, passo a passo. Todos nós precisamos ser desmamados, todos nós precisamos deixar nossa dependência em relação a nossos pais, todos nós precisamos abandonar nossa crença em Papai Noel. Sob esse aspecto, portanto, é provável que o alcoólatra, na infância, nada sofra qualitativamente diferente do que o resto de nós sofre, mas aparentemente há uma diferença quantitativa. No caso do alcoólatra a decepção foi realmente maior do que ele podia suportar. Foi tão grande que afetou definitivamente o desenvolvimento de sua personalidade de tal modo que em certos sentidos ele continua sendo durante toda sua vida o que chamamos de "caráter oral". Já nos referimos a isso na discussão da melancolia; só repetirei que caráter oral é aquele caracterizado por salientes resíduos da fase de desenvolvimento psicológico em que a atitude da criança para com o mundo foi determinada pelo seu desejo de tomar através da boca e destruir com sua boca tudo quanto resistia a suas exigências.

Beber (no sentido em que agora estamos empregando o termo) é uma reação de vingança tipicamente infantil. Em primeiro lugar, é executado com a boca; em segundo lugar, dá um valor ficticiamente alto às virtudes mágicas da substância desejada; mais importante ainda, seus valores de agressividade prática são indiretos. A reação de vingança do adulto seria mais diretamente agressiva. Por exemplo, uma pessoa amadurecida, zangada com seu pai por boas razões, exporia a questão e não manteria mais relações com seu pai, em lugar de atormentá-lo e amargurá-lo com bebedeiras. Contudo, o alcoólatra não pode arriscar-se a abrir mão dos objetos de amor a que se agarra, por mais zangado e ressentido que possa estar com eles, consciente ou inconscientemente. Além disso, como todos os neuróticos, confunde seus amigos e seus inimigos (teóricos) c trata aqueles que pensa amar como se fossem idênticos àqueles que odeia ou que odiou *outrora*. Assim, o alcoólatra sofre ao mesmo tempo o desejo de destruir seus objetos de amor e o medo de perdê-los. Teme também as consequências de agressões que é constantemente impelido a fazer contra eles e das quais se contém apenas por feroz restrição interior que com o tempo se acumula ao ponto de levá-lo a procurar uma forma de anestesia que indiretamente concretiza as próprias agressões e outras consequências a que ele tanto temia sucumbir.

Nessa forte ambivalência do alcoólatra, nessa atitude conflitante e confusa de amor e ódio, vê-se uma síntese e, portanto, uma explicação parcial da natureza da grande decepção que sofreu outrora. Em lugar de deduzi-la logicamente, permitam-me depender novamente de observações empíricas. Observamos vezes e vezes nos casos que submetemos a penetrantes investigações anamnésicas e psicológicas que os pais de alcoólatras aumentaram tremendamente a inevitável decepção da criança por meios artificiais, embora não intencionais. Aparentemente fizeram isso em geral levando a criança a esperar mais satisfação do que estavam preparados para dar ou do que a realidade tornava possível dar. Alguns exemplos ilustrarão especificamente o que quero dizer. A mãe de run alcoólatra amamentou seu filho até quase os três anos porque ela própria gostava muito da experiência; depois ficou desesperada em face da dificuldade que encontrava para desmamá-lo e conseguiu finalmente seu objetivo pintando seus seios com fuligem a fim de assustar e repelir a criança. A mãe de outro alcoólatra fez de seu filho um mimalho, quase ignorando os outros filhos, papel que ele naturalmente precisou abandonar quando se tomou um pouco mais idoso. O pai de outro alcoólatra fazia habitualmente coisas como esta: mandava seu filho muitas vezes à venda da esquina para buscar charutos e artigos para a casa, instruindo-o que dissesse ao balconista apenas as palavras mágicas: "Ponha na conta." Certo dia, o filho usou a mesma fórmula para obter alguns doces, nada vendo de mal em estender seu conhecimento a essa nova necessidade. Quando o pai ficou sabendo chicoteou o menino severamente para espanto e ressentimento dele [47]. Ainda outro pai encorajou seu filho a trabalhar e abrir uma conta na caixa-econômica; depois ele, o pai, se apropriou do dinheiro da conta.

Essa incoerência na atitude em relação ao filho revela uma ambivalência da parte dos pais e explica porque esses pacientes são com tanta frequência descritos por seus amigos e parentes como

---

47. Citado por Knight, *op. cit.*

"mimados"; "uma criança mimada que nunca cresceu" e expressões semelhantes que sugerem censura tanto à "criança" como a seus pais. Tais denominações são em parte corretas, mas erram na presunção de que essas crianças são "mimadas" por ter-lhes sido dado excesso de amor. Duvido muito que alguma criança chegue a ficar mimada por excesso de amor. O que passa por "amor" excessivo da parte dos pais é muitas vezes apenas ódio ou culpa mal disfarçados, fato que é percebido pela criança, senão pelos vizinhos. De mães excessivamente solícitas e excessivamente protetoras, e de pais que dão grandes presentes a fim de evitar a necessidade de gastar tempo e pensamentos com a criança; de pais que exploram, promovem ou sufocam os filhos com suas próprias personalidades, para satisfação de seu narcisismo, não se pode dizer que estejam "amando" seus filhos por mais que eles próprios assim pensem. E de todas essas agressões contra ela, a criança certamente um dia, talvez com grande custo para si própria, tomará plena e terrível vingança.

Toda essa teoria torna-se muito mais compreensível quando estudada em um caso determinado:

Jonathan Richardson era filho de um dos homens mais distintos dos Estados Unidos em sua geração e em sua especialidade. Nós o vimos – o paciente – pela primeira vez aos trinta e cinco anos de idade. Os quinze anos anteriores de sua vida consistiam em uma desoladora série de fracassos e na destruição de tuna oportunidade de fazer carreira como a poucos homens é oferecida. A causa ostensiva de todo seu fracasso era o álcool; na realidade, a tragédia de sua vida era exatamente da espécie daquela que usam como exemplo com notável efeito aqueles que se opõem à venda e consumo de álcool,

Era um homem muito bonito, tanto em feições como em físico. Tinha maneiras perfeitas e inteligência boa, senão superior. Essas coisas, com o prestígio e o dinheiro de sua família, combinavam-se para torná-lo extremamente popular onde quer que fosse. Destacara-se muito na sociedade, fora grande esportista e líder popular no corpo discente da grande e conhecida universidade do leste para onde havia sido mandado. Não ostentava sua popularidade grosseiramente; não era arrogante, esnobe ou presunçoso. De fato, poder-se-ia dizer que sua única falha nos anos anteriores de sua vida fora certa aceitação passiva de sua boa fortuna em lugar de esforço enérgico para conquistá-la ou aproveitá-la. Absolutamente não bebia durante todo seu ano de calouro.

Deixou a universidade, onde seu pai achava que não estava esforçando-se o suficiente, e foi para outra escola a fim de adquirir instrução na especialidade comercial de seu pai e preparar-se para assumir as grandes responsabilidades que sobre ele recairiam como futuro chefe da firma – o que era a grande ambição de seu pai. Lá, porém, apresentou uma estranha reação às suas oportunidades, que ninguém conseguiu compreender. Primeiro foi falta de entusiasmo pelo trabalho e depois decidida aversão por ele. Finalmente, apesar do que parecia ser um esforço consciencioso, falhou completamente em todas as matérias relacionadas com o curso profissional.

Foi em relação com esse fracasso que começou a beber. Repetidas vezes, à noite, quando devia estar estudando, saía para descansar algumas horas e acabava ficando completamente embriagado. No dia seguinte, faltava às aulas. Desesperado, seu pai insistiu em que se transferisse para outra escola, mas lá aconteceu a mesma coisa. Decidiu então que não desejava entrar no negócio de seu pai, que não tinha por ele o menor interesse ou a menor estima, que a oportunidade, aparentemente grande, para ele nada significava. Seu pai conseguia provar o contrário e ele sempre admitia que o pai provavelmente tinha razão e depois caía em silêncio e (na primeira oportunidade) em outra bebedeira.

Tinha certo talento para desenho e pediu que lhe permitissem cultivar seu talento, mas o pai achou ridículo que um filho com suas oportunidades no mundo dos negócios se dedicasse amadoristicamente à arte, para a qual, além disso, parecia ter apenas dotes medíocres.

Depois várias coisas aconteceram quase simultaneamente. Começou a Guerra Mundial e, ignorando a oportunidade de promoção que o prestígio de seu pai lhe oferecia, alistou-se como praça e conquistou sozinho a patente de oficial. Casou-se com uma bela mulher, que posteriormente se mostrou tão inteligente, equilibrada e paciente quanto era bonita. Naquele tempo, porém, ela foi a causa de repetidas punições para ele, pois se ausentava sem licença de seu posto, no exército, para vê-la. Continuou a beber escondido e, depois de dar baixa, mais do que nunca.

O pai entrementes conformara-se inteiramente com o fato de seu filho nunca entrar para seu negócio e estava ansioso apenas por fazê-lo parar de beber e arranjar-lhe algum trabalho com o qual pudesse sustentar-se. Nos dez anos seguintes, financiou projeto após projeto, emprestando a seu filho milhares de dólares, estabelecendo-o em um negócio após outro, apenas para vê-lo falhar em todos eles. Em todos os casos o fracasso era da mesma natureza. Havia uma explosão de entusiasmo, um repente inicial de trabalho árduo, o estabelecimento de muitos contatos, um período de boa vontade e popularidade, com promessa de sucesso, depois crescentes decepções por parte dos fregueses devido a suas ausências da loja (bebendo), crescente uso de bebida e diminuição das vendas, causando esta última desencorajamento e consequentemente mais uso da bebida, e acabando tudo em falência, ordem de prisão ou verdadeiro encarceramento, repentino desaparecimento ou algum outro final dramático. Durante tudo isso ele conservava maneiras amáveis, conciliatórias e sérias, que tinham o efeito de convencer todo o mundo de que se arrependia de seus desregramentos e se encaminhava para reforma.

"Joguei tudo fora", dizia ele. "Dilacerei o coração de minha mãe, recusei as melhores oportunidades comerciais que um homem já teve, desperdicei minha mocidade, descuidei-me das oportunidades de adquirir instrução, sobrecarreguei-me com as responsabilidades de uma esposa amorosa e filhos que não posso sustentar, e que tirei disso tudo? Nada! Uma porção de brigas de bêbedo que nem prazer me deram na ocasião."

Examinemos agora a psicologia do uso de bebida por esse rapaz. Ele tinha o que acreditamos ser a estrutura típica do alcoolismo. Tinha um pai poderoso e pródigo em dar dinheiro, mas vacilante (isto é, ambivalente); tinha uma mãe indulgente e pouco discriminativa (portanto também ambivalente); tinha uma irmã, que era decididamente preferida pelos pais.

Uma palavra de explicação a esse respeito. O pai, que todo filho inconscientemente se esforça por emular, era neste caso um pináculo muito alto. Isso por si só já representava uma dificuldade para o rapaz, porque a grandeza de seu pai lhe parecia inatingível. Acrescia a isso o fato do pai aproveitar-se cruelmente de sua posição. Era altivo e poderoso com seu filho, às vezes selvagem com ele, outras vezes sentimental a ponto de pieguice. Um pai sistematicamente severo dá a seu filho algo contra que lutar. Um pai que, como este, ridiculariza e humilha o filho com sarcasmo até ele deixar a mesa soluçando, e em outras ocasiões elogia-o aos outros em sua presença e esmaga-o com presentes, provoca terrível antagonismo e ao mesmo tempo inspira sua supressão. O filho não só fica amargurado pela severidade, mas também, devido à bondade ocasional, sente-se impedido de tentativas normais de revide.

Outro ressentimento desse filho contra o pai era a preferência deste pela irmã. Por mais que isso pareça normal da parte do pai, despertava no filho – como sempre desperta – inveja inconsciente da posição feminina porque a atitude do pai em relação à irmã era mais sistematicamente bondosa. A solução normal do conflito emocional criado por essa estrutura familiar seria o rapaz voltar-se para a mãe à procura da ajuda de que precisava em seus anos de crescimento e depois afastar-se da família para campos mais hospitaleiros e menos cheios de conflito. Mas há certas dificuldades para isso. As esposas de homens superiores como o pai desse rapaz tendem a ter suas próprias neuroses, sendo uma das muito comuns a tendência a voltar-se do marido para o filho como objeto de amor. Isso cria mais complicações; esmaga o filho com amor provindo de uma fonte que se inclina na direção de conservá-lo como criança mimada sem necessidade de fazer o menor esforço viril para conquistar amor ou então aumenta seu temor do pai poderoso cujo domínio está invadindo. Poder-se-ia dizer que tais rapazes, exasperados por serem diminuídos pelo pai e pela preferência demonstrada para com suas irmãs (ou alguma outra pessoa), se voltam desordenadamente para a mãe à procura de afeição, mas, devido ao temor do pai poderoso, aceitam esse amor dela só de maneira infantil e continuam sendo bebês.

Foi precisamente o que aconteceu com o paciente que eu descrevi. Como isso se refletiu em sua vida posterior pode ser claramente visto na breve história relatada acima. Por seus sentimentos de inferioridade em relação ao pai, sua inveja da irmã e sua dependência oral em relação à mãe, o menino foi forçado à aceitação de um papel extremamente passivo na vida. Todas, as características do alcoólatra típico que descrevi acima podem ser relacionadas com sua passividade essencial e com o desejo de conquistar amor de pessoas mediante excessiva amistosidade e subserviência essencial em lugar de realização masculina. Contudo, embora passivos no método, os alcoólatras de maneira nenhuma têm falta de agressividade [48]. De fato, usam sua passividade da maneira mais agressiva contra aqueles que os frustram. É por essa razão que o alcoolismo com tanta frequência se desenvolve ou aumenta até grau patológico pouco tempo depois do casamento. O indivíduo predisposto procura obter da esposa mais satisfação maternal do que a mulher mediana ou normal está preparada para dar, caracteristicamente a acusa de não ser bastante afetuosa e reluta em assumir suas responsabilidades masculinas em relação a ela. O resultado desse sentimento de frustração é a volta à garrafa, que serve ao mesmo tempo como satisfação para ele e como agressão contra ela.

No caso de Jonathan Richardson, deve-se lembrar que começou a beber antes do casamento, na ocasião em que seu pai insistiu em uma mudança de universidade. Desejava que o filho o seguisse nos negócios. Isso o filho não podia fazer por numerosas razões. Implicava em uma não desejada identificação com o pai. Além disso, o colocaria em uma insuportável posição de comparação e rivalidade com o pai de quem tanto medo tinha. (É típico dos caracteres orais serem maus ganhadores e maus perdedores, não sendo capazes de suportar ganho ou perda e por isso geralmente evitam atividades competitivas de toda espécie.) Jonathan preferia ser artista, outra identificação feminina (não há intenção de ofender os artistas; refiro-me aqui à arte como ele a concebia, que era uma imitação de sua mãe). Nisso seu pai tentou impedi-lo e frustrá-lo, e ele por sua vez tentou frustrar a ambição do pai a seu respeito. Fê-lo, porém, da maneira característica dos alcoólatras. Fez como se estivesse tentando satisfazer os desejos de seu pai e pareceu só falhar por sucumbir à tentação da bebida (que é simbolicamente equivalente à retirada infantil para o lado da mãe).

Existe neste caso outro elemento não invariavelmente característico dos alcoólatras, mas muito comum. É o fato do pai do paciente

---

[48] É um erro comum pensar em passividade como oposto de agressividade. A passividade frequentemente é muita agressiva em sua intenção e em seu efeito.

também beber demais. Os psiquiatras mais antigos encaravam isso como um ponto muito importante, porque consideravam o alcoolismo hereditário. É claro que dificilmente algum cientista acreditaria nisso hoje em dia, embora ainda seja uma teoria popular. O alcoolismo não pode ser um traço hereditário, mas, sendo o pai alcoólico, torna-se fácil para o filho aprender como efetuar a represália que mais tarde se sente compelido a fazer. Muitos alcoólatras, como todos sabem, têm pais que se distinguem por sua sobriedade e moderação. Naturalmente, em tais lares o alcoolismo do filho tem muito maior poder como arma.

Este caso ilustra tão bem quanto qualquer outro algumas das várias funções psicológicas da adição ao álcool. O que impressiona como mais evidente em tais casos é o sentimento de inferioridade que o alcoolismo parece aliviar; muitas pessoas fizeram essa observação introspectivamente e o caso citado parece ser um bom exemplo disso. Contudo, deve-se lembrar que sentimento de inferioridade tão grande em geral depende de sentimentos de culpa resultantes de inveja e hostilidade. A branda animação que descarrega a inibição depois de alguns tragos de bebida alcoólica não pode ser comparada diretamente com os sentimentos de uma pessoa adicta ao álcool. Em primeiro lugar, o alcoólatra nunca para na fase em que tais sentimentos de libertação podem ser vantajosamente gozados, mas leva o consumo de álcool a um ponto em que esses sentimentos são anulados e geralmente a um ponto em que seu comportamento é de molde a aumentar em lugar de diminuir sua incapacidade ou "inferioridade" social ou intelectual. Isso, aliado à mais casual observação do comportamento de tais indivíduos, é suficiente para convencer qualquer um da função inconscientemente agressiva do uso da bebida. Parece quase desnecessário provar esse ponto; todo o mundo está familiarizado com o detestável comportamento de bêbedos grosseiros em festas, em reuniões públicas e na vida privada. Os pacientes alcoólatras dão aos hospitais psiquiátricos mais trabalho que quaisquer outros, não devido a sistemático mau humor ou belicosidade, mas devido ao contraste entre sua superficial atitude de amável e cortês complacência e os mesquinhos resmungos e ocasionais, impulsivas e inesperadas rebeldias que provoca qualquer recusa a sua incessante insistência. Simplesmente não são capazes de suportar as privações inerentes à vida em um mundo real (ou mesmo no mundo especialmente modificado do sanatório). De fato, o alcoólatra pode ser considerado como começando a "ficar bom" quando descobre que ficar bêbedo não é a única maneira pela qual habitualmente se mostra desagradável. William Seabrook ([49]), em seu relato espantosamente franco das experiências por que passou quando submetido a tratamento de alcoolismo, descreve isso com fidelidade e precisão. Para quem se interessa pelo problema deste livro, é uma fonte indispensável de material, embora o que o autor talvez considerasse como profundo estudo psicológico de si próprio tenha sido evidentemente interrompido em fase relativamente superficial, pelo menos no que se refere ao relato registrado.

Declarei que os sentimentos de inferioridade do alcoólatra frequentemente resultam de um sentimento de culpa. Em alguns indivíduos isso precede conscientemente o uso de bebida, mas na maioria dos casos é muitas vezes erroneamente atribuído (pelos alcoólatras e por alguns médicos) aos efeitos fisiológicos da bebida (ressaca, etc.). Esse sentimento de culpa pertence, porém, não tanto à imediata agressividade implícita no uso da bebida quanto à agressividade fundamental existente por trás dela, à hostilidade parcialmente, mas nunca completamente reprimida que, creio eu, é uma das principais determinantes da neurose alcoólica. Isto em alguns casos só é evidente depois de considerável estudo, mas em outros, como no que agora vamos citar, impressiona imediatamente.

Era um jovem ponderado e inteligente de vinte e três anos, que parecia ter trinta anos e agia como se os tivesse, e que, depois de extraordinário sucesso na escola preparatória em que se formou com distinção, foi expulso da universidade por beber excessivamente. Depois disso perdeu posição após posição por causa da bebida e desregramentos com mulheres. Chegou à clínica em sério estado de espírito, decidido que precisava obter ajuda ou enfrentar as consequências de tornar-se um ébrio sem esperança. Mostrava-se mais ponderado e sério porque seu pai morrera pouco tempo antes,

---

49. Seabrook, William, *Asylum*, Harcourt, Brace, 1935.

lançando sobre seus ombros considerável responsabilidade, assim como crescentes sentimentos de remorso, que nunca haviam estado completamente ausentes, mas que, por outro lado, nunca tinham sido eficazes para inibi-lo de beber.

Estava consideravelmente perturbado pelos repetidos sonhos em que se via na penitenciária. Recordava-se que depois da morte de seu pai fora várias vezes despertado por um pesadelo em que via o cadáver do pai levantar-se dos mortos, zangado e ameaçador. Seu pai, homem de grande visão, bem-sucedido, inteligente, ficara muito decepcionado com o filho, fora severo e recriminador com ele. O paciente admitia que não podia fugir à convicção de que o fato de beber afligira tanto a seu pai a ponto de ter sido realmente um fator contribuinte de sua morte. Isso explica o pesadelo do paciente e seu sonho com a penitenciária. "Compreendo que matei meu pai", disse ele; "Não é admirar que eu sonhe em ir para a penitenciária."

O paciente continuou a sonhar que estava sendo enforcado ou que era levado para a penitenciária, o que o perturbava a ponto de embriagar-se e sentir novamente remorsos. "Não sou senão um bêbedo e um degenerado", disse ele. "Deixem que eu morra de beber. Não vale a pena salvar-me."

Interrompeu o tratamento e deixou a instituição (em relação à qual, porém, conservou os mais amistosos sentimentos) em um decidido esforço para executar sua intenção de autodestruição. Continuou a beber, envolveu-se em um acidente de automóvel no qual um homem foi morto (como em seu sonho "profético") e viu-se realmente submetido a julgamento por homicídio culposo (de acordo com seus sonhos), mas foi absolvido.

Foi a outro psicanalista durante algum tempo, mas depois interrompeu o tratamento e iniciou um negócio, no qual foi relativamente bem-sucedido. Nesse meio tempo deixara de beber, em resultado do susto que lhe causara o acidente de automóvel, mas sofreu uma série de sintomas neuróticos quase paralisadores, temores, ansiedades, inibições, sintomas físicos e ideias mórbidas. A substituição de um tipo de neurose por outro é aqui impressionantemente ilustrada.

Este caso também demonstra o padrão sexual típico no alcoolismo que liga agressividade e sentimentos de culpa ao valor erótico da bebida. O aterrorizador sentimento de culpa com relação ao pai, a quase estudada atitude de provocação diante dele, combinaram-se com profunda atração por ele, levaram a um conflito entre seu desejo de dependência erótica passiva em relação a ele e sua rejeição desse desejo. É quase axiomático que os alcoólatras, apesar de grande demonstração de atividade heterossexual, têm secretamente muito medo de mulheres e da heterossexualidade em geral, aparentemente considerando-a como muito cheia de perigo. Muitas vezes percebem que não são dotados de poderes ou interesses sexuais normais, reconhecendo francamente que não é tanto a satisfação sexual que procuram nas mulheres quanto afeição, carinho, amor – com o que querem dizer solicitude maternal. À esposa finalmente revolta dar isso a um homem crescido, que devia ser seu protetor e senhor. O resultado é inevitável. O paciente assume então uma atitude mortificada, desdenhosa, utilitária ou conscientemente hostil em relação a ela e a todas as mulheres, voltando-se para os homens com uma mistura de comportamento amistoso e provocador, com temporária alegria e popularidade, mas miséria e perda pessoal no final. Ao mesmo tempo em que bebe com alegres companheiros que parecem ser substitutos de seu pai, desafia e atormenta seu verdadeiro pai e rejeita sua verdadeira mãe e sua substituta. Isso, por sua vez, dá origem a remorso que leva a auto depreciação e auto ferimento. Entrementes, a esposa exasperada cogita de divórcio ou o requer. Imediatamente, o marido menino volta correndo para ela com lágrimas, preces e promessas, diante das quais ela muito provavelmente sucumbe e todo o ciclo começa de novo.

Às consequências autodestrutivas do alcoolismo, que são tão evidentes, parecem em parte incidentais, isto é, são infelizes consequências de esforços auto administrados para obter alívio de perigos interiores. Logo que esses perigos interiores ameaçam o indivíduo de destruição por seus próprios impulsos, o alcoolismo é escolhido ou usado para substituto como uma espécie de autodestruição menor que serve para evitar uma autodestruição maior.

Comentamos que com o mesmo problema se defrontam muitas pessoas, senão todas, e que a mesma solução está também à disposição de todas. A questão é saber que problemas particulares obsedam o alcoólatra potencial e porque esse método particular é escolhido por ele para resolvê-los. Os casos mencionados ilustram algumas das experiências condicionadoras que favorecem o desenvolvimento dos problemas emocionais do alcoólatra e também favorecem esse método de procurar solução. Têm relação com a frustração dos primeiros desejos receptivos orais desses indivíduos, isto é, sua necessidade de amor, e os atemorizados ressentimentos que essa frustração cria com uma correspondente previsão de punição ou aniquilação como consequência de entregar-se a essas represálias ou mesmo imaginá-las.

O alcoolismo resolve bem o problema porque permite ao indivíduo executar essas represálias e agressões, muitas vezes contra a própria pessoa contra quem eram originariamente dirigidas; além disso, porém, envolve a probabilidade de certa medida de punição que não é tão horrível quanto a temida nas circunstâncias originais.

Ademais, proporciona o amor oral – *simbolicamente,* sob a forma de um precioso licor tomado pela boca, o "leite da mãe", que era tão desejado; e *efetivamente,* sob a forma de convivialidade e sentimentalidade que acompanham o uso social da bebida. É claro que isso às vezes parece ser um substituto do objeto de amor heterossexual, mas o alcoólatra, como todos os caracteres orais, não faz muita discriminação entre os sexos. De fato, seu maior ressentimento pode ser contra mulheres e não contra homens devido às propensões frustradoras atribuídas à sua mãe, de modo que faz discriminação contra elas, não tanto por causa de seu sexo, quanto devido à sua semelhança com a mãe, isto é, não tanto com base sexual quanto com base pessoal. Muitos alcoólatras só se entregam a relações homossexuais (ou heterossexuais) quando estão embriagados, mas esses vários fatos confirmam nossa tese de que todas as formas de autodestruição são parcialmente (incompletamente) erotizadas, isto é, usadas como fonte de prazer.

Os problemas gerais de tratamento eu deixei sistematicamente para consideração especial na seção final. A adição ao álcool é, porém, um mal tão generalizado e para o qual os atuais modos de tratamento são tão notoriamente inadequados, que achei conveniente introduzir um breve resumo dos métodos de tratamentos indicados pela concepção dela como forma de autodestruição acima esboçada.

Dentro desse ponto de vista do problema da adição ao álcool, pode-se ver que os princípios gerais de seu tratamento bem-sucedido devem necessariamente seguir linhas muito diferentes daqueles baseados na velha concepção de que o alcoolismo representa um mau hábito ou uma infeliz herança. O tratamento eficaz da adição ao álcool é, naturalmente, o tratamento daquilo que impele a ela. Significa isso a gradual eliminação da tendência de super-reação à frustração, e o progressivo alívio dos profundos sentimentos interiores de ansiedade, insegurança e expectativa e ressentimento infantis que com tanta regularidade a determinam.

Até onde, porém, a persistência desses traços representa uma deformidade definida de caráter de duração muito longa, resultados modificados de ferimentos da infância, a realização de sua eliminação implica em completa e total reconstrução da personalidade inteira.

Pelo que sei só existe uma técnica de tratamento que tenta realizar isso e é a psicanálise. Não digo que o alcoolismo não possa ser curado por outros meios. Vi isso acontecer em um caso como resultado de prolongada vigília de vários anos em um lugar solitário por um homem muito inteligente e decidido; sei que ocorre em resultado de conversão religiosa; e estou certo de que é às vezes possível em casos não muito graves como resultado de conferências e conselhos psiquiátricos. Todos nós sabemos que a "cura" é às vezes conseguida como resultado da substituição do alcoolismo por outra neurose; alcoólatras, por exemplo, às vezes deixam de ser alcoólatras e se tornam hipocondríacos ou fanáticos religiosos. E, finalmente, para fazer justiça aos fatos, é preciso acrescentar que às vezes acontece repentinamente em seguida a intensas experiências emocionais e também em seguida a incidentes aparentemente triviais; a explicação da metamorfose nesses casos permanece inteiramente obscura.

Por outro lado, porém, nunca vi um alcoólatra curado por confinamento solitário, mesmo que o álcool seja completamente retirado durante esse período. Isso se aplica aos tratamentos de longa duração tanto quanto às "curas" de curta duração. Conversei com superintendentes de numerosos hospitais estaduais onde foram tratados alcoólatras e suas observações foram as mesmas que as minhas. De fato, um de nossos amigos, superintendente de uma dessas instituições, recentemente recusou aprovar a admissão de outros alcoólatras em seu hospital, não devido a desinteresse científico por eles, mas devido à sua convicção de que o internamento em um hospital estadual é uma despesa que nada realiza em benefício dos alcoólatras ou do Estado.

Não é difícil ver porque tal tratamento não modifica o caráter nem refreia os desejos subjacentes. Assim que é solto, o alcoólatra fica mais uma vez exposto às mesmas oportunidades de alívio com igual aflição interior clamando por ser aliviada.

Para promover a revisão de caráter necessária para atenuar a adição ao álcool é preciso "cirurgia" psicológica, isto é, psicanálise. *Teoricamente,* é o tratamento preferido. *Na prática,* há muitas dificuldades no caminho. Em primeiro lugar, tratamento psicanalítico não pode ser realizado em poucos meses. É uma fantasia típica do alcoólatra que a reconstrução de um caráter que se foi formando (ou melhor, deformando) durante uns trinta anos possa ser feita em três, seis ou mesmo doze meses. O tratamento da adição ao álcool, como o tratamento da tuberculose, é coisa demorada. Significa isso que é dispendioso, em dinheiro assim como em tempo. É lamentável, mas é verdade. Encorajar parentes ou pacientes a acreditarem que há probabilidade de em poucas semanas ou meses realizar uma mudança fundamental (sem ou com psicanálise) serve apenas para decepcioná-los com malogro certo.

Além disso, as pessoas adictas ao álcool em sua maioria estão "doentes demais", afastadas demais da lealdade ao princípio da realidade, para serem tratadas por psicanálise em circunstâncias comuns. Em outras palavras, precisam ser tratadas em um ambiente especialmente adaptado e, para finalidades práticas, isso significa que devem ser confinadas, eliminando-se a acessibilidade imediata a oportunidades de álcool. Providências para o aumento da liberdade, à medida que seu comportamento geral o justifique, estão implícitas nesse plano. É possível fazer com que a direção apropriada das tendências agressivas, à medida que se tomem cada vez mais diretas e menos contornadas pelas inibições neuróticas, contribua para a eficácia terapêutica do regime de tratamento. Tendências esportivas e competitivas são encorajadas e, logo que possível, o paciente deve dedicar-se a negócios ou outras agressões sublimadas.

Portanto, confinamento, mais psicanálise, mais a direção apropriada da crescente capacidade para agressões externamente dirigidas constituem em nossa opinião e experiência o melhor programa de terapia para esse mal. Nem mesmo isso dá sempre resultados, mas por esse meio alguns indivíduos foram curados e permaneceram curados, não apenas do hábito de beber, mas também do infantilismo que o acompanha e das deformações de caráter que o produzem. O mesmo não se pode dizer, pelo que sei, de qualquer outro tratamento da adição ao álcool no momento presente.

SUMÁRIO

A adição ao álcool pode, portanto, ser considerada como uma forma de autodestruição usada para evitar uma autodestruição maior, derivada de elementos de agressividade excitados por frustração, erotismo não satisfeito e sentimento de uma necessidade de punição resultante de um sentimento de culpa relacionado com a agressividade. Sua outra qualidade é que em sentido prático a autodestruição é realizada *apesar do* e ao mesmo tempo *por meio do* mesmo recurso usado pela vítima para aliviar seu sofrimento e evitar a temida destruição.

4/ Comportamento Antissocial

Há muito tempo se tornou do conhecimento geral que numerosas pessoas abandonam sua lealdade à realidade e sua consideração por seus semelhantes em um grau que não chega à "insanidade", mas chega à auto destrutividade e à evidente necessidade de assistência psiquiátrica. No que é chamado de "perversão" sexual, por exemplo, a vítima é dominada por tendências infantis que nunca foi capaz de colocar sob as influências restritivas da sociedade, a ponto de não poder encontrar satisfação de maneiras aceitáveis. É, pelo contrário, forçada a permanecer sexualmente imatura, a transmitir essas imaturidades a outros para seu próprio benefício, de tal modo que a sociedade relutantemente a tolera com desprezo ou a condena completamente ao ostracismo. Há também aqueles em quem os impulsos agressivos incontroláveis ultrapassam a necessidade de satisfação erótica e irrompem através das restrições do discernimento e da consciência, assim como das proibições sociais, para atingir um fim imediato independentemente do prejuízo final. Isso é o que chamamos de "criminalidade". Para ela a sociedade tem métodos tradicionais de tratamento, mais dramáticos que eficazes, originariamente destinados a punir e a impedir. Finalmente há indivíduos que não são menos arrastados por seus impulsos do que criminosos e os pervertidos sexuais, mas que, por outro lado, não deixam sua punição a cargo do estado ou da sociedade organizada, mas conseguem aplicá-la (indiretamente) a si próprios. Esse distúrbio tem recebido vários nomes no curso da história psiquiátrica; eu mesmo sugeri a expressão "personalidade pervertida" e empreguei essa denominação em *The Human Mind*. A designação mais recente é "caráter neurótico". O caráter neurótico distingue-se da neurose por aparecerem no comportamento os sintomas do primeiro, enquanto os da última aparecem com mais frequência em sentimentos e queixas físicas.

Todos esses três tipos de comportamento declaradamente agressivo reagem como bumerangue sobre seus infelizes autores, arrastados como são para esses objetivos insatisfatórios para em geral sofrerem no fim o que era sua intenção original (muitas vezes bem-sucedida) fazer outros sofrerem. O resultado líquido é assim autodestruição.

Talvez seja desnecessário acentuar que nem toda agressividade externa tem efeito autodestrutivo; de um homem que luta com razão em defesa de seu lar, sua felicidade, sua reputação, seus ideais, não se pode dizer que colha frutos autodestrutivos; pelo contrário. Um homem que em tais circunstâncias não luta é passivamente autodestrutivo. Nas formas clínicas que descrevi, a agressividade é uma faca de dois gumes e destrói o indivíduo não menos certamente e muitas vezes de maneira quase mais completa do que alguma outra pessoa e por isso se inclui na categoria geral de comportamento autodestrutivo.

Compreendo que alguém pode empenhar-se em uma discussão lógica ou filosófica sobre a presunção teleológica aqui feita de que o resultado (autodestruição) era a intenção. Se a intensidade de um desejo (positivo) é esmagadoramente grande e supera todas as outras considerações, algumas das quais levam ou *podem levar* à morte, seria possível sustentar que a autodestruição foi um risco corrido ou mesmo uma penalidade aceita involuntariamente, mas incidentalnente. A minha é a posição clínica pragmática, baseada não tanto na hipótese dedutiva de que o acontecido foi escolhido (determinismo psíquico) quanto em minha experiência com o estudo psicanalítico dessas pessoas. Quase invariavelmente o paciente descobre e confessa que esse desejo incontrolável incluía elementos de hostilidade e culpa que exigiam punição e por isso contribuíram para a urgência do impulso e a tendência de subestimar a probabilidade de consequências perigosas. A fé temporária em uma "sorte" salvadora e o desprezo pela razão e discernimento constituem parte da técnica de autodestruição [50].

Adiarei no momento a consideração especial da autodestruição psicótica e considerarei separadamente as três formas clínicas de autodestruição encobertas há pouco mencionadas – caráter neurótico, criminalidade e perversão sexual, nessa ordem, citando alguns exemplos representativos e indicando os meios pelos quais os elementos autodestrutivos são discutíveis em um exame acurado muito tempo antes de tornarem-se manifestos.

A. CARÁTER NEURÓTICO

Esta forma de autodestruição crônica, disfarçada por comportamento agressivo, é muito semelhante ao alcoolismo, só que o indivíduo se arruína por conduta inconveniente e não pela bebida. Não me refiro a um único ato insensato, mas a certa *adição* sistemática, por assim dizer, ao comportamento "mau" (isto é, agressivo), cujo resultado líquido é desastroso para o indivíduo. Tais indivíduos podem assumir o papel de alcoólatras, de neuróticos ou de verdadeiros criminosos, mas sempre falham. São, por assim dizer, sempre bem-sucedidos em falhar. Se, por exemplo, seguem a carreira do crime, executam estupidamente seus crimes, muitas vezes fazem todo o possível para atrapalhar as providências de seu advogado em sua de-

---

50. Supõe alguém, por exemplo, que arriscar dez ou vinte mil dólares – ou mais – contra um dólar, com uma possível sentença à prisão de permeio, possa ser outra coisa que um impulso autodestrutivo, por mais urgente que tenha parecido? No entanto:

MAU NEGÓCIO
Nova York, 18 de maio de 1935 (AP) – Durante 29 anos e 10 meses, T. W. foi funcionário postal. Em julho ia aposentar-se com uma pensão.
Hoje, porém, foi condenado por furtar uma nota de um dólar de um envelope. Um dólar custou-lhe uma pensão vitalícia de 1.200 dólares anuais e um ano e um dia de prisão.
Topeka Daily Capital, 19 de maio de 1935.

fesa e parecem, em suma, convidar à punição. Se, por outro lado, visam mais alto e procuram ostensivamente algum objetivo mais digno, conseguem habilmente reduzi-lo à catástrofe vezes após vezes.

Nas categorias psiquiátricas mais antigas, esses pacientes eram chamados *personalidades psicopáticas* e com essa denominação ainda são conhecidos pela maioria dos psiquiatras. Numerosos e cuidadosos estudos descritivos foram feitos a seu respeito, mas não foi senão depois da introdução de conceitos psicanalíticos que eles foram compreendidos de maneira dinâmica. É preciso dizer que devido a seu caráter provocador, sua agressividade e seu discernimento inexplicavelmente mau, tendem a despertar tanta emoção no médico (como em todas as outras pessoas com quem entram em contato) que se torna muito difícil manter uma atitude em relação a eles por tempo suficientemente longo para compreendê-los. Todavia isso foi realizado em número de casos suficiente para permitir que se compreendesse bem o padrão geral de suas vidas. Ao contrário do inválido neurótico e do alcoólatra, são perfeitamente capazes de expressar suas agressões diretamente, mas não são capazes de fazê-lo discretamente ou, deveríamos dizer, com discriminação suficiente para isentá-los das penalidades da consciência. Podem, durante algum tempo, enganar a sociedade; mas nunca a sua própria consciência. Por isso são, de um lado, impelidos instintivamente a praticar agressões que a pessoa neurótica inibiria e, de outro lado, levados por sua consciência a provocar uma punição que a pessoa mais normal evitaria. Por essa razão, a agressividade assume muitas vezes a natureza de provocação, como a criança que, sentindo-se culpada por causa de alguma transgressão secreta, provoca seu pai, por meio de uma evidente e pequena agressão, a uma retaliação punitiva.

Alexander [51] merece o crédito pela mais completa exposição do caráter neurótico em diversos escritos. Muitos dos estudos de Alexander foram feitos com criminosos ou, como deveríamos dizer, caracteres neuróticos que se fizeram encarcerar como criminosos,

---

51. Alexander, Franz, *Psychoanalysis of the Total Personality,* Nervous and Mental Disease Publishing Co., Nova York e Washington, 1930; Ibid., com Staub, Hugo, *The Criminal, the Judge and the Public,* Macmillan Co., 1931; Ibid., com Healy, William, *Roots of Crime,* Knopf, 1925.

mas não se deve esquecer que muitos caracteres neuróticos, particularmente aqueles que são protegidos por sua posição social e econômica, fogem a essas consequências legais por longo tempo, senão indefinidamente. Exemplo típico desse caso é o seguinte:

Este rapaz era filho de um rico e aristocrático casal de Boston, que foi a principal vítima da maioria de suas agressões. Estas começaram em tenra idade; uma das lembranças mais antigas foi de ter ateado fogo a um dos edifícios externos da propriedade da família. Aos sete anos de idade, já havia praticado considerável número de pequenos furtos em dinheiro, joias e outros objetos de seus pais, às vezes destruindo-o ou empenhando as joias para obter dinheiro, que gastava em doces.

Foi mandado para uma escola particular onde, embora a princípio fosse chamado de "maricas" por causa de seus cachos e de sua aparência feminina, passou a firmar-se como o valentão da escola espancando todos os outros meninos e intimidando os novos que chegavam. Sentia particular prazer em torturar cruelmente e atormentar sistematicamente alguns dos meninos fisicamente defeituosos da escola. Foi expulso repetidas vezes. Iniciou suas atividades sexuais muito cedo, tendo tido relações casuais com numerosas moças de maneira muito grosseira e desdenhosa. Finalmente foi mandado para uma escola preparatória em Virgínia, onde violou os regulamentos a ponto de ser expulso, e quando foi admitido em uma segunda escola preparatória desafiou as autoridades e seus pais recusando estudar, motivo por que foi reprovado. Que isso não era causado por qualquer deficiência intelectual ficou claramente demonstrado por testes psicométricos subsequentes, os quais indicaram inteligência decididamente superior.

Por sua própria insistência, obteve permissão para aceitar emprego em um banco, obtido graças ao prestígio e alto conceito comercial de seu pai, mas perdeu-o devido a repetidos episódios de embriaguez, acidentes de automóvel, prisões e notoriedade por direção perigosa. Cometeu furtos em casas de alguns de seus parentes, tirando joias, dinheiro e bebidas. Envolveu-se com alguns bandidos em Filadélfia e abriu uma casa de jogo particular, mas 'perdeu muito nessa aventura e, a fim de recuperar dinheiro para pagar seus prejuízos, cometeu falsificações que foram descobertas. A influência de sua família permitiu-lhe escapar a processo.

Sua aparência, porém, desmentia isso tudo. Tinha uma expressão agradável e juvenil, e maneiras corteses e dignas que instantaneamente o marcavam como pessoa cujas vantagens sociais haviam sido superiores. Admitia com cativante franqueza que não sabia porque se metia persistentemente em tantas complicações com esses atos e esperava que pudessem esclarecê-lo. O estudo psicanalítico, que iniciou com "honesto" ceticismo e às vezes um pouco de cínico divertimento, logo revelou para seu comportamento razões definidas que para ele foram uma grande surpresa.

Exteriormente as circunstâncias em que fora criado pareciam quase ideais. Sua mãe e seu pai eram cidadãos honestos e respeitados, seu único irmão era uma moça mais velha, que não parecia ter representado muita ameaça de rivalidade na infância, e não havia pressão externa de dificuldade econômica ou social. Apesar dessas belas aparências, porém, a situação do começo da infância estivera cheia de obstáculos insuperáveis ao desenvolvimento normal. Havia sido incutido muito cedo na vida desse paciente um sentimento de inferioridade do qual grande parte de seu comportamento subsequente era uma tentativa de compensação. Isso aparecia claramente em um sonho que ele relatou pouco depois de haver iniciado sua análise.

> Eu participava de uma corrida de bicicleta como aquelas que aparecem com frequência nos jornais cinematográficos. Eu estava na frente. Um sujeito atrás de mim começou a acelerar a marcha como se fosse alcançar-me e ultrapassar-me. Sempre me parecera absurdo que o corredor da frente se deixasse ultrapassar como tantas vezes faz nos filmes e pensei comigo mesmo: "Já lhes vou mostrar." Fiz um esforço terrível e conservei-me à frente de toda a turma. Acho, porém, que isso me custou a vida, porque eu ia tão rápido que não pude fazer a curva e a última coisa de que lembro foi um choque quando me vi lançado no espaço.

Este sonho retrata vividamente o padrão da autodestruição desse rapaz. Ele precisava ser sempre o primeiro em tudo e em seu vão esforço para atingir essa impossibilidade desprezava toda a realidade e por isso se chocava.

Eros e Tânatos

Que era que tanto ameaçava sua autoconfiança quando criança a ponto de impedi-lo a esses destrutivos esforços de autoafirmação?

Em primeiro lugar, seu rival mais antigo fora sua irmã, que depois de diminuir um pouco o interesse inicial despertado na família pelo nascimento de um menino, lhe roubara essa posição por meio de estudados esforços. Que isso passara dos limites da rivalidade infantil comum era indicado pela crescente simulação, mesquinhez e ardilosas fraudes a que recorria para assegurar sua posição de favorita. Provavelmente a menina também se sentia muito ameaçada em sua posição e obrigada a recorrer a tais métodos, mas ela não é o objeto de nossa investigação. Foi admitido francamente pelos pais que ela se tornou cada vez mais sua filha preferida, enquanto o irmão passava a ser o carneiro negro que nada fazia para agradar-lhes e tudo para causar-lhes sofrimentos.

Se seus pais tivessem tido o benefício de moderna informação e instrução em orientação infantil talvez tivessem reconhecido que grande parte do comportamento desse menino era provocador assim como retaliador, isto é, ele não só se vingava por sentir-se diminuído, mas também tentava obter dessa maneira subversiva o amor que sentia ser-lhe negado. Isso eles não viam, porém, e faziam diretamente o jogo dele, castigando-o severamente, método de disciplina que, naturalmente, só aumentava seu sentimento de estar sendo injustiçado e o estimulava a maior agressividade.

Mesmo as formas de punição usadas pelos pais foram desastrosamente escolhidas. O pai às vezes batia no menino, porém, no mais das vezes, encenava uma ameaça dramática, mas insincera, cuja vacuidade era imediatamente percebida pela criança. Por exemplo, o pai várias vezes levou o rapaz ao posto policial depois de ter combinado tudo com as autoridades. A mãe, por outro lado, era dada a beliscá-lo com força, aplicando-lhe os beliscões em circunstâncias nas quais gritar ou chorar o teria exposto à indignidade da observação pública. Ela o humilhava obrigando-o a usar vestido quando já tinha bastante idade e a frequentar a escola primária de cachos. Muito cedo, porém, ele foi forçado a defender-se contra golpes terríveis a seu amor-próprio e sua masculinidade, ao mesmo tempo em que era exposto a demonstrações diárias de que ser menina significava receber favores e ver ignoradas sua dissimulação, deslealdade e falsidade. Através de estudos psicológicos sabemos que todo menino é fortemente tentado por algumas das vantagens que parecem caber às meninas e por essa razão debate-se entre seus esforços masculinos naturais e a tentação de abandoná-los em favor de uma atitude feminina receptiva passiva. Quando, além disso, tem pais cuja insinceridade e crueldade são prontamente percebidas pela criança e aumentam muito seus sentimentos de desamparo e insegurança, pouca coisa lhe resta a não ser submeter-se a indiferente passividade ou completa homossexualidade, ou então a negar essas coisas por meio de gestos violentos nas direções opostas, procurando ao mesmo tempo as insatisfações passivas que possa obter furtivamente por trás da fachada agressiva.

O último caminho foi escolhido por esse rapaz. Inconscientemente assumiu a posição de que nada agradaria mesmo aos pais, que estes eram injustos e maus para com ele e que não havia, portanto, razão para agradá-los, sendo seu único propósito na vida obter, da maneira mais conveniente possível, tudo quanto desejasse. Conscientemente isso era representado pela inexplicável desinclinação que sentia por tudo quanto os pais queriam que fizesse e pela extraordinária propensão que demonstrava por fazer tudo quanto os pais não queriam que fizesse. Alguns dos ideais de seus pais correspondiam aos da sociedade em geral e o fato das agressões dos pacientes contra seus pais voltarem-se até certo ponto contra a sociedade foi uma lamentável complicação.

Até agora só mostramos como um menino foi tão ferido pelo tratamento que, na infância, recebeu de seus bem-intencionados pais a ponto de tornar-se primeiro um "menino mau" e depois um "homem mau". Isso explicaria como ele veio a ser o que se pode considerar um *criminoso,* mas não o que chamamos de *caráter neurótico.* A distinção é que o caráter neurótico não permite a si próprio aproveitar-se das agressões que pratica, mas por outro lado parece comumente seguir direto para a punição. Isso era precisamente o que acontecia com o paciente que descrevi. Todas as suas bebedeiras, furtos, falsificações, violências sexuais, acidentes de automóveis, brigas etc. não lhe proporcionavam o menor ganho substancial. O dinheiro que furtou, perdeu; a falsificação que fez, foi prontamente descoberta; beber deixava-o doente; as moças com as quais teve complicações deixavam-no quase morto de preocupações; os amigos que pensava ter feito com generosas ostentações e simpática amistosidade, abandonaram-no. Vivia em constantes complicações, na realidade muito infeliz. Vezes e vezes durante o período de minha observação ele chegava a um oásis de relativa paz, que logo conturbava por um ato agressivo em relação a alguém, cuja reação natural ele usava como justificação para uma agressão mais séria, de uma espécie que, como parecia evidente a qualquer um, não poderia deixar de criar-lhe complicações. Depois, quando caía o golpe e lhe sobrevinha a punição, em seguida a uma sequência preliminar de vociferações e recriminações, ele recaía em uma disposição de desespero e tíbia investigação sobre as possíveis razões por que comportamento tão insensato lhe parecera tão sensato apenas alguns dias antes. Quando lhe apontavam como agira deliberadamente para punir-se, negava vigorosamente que tivesse o menor sentimento de culpa em relação ao caso. Isso é típico do caráter neurótico.

Alexander e Healy *(op. cit.)* descreveram um inesquecível exemplo do caráter neurótico, tão vividamente representativo da maneira como esses indivíduos cedem, de um lado, a seus sentimentos de agressividade e hostilidade, e, de outro lado, à sua necessidade de autopunição *projetada nas mãos de um agente oficial,* que para completar o quadro citarei esse caso.

O rapaz era o mais velho de cinco irmãos em uma família bastante abastada onde tinha todas as vantagens normais. Nenhum outro membro da família era delinquente, nem parecia ter havido circunstâncias desfavoráveis em sua criação. Desde quando tinha oito anos praticava furtos e essa propensão levara-o a ser internado quatro ou cinco vezes em instituições correcionais onde prontamente fizera amigos graças a seu comportamento cortês e zeloso. Declarava francamente que alguma coisa, que não sabia o que era, o impelia a furtar e que esse comportamento era um enigma para ele.

Quando tinha dezesseis anos, após ter sido solto condicionalmente de uma instituição correcional para menores, furtou uma mala e foi levado perante um tribunal juvenil, onde disse ao juiz que as instituições correcionais para as quais fora mandado não tinham conseguido curá-lo e que precisava de punição mais severa. A seu próprio pedido, foi mandado a um reformatório para adultos, onde teve também bom comportamento e obteve livramento condicional. Meteu-se rapidamente em outras complicações, mas assentou a vida durante um ano mais ou menos, foi bem nos negócios e casou-se. Depois do nascimento de seu primeiro filho, porém, voltou a delinquir, fazendo repetidamente longas viagens em automóveis que furtava. Entrou para a marinha, mas logo desertou e continuou a furtar até ser preso e internado em outra instituição. Fugiu e reiniciou sua carreira criminosa. Durante todo esse tempo, escrevia afetuosas cartas à esposa, declarando que agia sob um estranho impulso que não podia compreender e implorando-lhe que o perdoasse. Seu pai e os pais de sua esposa, que tinham por ele genuína afeição devido a suas maneiras sedutoras, gastaram muito dinheiro tirando-o de dificuldades, só para vê-lo entregar-se a aventuras mais sérias. Finalmente foi preso por assalto e sentenciado a longa pena na penitenciária. Ali teve ótimo comportamento e posteriormente, distinguindo-se como herói em uma catástrofe na prisão, obteve perdão. Poucos dias antes de entrar em vigor o perdão, porém, após sua esposa tê-lo visitado e terem sido feitos planos para novo início nos negócios, fugiu e logo se envolveu em uma série de furtos e assaltos em outro Estado. Recebeu uma longa sentença penitenciária e mais uma vez pessoas se interessaram por ele devido às suas qualidades extraordinárias. Um psiquiatra que o estudou nessa época relatou que ele não era um criminoso de tipo comum, mas um homem que cometia atos criminosos devido a uma compulsão interior. Todas as tentativas de fazer seu caso ser estudado por métodos psicanalíticos falharam, porém, e com o passar do tempo o jovem fugiu de uma turma de trabalho e estabeleceu-se em uma cidade distante sob nome falso. Ali contraiu um casamento bígamo e continuou a furtar, cometendo muitos crimes bizarros que pareciam calculados para chamar a atenção sobre si próprio e que finalmente motivaram sua captura. Os antecedentes desse jovem, que não foram inteiramente relatados aqui, incluíam dez ou doze penas de prisão, muitas passagens pela polícia, tratamento punitivo assim como bondoso nas mãos de muitas autoridades, a começar por seus próprios pais. Depois disso tudo, ainda continuava sendo um enigma para si próprio e para os outros; um jovem inteligente, sadio e bem-dotado, "estranhamente otimista quanto às possibilidades que o futuro lhe reservava".

AGRESSÃO NEURÓTICA PASSIVA

Às vezes em lugar de esbravejar, brigar e criar complicações, o indivíduo realiza suas agressões e sua autodestruição por uma técnica mais passiva. A passividade pode ser tão provocadora quanto a agressão ativa. De fato, aqueles que exasperam seus companheiros por preguiça, indiferença e inépcia talvez sejam mais numerosos, ainda que menos salientes, que aqueles do tipo anteriormente ilustrado. Em tais casos o efeito punitivo provavelmente é mais insidioso e parece mais definitivo, como se o indivíduo fosse vítima do destino ou de forças inexoráveis, forças econômicas, por exemplo, mais que da vingança daqueles aos quais prejudicou. Por falta de nome melhor, poderíamos chamar de tipo "desamparado" essa espécie de caráter neurótico. Uma criança, frustrada e ofendida a todo momento por pais indulgentes, mas sádicos, que a usam como um brinquedo, pode submeter-se passivamente às indignidades que lhe são impostas e permanecer inerte e receptiva durante toda a vida ou pode reagir com belicosidade e hostilidade que levam a provocações de punição. Este último tipo é geralmente descrito como caráter neurótico típico, mas penso que o tipo passivo por mim mencionado é do mesmo gênero e talvez não menos numeroso, embora, pelo que eu saiba, não tenha sido anteriormente reconhecido. Seus representantes são capazes de ocultar muito de sua agressividade, assim como sua punição, atribuindo sua sorte ao destino cego. O caso de outro homem que conheci muito bem servirá para demonstrar a espécie de caráter neurótico que causa muitas complicações para outras pessoas, assim como para si próprio, por falar constantemente em tarefas dentro de sua capacidade.

Este jovem foi encaminhado pelo diretor do colégio que frequentara durante seis anos sem completar o número de pontos necessários para tirar o diploma. Como os santos da antiguidade que faziam penitência dando um passo para trás a cada dois passos para a frente, ele só conseguia completar de metade a dois terços do trabalho que devia executar cada ano. Os registros e nossos exames mostraram que isso não era devido à incapacidade de executar o trabalho escolar, mas em cada curso ele deixava de completar parte das tarefas dadas. Deixava de escrever certo tema em um curso, em outro deixava um desenho inacabado, em outro deixava de entregar uma crítica de livro ou uma bibliografia, em outro descuidava-se de concluir um pequeno trabalho de laboratório ou faltava demais às aulas. Era um rapaz amável que confessou que não levava nada até o fim e parecia não ser capaz de acompanhar o trabalho no colégio, mas não sabia o que fazer no caso. Em seu esperançoso pedido de ajuda ou "conselho" era como uma boa criança que procura aprovação e, como uma criança, visitava o médico a intervalos regulares, não para anunciar progresso no sentido, aceito, mas para apresentar novos exemplos de seus fracassos e sua inépcia.

Certo dia trouxe seu programa de atividades. O médico examinou-o e acentuou que ele estava desperdiçando sem objetivo muito tempo que poderia ser dedicado a seus estudos. Alguns dias depois, apresentou orgulhosamente uma composição que disse ter escrito em poucas horas e que o impedira de receber nota em certo curso durante mais de dois anos. Ao mesmo tempo, explicou engenhosamente que naquela manhã havia acordado e, vendo que estava chovendo, virara-se na cama e dormira a manhã inteira, faltando à aula de uma matéria em que estava na iminência de ser reprovado. Essas ingênuas tentativas de sair do atoleiro em que se debatia eram características do paciente.

Era filho único de um pai dominador e tirânico, mas indulgente, e de mãe rigorosa. Uma irmã, dois anos mais nova, era manca e as primeiras brincadeiras do paciente foram modeladas ao redor da doença dela e da doença de seu melhor amigo, que morreu aos oito anos de idade depois de prolongada doença. O paciente ficou conhecido como "maricas" e era maltratado e atormentado pelos outros meninos dá vizinhança que frequentemente o faziam chorar. Era obrigado a puxar os outros meninos em seu carrinho ou carregá-los nas costas, e era alvo de brincadeiras pesadas. Em casa e na escola era punido severamente. Era inepto em todos os esportes, em parte porque sua mãe não lhe dava liberdade suficiente para aprender a praticar jogos violentos. Quando ganhou patins de presente não pôde usá-los e finalmente teve vergonha de aprender porque sua irmãzinha aprendera primeiro. Até os dez anos, dormiu em sua cama de bebê, embora estivesse tão alto que seus pés ficavam fora do colchão. Não tinha quarto próprio e dormia no mesmo quarto que sua mãe e sua irmã.

Quando estava com doze anos, sua mãe tomou as duas crianças e abandonou o pai poderoso, que o paciente amava e temia. Pouco tempo depois, o pai sequestrou o menino, que se tornou então o involuntário pomo da discórdia entre os pais. Seu pai mandou-o para a escola militar, onde era espancado e maltratado pelos outros meninos, pendurado nas janelas pelos tornozelos e submetido a outras indignidades, que o deixavam miseravelmente infeliz. O menino cresceu acanhado, desajeitado e letárgico, incapaz de fazer direito qualquer espécie de trabalho. Seu pai ordenou-lhe que frequentasse o colégio e o menino obedeceu, matriculando-se ano após ano com resultados desencorajadores. Continuou estupidamente apegado a seu enérgico pai, apesar do ativo desagrado do pai diante de seus sucessivos malogros. Todo seu interesse estava voltado para o pai que aparentemente procurava agradar, mas que na realidade decepcionava e frustrava diariamente com sua dependência infantil e sua recusa em procurar ser homem.

Caso mais ou menos semelhante de malogros sucessivos foi o de certo agricultor de meia-idade que se apresentou na clínica com uma grande coleção de males físicos, que deixaremos de lado no momento, para citar apenas algumas das manifestações de auto-, destrutividade em seu comportamento.

Quando se casou, seu pai e seu sogro lhe deram cada um uma fazenda. Nos primeiros anos de sua vida de casado, hipotecou as fazendas e em 1917 (época em que nenhum fazendeiro se enconcontrava em dificuldades porque os preços dos produtos agrícolas estavam muito altos) perdeu as duas. Com alguns recursos adiantados por seu pai, mudou-se para a Califórnia, onde investiu tudo em um vinhedo e perdeu tudo. Depois comprou (não sei com que recursos) um pomar, mas perdeu-o também. Fazendo vários serviços avulsos, ganhou dinheiro suficiente para comprar alguns caminhões, esperando entrar no negócio de transportes em grande escala, mas não conseguiu pagar as prestações e perdeu os veículos. Seu pai novamente lhe adiantou dinheiro, mil dólares, que ele aplicou na compra de um posto de gasolina. Estava indo bem, quando suas noções expansivas o levaram a construir uma grande garagem ligada ao posto de gasolina.

Falhou nesse empreendimento e perdeu tanto a garagem como o pôsto de gasolina.

    Alguns anos depois seu pai ofereceu-lhe uma fazenda, se quisesse voltar para o leste e viver nela, o que ele fez, logo contraindo grandes dívidas com hipoteca sobre a terra. Durante a época de grande atividade na fazenda, quando devia estar trabalhando arduamente, decidiu de repente fazer tuna viagem à Califórnia. Planejou pagar a viagem cobrando tarifas de outras pessoas que desejavam viajar com ele. Catorze pessoas concordaram em acompanhá-lo, mas apesar disso perdeu dinheiro na viagem, porque alguns daqueles que levou deixaram de pagar e ele não conseguiu cobrá-los. Comprou automóveis no leste do país e levou-os à Califórnia com a ideia de lá vendê-los com lucro, mas esse plano também falhou e ele vendeu os carros com prejuízo. Quando voltou para casa, encontrou muitas hipotecas vencidas. Para pagá-las vendeu algumas cabeças de gado que pertenciam à sua esposa, mas em lugar de aplicar o dinheiro no pagamento das hipotecas, cedeu a um impulso de voltar à Califórnia.

    De lá dirigiu-se para o Novo México, onde arrendou 14 mil acres de terra para uma operação agrícola em grande escala, mas consumiu tanto dinheiro no pagamento adiantado do arrendamento que não lhe restou dinheiro para adquirir sementes para plantar, por isso abandonou todo o negócio e voltou para leste. Lá constatou que os banqueiros e os parentes haviam perdido completamente a paciência com ele e estavam exigindo o pagamento das hipotecas sobre a fazenda, que não lhe era possível pagar. A agressividade desse homem, que era grande, aplicava-se amplamente em seu trabalho, mas ao contrário do homem normal que usa esse impulso como meio para vencer, o paciente esforçava-se por falhar, perdendo não só seu dinheiro, mas também o de todos que nele confiavam.

    Tudo isso parece tão absurdo e extremado que é difícil entender como tais indivíduos vivem, respiram e mantêm relações comerciais sem serem geralmente considerados pelos amigos e vizinhos como autodestrutivos, mesmo quando as coisas chegam a um clímax. Podem ser acusados de estupidez, de velhacaria ou de atrair azar. Esses termos descritivos deixam, porém, de discernir a psicologia subjacente. Alguns talvez percebam nesse indivíduo que sentimentos de inferioridade resultaram em gestos super compensatórios sob a forma de aspirações comerciais tão além de sua capacidade que estavam predestinadas ao fracasso, mas mesmo isso não é suficiente para explicar a série de fracassos sucessivos; esforço super compensatório em geral é bem-sucedido até certo ponto. Aparente estupidez, por outro lado, é frequentemente empregada como arma de agressão. Fracasso tão sistemático, porém, e as numerosas queixas de males físicos que não foram discutidas, mas constituíam parte do quadro clínico combinam-se para indicar que nesse homem havia uma dramática exemplificação da autodestruição vagamente disfarçada como incompetência e falta de sorte.

Esse caso, como os anteriores, deixa pouca dúvida quanto ao poder dinâmico de motivos irracionais e inconscientes que determinam o comportamento repetitivo do caráter neurótico. O resultado líquido é uniformemente autodestrutivo em alto grau – autodestrutivo no sentido em que são autodestrutivos o martírio, o ascetismo, a invalidez neurótica e outras condições discutidas neste capítulo. É verdade que o caráter neurótico salva sua vida —pode mesmo salvar algumas migalhas de prazer normal e no mais das vezes tem a louca satisfação de muitas experiências selvagens e impulsivas. Por tudo isso, porém, paga um preço muito alto – um preço em sofrimento, restrição, privação, destruição de esperança e alegria. Por todos os padrões da realidade é um negócio de tolo, é jogar a vida fora em troca de satisfações momentâneas.

Não se pense, nem se diga que, nas alegrias selvagens pelas quais paga tão caro, o caráter neurótico satisfaz o desejo de seu coração, obtém algo que vale seu dinheiro – e merece, portanto, ser invejado, não lamentado. Palavras assim corajosas todo psiquiatra já ouviu numerosas vezes dos lábios dessas vítimas, que tentam entre desafio e desespero manter a cabeça erguida, "ensanguentada, mas não curvada". Mas o psiquiatra vê também a inutilidade da simulação. Não se pode zombar impunemente da realidade e o peso de punição e consequências acumula-se até que a melancolia e tristeza substituem alegria e arrogância. Antes disso o programa autodestrutivo não permite a aproximação de terapia eficaz; infelizmente, a essa altura, a autodestruição muitas vezes já foi além do ponto de reversibilidade.

B. CRIMINALIDADE

O estudo científico da criminalidade progrediu a um ponto em que, dada sua relevância, a inclusão mesmo de um mero esboço da matéria seria impossível neste livro. Considerarei, por isso, apenas os aspectos da criminalidade que têm relação com nossa tese, isto é, os motivos autodestrutivos na psicologia do transgressor social.

Tem havido certa tentativa de difundir entre o público americano o *slogan* "O crime não compensa". Filmes de detetives, a punição de criminosos e particularmente a apresentação de delinquentes que (algemados ao braço do xerife) proclamam em altas vozes esse *slogan* são presumivelmente destinados a levar o jovem sob tentação de abster-se da atração de atalhos criminosos através das regras da sociedade. No entanto, o crime continua a existir e o próprio fato de tal *slogan* precisar sermos *pregado* propositadamente constitui uma indicação de que a verdade não é tão evidente por si própria. Numerosos cidadãos americanos demonstram por seu comportamento acreditar que o crime *compensa*. Como compensa para eles talvez mereça certa análise psicológica, pois, evidentemente, pessoas diferentes desejam recompensas diferentes. Mesmo se presumindo, porém, que a compensação se refira a aquisições materiais, o público americano tem tido constantemente e durante longo tempo diante de seus olhos os magníficos sucessos de indivíduos, variando desde presidentes de bancos e magnatas de empresas de serviços públicos até organizadores de espeluncas onde se vende cerveja e prostíbulos, que escapam à detenção ou condenação.

Além disso, quase no mesmo momento em que os órgãos de prevenção do crime asseguram ao público que o crime nunca compensa, os departamentos policiais de muitas de nossas maiores cidades proclamam abertamente sua intenção de empregar métodos criminosos para lidar com criminosos. O comissário de polícia de uma de nossas grandes cidades, por exemplo, anunciou: "Haverá promoções à espera dos homens (policiais) que os (aos bandidos e suspeitos) amarrotarem. Promoverei os homens que tratarem esses gorilas a pontapés e os trouxerem para dentro." [52] Na mesma semana, um linchamento

---

52. *The Nation*, 13 de novembro de 1935.

foi defendido por um promotor público no Sul e há apenas poucos meses o governador Rolph, da Califórnia, fez sua célebre defesa de linchamentos. O público americano fica periodicamente chocado por essas francas confissões de indivíduos proeminentes no sentido de que atos criminosos são permissíveis, desde que cometidos por indivíduos favorecidos. Essa reserva mental de que outros não devem cometer crimes, mas eu posso cometê-los, é um elemento característico da psicologia americana. De fato, basta um pouco de reflexão para percebermos que nosso país foi fundado por um grupo de pessoas que desde o início desafiou e violou persistentemente as leis da Inglaterra. Além disso, a maioria das fortunas financeiras e a chamada estabilidade econômica de nosso país nos primeiros tempos dependeram da criminosa destruição e desperdício de recursos naturais, cuja iniquidade e cujos tristes resultados só agora estamos começando a compreender plenamente. Mesmo assim, há milhões de cidadãos americanos que pensam ser seu direito dado por Deus destruir matas, matar e mutilar aves e outros animais selvagens, poluir cursos de água e explorar a terra sem a menor consideração pelas consequências antissociais de tão implacável destruição.

Se me desviei um pouco do assunto é porque duvido um tanto da possibilidade de convencer o leitor americano mediano de que criminalidade é realmente autodestrutiva. Toda nossa ideologia nacional contesta isso. Como dizem Alexander e Healy ([53]) em seu recente livro, comparando a investigação psicológica sobre criminosos na Alemanha e nos Estados Unidos:

> A mais impressionante dessas diferenças é a avaliação exibicionista heroica dos atos criminosos na América; muito mais que na Europa isso desempenha importante papel na formação de motivos para infração da lei. Apesar da condenação oficial, não só instintivamente, mas mesmo conscientemente, o público (americano) encara a criminalidade com uma espécie de adolescente culto do herói. Ao mesmo tempo a civilização da máquina com suas tendências mecanizadoras e niveladoras estrangula a individualidade e força o indivíduo a tomar-se parte da unidade coletiva. A

---

53. Alexander, Franz, e Healy, William, *Rots of Crime: Psychoanalytic Studies,* Knopf, 1935, p. 283.

criminalidade continua sendo um dos poucos escoadouros restantes através dos quais o indivíduo pode expressar seu rancor contra essa pressão e acentuar sua soberania masculina... A base ideológica da democracia americana, uma filosofia individualista de vida, é personificada no ideal do homem feito por si mesmo, que é independente de ajuda externa, que é bem-sucedido na livre concorrência de iguais oportunidades.

Em outras palavras, o rude individualismo implica no direito do indivíduo menosprezar os direitos sociais e isso, em essência, é criminalidade.

A verdade é que nós, americanos, acreditamos que o crime não compensa se a pessoa é apanhada. A moral disso e o programa de ação de muitos americanos é: "Seja um rude individualista, dê-se o melhor possível com seus vizinhos e cometa contra eles os crimes que forem necessários de maneira a não ser apanhado." Se a pessoa é habilidosa pode fazer muito disso e receber recompensas financeiras e aplauso público. Se é desajeitada, estúpida, ou comete um erro, então não está mais no jogo, mas recebe condenação oficial como criminosa e é chamada a depor perante a mocidade perplexa do país que o crime não compensa.

Essa excursão a certas implicações políticas do estudo da criminalidade não deve desviar-nos da consideração científica de como o comportamento criminoso pode resultar em autodestruição, embora nos Estados Unidos isso frequentemente não ocorra. Existe certamente um comportamento criminoso normal, no sentido de que alguns indivíduos põem de lado toda hipocrisia a respeito, toda tentativa de lealdade a altos ideais e altos padrões sociais, e tomam o que desejam quando o desejam, defendendo-se contra captura ou punição. O inquérito sobre a comunidade em Missouri ([54]) mostrou que apenas um em cada mil crimes cometidos na área pesquisada causou a punição efetiva dos infratores. Portanto, qualquer estudo sobre criminosos neste país deve distinguir entre criminosos capturados e criminosos não capturados. Quase todos os trabalhos que

---

54. Moley, Raymond, *The Administration of Criminal Justice* in *Missouri,* St. Louis Missouri Association for Criminal Justice, 1926.

foram feitos tiraram conclusões sobre a criminalidade com base no estudo daqueles que foram capturados; como é bem sabido que a vasta maioria não é capturada, essa não me parece ser uma "amostragem" adequada no sentido que a estatística dá ao termo.

Os Gluecks ([55]) demonstraram que aqueles que são capturados continuam a cometer crimes e continuam a ser novamente capturados. Que suas agressões contra a sociedade levam à autodestruição no sentido de encarceramento, miséria e privação é evidente.

Todavia, como já indiquei, não estou certo de que podemos chamar de criminosas essas pessoas, se formos aplicar a mesma palavra àqueles que nunca se deixaram apanhar. Talvez devamos referir-nos a eles como criminosos neuróticos. Alguns deles são sem dúvida estúpidos e são apanhados por essa razão, outros não tiveram sorte; uns poucos talvez sejam criminosos normais que erraram na técnica. Mas é possível que a maioria deles se inclua em um grupo que foi estudado psicanaliticamente com muito cuidado ([56]). Em numerosos indivíduos, o impulso de cometer crimes, que podemos presumir seja uma tendência universal, é irresistível, mas tais indivíduos não podem, por outro lado, escapar à vingança de suas próprias consciências. Esses indivíduos, portanto, tendo cedido a seus impulsos agressivos, são obrigados a render-se por fim às ameaças de sua própria consciência, senão às intimidações da lei. Isso os leva a procurar punição, a deixar-se apanhar, a cometer crimes provocadores ou mesmo "meter-se na cadeia".

Esses motivos foram longamente examinados por Alexander e Healy em um estudo mais recente sobre os motivos psicológicos do crime, já mencionado. Cerca de doze criminosos foram submetidos a psicanálise. Em todos esses casos o estudo psicológico mais profundo mostrou mais ou menos a mesma fórmula geral, isto é, grande desejo de continuar sendo criança dependente e grande ressentimento contra as forças sociais, econômicas e outras que impedem suas satisfações, com a consequente combinação de sentimentos mistos de

---

55. Glueck, Sheldon, e Glueck, Eleanor T., *Fine Hundred Criminal Careers,* Knopf, 1930.
56. Alexander, Franz, e Staub, Hugo, *op. cit.,* Reik Theodor, *op. cit.*

vingança, autoafirmação e culpa. "Trataram-me miseravelmente, eu os odeio, não preciso mais deles, eles me pagarão, tomarei deles o que quiser; mas lamento muito, sinto-me culpado, serei punido por isso..."

Que isso se harmoniza em geral com a fórmula de outros métodos de autodestruição é evidente. Poderia ser resumido no seguinte: Uma parte da criminalidade é resultado de irresistível ódio adquirido na infância, que o indivíduo só pode expressar à custa de intimidação por sua própria consciência, a tal ponto que falha inconscientemente na execução de suas agressões e se deixa descobrir, capturar e punir.

Isso me foi vividamente demonstrado por um dos mais extraordinários indivíduos, sãos ou insanos, criminosos ou não criminosos, que já conheci. De umas mil páginas de anotações a seu respeito, tentarei condensar em poucas páginas o registro de sua vida de maneira suficiente para indicar as origens emocionais de sua terrível criminalidade.

Diante de meus olhos está um manuscrito escrito por esse homem notável, posteriormente executado por ordem de um tribunal federal. Começa assim:

Eu son John Smith, n.° 31.614, penitenciário dos Estados Unidos, em...

Eu sou um mentiroso.

Eu sou um ladrão.

Eu sou um assassino.

Eu sou um degenerado.

Todavia, o fato de serem as coisas assim, em nada diminui a verdade do que aqui escrevi.

Tenho 38 anos de idade. Desses 38 anos passei 22 em cadeias, escolas reformatórias e prisão. Em toda minha vida, nunca fiz o menor bem a mim mesmo ou a qualquer outra pessoa. Sou um pulha de primeira classe... Mas o que sou foi a lei quem me fez.

Sinto agora que logo estarei morto e essa é a razão por que escrevo isto...

Toda minha vida vivi destrutivamente. Nestes escritos vou tentar provar que me era possível ter vivido construtivamente e ter sido o meio de muito bem tanto para mim mesmo como para meus semelhantes, se eu tivesse sido convenientemente ensinado e tivesse sido tratado direito pela lei no começo ...

Sei perfeitamente que não sou bom e que ninguém me estima ou me respeita, o que absolutamente não me preocupa porque eu não estimo ou respeito qualquer outra pessoa. Desprezo, detesto e odeio todo ser humano sobre a terra, inclusive a mim mesmo... Meus únicos sentimentos agora são de ódio e medo. Perdi praticamente todo o poder que já tive de gozar a vida. Só sou capaz de sofrer... Todo sentimento decente que eu possa ter tido em minha natureza foi brutalizado e arrancado de mim há muito tempo.

O manuscrito prossegue depois com uma inflexível autoanalise em que o prisioneiro não poupa a si próprio nem à sociedade. Confessa francamente que assassinou vinte e três homens e não tem o menor remorso disso. (A maioria, desses homicídios foi comprovada por investigação.) Não pretende ter justificação imediata para esses homicídios, mas diz que matou porque gostava de matar, que isso satisfazia seu ódio e seu desejo de vingança, embora a vingança estivesse deslocada do objeto original de seu ódio.

É realmente impossível transmitir no curso de algumas páginas a unicidade desse homem. Ele tinha falta quase total de instrução formal, mas instruiu-se em medida surpreendente e era dotado de superior inteligência e espantosa falta de repressão. Nunca vi um indivíduo cujos impulsos destrutivos fossem tão completamente aceitos e reconhecidos por seu ego consciente. Ele me expôs com minúcias um plano que concebera para causar a destruição de *toda* a raça humana, plano que de maneira nenhuma era absurdo em sua concepção e que se comparava favoravelmente com os engenhosos meios patenteados por inventores a serviço dos fabricantes de munições que tanto se orgulham de seus engenhos para aumentar a capacidade oficial de assassínio.

Ninguém pode ler esse manuscrito em sua inteireza sem um calafrio emocional. De um lado, havia o terrível ódio, rancor e crueldade incrivelmente sádico do homem; de outro lado, sua elara avaliação de. si próprio, sua ardente fé e afeição em relação £ uma autoridade federal, que como homem mais moço demonstrara uma vez certa bondade para com o prisioneiro e mantivera depois correspondência com ele durante muito tempo, seu curioso interesse em melhorar o mundo apesar de achar que todos os seres humanos eram tão maus que seria melhor se fossem todos mortos. Era um quadro incongruente de nua realidade, que produzia efeito comparável ao de olhar para o interior de um corpo humano aberto em um horrível acidente, com todos os órgãos vitais postos a nu e a pessoa conservando consciência com sobre-humana capacidade de suportar a dor a ponto de poder discutir calmamente o acidente e sua morte próxima.

Pois esse homem sabia muito bem como e porque as tendências destrutivas haviam alcançado peso tão esmagador. No começo da infância tivera, de um lado, rígido ensino religioso e, de outro lado, pressão econômica e expulsão de casa, de modo que aos oito anos de idade já havia sido preso. Aos doze anos estava internado em uma Escola Industrial para meninos, onde a crueldade oficial aumentou a amargura de seus temores infantis. Posteriormente sua vida foi simplesmente um acidente após outro de vingança, recaptura, punição, livramento e mais vingança, mais punição, mais rancor.

Os mesmos fatores psicológicos descobertos mais tarde na investigação psicanalítica dos presidiários antes mencionados foram reconhecidos em si próprio por esse extraordinário indivíduo e expostos por ele nesses comentários sobre sua própria psicologia, a psicologia da humanidade e a dos criminosos em particular. São eles, em suma, que o ódio gera ódio; que as injustiças perpetradas contra uma criança despertam nela intoleráveis reações de retaliação que precisa reprimir e adiar, mas que mais cedo ou mais tarde se manifestam de uma forma ou outra; que a recompensa do pecado é a morte; que homicídio gera suicídio; que matar é somente ser morto; que não existe verdadeira expiação e que amargo sofrimento não produz fruto algum.

Esse preso pediu que o executassem por um homicídio que cometera na prisão. Como estava sendo julgado no Kansas onde há muito tempo a lei e o sentimento público são desfavoráveis à pena capital, foi feito grande esforço para impedir sua execução, mas insistindo em certos pormenores técnicos, recusando toda assistência jurídica, refutando habilmente os depoimentos de psiquiatras e outros, o réu impôs seu desejo de ser executado e a execução se realizou, tendo sido o único caso de aplicação da pena capital no Kansas em mais de cinquenta anos.

No dia de sua execução, avançou correndo impacientemente, subiu ao patíbulo com alegria, pedindo aos carrascos que apressassem as coisas e acabassem com aquilo. Todos observaram como ele estava impaciente por morrer. Sua execução foi, em essência, um suicídio, uma realização direta do que procurara indiretamente em todos os seus trinta e oito anos de existência.

C. PERVERSÕES

Está fora do propósito deste livro discutir como e porque a sociedade estabelece certas normas ou formas de comportamento aceitáveis com referência, por exemplo, à expressão de impulsos sexuais, ou mostrar como e porque ocorrem modificações nesses padrões de tempos a tempos e de país para país. O fato é que várias formas de atividade sexual outrora oficialmente aprovadas hoje são tabus, enquanto, de outro lado, numerosos tabus que outrora existiam foram agora eliminados. Portanto, do ponto de vista social ou legal, a perversão sexual é um conceito variável. Do ponto de vista psicológico e biológico, é muito mais definida e relaciona-se com uma dominadora persistência de modos infantis de obter prazer sexual, com a exclusão ou frustração dos modos normais. Todo psiquiatra é procurado por indivíduos que estão amando coisas em lugar de pessoas ou pessoas de seu próprio sexo em lugar de pessoas do sexo oposto, ou para os quais ser cruel, sofrer dor ou apenas olhar ou ouvir alguma coisa sexual substitui as atividades sexuais normais.

Compreendemos pelos memoráveis estudos de Freud, a começar com seu famoso *Três Contribuições para a Teoria do Sexo,* que essas tendências pervertidas existem em todos, mas na pessoa normal ficam submersas em favor de formas mais adultas de satisfação. Em alguns indivíduos a luta para abandonar esses modos infantis em favor de modos adultos é por uma razão ou outra muito difícil, e pode então acontecer uma entre várias coisas. Às vezes essas tendências são abandonadas só à custa do sacrifício de toda a vida sexual; às vezes são abandonadas só na forma direta e continuam a ser satisfeitas de muitas maneiras indiretas e disfarçadas. Ainda em outros casos, absolutamente não são abandonadas, mas são satisfeitas aberta ou sub-repticiamente. Se estes últimos casos são descobertos, as vítimas são punidas pela sociedade por entregarem-se a esses impulsos sexuais proibidos, da mesma maneira como aqueles que injustamente satisfazem seus instintos agressivos (criminosos) são punidos pela sociedade, quando descobertos. Um lado do quadro é que certas pessoas parecem compelidas por dentro a obter pervertidamente sua satisfação sexual. Mas há outro lado que não é tão evidente ou tão conhecido. Que quem se aferra dessa maneira a técnicas infantis em lugar de técnicas adultas sofrerá desastre e no final perderá mesmo essas satisfações, parece a todos bastante evidente para servir como dissuasor. Como, porém, essas coisas continuam, devemos presumir que os impulsos são fortes demais ou o suposto dissuasor é ineficaz, se não realmente encorajador. Em qualquer dos casos deve-se concluir que a consequente autodestruição é intencionalmente aceita, se não realmente procurada. (A obstrução da voz da inteligência já foi mencionada.) Apresentar essa ideia e mostrar como a perversão sexual pode tomar-se completamente desintegradora e desmoralizadora parece ter sido o propósito de Gide em seu romance *O Imoralista*. Não se poderia encontrar melhor ilustração da auto destrutividade da perversão do que as experiências de Oscar Wilde e lorde Douglas. O terrível ódio recíproco que estava latente por baixo do alardeado amor culminou na traição de que resultou o encarceramento de Wilde e a desgraça final de lorde Douglas ([57]).

O ressentimento que a sociedade experimenta em relação a homossexuais declarados, manifestado nos violentos ataques que orgulhosamente lhes lançam os indivíduos por eles convidados, expressa, é claro, certa medida de medo inconsciente e super-reação aos impulsos homossexuais não reconhecidos no íntimo do próprio atacante. Expressa também algo mais explícito, algo que os psiquiatras, em suas tentativas de compreender e explicar o comportamento dos homossexuais, tendem a ignorar. É o elemento agressivo na sedução. Às vezes isso é muito evidente. Na Prisão Estadual de Mulheres estudei verta vez uma moça que não fez a menor tentativa de ocul-

---

57. Ver a autobiografia de André Gide, *If It Die*, Random House, 1935, pp. 296-304.

tar-me que seduzira deliberadamente dúzias de meninas de escola secundária e escola primária. Sua técnica para seduzi-las consistia em dizer-lhes que os homens eram maus e machucavam as meninas pequenas, aconselhando-as a nunca se submeterem às crueldades que os homens infligiam às mulheres, nunca, em suma, deixarem que um homem as tocasse; que as mulheres, por outro lado, eram boazinhas, amáveis e suaves, podiam amar-se entre si e cada uma fazer com que a outra se sentisse muito feliz e contente por meio de certas técnicas. Se alguém é capaz de duvidar da agressividade (igualmente inconsciente) de tais seduções, ficará mais convencido ao saber que essa moça, dotada de indescritível encanto pessoal e da aparente meiguice e ternura de uma delicada flor, estava na prisão, não por causa dessas seduções, mas pelo crime de ter matado seu marido a marteladas, deixando-o depois fechado em seu apartamento enquanto ia, dirigindo seu automóvel, a uma sessão de bridge a cinquenta quilômetros de distância!

Que essa agressividade está ligada à autodestruição talvez não seja tão explícito. Talvez nem sempre isso aconteça, mas em alguns casos é muito flagrante. Uma mulher solteira de trinta e dois anos contou uma longa história de irregularidades sexuais, tanto heterossexuais como homossexuais, a começar por uma experiência com seu irmão mais velho quando ela tinha seis anos de idade. Tais experiências são, naturalmente, muito comuns e geralmente não predispõem ou conduzem a homossexualidade. Neste caso, porém impulsos e experiências homossexuais iniciaram-se na infância, consistindo em intimidades físicas com outra menina. Isso também ainda poderia ser considerado como dentro das experiências normais se tivesse parado ali; no entanto, nos anos subsequentes, ela teve muitos casos homossexuais, sempre sem qualquer sentimento de afeição e quase invariavelmente com consequente dano para si própria. Seu trabalho colocava-a em íntimo contato com moças mais novas – tendo sido a escolha de sua profissão (lecionava dança estética) presumivelmente motivada por suas propensões homossexuais. Como professora, era invariavelmente indiscreta e exibicionista em seu comportamento homossexual e por isso adquiria má reputação e em resultado perdia seus empregos. Fazia repentinas investidas homossexuais contra moças que conhecera recentemente. Naturalmente, era em geral repelida, denunciada e depois dispensada. Também beijava moças abertamente e excessivamente, o que provocava comentários desfavoráveis. Ao arranjar um novo emprego, tinha sempre medo que sua reputação a acompanhasse e a fizesse perder a nova posição o que frequentemente acontecia.

Assim constantemente derrotava a si própria cedendo a impulsos que considerava de natureza sexual, mas na realidade eram agressivos e autodestrutivos. Não tinha sentimento de afeição por qualquer de seus objetos sexuais. Sua motivação agressiva mostrava-se também no medo que sentia de ter ferido ou vir a ferir física ou socialmente a moça pela qual era atraída. Em lugar disso, feria principalmente a si própria – provocando sua própria desgraça e punição, virtual autodestruição.

Tal comportamento pode ser melhor compreendido à luz de sua história familiar e desenvolvimental. Era a mais nova de sete irmãos vivos, com quatro irmãos mais velhos e duas irmãs mais velhas. Um irmão, onze anos mais velho, seduzira-a na infância muitas vezes e frequentemente lhe dava dinheiro para gastar só se o deixasse praticar com ela jogos sexuais. O segundo irmão, oito anos mais velho, era seu ídolo. A irmã do meio, oito anos mais velha que ela, ainda solteira, era uma maluca, queixosa e encrenqueira, vivia na casa dos pais e era tão detestável que a mãe quase a fizera prender em várias ocasiões. O pai era um homem inútil e irresponsável, que sempre tivera abertamente relações com outras mulheres e frequentemente ficava semanas fora de casa sem dar explicações. Certa vez mandou uma de suas filhas à casa de seu irmão para prazer sexual do irmão.

A paciente sempre fora considerada masculinizada e muitas vezes desejara realmente ser um menino. Seu interesse por atletismo e educação física, seu corte de cabelo e suas roupas masculinas eram uma indicação de sua identificação masculina. Por outro lado, tivera esporádicas experiências e interesses heterossexuais, mas sempre evitara o casamento ou casos heterossexuais prolongados. Aparentemente o fato de ter sido seduzida cedo por seu irmão e por outros rapazes acentuava a seus olhos a concepção masoquística do papel feminino e tornava-o assustador e inaceitável. Além disso, o comportamento irresponsável do pai impedia que tivesse qualquer ideal aceitável de homem. A inveja inicial da liberdade e dos dotes genitais dos meninos fez com que fugisse de seu papel como menina e tentasse imitar os meninos e identificar-se com eles. Todavia, os maus-tratos que recebia de seus pais e dos irmãos mais velhos causaram-lhe tanto ressentimento, que sua concepção sádica do papel masculino foi aumentada pelo ressentimento e raiva resultantes desses maus-tratos. Por isso atuava em seu comportamento sexual com impulsos agressivos e destrutivos contra moças – substitutas de suas irmãs e sua mãe – mas com tanta culpa por esse comportamento destrutivo que nada podia impedi-la de empregar técnicas que a colocassem em situações capazes de levá-la à sua própria ruína.

SUMÁRIO

O sentido deste capítulo foi demonstrar que comportamento antissocial pode mascarar intenções autodestrutivas. O fato de ter consequências autodestrutivas não prova isso, mas o estudo de formas representativas de comportamento declaradamente agressivo, como caráter neurótico, criminalidade e perversão sexual, parece comprovar essa hipótese em muitos casos. A análise da motivação por trás do comportamento indica estreito paralelismo – em arranjo diferente – com os motivos por trás de suicídio, faltando, naturalmente, o domínio completo do instinto de morte.

5/ Psicose

Talvez seja evidente que a pessoa virtualmente-destrói a si própria quando abandona sua lealdade à realidade a ponto de ceder a impulsos contrários às leis naturais ou aos padrões sociais. Se esse afastamento é extremo, se os impulsos são tão poderosos a ponto de fugir a toda inibição e expressar-se de maneira caótica e desorganizada, sem consideração por qualquer realidade, temos o que é designado medicamente como "psicose" e legalmente como "insanidade". Esses termos, particularmente o último, dão a entender que, como coisa de conhecimento geral, essas condições representam um estado ou grau de desamparo tal que, apesar da ofensividade, da agressividade e da destrutividade tanto externa como autodirigida, a sociedade tolera tais indivíduos sem retaliações e procura apenas proteger-se contra eles pondo-os de quarentena. Eram esses infelizes que antigamente formavam o grosso do material dos casos psiquiátricos.

Não tentarei retratar todas as formas de doença mental que regularmente ou ocasionalmente chegam ao grau que chamamos de psicose (palavra que é às vezes empregada no sentido definido dado acima e outras vezes significa qualquer dos quadros reconhecidos de doença psiquiátrica). Limitar-me-ei a duas condições nas quais são claramente reconhecíveis os aspectos autodestrutivos da psicose. Como se pode deduzir da definição acima, um elemento comum a todas as formas de psicose é o deísmo, isto é, a rejeição do princípio da realidade como determinante de comportamento, em favor do princípio de prazer ([58]).

Seja o que for que pensemos de certas religiões ([59]), o fato de serem socialmente aceitas mesmo por um pequeno grupo coloca-as fora de nossa consideração como forma de psicose por definição, uma vez que parte da realidade é realidade social, costumes sociais, atitudes sociais. Todavia, o psiquiatra vê muitos pacientes cuja rejeição da realidade é tão definida, tão extremada e tão individualista que não pode haver na mente de ninguém dúvida de que estão usando modos infantis para protegerem-se da inospitalidade de um mundo em relação ao qual sentem hostilidade e que se protegem por uma rejeição dele que pode chegar ao extremo da destruição. Há aqueles que não podem manter relações satisfatórias de objeto com o mundo exterior, cujos amores e ódios não foram facilmente transplantados do terreno da infância no qual cresceram para as novas exigências de um mundo mutável. As pessoas assim prejudicadas nessa capacidade são chamadas de personalidades esquizoides, das quais tratei descritiva e dinamicamente em outra obra ([60]).

---

58. Nos casos de depressão em que o sofrimento é intenso, talvez pareça estranho pensar no princípio de prazer como tendo o controle, mas essa é a verdade, pelas razões explicadas no Capítulo 1 desta seção.

59. É verdade que muitas religiões também rejeitam a realidade em maior ou menor grau. Algumas a repudiam inteiramente, algumas a interpretam erroneamente. Todavia, desde que tal repúdio seja acordado coletivamente por qualquer número considerável de pessoas, é sempre possível para elas dizerem que percebem a "verdadeira realidade" e os outros vivem na ilusão. A esse respeito, lembro-me de um divertido incidente na prática hospitalar. Um homem do campo, de pouco mais de trinta anos, muito excêntrico e desajustado, que sem dúvida sofria havia muitos anos de uma forma branda da doença chamada esquizofrenia e que ouvia vozes, tinha visões e traía por outros meios seu desequilíbrio mental, ficava horas e horas sentado e lendo concentradamente *Science and Health*. Perguntei lhe certo dia se entendia aquilo e ele respondeu que entendia e acreditava naquilo. "Mas", acrescentou, "o mundo não acredita. O mundo não acredita nisto e não acredita também na ciência. Mas você compreende a ciência e eu compreendo isto." Dava a entender que éramos, eu e ele, contra o mundo, ele com sua peculiar religião e eu com minha peculiar ciência (psiquiatria). Para ele as duas pareciam perfeitamente comparáveis.

60. Ver *The Human Mind*, edição revisada, Knopf, 1937.

A personalidade esquizoide que falha na tentativa de transplante transforma-se na psicose esquizofrênica. Reconhecer e enfrentar efetivamente a realidade é sinônimo de fazer investimentos convenientemente distribuídos de ódio e amor nas parcelas da realidade, humanas e não humanas, que nos cercam, e o malogro nesse sentido faz com que voltem para o próprio eu o amor e ódio, que deviam ser investidos extremamente. Já discutimos a forma de doença mental caracterizada pelo retomo de grandes quantidades de ódio repentinamente descarregadas. Nessa condição (melancolia) é possível manter suficiente contato com a realidade, de modo que o indivíduo, apesar de toda sua auto destrutividade, não ameaça a vida alheia e pode mesmo cooperar nos esforços para redirigir e remodelar sua própria vida. Por esta razão, a melancolia é às vezes descrita como neurose e não como psicose. Contudo, algumas vítimas da melancolia abandonam toda lealdade à realidade e podem ser extremamente delirantes e mesmo homicidas. Os mecanismos são os mesmos da chamada forma neurótica, mas o abandono do apego ao objeto e da prova da realidade é aqui muito maior.

Esse afastamento dos padrões da realidade permite à pessoa psicótica destruir-se de uma maneira singular que não está à disposição de qualquer outra. Pode *imaginar-se* morta; ou pode imaginar que uma parte de si própria está morta ou destruída. Essa autodestruição imaginária, parcial ou completa, corresponde em seus motivos a verdadeira automutilação e suicídio. É às vezes descrita tecnicamente como alucinação negativa ou (mais precisamente) como delírio niilista, e há quem prefira, especialmente para uma forma dessa destruição imaginária, o termo sonoro, mas não muito bem definido, de "despersonalização" [61].

No seguinte e ilustrativo caso tinha havido anteriormente algumas verdadeiras tentativas de suicídio; foram seguidas por fantasias de não existência, depois pela destruição imaginária de uma *parte* do corpo (o olho) e em seguida por tentativas reais de destruir aquela

---

61. O mais penetrante estudo psicanalítico deste fenômeno é o de Oberndorf (Oberndorf, C. P., *Despersonalization in Relation to Erotization of Thought*, International Journal of Psychoanalysis, 1934, Vol. XV, pp. 271-95).

parte do corpo – uma série de fenômenos autodestrutivos progredindo em direção à realidade (e portanto em direção a maior periculosidade, mas também maior "sanidade").

Era uma solteirona de meia-idade que sempre vivera com seu pai. O pai morrera depois de prolongada enfermidade e deixara à paciente apreciável fortuna. Contudo, tão logo o pai foi enterrado, a paciente adquiriu uma série de sintomas caleidoscópicos que deixaram perplexos vários especialistas em moléstias internas, fugindo a diagnóstico ou cura. Gradualmente a doença foi assumindo cada vez mais definidamente a forma de uma depressão flutuante, cuja fase característica era a sombria insistência da paciente em que as coisas não eram reais ou melhor que não conseguia achá-las reais.

"Eu simplesmente nada penso; nada sinto", dizia ela, balançando-se para trás e para frente em sua cadeira. "Nada sou... apenas estou aqui, só isso, com este pequeno quarto ao meu redor... você está sentado aí e eu o vejo, mas você nada significa. Eu não reconheceria minha própria casa se a visse. Nada me interessa ou significa alguma coisa para mim. Eu não amo ninguém."

"Eu não tenho rosto", dizia ela, passando a mão pelo rosto, "eu não tenho rosto, eu não tenho nada." Resolvia depois com muita precisão para o médico examinador alguns problemas de multiplicação, dava o nome de sua cidade natal e respondia apropriadamente a perguntas de caráter geral. Em seguida dizia desdenhosamente: "Mas isso nada significa; nada tem a ver comigo. Acho que a gente está bem mal quando não é nada."

Três meses mais tarde, depois de um período de crescente agitação e inquietação física, o refrão de sua queixa mudou um pouco: "Eu não tenho olhos. Estes são apenas dois buracos. Não, você não entende. Eu não tenho olhos, não tenho orelhas, nada exceto isto (tocando o rosto). Não é isso. Não sou capaz de ver ou ouvir desde que estou aqui. Não há senão dois buracos." Continuava assim sem parar, exceto quando caía adormecida ou era alimentada à força.

Tornou-se muito belicosa, batendo nas enfermeiras ou médicos quando tentavam alimentá-la. Depois começava a cutucar os olhos e certa ocasião tentou enfiar uma tachinha no canto de um olho. Explicou isso dizendo que, em primeiro lugar, se não havia olhos, não podia fazer mal. Frequentemente dizia que a única coisa a fazer era embrulhá-la em um lençol e mandá-la para casa porque não podia ver ou ouvir.

Passou-se quase um ano, durante o qual ela teve períodos de aparente jovialidade e saúde mental. Foram seguidos por recaídas na depressão e pela convicção de que não estava mais viva. Quando lhe lembravam sua confortável casa, seus amigos, seus recursos, ela não prestava a menor atenção. Vezes e vezes repetia com insistência que estava morta.

Havia indicação sugerindo que os ciclos de depressão dependiam de periódica aquiescência em desejos auto eróticos. Aparentemente era capaz de resistir a eles por períodos relativamente longos, mas finalmente cedia e depois era dominada por um sentimento de culpa devido à sua associação de autoerotismo com doença e à associação de doença com a morte de seu pai. Os delírios de estar morta seguiam-se então como punição. Os elementos componentes de agressões, punição e erotização com que nos familiarizamos nas formas anteriormente descritas de autodestruição reaparecem aqui ligados a essa forma singular e literalmente "fantástica" de autodestruição *parcial* (ego).

O fenômeno de autodestruição imaginária (chamado despersonalização) é tão interessante que citarei outro exemplo relatado por um colega ([62]).

Esta mulher era uma pessoa muito asseada que conservava sua casa tão imaculada a ponto de, após catorze anos de vida conjugal seus móveis ainda parecerem completamente novos. Isso exigia muitas proibições que ela impunha a sua família e a visitantes. Sua vida movia-se em círculos bastante estreitos; fora de sua casa, seu único interesse era pela igreja.

Alguns anos depois do nascimento de seu segundo filho considerou-se necessário submetê-la a uma operação cirúrgica, da qual pareceu recuperar-se, mas que foi seguida por repetidos acessos de influenza que a deixavam muito nervosa e agitada. Procurava chorando suas irmãs, que precisavam de vários dias para confortá-la. Esses

---

62. Wholey, Cornelius C., *Depersonalization*. Lido na reunião anual da Associação Psiquiátrica Americana, Pittsburgh, Pensilvânia, 11 de maio de 1937.

acessos de choro tomaram-se mais frequentes; observou-se que deixava inacabadas muitas coisas que começava; convenceu-se de que estava adquirindo bócio e que ia perder o juízo. Finalmente, tentou suicidar-se tomando um comprimido de veneno. Foi chamado um médico que usou imediatamente uma bomba estomacal e a salvou, mas a partir de então *insistiu em que estava morta.*

Dizia que não sabia seu nome, que a pessoa cujo nome lhe atribuíam estava morta, que se lembrava muito bem dessa pessoa e sabia que seu comportamento em nada era igual ao dela. Dessa maneira indireta descrevia muita coisa de seu passado, mas insistia sempre em que "aquela pessoa" estava morta e que não sabia quem era ela própria. Foram usadas todas as espécies de interrogatórios, foram apresentadas todas as espécies de sofismas lógicos, mas a paciente mantinha firmemente sua crença.

Por exemplo, um dos médicos lhe dizia: "Se você não é a esposa do sr. X, ele está pagando para manter outra mulher aqui." Ela respondia: "Vou-lhe dizer porque ele está pagando; está pagando para manter alguma coisa má viva nesta terra durante anos e anos. Todas as partes de meu corpo sentem como Nellie; eu *imagino* que sinto isso. Oh, a imaginação é uma coisa terrível." O médico acentuava que ela tinha na mão uma cicatriz igual à de Nellie. "Oh", dizia a paciente, "isso também é imaginação."

Seu comportamento não era inteiramente compatível com o delírio, porque ela tentou várias vezes cometer suicídio. Certa vez saltou de uma janela do quarto andar com o declarado propósito de chegar a um túmulo aberto para dentro do qual pudesse rastejar porque dizia que ali era seu lugar. Estava morta e devia ser enterrada. Parecia não ter o menor entendimento de que lhe podia acontecer algo de mau.

Essas indicações de autodestruição foram com toda a probabilidade intuitivamente usadas pelos médicos na escolha de uma forma de tratamento que era racionalizada com justificação em fundamentos inteiramente diferentes. A paciente foi submetida a uma operação para extração de "dentes e amígdalas infeccionados". Recuperou-se prontamente, readquirindo seu estado de espírito normal.

Houve tempo em que ocorrências assim felizes, que não são infrequentes, eram apresentadas como prova positiva da natureza tóxica da doença mental e do valor terapêutico da extração dos focos de infecção. Muitos milhares de pessoas foram submetidos a extração de dentes, amígdalas, próstatas, cólons e outros órgãos devido à cega aceitação dessa teoria. Uma grande instituição estadual empregava antigamente um quadro de cirurgiões que trabalhavam ininterruptamente dentro dessas linhas. Faziam-se grandes afirmações e manifestavam-se brilhantes promessas. E embora houvesse ocasionalmente bons resultados, por motivos que acreditamos ser agora possível explicar de maneira muito diferente da teoria original, houve também muitas decepções. A opinião médica abandonou vagarosamente suas esperanças iniciais no método e a teoria de infecção focal e de origem tóxica das psicoses funcionais está hoje quase esquecida.

Que é possível explicar algumas das recuperações depois de operações cirúrgicas com base em motivos inteiramente psicológicos veremos mais minuciosamente na próxima seção. O caso que acabamos de descrever ilustra muito claramente como uma mulher que tentara repetidas vezes destruir-se de várias maneiras, que em parte de sua mente já se acreditava morta, ficou boa quando, em lugar de continuado e bondoso tratamento custodial, recebeu um tratamento doloroso e sangrento, embora saibamos que foi aplicado com perícia e humanidade.

Casos como os que acabamos de citar, nos quais a autodestruição é imaginada, mas em geral não é concretizada, ficam entre os melancólicos clássicos e francamente suicidas e os esquizofrênicos clássicos, que raramente são autodestrutivos, mas frequentemente automutiladores. Vários exemplos disso serão citados no capítulo seguinte; aqui eu gostaria apenas de mencionar a autodestruição indireta que resulta das fantasias típicas da esquizofrenia, que podem destruir ou destruíram o mundo da realidade e recriaram um mundo próprio. O resultado extremo, como cm geral vemos clinicamente, é um grupo de pacientes tão completamente absorvidos em si próprios, tão indiferentes às leis da gravidade, fisiologia, economia e bom gosto, que parecem totalmente incompreensíveis e totalmente incapazes de compreender. (Na realidade, não são incompreensíveis nem incapazes de compreender. Aqueles que têm a paciência de tratá-los como simpatia e compreensão são muitas vezes os meios de sua salvação.) Há, porém, muitos casos menos extremos que esse, pacientes que em suas fantasias destroem a realidade, mas que as ocultam muito bem e às vezes voltam-nas para boa aplicação (sublimação). Um de meus colegas ([63]) descreveu um homem que foi quase esmagado por fantasias destrutivas desse tipo acompanhadas por gradual retirada do mundo odiado e temido; foi capaz de recuperar o equilíbrio com a ajuda do médico e gradualmente transformou essas fantasias de destruir o mundo com uma invenção secreta em histórias de aventura e mistério cada vez mais plausíveis, que vendeu a revistas. Finalmente, abandonou tais fantasias e começou a escrever histórias sérias e menos fantásticas.

Poder-se-ia dizer que as formas de doença mental em que a pessoa nega sua personalidade ou lança sobre ela desaprovações e ofensas representam auto destrutividade focalizada sobre o ego. Isso pode ser posto em contraste com uma síndrome muito diferente no qual, não o ego, mas o superego é objeto do ataque. Paralisar ou narcotizar o superego é muitas vezes o propósito ostensivo da embriaguez e a condição a que me refiro tem muitas semelhanças exteriores com a embriaguez.

É chamada – infelizmente – de "mania" (também "hipomania" e "fase maníaca" da "psicose maníaco-depressiva"). Por tais designações as pessoas não informadas podem ser levadas a imaginar uma pessoa selvagemente perturbada e furiosa, "desvairando" ou gritando. Quadro assim é raro. O exemplo mais conhecido tem aparência quase indistinguível da de um "bêbedo feliz" ou uma pessoa muito alegre e desinibida em uma animada festa. Tagarelice, brincadeiras, propostas absurdas, risos e incessante dispêndio de energia são característicos. Como no alcoolismo agudo, também, tais indivíduos são extremamente irritáveis quando contrariados ou embaraçados em seu comportamento extravagante, absurdo e muitas vezes extremamente insensato.

A condição difere do alcoolismo agudo em vários aspectos importantes: em primeiro lugar, não declina depois de algumas horas, mas continua durante dias, semanas ou meses – às vezes durante

---

63. Tidd, Charles W., *Increasing Reality Acceptance by a Schizoid Personality During Analysis, Bulletin of the Menninger Clinic*, Vol. I., pp. 176-83. 1937.

anos. Mais importante é que tende a desenvolver-se uma espécie de intensa seriedade em relação a certas propostas e planos, envolvendo-se o indivíduo em enormes tarefas auto impostas com inúmeras ramificações. A princípio essas propostas e planos podem parecer tão sensatos, tão admiráveis mesmo, que provocam respeito e inveja em outras pessoas, mas logo se percebem no caso mediano os excessos despropositados e irracionais a que estão indo os planos. Há alguns poucos indivíduos que são capazes de controlar-se nessa fase e cujas realizações no mundo os tomam famosos, sem que o mundo reconheça que essas prodigiosas realizações representam na realidade prolíficas produções de indivíduos mentalmente desiquilibrados. Mesmo nesses casos, porém, as leis e sentimentos da sociedade podem ser violados e tais indivíduos frequentemente vie para a prisão. Podem ficar terrivelmente enfurecidos quando frustrados e parecem considerar que não têm de dar satisfação a ninguém, nem mesmo às suas próprias consciências.

Isso nos leva de volta à fórmula teórica apresentada por este quadro psiquiátrico: a consciência foi destruída. Antes de um ataque, tais indivíduos podem ser pessoas extremamente sóbrias, retraídas, dignas, cautelosas, despretensiosas, que ficariam muito mortificadas diante de tal comportamento em si próprias ou em qualquer outra pessoa. De repente a consciência, por assim dizer, cai morta. Sabemos por nossas discussões anteriores que a consciência é uma representação internalizada de autoridade formada na infância, presumivelmente a partir dos pais. Matar a consciência é, portanto, equivalente a um golpe destruidor dirigido contra os pais internalizados.

O exemplo de um caso talvez tome isso mais definido.

John Smith era o mais velho de cinco irmãos em uma família de classe média de Minnesota. O pai fora pequeno comerciante, que cuidava bem da família, mas era muito sério e carrancudo; suicidara-se quando o paciente tinha doze anos. Isso obrigou o paciente a assumir muitas responsabilidades naquela tenra idade. Graças a sua diligência, constância e dispêndio de enorme energia, conseguiu – aos 30 anos de idade – elevar-se à posição de chefe de departamento em uma empresa manufatureira de apreciável tamanho. Parentes e outros membros da família encaravam-no com grande orgulho; apontavam-no como "o menino pobre que venceu" e que nunca se esqueceu de ajudar sua mãe e sutis irmãs.

Seus empregadores igualmente o consideravam com bons olhos, não apenas devido a sua energia e suas capacidades, mas também devido às suas maneiras cooperativas e diferentes para com seus superiores. No decorrer de seu trabalho surgiam numerosas questões em que seu julgamento entrava em conflito com o do superintendente geral, homem cauteloso e conservador que em muitos aspectos se assemelhava ao pai do paciente. Frequentemente, as ideias do sr. Smith prevaleciam sobre as de seu superior e davam bons resultados com grande vantagem para a companhia. Certa ocasião, porém, defendeu um projeto que causou sérios prejuízos financeiros à companhia. Sentiu-se extremamente pesaroso por esse erro, embora não tivesse sido censurado nem punido de qualquer maneira pela empresa. Seu próprio sentimento de culpa quanto à questão foi considerável, mas observou-se também que ele se sentia culpado e nervoso mesmo quando projetos que impunha apesar da desaprovação do superintendente da fábrica davam resultados mais favoráveis.

Certo dia não compareceu a seu escritório, coisa muito incomum, pois era um trabalhador metódico e digno de confiança. Presumiu-se que estivesse doente e nenhuma investigação foi feita durante vários dias. Quando procuraram informações em sua casa, sua esposa ficou surpreendida, tie lhe dissera que a companhia lhe pedira para ir a Nova York a negócios e, como sua palavra era absolutamente merecedora de crédito, ela não pusera isso em dúvida. O presidente da companhia comunicou-se com seu representante em Nova York, o qual informou que o Sr. Smith lhe telefonara de um hotel no dia anterior, parecendo nervoso e um tanto excitado, e mencionara numerosos planos de expansão dos negócios dos quais o representante nada sabia.

Smith foi finalmente encontrado em um grande e caro apartamento de hotel, onde instalara cinco estenógrafas e tinha uma sala de espera cheia de representantes de casas atacadistas e candidatos a emprego, com os quais se propunha a fazer contratos relacionados com o novo negócio que planejara para a companhia. De fato, estava tão ocupado discutindo esses planos com seus visitantes que os representantes de sua organização não conseguiram chamá-lo de lado para algumas palavras em particular. Quando atraíram sua atenção, ele lhes disse em voz alta e excitada que voltassem quando tivesse mais tempo e, ao contrário de seu caráter habitual, acrescentara numerosos palavrões no sentido de que haviam demorado desnecessariamente para procurá-lo.

Finalmente conseguiram controlá-lo e depois de ouvir pacientemente seus planos, extremamente complicados, um tanto incoerentes, mas não inteiramente insensatos, para uma grande expansão do negócio, procuraram convencê-lo a voltar para casa com eles. Rejeitou violentamente essa proposta, acusando-os em altas vozes de serem tolos, estúpidos e intrometidos, incapazes de entender suas grandes ideias para o desenvolvimento do negócio *deles*. Ficou tão furioso que atacou fisicamente um dos homens e o teria ferido corporalmente se não fosse contido. Em uma explosão final de raiva, jogou garrafas e peças do mobiliário pela janela do hotel e depois saiu da sala batendo os pés em um acesso de indignação. No caminho passou por alguns dos empregados do hotel, aos quais fez uma preleção sobre os perigos do comunismo, acompanhada de alguns sopapos e pontapés. Antes que os espantados empregados pudessem refazer-se da surpresa, desceu para o vestíbulo, apanhou um punhado de charutos do balcão e começou a desafiar todas as pessoas que chegavam para uma luta livre no meio do salão. Esses desafios eram feitos em linguagem vulgar e chula, absolutamente estranha a ele em seu estado normal.

Quando finalmente o detiveram estava em um bar público cercado por estranhos que se divertiam muito com suas piadas e sueis propostas extravagantes. Pagara bebida para toda gente que estava no bar e dera notas de vinte dólares a diversas mulheres, prometendo-lhes mais se fossem a seu hotel. Deve-se ter em mente que em circunstâncias comuns era um homem de moral muito rígida, que nunca tomava bebidas alcoólicas nem usava palavrões, e sempre gastava dinheiro parcimoniosamente.

A companhia, ansiosa por evitar a indignidade e publicidade da sua detenção e encarceramento, mandou chamar a família do paciente, que foi a Nova York e internou-o imediatamente em um sanatório. Ali sua excitação diminuiu muito. Considerava uma grande piada ter sido internado em um sanatório e insistia em que sua companhia estava cometendo grave erro em não executar suas propostas de expansão, mas disse que, se os diretores eram tão cabeçudos a ponto de não quererem aproveitar suas excelentes ideias e divertir-se com ele, estava perfeitamente disposto a "fazer o jogo deles" na base de "dois por quatro" em lugar do plano maior que havia esboçado. Acrescentou que ficara em "estado de colapso nervoso" por trabalhar demais no "maldito negócio" e que gostaria de ter um belo e longo repouso no sanatório. Assumia um ar superior em relação à instituição, elogiando os médicos, as enfermeiras e tudo que estava ligado a ela, declarando que encontrara em pouco tempo mais gente interessante do que conhecera fora em muitos anos. Seus novos planos para o negócio foram inteiramente esquecidos; disse que fizera o máximo pelos diretores da companhia e agora teriam de cuidar de tudo sem ele até ter repousado tanto tempo quanto desejasse.

Este é apenas um curto esboço de um único caso; tais casos são sempre tão coloridos que em cada um deles abundam detalhes que o tornam único, mas todos têm as características acima descritas e aqui ilustradas [64]. Relatei este mais para mostrar a estrutura psicológica típica do que para pormenorizar os sintomas variáveis.

Neste caso impressiona imediatamente o fato do pai do paciente ter-se suicidado, lançando sobre o paciente responsabilidades às quais reagiu de maneira super compensatória. Parecia ter decidido não apenas emular seu pai como homem de negócios bem-sucedido, mas superá-lo, o que conseguiu. Este sucesso, porém, aparentemente não foi suficiente para satisfazer seu insaciável desejo de maior sucesso e essa expansividade não controlada é evidente em sua psicose. Faz-nos lembrar uma pequena rã, que, tentando superar seu pai aos olhos da mãe que a observasse, se inchasse cada vez mais até estourar.

Essa vitória sobre seu pai foi uma fonte de culpa; a inveja de seu superior imediato, o superintendente da fábrica, aumentou a culpa; os erros que cometeu, dos quais resultaram tão grandes des-

---

64. Nem todos os pacientes com esse mal se mostram tão conscientemente amáveis quando hospitalizados e mesmo este paciente era às vezes irritável e exigente de maneira altamente autocrática e agressiva.

pesas para a companhia, aumentaram ainda mais o peso da culpa. Finalmente, desenvolveu-se um estado de tensão que não era mais suportável e criava uma ameaça de autodestruição. Todavia, ao invés de matar-se logo, como fizera seu pai, demoliu (temporariamente) somente seu próprio superego. Foi como se tivesse dito então: *"Não é verdade* que eu sinta culpa pela morte de meu pai, não é verdade que eu sinta culpa por tentar superá-lo, não é verdade que eu sinta culpa por minha dependência e ao mesmo tempo inveja e conflito em relação ao superintendente, não é verdade que eu sinta culpa pelos prejuízos que causei à minha companhia, nem que precise sentir culpa se praguejar, beber ou perseguir prostitutas. Eu não me sinto culpado *de nada!* Por outro lado, sinto-me inteiramente livre de inibições. Não tenho nenhuma das restrições comuns de pensamento e ação que tornam os outros estúpidos ou preguiçosos. Sou um homem livre e poderoso, que pode fazer o que quiser, que não tem preocupações, nem remorsos, nem temores." Essa é a psicologia típica de tal doença [65].

Percebemos imediatamente, porém, que considerável porção de seu superego escapou à morte, porque, embora estivesse livre das verdadeiras ansiedades e do sentimento de culpa de que sofrerá anteriormente, ele ainda reprimia impulsos que em uma pessoa totalmente desinibida teriam sido expressados. Um homem absolutamente sem consciência, se igualmente estimulado, poderia realmente investir às cegas contra todos, matando, roubando e praticando outras más ações que lhe desse na veneta. Isso raramente acontece. Devemos, portanto, restringir nossa declaração de que a psicose maníaca representa a destruição do superego, dizendo em lugar disso que ela representa a destruição ou paralisia *parcial* do superego. Penso não ser necessária maior demonstração de que isso tem relação com as outras formas de autodestruição por analogia e

---

65. Pode ocorrer ao leitor que no alcoolismo agudo também se vê uma paralisia pardal ou destruição temporária da consciência, mas isso, embora seja propósito *consciente* de algumas das pessoas que bebem, é um efeito secundário e farmacológico, ao passo que a autodestruição da consciência representada no síndrome maníaco que discutimos é espontânea e primária, ocorrendo sem participação consciente da personalidade.

Eros e Tânatos

expressa agressividade e autopunição com palpável grau de necessidades de erotização (⁶⁶).

Como um dos objetivos terapêuticos do tratamento psicanalítico consiste em libertar o ego do domínio do tirânico superego e substituir a consciência pela inteligência, poder-se-ia indagar se o conceito aqui proposto não parece equiparar a síndrome maníaco ao paciente psicanalizado com bons resultados. Em ambos os casos, o superego é, de acordo com a teoria, eliminado. E, se isto nos leva a um absurdo, algo deve estar errado na teoria.

Uma resposta para isso reside na afirmação já feita, de que na síndrome maníaca só uma parte do superego é destruída, pois existe clara indicação de que perdura uma parte dele, à qual o paciente reage com terror. Existe, porém, outra explicação. Na psicanálise, o superego não é destruído de repente; apenas se torna cada vez mais desnecessário e, portanto, inútil porque o ego libertado de sua constante opressão tem permissão de crescer e assumir maior poder, substituindo o preconceito pela avaliação objetiva da realidade. No

---

66. O seguinte caso é dramaticamente ilustrativo desse mesmo fenômeno: Uma estenógrafa muito conscienciosa e trabalhadora era o único arrimo de sua velha mãe; fraca e surda, com quem vivia. Aos 27 anos de idade, conheceu um homem de negócios com o qual desenvolveu gradualmente um firme caso de amor, mas seu amante insistiu em que não poderia tolerar a ideia de ter a mãe junto com ele em sua casa e, como a moça sentisse que não poderia deixar a mãe, o casamento foi adiado de ano para ano, na expectativa de que a débil mãe morresse em pouco tempo e a moça ficasse livre da responsabilidade.

No entanto, a mãe não morreu, e as esperanças da moça tomaram-se cada vez menores e sua vida cada vez mais triste. Certo dia, adquiriu de repente uma condição mental muito curiosa. Durante alguns dias pareceu estar inconsciente e quando voltou a si parecia ter sofrido uma radical mudança de personalidade. Em lugar de sua habitual paciência com a mãe, mostrou-se rancorosa e francamente ressentida. "Esperei durante dez anos que aquela velha tola (sua mãe) morresse para que eu pudesse ter uma vida normal." Em lugar de sua habitual modéstia em relação a homens, típica de uma solteirona pudica, tomou-se chocantemente franca em suas palavras e gestos sempre que um homem (por exemplo, o médico) dela se aproximava. Anunciou francamente que desejava casar-se e não se importava quando ou com quem; chamou sua mãe de nomes feios, praguejou contra o médico, caçoou de seu amante e, em suma, agiu como se tivesse de repente posto de lado todas as restrições e ideais que anteriormente modelaram seu caráter.

De repente se recuperou, com total amnésia em relação a essas férias morais, e se mostrou novamente uma mulher de tão gentil, afável e paciente bondade que, para aqueles de nós que presenciaram o episódio, parecia incrível que tivesse sido mesmo temporariamente tão desinibida, com a consciência destruída durante certo tempo.

síndrome maníaco, por outro lado, o superego ou parte dele é de repente eliminado e um fraco ego deve lidar com poderosos impulsos que chegam tão rápida e irresistivelmente a ponto de esmagá-lo. Não se pode esperar que uma criança pequena, a quem se dê repentinamente um martelo ou uma tesoura, use esses instrumentos com a propriedade e segurança características de um carpinteiro ou costureira adulto. O ego do paciente maníaco é sempre infantil; o da pessoa psicanalizada com bons resultados é relativamente amadurecido.

SUMÁRIO

Neste capítulo procurei mostrar que o repúdio dos padrões comuns de realidade constitui doença mental do grau e forma conhecidos como psicose, e que isso pode ser às vezes interpretado como uma forma de autodestruição. A auto destrutividade pode ser dirigida contra o próprio ego, como nos casos em que a pessoa psicótica censura ou deprecia a si própria, ou mesmo declara que não existe mais. Também pode focalizar-se mais sobre o superego, como naqueles cuja repentina liberdade das restrições da consciência indica que destruíram temporariamente a parte de si próprios que comumente exerce as inibições necessárias e desnecessárias. Mencionei também o fato de na esquizofrenia, síndrome clássico do repúdio da realidade, a auto destrutividade, em geral, limitar-se a ocasional automutilação corporal, mais que a alguma autodestruição mais geral; os impulsos destrutivos se transformam em fantasia e continuam dirigidos para objetos do mundo exterior, às vezes abrangendo o universo inteiro, enquanto o indivíduo, ao invés de atacar-se e odiar-se, parece amar-se e às vezes matar-se, literalmente, de amor por si próprio.

PARTE IV

Suicídio Focal

1/ Definições

Em contraste com as formas de suicídio parcial discutidas na seção anterior, nas quais a atividade autodestrutiva embora atenuada a tempo é ainda generalizada em sua focalização, existem aquelas em que ela se concentra sobre o corpo e geralmente sobre uma parte limitada do corpo. Dei a essa autodestruição localizada a designação de "suicídio focal".

Certos fenômenos clínicos conhecidos de todos os médicos pertencem – creio eu – a essa categoria. Tenho em mente particularmente automutilação, simulação de doença, poli cirurgia compulsiva, certos acidentes inconscientemente propositais que causam ferimento local e impotência sexual. Definirei e discutirei cada um deles, acreditando ser possível demonstrar que são determinados em geral pelos mesmos motivos e mecanismos delineados para o suicídio propriamente dito, exceto quanto ao grau de participação do instinto de morte.

Que certas doenças orgânicas também podem representar formas de suicídio focal deixarei para discussão em um capítulo subsequente. No momento, só consideraremos as autodestruições que são mecânicas ou manualmente produzidas de maneiras conscientemente reconhecidas e dirigidas pelo paciente.

Por "automutilações" entendo (1) os ataques destrutivos deliberados a várias partes do corpo com que estamos mais familiarizados nas formas extremas e bizarras às vezes manifestadas por pacientes em hospitais mentais. Na mesma categoria, também, não podemos omitir (2) as várias formas de ferimento corporal auto infligido a que são dados os neuróticos. Morder as unhas, por exemplo, fica um grau aquém de morder os dedos e alguns indivíduos têm a compulsão de morderem-se mais ou menos severamente em várias outras partes do corpo. Outros se arranham ou cravam as unhas incessantemente na própria carne, arrancam os cabelos ou esfregam os olhos e a pele a ponto de causar inflamação. Finalmente (3), consideraremos as automutilações que são autorizadas, encorajadas ou ditadas por costume social ou por cerimônia religiosa.

"Malingering" (*) é uma palavra de origem obscura cuja definição mais antiga aparece no *Directory of the Vulgar Tongue,* de Grove: "Termo militar para designar aquele que por meio de simulação de doença foge a seu dever." Já em 1820 foi feita a observação de que "antigamente eram úlceras das pernas que eram produzidas mais facilmente por meios artificiais por soldados dispostos a *malinger*". ([1]) Dessa aplicação estrita a soldados, porém, a palavra estendeu-se a todas as formas de fraude relativas a doença e ferimento. A forma particular de simulação para a qual desejo chamar atenção é a automutilação com a intenção consciente de enganar alguém para um suposto propósito oculto.

Por "poli cirurgia" refiro-me às pessoas que parecem adictas, por assim dizer, a operações cirúrgicas, capazes de adquirir condições, às vezes com considerável demonstração de justificação objetiva, que tornam necessária ou pelo menos *parecem* tornar necessária a execução de uma operação e a extração de alguma coisa do corpo. É muitas vezes claro que tal paciente se submete a cirurgia repetidamente como compulsão neurótica.

(*) N. T. – Não existe em português palavra que corresponda ao sentido do termo inglês "malingering". A palavra inglesa será, por isso, traduzida sempre que possível por "simulação" de doença ou ferimento.

1. Luscombe, citado por Jones e Llewellyn, *Malingering,* Blakiston's, 1917, p. 55.

Por *acidentes propositais* refiro-me às ocorrências da vida cotidiana em que o corpo sofre lesão em resultado de circunstâncias que parecem inteiramente fortuitas, mas que, em certos casos, podem demonstrar por sua natureza que atendem a tendências inconscientes da vítima tão especificamente a ponto de sermos levados a acreditar que representam o aproveitamento de alguma oportunidade pelos desejos autodestrutivos inconscientes ou então são de alguma maneira obscura criadas exatamente para esse propósito.

"Impotência sexual" é uma designação categórica para incapacidade relativa ou completa no ato sexual; na mulher é às vezes chamada "frieza". Incluí aqui impotência ou frieza como uma forma de autodestruição focal porque, como uma inibição autodeterminada do funcionamento de uma parte do corpo, são de fato um repúdio ou destruição funcional dessa parte.

2 / Automutilações

Devo avisar o leitor que aquilo que se segue neste capítulo não é matéria muito agradável. Nossa experiência com a dor torna a ideia de automutilação ainda mais repugnante que a ideia de suicídio, apesar das grandes diferenças de realidade em favor da primeira. Nós, médicos, familiarizados por nossas experiências cotidianas com essas cenas desagradáveis, muitas vezes nos esquecemos de que para a maioria das pessoas as barreiras impostas por *esses* tabus são muito altas, só podendo ser superadas pelos mais inteligentes, objetivos e amadurecidos. Certamente não é leitura para crianças (embora uma das histórias do livro de leitura do terceiro ano, adotado pela comissão de livro didático do Estado onde vivo, contenha uma história ilustrada de automutilação (de um animal) tão vivida quanto qualquer dos exemplos clínicos que vou mencionar).

É, porém, absolutamente essencial ao desenvolvimento de nossa teoria demonstrar que o impulso suicida pode ser concentrado sobre uma parte, como substituta do todo. A automutilação é uma das maneiras pelas quais se faz isso e devemos examiná-la.

O diretor de uma escola secundária, homem de trinta anos, adquiriu severa depressão, com o delírio de que toda a vida estava cheia de tristeza pela qual ele era o principal responsável. Foi internado em um hospital e apresentou alguma melhora, em consequência do que sua mãe apareceu certo dia e retirou-o contra os conselhos que lhe foram dados, insistindo em que compreendia seu filho melhor do que os médicos e sabia que ele estava bom. Levou o paciente para casa onde algumas noites depois ele se levantou silenciosamente quando o resto da família dormia e matou sua própria filha de dois anos de idade, batendo-lhe na cabeça com um martelo. Depois disse que desejava poupar o bebê ao sofrimento pelo qual ele próprio passara. Isso fez com que fosse internado em um hospital do Estado. No hospital fez repetidas tentativas de ferir-se e um dia conseguiu enfiar o braço em uma máquina de maneira a provocar a amputação da mão direita. Depois disso recuperou-se rápida e completamente.

Embora esse caso não fosse estudado psicanaliticamente, é possível fazer certas reconstruções gerais com base na experiência clínica a respeito do mecanismo inconsciente por trás de tal comportamento. Isso é sempre mais possível nas pessoas psicóticas do que nas neuróticas porque na psicose as tendências inconscientes são atuadas ou faladas com menos disfarce, isto é, com menos distorção.

E fortemente presumível aqui que o paciente tenha sido levado a fazer uma expiação espetacular por um crime igualmente espetacular. Ferindo-se dessa maneira terrível, cumpriu a pena por ter assassinado sua filha, isto é, cortou o braço criminoso, fiel à ordem bíblica: "Se teu braço direito ofender-te, corta-o." Contudo, a criança que ele assassinou era aparentemente seu principal objeto de amor e, apesar do comentário do poeta de que "todo homem mata aquilo que ama", sabemos que só o faz se esse amor se torna fortemente misturado com ódio (inconsciente). Destruição não é fruto do amor, mas do ódio.

Então qual é a explicação para ódio tão grande como o que levou esse pai ao homicídio? Algum tempo depois de sua recuperação conversei com ele. Pareceu-me singularmente despreocupado e indiferente em relação a seu coto de braço. Contudo quando lhe perguntei a respeito da morte de sua filha, demonstrou mais emoção; com lágrimas nos olhos disse: "Sabe? Eu sempre acharei que minha mãe foi em parte responsável por aquilo, de alguma maneira. Ela e eu nunca nos demos bem."

Este, penso eu, era sem dúvida o indício correto. A mãe do paciente era uma mulher muito agressiva e sem simpatia, que fora

Eros e Tânatos

informada do estado do paciente e apesar disso desprezara conselho experimentado. É fácil compreender como uma pessoa com uma mãe assim sente ódio por ela. Sabemos, porém, pela experiência cotidiana, que quando esse ódio não pode ser manifestado em relação à pessoa que lhe deu origem, é muitas vezes transferido para outra pessoa. Sabemos também, pela experiência psiquiátrica e psicanalítica, que na melancolia, a doença de que sofria esse paciente, as vítimas cozem-se no caldeirão de seu próprio ódio, voltado de algum objeto externo não reconhecido para elas próprias.

Saber se esse objeto externo era mais imediatamente a mãe ou a filha pequena é realmente aqui de importância secundária. O que vemos claramente é que esse indivíduo odiava tanto alguém que cometeu homicídio, pelo qual depois ofereceu reparação mutilando-se. Em seu pensamento e sentimento inconscientes, a mãe, a filha e o eu desse homem estavam todos parcialmente identificados. Se ele matou sua filha para punir sua própria mãe, também cortou seu próprio braço para punir-se.

Os mecanismos psicológicos desse caso de automutilação são, portanto, iguais aos do suicídio no sentido de o ódio dirigido contra O objeto externo ter-se voltado contra o eu e ser reforçado com autopunição. Difere do suicídio porque esse auto ataque punitivo, em lugar de concentrar-se sobre a personalidade total, como no caso de suicídio, se dividiu em duas partes, uma parte sobre a criança e uma parte sobre o braço, cada uma das quais foi jogada contra a outra ([2]). Falta também prova convincente de um desejo de morrer, que temos razão para acreditar que é dominante no caso de suicídio.

"Contudo", poderá objetar o leitor, "essa é uma especulação muito interessante, bastante lógica, mas impossível de provar. Como se pode ter certeza de que essas interpretações são corretas? Seria pos-

---

2. Compare se com a seguinte notícia: "Em Gavardo, na Itália, tendo avalizado notas promissórias para vários amigos, Giuseppe Mazzolini, de 36 anos, foi obrigado a pagá-las quando os amigos deixaram de fazê-lo. Quando o último deles deixou de pagar, colocou sobre uma mesa a mão com que assinara as promissórias, tomou uma faca de podar e cortou a mão." – *Time,* 3 de outubro de 1932. Aqui também aparentemente temos ódio a outra pessoa refletido sobre uma parte de si próprio.

sível elaborar outras explicações que pareceriam igualmente convincentes, pelo menos no caso particular que se escolhesse."

Essa objeção é inteiramente justificada. Não posso sustentar a aplicação de tais explicações a esse caso exceto por analogia ou inferência, pois ele não foi acessível a estudo. É conveniente, portanto, passar imediatamente à consideração de automutilações em material mais acessível.

A. AUTOMUTILAÇÕES NEURÓTICAS

É conveniente começar com a automutilação que aparece no curso de uma neurose ou como parte dela, primeiro porque tais casos são frequentemente vistos por psiquiatras e foram relatados por vários autores ([3]), e segundo porque o comportamento de neuróticos é sempre muito mais semelhante àquele das chamadas pessoas normais e, portanto, mais facilmente compreensível por elas. O tratamento psicanalítico de pacientes neuróticos oferece-nos a vantagem de usar o auxílio combinado da inteligência do paciente e da experiência do observador para penetrar os disfarces que cobrem os motivos e os métodos.

Digo "métodos" porque é realmente verdadeiro que os neuróticos muitas vezes disfarçam o método com que executam a automutilação; nesse particular são mais parecidos com os simuladores de doenças ou ferimentos do que com os pacientes psicóticos, que não fazem o menor esforço para ocultá-lo. O paciente neurótico raras vezes se mutila irremediavelmente. Formas substitutas e simbólicas

---

3. Os seguintes são apenas alguns dos relatos psicanalíticos sobre o assunto: *Stärcke, A.,* The Castration Complex, International Journal of Psychoanalysis, *junho de 1921, p. 179; Homey, K., On* the Genesis of the Castration Complex in Women. Ibid., *janeiro de 1924, pp. 50-65; Farrow, E. P.,* A Castration Complex, Ibid., *janeiro de 1925, pp. 45-50; Obemdorf, C. P.,* The Castration Complex in the Nursery, Ibid., *julho -de 1925, pp 324-25; Bryan, D.,* Speech and Castration: Two Unusual Analytic Hours, Ibid., *julho de 1925, pp. 317-23; Lewis, N. D. C.,* Additional Observations on Castration Reaction in Males, Psychoanalytic Review, *abril de 1931, pp. 146-65; Alexander, Franz,* The Castration Complex in The Formation of Character, International Journal of Psychoanalysis, *janeiro - abril de 1923, pp. 11-42*

de automutilação são, porém, muito comuns e neuróticos frequentemente exigem e obtêm mutilação nas mãos de outrem, por exemplo sob a forma de operações cirúrgicas que discutiremos mais adiante.

A explicação para isso, de acordo com nossa concepção psicanalítica, reside na própria natureza e propósito da neurose, isto é, no fato de ser ela um recurso de acomodação destinado a salvar a personalidade de tais consequências diretas e sérias das exigências dos instintos e da consciência. O ego, isto é, a inteligência discriminativa, tem a tarefa de ajustar as exigências e, se acha que está falhando, faz o melhor acordo possível. Cede o mínimo possível à insistência da consciência em favor de autopunição. O resultado pode ser tolo e pode ser sério, mas representa o melhor que o ego do neurótico pôde fazer. O paciente psicótico, por outro lado, deixa de tentar qualquer desses acordos e por isso vemos as extremas e bizarras automutilações comuns a ele.

O elemento de negociação – fazer os melhores acordos possíveis – é a essência de toda a questão. A pessoa normal é normal porque pode fazer um negócio muito melhor que o neurótico; pode fazê-lo porque não está tão à mercê de sua severa e cruel consciência, o que, por sua vez, é em parte devido ao fato de não ser tão fortemente movida por impulsos destrutivos. Comparado à pessoa normal, o neurótico faz um mau negócio, mas em comparação com a rendição total da pessoa psicótica, o negócio do neurótico não é tão mau.

No caso acima citado, por exemplo, o homem cujo braço direito matara sua filha teria sido obrigado, se fosse inteiramente dominado pelas exigências de sua consciência, a matar-se como expiação. De fato, precisamente isso acontece todos os dias, como vemos através de observação e também do estudo de suicídio apresentado no primeiro capítulo. Na linguagem comum, esse paciente "não foi tão louco" a ponto de suicidar-se. De nada adiantava punir-se se deixasse de viver, pois o objeto ostensivo da autopunição é permitir à pessoa viver em paz daí por diante. Quando o padre dá ao católico penitente uma certa tarefa anula seu próprio objetivo se a tarefa for de execução impossível. Seu objetivo é tornar a vida tolerável e suportável sem o extenuante sentimento de culpa que desperta a infração não expiada.

O que essa pessoa fez, portanto, foi substituir o suicídio por uma automutilação; em lugar de oferecer sua vida ofereceu seu braço, o que era perfeitamente lógico, pois se tratava do órgão culpado.

É lógico se presumirmos a personificação ou autonomia dos vários órgãos do corpo e isso, como veremos, é um dos recursos do inconsciente para descarregar a culpa. "O culpado não fui eu, mas o braço, por isso sacrificarei o braço, minha culpa será expiada e eu terei salvo minha vida." (Deve-se lembrar que o paciente ficou prontamente bom depois desse acontecimento.)

Deve ser evidente, porém, que uma pessoa mais normal teria feito negócio ainda melhor do que esse com sua consciência. Teria dito: "Sou incapaz de dizer quanto lamento o que fiz, mas ferir-me não tornaria as coisas melhores. Não posso trazer de volta à vida minha filha, mas posso criar outra criança, posso destinar uma parte dos meus ganhos para tornar outra criança mais feliz ou posso fazer alguma coisa para ajudar a eliminar a ignorância a respeito de doença mental como estava exemplificada em minha mãe e farei isto e aquilo ou darei isto e aquilo." Essa teria sido a solução mais inteligente, mas só teria sido possível para uma pessoa muito mais normal, isto é, menos carregada de ódio e menos tiranizada pela consciência que o rigoroso e sério professor secundário.

As acomodações feitas por neuróticos geralmente não são extremas como a mencionada, nem são, por outro lado, tão inteligentes quanto os exemplos normais que eu sugeri. Às vezes – e nisso é que estamos agora interessados – são automutilações. Como já indiquei, essas mutilações podem ser disfarçadas ou executadas indiretamente e estão também sujeitas ao elemento de confusão representado pelas falsas explicações que o paciente lhes dá.

Podemos observar isso em um exemplo clínico tão conhecido como "roer unhas". Um auto ferimento em grau tão brando dificilmente pode parecer merecedor de designação tão formidável, mas afinal de contas é a natureza do ato e não o seu grau de seriedade que determina sua classificação. Quanto a isso, todos nós vimos mutilação muito severa e mesmo grave resultado de roer unhas. Tive pacientes que roeram todos os vestígios de unha de todos os dedos; alguns chegaram mesmo a roer os próprios dedos.

Uma menina minha conhecida adquiriu o hábito de roer as unhas da mão de maneira muito severa. Daí passou para as unhas dos pés, que mordeu tão ferozmente a ponto de duas vezes arrancar completamente uma unha do dedo. Resultou uma infecção e a menina foi levada a um médico para tratamento necessariamente doloroso. A criança, porém, suportou estoicamente o tratamento sem lágrimas ou luta. Parecia inteiramente absorta em observar a cabeça do médico, que era completamente calvo, e quando ele terminou o tratamento seu único comentário foi este: *"Não gosto de seu corte de cabelo."*

Fato extraordinário no caso é a extensão a que essa criança levou o hábito de roer unhas. Não há dúvida que nesse caso resultou dele uma severa mutilação. Um segundo aspecto interessante ê a aparente indiferença da criança à dor, tanto na mutilação original como em seu tratamento. Isso é surpreendente porque parece corresponder a indiferença à dor de adultos histéricos, como descrevemos nas seções anteriores, que eram tão fortemente movidos por motivos psicológicos a ponto de ficarem insensíveis à sensação física que acompanhava seus atos autopunitivos.

Por fim, a observação aparentemente sem relação que a criança fez ao médico leva a interessantes conjeturas sobre a ligação que a criança pode ter feito entre seu próprio dedo nu e a cabeça sem cabelos do cirurgião, da qual, deve-se notar, a criança pensava que tivesse sido *cortado o* cabelo. A criança, que não vacilou em suportar as plenas consequências de seu ato, olhava com fastidioso desgosto para a devastação *que o* médico, como ela evidentemente pensava, causara em sua própria cabeça.

Basta lembrar a aflição, a ansiedade, a raiva impotente, que o hábito infantil de roer unhas desperta nas mies, para perceber como deve ser grande a satisfação da criança e correta a intuição inconsciente das mães. Nada senão satisfação de uma espécie pela qual a própria mãe se sente culpada poderia provocar a nervosa e irritável intolerância com que encaram esse e outros hábitos semelhantes.

O fato da criança morder seus próprios dedos e unhas sugere que isso representa uma punição tanto quanto uma satisfação. A mãe não pode, porém, perceber ou aplaudir essa indicação de contrição, porque sente que tal autopunição deve ter o mesmo espírito que o da menina que deu um tapa em sua própria mão antes de furtar doce do armário. (Brill.) A punição efetivamente permite a continuação das satisfações culpadas e dessa maneira se toma em si própria uma espécie de satisfação.

Investigação clínica demonstrou de maneira perfeitamente definida que há estreita associação entre roer unhas e um "mau hábito" da infância, menos evidente, mas semelhante: a masturbação. Mecanicamente o paralelismo é claro; os dedos, em lugar de serem aplicados aos órgãos genitais, são então aplicados à boca, e em lugar da estimulação genital há a estimulação labial, acompanhada, como já acentuamos, pelo elemento punitivo (mutilador) da mordida.

Como sabemos disso? Em primeiro lugar, sabemos através da observação de muitas mães esclarecidas e inteligentes, que observaram seus próprios filhos sem sentir pânico. Em segundo lugar, sabemos através de observações científicas feitas pelos analistas de crianças e por aqueles que se dedicam ao trabalho de orientação infantil ([4]). Finalmente, sabemos através do estudo de neuróticos adultos que no curso da análise de sua própria infância são capazes de lembrar-se claramente dos pormenores e das ligações entre sua ação de morder unha e sua masturbação.

Uma paciente minha, por exemplo, no desenvolver de sua análise, sentiu-se de repente impelida a continuar um curso de estudo de piano que exigia árduos exercícios com os dedos. Praticava assiduamente durante muitas horas por dia, impondo a seus dedos a mais severa disciplina a ponto mesmo de sofrer dores. Ao mesmo tempo ficava muito preocupada porque sua filhinha persistia no hábito de

---

4. Wechsler (Wechsler, David, *The Incidence and Significance of Finger-Nail Biting in Children*, Psychoanalytic Review, abril de 1931, pp. 201-09), através da observação de mais de 3.000 pessoas entre 1 e 17 anos de idade, deduziu que há estreita relação entre a incidência de roer unhas e as várias fases de desenvolvimento psicossexual, e que a ação varia de intensidade de acordo com essas fases, chegando ao auge no início da puberdade, quando a situação de Édipo é revivida e os sentimentos de culpa são reativados. Dois anos depois, há um repentino e significativo declínio, correspondente à eliminação final da situação de Édipo pelo adolescente. Constatou que mais de 40 por cento das meninas de 12 a 14 anos e dos meninos de 14 a 16 anos roem unhas. Nos meninos e meninas dois anos mais velhos a proporção de roedores de unhas declina abruptamente para menos de 20 por cento. O aumento ocorre em idades diferentes para rapazes e meninas, correspondendo essa diferença à diferença de idade existente no início da puberdade em rapazes e meninas.

roer unhas. Tornou-se cada vez mais excitada por isso e falava muito no perigo de deixar uma criança adquirir maus hábitos. Também tinha medo – tinha certeza – -que sua filha estivesse masturbando-se! Perguntei-lhe porque saltara a essa conclusão. Respondeu confessando ou relembrando que ela própria quando criança tivera um hábito intratável de roer unhas que sua mãe combatera vigorosamente, sem saber de sua masturbação. Em seguida acrescentou com relutância e só depois de evidente resistência que ainda recentemente cedera a forte impulso de masturbar-se. Acentuei que isso devia estar intimamente associado, no referente ao tempo, com a vigorosa punição dos dedos a que se entregara; ela ficou admirada ao perceber isso e foi bastante inteligente para ver imediatamente que a relação era mais que cronológica ([5]).

Comum como é roer unhas, não sabemos ainda tôda a significação inconsciente desse hábito. David Levy, ([6]) por exemplo, demonstrou recentemente, por meio de trabalho experimental com cães e crianças que aqueles que mamam em quantidade insuficiente tendem a usar, mais tarde, como substituto, a satisfação oral do tipo de chupar o polegar e possivelmente também de roer unhas. É como se a criança que não pôde obter suficiente satisfação no seio da mãe procurasse encontrá-la em qualquer outra fonte, sem discriminação. Isso não contradiz a relação com masturbação, porque masturbação é uma fase posterior e inteiramente natural no desenvolvimento do prazer da criança. Em outras palavras, a criança normal deixa de sugar como principal forma de prazer e aprende a masturbar-se; a criança neurótica devido a seu medo de punição deixa de masturbar-se e em lugar disso passa a roer unhas ou a algum outro substituto

---

5. Devo ao dr. Robert Knight a sugestão de que roer unhas talvez tenha às vezes origem e significação muito diferentes. Sabemos que entre todos os carnívoros primitivos a associação entre garra e presa é muito estreita, e que aquilo que corresponde às unhas é usado, em conjunto com os dentes, para rasgar e dilacerar o alimento ou o inimigo. Que a criança tem fantasias de destruir seus inimigos com semelhante emprego de suas unhas (garras) e dentes é indicado pelas observações de Melanie Klein *(op. cit.)* e outros observadores de crianças. Nesse sentido, portanto, roer unhas seria a destruição ou punição de uma arma por outra.

6. Levy, David, *Finger-sucking and Acessory Movements in Early Infancy, American Journal of Psychiatry*, 1928, Vol. VII, pp. 881-918, e *Experiments on the Sucking Reflex and Social Behavior of Dogs, American Journal of Orthopsychiatry*, abril de 1934, pp. 203-24.

semelhante, que é regressivo no sentido de retomar aos primeiros dias e meios de prazer, usando a boca em lugar dos órgãos genitais. É, portanto, uma espécie substituta de satisfação e simultaneamente uma punição concomitante, ambas efetuadas de formas atenuadas.

Ataques contra o corpo mais vigorosos do que roer unhas são com frequência observados em neuróticos, particularmente ataques à pele, que os dermatologistas chamam de escoriações neuróticas. São casos em que o indivíduo parece impelido a rasgar ou furar a própria pele com as unhas, às vezes atribuídos a um desejo incontrolável de aliviar coceira ou tirar da pele o que ele acredita ser um parasita, mas mais frequentemente por nenhuma razão que o paciente possa explicar. Em um desses casos, o dr. Joseph V. Klauder, de Filadélfia, conseguiu verificar que a intolerável coceira que a paciente aliviava arrancando pedaços de carne ocorrera principalmente nos dois dias da semana em que seu marido permanecera em estado agonizante.

O caso mais notável de automutilação neurótica que já vi foi o de um ajudante de encanador de tubulações a vapor, de trinta e cinco anos. Tinha apenas doze ou catorze anos quando apresentou nos braços algumas contorções e contrações que naquela época foram a princípio consideradas como coréia. Quando pioraram gradual, mas constantemente, esse diagnóstico foi posto em dúvida pelos médicos consultados posteriormente e contestado pela maioria deles. (Era provavelmente a *Doença de Gules de la Tourette.)*

Quando foi examinado vinte anos depois da manifestação do mal, apresentava um quadro clínico muito extraordinário. Demonstrava espantosa variedade de repentinas contorções, contrações, saltos, caretas, pontapés, sacudidelas e mesmo latidos e gritos, que sobrevinham repentinamente no meio de um período de calma durante o qual ele fazia um relato inteligente de seu mal. Por alguns momentos ficava sossegado e continuava a conversa, mas logo era insuportavelmente interrompido por comportamento espasmódico involuntário das espécies indicadas. Seu braço voava para cima, sua perna dava um pontapé, sua cabeça contorcia-se para o lado, seu diafragma parecia contrair-se violentamente, de modo que no meio da conversa, que ele, porém tentava bravamente continuar, era jogado fora de sua cadeira ou obrigado a arquejar, caretear ou gritar de maneira totalmente irregular e imprevisível. Proferia também palavras sem sentido, chulas e sujas, aparentemente sem querer.

Essa, pelo menos, foi nossa primeira impressão. Gradualmente se tornou evidente, porém, que seus movimentos involuntários, apesar de sua ampla variação, tinham um aspecto em comum muito definido. Como o próprio paciente reconhecera havia muito tempo, todos os movimentos pareciam dirigidos contra si mesmo, isto é, contra seu corpo ou contra a execução de seus desejos conscientes. Assim as contrações de seus braços, cuidadosamente observadas, mostraram quase sempre ser golpes contra o corpo; quando dava pontapés eram suas próprias pernas e pés que sofriam; frequentemente dava pontapés na outra perna. Muitas vezes dava tapas cm seu rosto ou cutucava-o com o polegar; havia em sua testa uma grande lesão aberta, a cujo respeito observou: "Parece que quando eu começo a fazer uma ferida, mexo nela quase até morrer." E enquanto dizia isso cutucou-a mais meia dúzia de vezes em rápida sucessão. Três de seus dentes estavam faltando em resultado de golpes que dava em sua própria boca com as costas da mão quando trabalhava com pesadas chaves inglesas. (Apesar de seu mal era empregado de uma oficina de encanador em Chicago.) Suas mãos estavam cobertas de cicatrizes de pequenos ferimentos. "Sempre que tenho uma faca na mão", disse ele, "e naturalmente preciso fazer isso muitas vezes, eu me corto. Nunca falha."

Este paciente sem dúvida preenche todos os requisitos dos motivos característicos do ato suicida. Seus ataques eram ferozes, sua submissão, heroica. Quanto à contribuição do sentimento de culpa, é muito significativo que no curso de uma breve conversa ele mencionou espontaneamente que nunca se dera bem com sua mãe porque ela sempre o censurava, particularmente por sua propensão a sair com moças, do que se vangloriava com relativa modéstia. Apesar de seu mal, disse, tinha muitos amigos e era ativo tanto social como sexualmente. "Mas ela diz que eu estou tendo o que mereço... que eu nunca teria ficado assim se não andasse tanto com mulheres!"

Não podemos senão imaginar qual era a relação entre seus atos compulsivos e o sentimento de culpa que traía com suas fanfarronadas e com a menção às ameaças de sua mãe. Sabemos que o mal começou na infância, quando a atividade sexual não é "andar com mulheres", mas masturbar-se. É por esse motivo que algumas mães repreendem, punem e ameaçam seus filhos, e temos o testemunho do paciente de que sua mãe era assim. Poder-se-ia muito bem presumir que o abuso físico de si próprio começou como punição pelo abuso genital de si próprio. Ouvi dizer depois que esse homem, membro de uma família respeitável, vivera durante algum tempo com uma prostituta e também que no curso de diversos ataques involuntários contra si próprio quase se cegara. Vemos assim como podem ser inexoráveis as exigências da consciência.

Casos menos espetaculares tenho visto frequentemente. Lembro-me de uma moça abastada que adquiriu repentinamente a compulsão de arrancar punhados de cabelos ([7]) imediatamente após o casamento de sua irmã mais nova, de quem sempre tivera inveja. A expressão "arrancar os cabelos de alguém" descreve literalmente o que ela fez – não à sua irmã, mas a si própria. Em uma comunicação pessoal, o dr. Henry W. Woltman, da Clínica Mayo, contou ter visto um caso de *trichotillomania* em que o ato era direto e conscientemente associado a masturbação, que ele acompanhava, como que para expiar o "pecado". (Compare-se isto com a interpretação dada acima para o hábito de roer unhas.)

Darei uma ideia melhor da natureza irresistível da compulsão a executar esse tipo de automutilação se citar textualmente uma carta que, infelizmente, fui obrigado a condensar um pouco.

"Durante toda minha vida estive mergulhada em timidez, autodepreciarão e uma consciência de falta de atrativos físicos. Nunca

---

7. Esse mal *(Trichotillomania)* é às vezes epidêmico da mesma maneira que outros males histéricos. (Ver David, H., *Pseudo-Alopecia Areata, Brit. 7. Dermat.,* maio de 1922, p. 162.)

O dr. Holden-Davis *(British Journal of Dermatology,* 1914, Vol. XXVI, pp. 207-10) diz que em 1914 observou uma epidemia de arrancar cabelos em um orfanato onde havia ocorrido dois ou três casos genuínos de *alopecia areata. As* crianças que tiveram *alopecia* tomaram-se as figuras centrais do orfanato e as outras, a fim de atrair atenção, passaram a arrancar os cabelos.

Burrows *(Proceedings of the Royal Society of Medicine,* maio de 1933, pp. 836-38) relatou um caso de *trichotillomania* infantil no qual uma criança de três anos molhava os dedos, arrancava um fio de cabelo, examinava o cabelo arrancado e jogava-o fora. Manteve essa conduta durante um período de quinze meses. O dr. Burrows escreveu ao superintendente do Zoological Society Gardens perguntando se o hábito era observado em qualquer grau entre os macacos superiores e recebeu a resposta de que nada de tal natureza fora observado entre os primatas.

tive muitas amigas nem recebi atenções de homens; mas aqui está meu verdadeiro problema, minha maior preocupação, e a razão mais importante de minha vida ser um pesadelo. Aos oito anos adquiri o hábito de arrancar cabelos de minha cabeça, deixando grandes áreas nuas. Em seguida, vergonha e não remorso me dominavam até nascerem novos cabelos para cobrir aquelas áreas; mas alguns meses depois o hábito me dominava e em uma noite, ou em uma hora, eu me tornava uma desesperada menininha com o alto da cabeça calvo, indo como sempre sozinha para uma escola inamistosa e caçoísta. Minha família também ficava desesperada, nunca tendo ouvido falar em coisas dessa espécie e não sabendo o que me possuía. Mas nunca deixava de ser bondosa, continuando apenas silenciosamente – às vezes implorantemente – a tentar fazer o que podia para ajudar-me. Eu sofria muito ao pensar como minha mãe, meu pai, meus irmãos e minhas irmãs deviam sentir-se humilhados por sua extravagante irmã.

"Só eu tinha cabelos verdadeiramente dourados, verdadeiramente encaracolados, entre todos nós em casa. Agora, porém, o maltratado couro cabeludo só produz fios pretos e duros no alto. Isso porque ainda tenho o terrível hábito! Durante três anos quase me atrevi a acreditar que o havia vencido. Depois em uma noite minhas esperanças se desvaneceram e fiquei com uma feia mancha nua, tão grande quanto minha mão, que só com muita habilidade consigo ocultar. Consigo pentear o que resta de meu cabelo sobre o couro cabeludo, mas não sei por quanto tempo conseguirei escondê-lo. Nenhuma força de vontade minha parece capaz de controlar meus dedos depois que começam a puxar; e eu gosto de comê-los, mastigando o cabelo duro e a raiz!

Eu fui bastante brilhante em meus primeiros anos na escola e representava uma bela promessa intelectual, mas agora não me concentro bem nem consigo lembrar-me das coisas. Só desejava poder interessar-me fervorosamente por religião ou qualquer outra coisa. Terá esse hábito prejudicado irreparavelmente minha mentalidade? Afetado o delicado cérebro? Tenho medo de ficar logo tão escravizada a ponto de não encontrar satisfação senão nesse hábito – pense só! Já faz quase vinte anos que venho arrancando meus cabelos a intervalos, esquecida nessas ocasiões de tudo o mais que existe no mundo.

"O senhor acredita que me está reservada uma insanidade? Disseram-me para "esquecer isso", para "conservar-me ocupada"; um médico disse: "Tenha um filho." Se pelo menos eu pudesse esperar! Mas não seria justo para qualquer moço arriscar-se comigo e não seria justo também para qualquer criança."

Observe-se que essa mulher menciona o fato de que tinha cabelos mais bonitos que os de suas irmãs, que o tratamento a que submeteu sua cabeça estragou sua beleza e que tinha remorso do efeito que sua doença causava a suas irmãs. Para um psiquiatra essas coisas indicam um sentimento de culpa com referência às irmãs e um desejo inconsciente de punir-se e tornar-se menos bonita que elas. Isso por sua vez deve ter despertado alguns ressentimentos desconhecidos contra elas.

Um caso de automutilação, que eu tive oportunidade de estudar durante um período de muitos meses e com muitas minúcias, também tinha relação com cabelos. Esse homem de negócios, bem-educado, de vinte e sete anos, costumava tomar uma tesoura e cortar seus próprios cabelos, até causar um efeito repulsivamente grotesco, com manchas aqui e acolá, onde chegara perto do couro cabeludo. A razão a que atribuiu isso inicialmente foi que, sendo muito pobre, precisava economizar, não podia desperdiçar dinheiro indo ao barbeiro e tinha de cortar seu próprio cabelo. Como na realidade era abastado, reconheceu a necessidade de uma explicação melhor do que essa e admitiu sua sovinice, mas não pôde inicialmente apresentar melhor razão para o ato imprudente de cortar seus próprios cabelos. Tinha certeza de que seus cabelos estavam caindo e partilhava da crença popular em que os cabelos são estimulados quando a própria pessoa os corta. Esta era uma confortadora racionalização em harmonia com o fenômeno anteriormente observado de evitar punição punindo o próprio, isto é, para que o cabelo não fosse tirado dele por forças externas ele próprio o cortava.

Análise mais profunda revelou as verdadeiras razões de sua compulsão de cortar os cabelos. Quando menino tinha uma luxuriante cabeleira preta. Contudo, tinha um irmão loiro que todos preferiam e do qual, por esse motivo, sentia extrema inveja e ciúme. Devido a esse ódio pelo irmão mais novo, atormentava-o e *as* vezes maltratava-o violentamente. Em resultado, levava surras do pai. Nessas surras o pai segurava o menino por sua luxuriante cabeleira enquanto lhe aplicava os golpes.

Toda sua vida adulta fora uma série de desastres, cuja fórmula aproximada era esta: Começava um novo projeto com grandes esperanças e grandes promessas. Causava boa impressão e devido a sua inteligência e simpatia progredia rapidamente. Contudo, depois de firmar-se nas graças de alguém, provocava uma briga ou se tornava objeto de justificada retaliação, de modo que no fim era posto para fora, injuriado, às vezes atacado e sempre detestado. Isso acontecera muitas e muitas vezes. Em outras palavras, ele repetia vezes e vezes a fórmula de atacar seu irmão, desafiar seu pai e incorrer em punição. Punia diretamente a si próprio ou
fazia-se punir pelas agressões que praticava contra várias pessoas em lugar de seu pai e seu irmão.

Cortar seus cabelos representava, não só uma reapresentação de seu desejo de escapar do pai, mas também, em sentido mais realístico, uma punição contra si próprio. Era o único dote físico de que tinha razão para orgulhar-se, mas não o impediu de sentir inveja. A maneira selvagem como cortava seus próprios cabelos tinha também outra significação. Sua família era judaica, mas seu irmão não se interessara por religião e tinha tal temperamento que era aceito socialmente pelos gentios. Por essa razão, o irmão invejoso, meu paciente, fez todo o possível para acentuar e explorar sua qualidade de judeu. Embora não fosse assim criado, esposou a forma ortodoxa de fé que, como se sabe, implica em não cortar os cabelos. Foi durante algum tempo muito meticuloso em todas as formalidades prescritas, mas seu interesse, como vimos, era ditado não tanto por piedade quanto por motivos menos dignos, principalmente o de censurar e envergonhar seu irmão e ser diferente dele. Quando viu que não exercia efeito sobre seu irmão ou seu pai, renunciou a isso: decepcionara-se de novo. Pôde indicar essa ressentida renúncia muito compreensivelmente mutilando e rejeitando seus cabelos.

Um caso clássico de automutilação neurótica envolvendo o nariz e os dentes é o célebre Homem-Lobo que foi parcialmente analisado por Freud e relatado em sua série de histórias de casos em 1918 [8] e posteriormente durante uma recrudescência da neurose, analisado melhor pela dra. Ruth Mack Brunswick [9]. Esta segunda neurose tinha como sintoma denunciador uma obsessão hipocondríaca fixa em relação a uma suposta lesão no nariz que o paciente acreditava ter sido causada pelo tratamento que recebera de um médico.

O sintoma começara da seguinte maneira: Sua mãe fora visita-lo e ele notara nela uma verruga nasal que a aconselhara a extrair cirurgicamente. Ela recusou. Ele começou então a preocupar-se com seu próprio nariz, lembrou-se do descontentamento que tinha em relação a ele em criança quando era arreliado e chamado de "nariz chato", e consolou-se com a ideia de que seu nariz não tinha defeito. Que coisa terrível seria, pensava ele, ter uma verruga no nariz; começou então a examinar o nariz e descobriu algumas glândulas sebáceas obstruídas. Sua mãe partiu de sua casa mais ou menos nessa época. Duas semanas depois, ele descobriu uma pequena espinha no meio do nariz e se lembrou que, além de sua mãe, tivera também uma tia com uma espinha semelhante e mais tarde insistira com sua esposa para que se tratasse de uma espinha. Extraiu a espinha com as unhas, depois procurou um dermatologists, que já consultara anteriormente, e convenceu-o a abrir algumas glândulas sebáceas obstruídas em seu nariz, fazendo assim vários buracos em lugar de um só.

No mesmo mês teve complicações com os dentes e fez extrair vários deles; voltou depois ao dentista e conseguiu fazer com que fosse extraído outro dente, não o que lhe doía, mas um que estava bom.

Este episódio fez com que ficasse inteiramente contra dentistas e sua atenção voltou-se de novo para o nariz. Examinava-o o dia inteiro e ia de médico para médico ouvindo suas opiniões. Um dermatologista lhe disse que sofria de distensão vascular, a qual podia ser tratada por eletrólise. O paciente consultou então outros dermatologistas, um dos quais recomendou diatermia. Imediatamente voltou ao que recomendara eletrólise e depois começou a preocupar-se com a possibilidade de isso causar cicatrizes. Foi a outro dermatologista, o qual lhe disse que as cicatrizes nunca desapareceriam. Isso o deixou em estado de profundo desespero.

---

8. *An Infantile Neurosis*, Freud, *Collected Works*, op. cit, Vol. III, pp. 473-605.
9. Brunswick, Ruth Mack, *The Infantile Neurosis, Further Analysis*, *International Journal of Psychoanalysis*, outubro de 1928.

Isto é quanto basta da longa história para mostrar como ele primeiro maltratou seu próprio rosto (nariz), depois procurou médicos para fazer com que o maltratassem e em seguida pôs a culpa da mutilação inteiramente neles; o mesmo fêz com os dentes.

Se resumirmos isso, veremos que ele primeiro fêz um orifício em si próprio, depois procurou dermatologistas e dentistas para fazerem mais orifícios; devemos lembrar que sua mãe, sua tia e sua esposa, todas tinham espinhas que o preocupavam. Tôdas essas três pessoas eram mulheres e sua concepção de si próprio como tendo uma lesão igual à delas que devia ser eliminada é uma maneira simbólica de dizer: "Acho que devo ser como elas, isto é, desejo ser mulher ao invés de homem." Análise mais profunda do caso tornou claro que isso resultou de um sentimento de culpa em relação a seu pai, que lhe deixara muito dinheiro, e em relação ao professor Freud, de quem ele, o paciente, tomara dinheiro sob falsos pretextos. Para esse ato de tirar do pai algo a que não se tem direito, a consciência exige a pena de talião de ser igualmente privado de alguma coisa sua. Vemos aqui que essa "alguma coisa" se refere basicamente aos órgãos da sexualidade.

A significação da automutilação erótica, sua agressividade, suas funções eróticas e autopunitivas, e sua relação com outras formas de autodestruição estão todas claramente expostas nos seguintes versos:

Once a man she knew had cut his thumb
Off at the base, lest the millennium
Arrive, and he be found unpunished for
One adulterous night. Remembering him
She smiled, and wondered if he entered heaven
Perhaps through such a self-inflicted whim;
Surely to her eternal life was given
For she had cut her whole life at the core (*)

(*). Magaret, Helene, *The Trumpeting Crane*, Farrar and Rinehart, 1934, pp. 121-22.
N. T. – Certa vez um homem que ela conhecera cortara seu polegar
   Na base, por temer que o milênio
   Chegasse e ele fosse encontrado sem ter sido punido por

B. AUTOMUTILAÇÃO RELIGIOSA

A automutilação parece ter sido praticada como forma de observância religiosa desde os tempos mais antigos. Se incluirmos também mutilações que, embora não sejam na realidade auto infligidas, são praticadas quando a elas aspirantes religiosos se submetem voluntária e mesmo ardentemente, pode-se dizer com segurança que todas as religiões contêm esse elemento. Precisamente qual sua significação é o que tentaremos determinar.

Essas mutilações representam sacrifício e geralmente, como vimos na seção anterior, o sacrifício exigido do homem santo era o de sua vida sexual. Afirma-se às vezes que essa condenação da vida erótica como incompatível com o culto religioso é uma inovação cristã ([10]) mas é um erro. O Cristianismo fez uso de concepções e atitudes implícitas em crenças religiosas que já tinham muitas centenas de anos na época de Cristo. Mesmo na mitologia, a que as religiões mediterrâneas estavam intimamente associadas, existia até certo ponto a concepção de que o líder religioso devia ser assexual. Os fenícios acreditavam, por exemplo, que Eshmun, o belo Deus da Primavera, se castrara para escapar às investidas eróticas da deusa Astronae e que seus sacerdotes eram obrigados a fazer o mesmo. Igualmente, os Galli, sacerdotes autocastrados de Attis, eram, de acordo com Frazer ([11]), vistos comumente nas ruas de Roma antes do tempo de República.

O culto de Cibele e Attis ([12]) foi introduzido em Roma, onde seus ritos orgásticos e seu ritual sangrento se tornaram populares. Por

---

        Uma noite adúltera. Lembrando-se dele
        Ela sorriu, e imaginou que ele teria entrado no céu
        Talvez por causa de tal extravagância auto infligida;
        Certamente para ela era dada vida eterna
        Pois cortara toda sua vida no âmago,

em sua zelosa devoção ao Cristianismo, especialmente na instrução de primitiva, mas sua automutilação foi dada pelo sínodo de bispos como uma das razões para privá-lo da honra de ser presbítero.

10. Orígenes (185-254 D. C.) castrou-se para não encontrar obstáculos mulheres. Era um dos mais eminentes líderes e professores na Igreja.
11. Frazer, Sir James Georges, *The Golden Bough,* Macmillan, 1923.
12. Há numerosas lendas sobre o culto de Cibele e Attis que se originaram na Frigia

uma descrição desses ritos ([13]) tem-se a impressão muito clara de que a automutilação servia ao propósito de oferecer o supremo sacrifício da vida sexual em favor da devoção ao mais alto deus (conhecido). Em essência, essas cerimônias, efetivamente ou simbolicamente, consistiam no sacrifício da virilidade, sob a influência de fervor religioso, de maneira sangrenta e dolorosa.

Essas orgias de autotortura publica foram adotadas como parte do culto religioso de várias seitas desde aqueles primeiros tempos e até os dias de hoje. Em Reis I, XVIII, 28, há uma descrição de como os sacerdotes de Baal empenhavam-se em uma cerimônia de provocação de chuva, cortando-se com facas e lanças até o sangue jorrar sôbre eles. A palavra síria *ethkashshaph,* que significa literalmente "cortar-se", é o equivalente regular de "fazer súplica". Em alguns casos sacrifícios humanos foram substituídos por práticas religiosas envolvendo o derramamento de sangue humano sem perda de vida ([14]). Por exemplo, na Lacônia, a flagelação de rapazes no altar de Artemis Orthia substituiu o sacrifício de homens que anteriormente lhe era oferecido. Eurípedes mostra Atenas ordenando que o festival de Artemis seja celebrado pelo sacerdote encostando uma faca em uma garganta humana até correr sangue.

---

depois do século VI A C. Devo esta investigação sobre o folclore e a literatura do culto à sra. Bernice Engle, de Omaha, Nebraska, que me deu permissão para extrair o material de seu trabalho *Attis: A Study of Castration, Psychoanalytic Review,* outubro de 1936, pp. 363-72. A essência de várias delas é que a Deusa-Mãe Cibele (ou, em algumas lendas, Agdistis) era originariam ente hemafrodita e que os deuses executaram uma operação cirúrgica, cortando os órgãos externos, isto é, masculinos, da criatura e deixando os órgãos genitais femininos. Ela é representada como sendo aparentada com Attis, direta ou indiretamente representando sua mãe. Attis toma-se homem e é amado por Cibele, mas é convencido por seus amigos a casar-se com a filha de um rei. No casamento, a mãe-amante aparece e deixa Attis louco de furor. Ele se castra e sua noiva se mata. Cibele chora os mortos e obtém de Júpiter a promessa de que o corpo de Attis não se decomporá, que seus cabelos continuarão a crescer e seu dedo mínimo a mover-se.

Ovídio em seu *Fasti* dá uma versão ligeiramente diferente da lenda. Relata como Attis, um jovem frígio de grande beleza, se apegou à deusa Cibele. Ela o tomou guardião de seus templos, levando-o a fazer um voto de castidade. Ele pecou com a ninfa da árvore, Sagaritis, que Cibele destruiu. Attis foi então dominado por temores, pensando estar atacado por tochas, flagelos e fúrias. Lacerou seu corpo com uma pedra aguçada e cortou seus órgãos genitais, gritando: "Isto é o que eu mereço: Com meu sangue, pago a pena merecida; pereçam aquelas que em mim foram as partes pecadoras"

A cerimônia chamada "Tootoo-nima", que se diz ser comum entre os habitantes da ilha de Tonga, é também citada por Wes-termarck *(op. cit.)*. Consiste em cortar uma porção do dedo mínimo como sacrifício aos deuses para o restabelecimento de um parente enfermo e afirmava-se que se tal prática prevalecia tanto em épocas anteriores que "dificilmente havia nas ilhas uma pessoa viva que não tivesse perdido um ou ambos os dedos mínimos ou pelo menos considerável parte deles".

Na literatura chinesa há frequente menção a pessoas que cortavam carne do corpo para curar pais ou avós paternos que estavam gravemente doentes. "Muitas vezes também lemos sôbre cortadores de coxa (na China) que invocavam antecipadamente o céu, pedindo solenemente que essa superior potência aceitasse seus corpos como substitutos das vidas dos pacientes que desejavam salvar" (De Groot). Sangria como meio de aplacar os deuses era usada em Bengala e entre os índios peruanos.

Nos Estados Unidos temos os Flagelantes ou Penitentes, anteriormente mencionados. Seus espancamentos eram às vezes equivalentes a automutilações. O falecido dr. T. P. Martin, de Taos, Novo México, informou ao escritor que frequentemente era chamado para

---

Sacerdotes de Attis comumente se castravam ao entrar no serviço da deusa Cibele. Catulo escreveu seu poema *Attis* não a respeito do deus da lenda, mas a respeito de um sumo-sacerdote do culto. Como o Attis original, cujo nome ele tem, o sumo-sacerdote se castra em um louco furor por "completa aversão ao amor" (nas palavras do poeta).

Outros exemplos de autocastração em religiões antigas são encontrados oas lendas de Zeus e Hecate, em Caria, Artemis, em Efeso, Atargatis e Adonis, em Astarte (Hierápolis), Adones e Afrodite, em Chipre, Osiris, no Egito, e Angustudunum, na Gália.

13. "... O terceiro dia era conhecido como o dia de sangue: o Archigallus, ou sumo-sacerdote, tirava sangue de seus braços e apresentava-o como oferenda. Não era só ele que fazia esse sacrifício sangrento. Excitado *pela* selvagem e bárbara música de címbalos que se chocavam, tambores que retumbavam, trompas, e flautas, o clero inferior rodopiava na dança com a cabeça sacudindo e os cabelos esvoaçantes, até que, arrebatado em um frenesi de excitação e insensível à dor, rasgavam seus corpos com cacos de louça ou cortavam-nos com facas a fim de salpicar o altar e a árvore sagrada com o sangue que deles corria. O horrível rito provavelmente fazia parte do luto pela morte de Attis e talvez tivesse a intenção de fortalecê-lo para a ressurreição. Os aborígines australianos cortavam-se de igual maneira sobre os túmulos de seus amigos com o propósito de permitir-lhes nascer de novo. Podemos conjeturar, também, embora isso não nos tenha sido dito expressamente, que era no mesmo Dia de Sangue e para os mesmos fins que os noviços sacrificavam sua virilidade." (Frazer, op, cit.)

14. Westermarck, *op. cit.,* Vol. I, p. 649.

Eros e Tânatos

salvar a vida de um auto espancador excessivamente vigoroso que cortara uma veia sanguínea ou de outra maneira se ferira gravemente durante essas cerimônias ([15]).

Um corpo religioso que é também quase contemporâneo nosso e no qual eram executados essencialmente os mesmos ritos que no antigo culto frígio e sírio descritos acima, inclusive verdadeira castração, é a seita Skoptsi, da Rússia.

Os Skoptsi constituem uma seita religiosa russa de considerável tamanho, fundada mais ou menos em 1757. Embora sua extensão atual não seja definitivamente conhecida por causa do caráter secreto da seita, foi calculado que incluía mais de 100 mil membros. Para nosso propósito é necessário estabelecer que suas cerimônias não se limitavam a uns poucos indivíduos psicóticos ou excêntricos, mas atendiam às necessidades psicológicas de uma considerável comunidade de pessoas, ao ponto de autocastração.

Os Skoptsi acreditam que Adão e Eva, nossos primeiros pais, pecaram quando tiveram relação sexual e que o único meio de expiar esse mal e evitar novo pecado é destruir a potência de seres humanos. Citam a passagem: "Se o teu olho direito te faz tropeçar, arranca-o e lança-o de ti; pois te convém que se perca um dos teus membros, e não seja todo o teu corpo lançado no inferno. E se a tua mão direita te faz tropeçar, corta-a e lança-a de ti; pois te convém que se perca um dos teus membros e não vá todo o teu corpo para o inferno." (Mateus, V, 20-30). O membro ofensor, de acordo com o fundador da seita Szelivanov, era o órgão de pro-criação ([16]).

Szelivanov "batizou-se pelo fogo", mutilando seu corpo com um ferro em brasa. Batizou centenas de pessoas da mesma maneira e trabalhou incansavelmente para conquistar novos adeptos. Quando

---

15. A dra. Helen McLean, de Chicago, em comunicação pessoal ao autor, deu ênfase à alegria que esses devotos demonstravam no sofrimento, durante sua autoflagelação, segundo ela observou no Novo México. A regra era darem um passo a cada chicotada e nossa familiaridade com a utilização simbólica da escalada para representar atividade sexual na linguagem do inconsciente confirma a interpretação dessa cerimônia religiosa como simbólica ao mesmo tempo de satisfação sexual e efetiva autopunição.

16. Goldberg, B. Z., *The Sacred Fire, Liveright,* 1930, pp. 345-50. Ver também Wall, O. A., *Sex and Sex Worship,* Mosby, 1919, pp. 211-12; Leroye-Beaulieu, Anatole, *The Empire of the Tsars and the Russians,* Part III, Londres, Putnam's, 1896, pp. 422-37.

existissem no mundo 144.000 Skoptsi o milênio estaria próximo. Em certo momento parecia não estar muito longe pois o número de adeptos aumentava rapidamente. Todos eram concitados a conquistar novos adeptos. Àquele que causasse doze mutilações recebia a distinção do apostolado. Na Rússia oriental, comunidades inteiras aderiram aos Skoptsi. Numa dessas conversões em massa havia 1.700 almas. Os missionários trabalhavam entre mendigos e outros elementos inferiores da sociedade convencendo-os ou subornando-os para que aderissem à nova religião. Alguns eram mesmo mutilados à força. Um apelo era dirigido ao elemento curioso e aventureiro.

O próprio fato do haver conversões em massa à seita e de cada neófito precisar ser mutilado tomava impossível que essas operações fossem executadas com o grande cuidado e precisão necessários para garantir sua eficácia... Muitos dos neófitos efetuavam a operação em si próprios e detinham-se durante o processo devido a dor ou medo. De fato, a religião Skoptsi tomou conhecimento dessa condição estabelecendo dois graus de mutilações, as do Grande Selo e as do Pequeno Selo. (Goldberg,)

A autocastração como expressão de sentimento moral da comunidade pode ser incorporada à lenda e tradição em lugar de incorporar-se à pratica religiosa, mas sua significação é nesse caso ainda mais facilmente descoberta. Por exemplo, em seu cuidadoso estudo da vida dos selvagens das ilhas Trobriand, Malinowski ([17]) coligiu numerosos sonhos e fantasias eróticas desse povo, alguns dos quais mostram o tema de automutilação e autocastração como forma de punição e agressão indireta exatamente comparável ao que vimos em outros lugares.

Por exemplo, há a história de Monovala (Vol. II, página 411), que cede a um impulso incestuoso em relação à sua filha. A jovem, em sua mortificação, convence um tubarão a comê-la. Diante disso o pai reage atacando sexualmente sua esposa de maneira tão violenta que ela também morre, ao que Monovala se castra e morre.

---

17. Malinowsky, Bronislaw, *The Sexual Life of Savages in Northwestern Melanesia*, Liveright, 1929.

Uma história mais longa e mais específica é a lenda de Inuvayla'u. Inuvayla'u era um grande chefe cuja lubricidade o levava a aproveitar-se sexualmente de todas as mulheres da aldeia durante a ausência de seus maridos. Os homens da aldeia finalmente o surpreenderam em flagrante delito e o castigaram pelo suplício de mergulho na água. Isso o encheu de grande vergonha e tristeza. Ordenou então à sua mãe que preparasse as coisas dos dois a fim de mudarem-se para outra aldeia.

Quando estava tudo arrumado, ele saiu de sua casa na parte central da aldeia chorando alto; tomou sua machadinha e cortou a ponta de seu pênis, chorando e lamentando-se enquanto o fazia. Jogou para um lado essa parte do pênis que se transformou em uma grande pedra que os nativos acreditam ainda existir. Chorando e lamentando-se continuou a andar, cortando de tempos em tempos um pedaço de seu pênis e jogando para um lado, onde ele se transformava em pedra. Finalmente, cortou seus testículos que se transformaram em grandes pedras de coral, ainda existentes. Foi para uma aldeia distante e lá viveu com sua mãe, cuidando de jardins e da pesca. Existem algumas variações do mito, mas a parte essencial, como declara Malinowski, é a autocastração expiatória. Declara ele que as pedras descritas no mito ainda existem, embora "a semelhança com seus protótipos anatômicos se tenha desgastado com o tempo, enquanto seu tamanho deve ter aumentado enormemente."

Embora a autocastração seja, como já registrei, uma parte essencial de certos cultos religiosos, antigos e modernos, a pessoa de mentalidade prática dos dias de hoje dificilmente pode concebê-la como ato de um homem normal. É muito semelhante às automutilações de pacientes psicóticos que consideraremos logo adiante.

No momento, examinemos o que existe nela que parece insano. Será por ser o sacrifício tão grande ou por ser tão desnecessário?

Penso que poderíamos facilmente concordar em que é a primeira hipótese, pois a ideia de renúncia à vida sexual está presente em todas as religiões, com ênfase maior ou menor. Todavia, o fato da autocastração como rito religioso existir e ter existido durante séculos é da máxima importância teórica, pois nos mostra o que pode ser a forma extrema de sacrifício. Naturalmente não é a única forma extrema de sacrifício. Sabemos que existiram religiões nas quais crianças eram queimadas vivas, propriedades confiscadas ou cedidas à igreja e martírios de vários tipos esperados e aprovados. Contudo, nesses outros sacrifícios acentua-se, não tanto o sacrifício da vida sexual, quanto a submissão à dor ou privação. Esses, nós já discutimos. Muitos acreditam, porém, que essa renúncia à vida sexual e particularmente a execução de alguma espécie de automutilação nos órgãos genitais constituem a forma fundamental de todo sacrifício. Existem algumas indicações clínicas que apoiam isso.

É do conhecimento geral que mutilação cirúrgica dos órgãos genitais é praticada como rito religioso por milhares de pessoas, tanto selvagens como civilizadas, inclusive os judeus, os maometanos e muitas das tribos espalhadas pela Ásia, África e Oceania. Sabemos também que a circuncisão de bebês se tornou extremamente difundida nos Estados Unidos, sendo um processo de rotina na prática de muitos obstetras, pediatras e clínicos gerais. Vasto número de teorias foi proposto para explicar a origem da circuncisão ([18]). Em sua maioria, porém, são o que os psicanalistas chamam de racionalização, isto é, tentam explicar alguma coisa com base em alguma utilidade que foi descoberta secundariamente. Só podemos esperar compreender a origem da circuncisão se entendermos os princípios dinâmicos que impelem pessoas a desejar sacrificar parte de sua carne corporal.

Já temos um indício sobre de onde isso se derivou, tirado dos ritos mais radicais acima descritos. Se em lugar de cortar todos os órgãos genitais, a pessoa puder satisfazer igualmente os requisitos religiosos cortando apenas uma parte dos órgãos genitais, isto é, o prepúcio, terá conseguido uma substituição extremamente prática. Que esse princípio geral de uma parte pelo todo atua em nossas vi-

---

18. Considerações higiênicas (Steinmetz), proteção contra perigos sexuais (Crawley), prova de coragem (Zaborowski), sacrifício e consagração da vida sexual (Barton, Jeremias, Valeton, Lagrange), intensificação do prazer sexual (Buxton), expressão da crença na ressurreição (Frazer), tudo isso foi proposto como causas da origem da circuncisão. Muitos estudiosos, entre os quais aqueles que estudaram a questão mais intensivamente, R. Andree, H. Wilken, Ploss-Renz e L. Gray, consideram a circuncisão um costume de iniciação, servindo como introdução na vida sexual e tornando a procriação mais segura pela eliminação do prepúcio, que é considerado um obstáculo. (Schmidt, W., e Koppers, W., *Volker und KuUuren,* Parte I, Regensburg, 1924, pp. 239-43.) Ver o artigo de Gray em *Hosting's Encyclopaedia of Religion and Ethics,* Vol. III, p. 664.

das é evidente em toda parte. Os Filhos de Israel ofereceram um novilho ao Senhor indicando sua disposição de dar-lhe tudo, mas muito prudente mente conservaram a maioria do rebanho para sustento da tribo. Quando procuramos certos amigos, deixamos um cartão de visita que representa não apenas nosso nome, mas nós próprios. É uma parte de nós que fica em lugar do todo.

O fato é que quase todas as religiões que sobreviveram aprenderam a usar prodigamente o simbolismo e tudo indica que a circuncisão é um símbolo de mutilação mais radical. É, porém, um tipo particular de simbolismo, o da parte pelo todo, que é característico do pensamento inconsciente e do suborno da consciência que já discutimos.

Obtemos prova disso em dados clínicos. Eu poderia citar muitos exemplos da prática psiquiátrica para mostrar como, no inconsciente, a circuncisão e a castração são equiparadas. Como o medo de cortar em relação aos órgãos genitais é tão generalizado e aparentemente tão básico na formação do caráter ([19]), toda cirurgia relacionada com os órgãos genitais tende a ser associada a fortes sentimentos emocionais que os psicanalistas, baseados em suas experiências diárias com a linguagem do inconsciente, atribuem à "ameaça de castração", isto é, ao medo que os órgãos genitais sejam irremediavelmente feridos. Como isso pode ser intenso é muito bem ilustrado pelo seguinte incidente da vida anterior de um paciente que vi recentemente. Ele descobrira em tenra idade que tinha uma hérnia (que, naturalmente, nada tem a ver com os órgãos genitais, embora esse fato não seja conhecido por todos os leigos). Achou que devia guardar segredo, não contando a seus pais, e foi o que fez até os dezessete anos. Convencendo-se nessa época de que precisava submeter-se a uma operação, tocou no assunto com seu pai a fim de conseguir dinheiro. O pai ficou preocupado, temendo que a operação pudesse arruinar o rapaz de "alguma maneira", mas depois de meditar durante dias consentiu

---

19. Ver por exemplo o artigo de Alexander *The Castration Complex in the Formation of Character*, *International Journal of Psychoanalysis*, janeiro - abril de 1923, pp. 11-42,

e na mesma noite mencionou o fato à sua esposa. A mãe, por sua vez, teve um terrível acesso de cólera, dizendo que o marido havia escondido alguma coisa dela, que tramara algo terrível com referência ao rapaz, que era um monstro e um vilão. Acabou atirando no marido e matando-o naquela mesma noite. Examinando-o muitos anos depois, verificamos que o rapaz não tinha hérnia, mas um testículo atrofiado de um dos lados.

Que a circuncisão, como a ameaça de operação de hérnia no caso há pouco citado, representa castração simbólica é intuitivamente percebido por algumas pessoas e continua sendo inconcebível para outras pessoas. A castração verdadeira, de acordo com a antiga lei romana, podia ser executada com o consentimento da pessoa castrada ou de seu tutor legal. Mais tarde, porém, quando a castração foi proibida pelos romanos (Domiciano) tanto para homens livres como para escravos mesmo com o consentimento da pessoa envolvida, a circuncisão foi também rigorosamente proibida ([20]). Mommsen declara que "Adriano foi o primeiro, aparentemente não por motivos religiosos, mas devido à semelhança superficial das operações, a equiparar circuncisão a castração, o que foi uma das razões que provocaram séria insurreição judaica naquela época. Seu sucessor permitiu-a para os judeus e também para os egípcios. Em outros casos, porém, a circuncisão era equiparada à castração e igualmente punida."

É presunção geral que os ritos de circuncisão pertencem só aos homens, mas essa presunção é contrariada pelos fatos, pois a circuncisão de mulheres é comum entre povos selvagens e os motivos aparentes são os mesmos que no caso de homens. Os motivos conscientes, porém, são completamente diferentes, o mesmo acontecendo com as técnicas. Todas as partes dos órgãos genitais femininos são atacadas pelos circuncidadores, de várias tribos primitivas, às vezes o clitoris, às vezes os grandes lábios, às vezes os pequenos lábios, às vezes todos eles. As razões *ostensivas* são promover limpeza, di-

---

20. Theodor. *Römisches Strafrecht*, em K. Binding, *Systemat. Handbuch d. Deutsch. Rechtswiss.*, I. Abt., 4, Teil, p. 637, Leipzig, citado por Bryk, *op. cit.*

minuir a paixão e, portanto, assegurar mais a virgindade, oferecer maior prazer ao homem, aumentar a sensibilidade vaginal, à custa da clitoriana, isto é, mudar a zona erotogênica [21],

A circuncisão feminina (de acordo com Bryk), só poderia ter-se originado em uma cultura governada pela lei material. A mulher, emancipando-se, não toleraria ser ignorada pelo homem. Havia também o desejo de um símbolo externo de maturidade e o caminho evidente era um paralelo com a circuncisão de meninos. Assim como em nossa sociedade as mulheres imitam os homens fumando, usando cabelos curtos e esgrimindo, a mulher pastora fazia o mesmo através da circuncisão [22].

RITOS DE PUBERDADE

Uma segunda fonte de indicações dos motivos e da significação da mutilação religiosa é encontrada nas várias cerimônias de iniciação impostas aos adolescentes entre tribos aborígines em muitas partes do mundo. São elas conhecidas na literatura antropológica como ritos de puberdade e podem ser concebidas como de natureza religiosa. Em geral não são *automutilação* e por isso não cabem exatamente aqui, mas contam com a cooperação dos que a elas se submetem de modo a tornar claro que, embora executadas por outra pessoa, satisfazem alguns desejos da vítima [23], mesmo que seja apenas o desejo de conformar-se com os costumes. Todavia, esses costumes são um produto das mentes do grupo e, portanto, representam cristalizações dos "desejos" dos indivíduos que constituem o grupo.

Os ritos variam entre povos diferentes. Em alguns casos, é arrancado um dente, no meio de muito barulho e cerimônia; mais frequentemente o principal rito de iniciação consiste na circuncisão

---

21. Bryk, Felix, *Voodo-Eros,* American Ethnological Press, 1933.
22. Bryk, Felix, *Circunàsion in Man and Woman,* American Ethnological Press, 1934, p. 115.
23. Eu não diría "vítima", mas "iniciado" ou "candidato" porque, por mais heroicas e às vezes horríveis que sejam essas cerimônias, são em gera) motivo para um festival e acompanhadas por grandes manifestações de júbilo.

executada com uma pedra afiada, pedaços de vidro ou uma faca; às vezes é feita uma incisão no pênis e o sangue é misturado com água que os meninos e homens bebam. Antes e depois da circuncisão os meninos são obrigados a passar por várias formas de tortura. São obrigados a jejuar durante muitos dias, "ataques simulados são feitos contra eles", supostos espíritos lhes aparecem com máscaras de animais e ameaçam comê-los; de vez em quando ocorre tuna luta de verdade entre os homens e seus filhos. Entre os habitantes da ilha Karesau deixa-se que formigas pretas piquem os noviços. Os índios Mandan enfiam uma faca com lâmina de serra no braço, antebraço, coxa, joelho, barriga da perna, peito e ombro do jovem e depois introduzem pedaços pontudos de madeira nos ferimentos, Todos eases métodos parecem ter a significação de morte do candidato, seguida pelo renascimento. Este drama de renascimento é também representado pelos noviços depois da cerimônia quando parecem ter-se esquecido de tudo a respeito de sua existência anterior, não reconhecendo seus parentes e não sendo capazes de comer, falar ou mesmo sentar sem que lhes mostrem como. Se não obedecem a essa formalidade devem ser submetidos a uma segunda cerimônia, muito mais severa, da qual pode resultar verdadeira morte.

Há nesses ritos o propósito de separar os jovens de suas mies e admiti-los na comunidade de homens ([24]). As mulheres são proibidas de assistir à cerimônia e à festividade sob pena de morte ou, quando têm permissão de presenciar os ritos, precisam ficar a grande distância. As mulheres lamentam e choram os rapazes como se tivesse ocorrido verdadeira morte e há manifestações de júbilo quando o rapaz é devolvido a seu lar.

Graças às coletas de dados feitas por Frazer, Malinowski, Byrk e outros antropólogos, às construções psicanalíticas formuladas por Freud, Abraham, Hank e Theodor Reik, e à combinação de observações e interpretações feita por Roheim, temos ideias bastante definidas sobre a função psicológica desses ritos.

Duas opiniões sobre a matéria são sustentadas, ambas as quais explicam os ritos de puberdade como recursos cerimoniais para ven-

---

24. Reik, Theodor, *Ritual*, Norton, 1931.

cer o que é conhecido em antropologia como "tabu do incesto" ou, usando termos psicanalíticos, para resolver o complexo de Édipo. De um ponto de vista, a mutilação genital imposta ao adolescente pode ser encarada como satisfazendo a hostilidade dos pais em relação a ele por escapar à sua autoridade, punindo-o por seus desejos incestuosos e intimidando-o em relação às suas (outras) satisfações; isto é, a supressão dos impulsos sexuais e agressivos do adolescente em relação a seus pais. O outro aspecto da função dos ritos de puberdade é que a expiação, não em retrospecto, mas em perspectiva, isto é, a circuncisão e todas as outras mutilações usadas para esse fim são um preço pago pelo iniciado para conquista dos direitos da vida adulta [25].

O medo de castração, isto é, o medo que o menino tem que sua vida ou seu pênis sejam tirados dele pelos mais velhos se usá-los na direção proibida da sexualidade pairaria sempre sobre ele se não fosse removido cerimonialmente pela castração simbólica representada nos ritos de puberdade. Em lugar de cortar o pênis inteiro, uma parte dele é cortada, uma parte que representa o todo, como acontece em todas as oferendas sacrificais [26].

Não há realmente conflito entre esses dois aspectos dos rituais de puberdade. Ambos são indiscutivelmente válidos; um acentua os elementos de intimidação, supressão e expiação, enquanto o outro acentua os elementos permissivos e propiciatórios. Não posso con-

---

25. A respeito dos ritos de puberdade como permissão para o início da vida sexual, A. Leroy vê na circuncisão um *interdit levé;* só pelo sangrento sacrifício da mutilação do pênis pode ser comprado o *permis d'user.* Reik é de opinião que "a proibição, cuja suspensão parcial está ligada aos ritos de puberdade, foi inicialmente estabelecida dentro da estreita estrutura da família e só posteriormente estendida além desses limites." (Leroy, A., *La religion des primitives,* Paris, 1906, p. 236; Reik, Theodor, *Probleme der Religions-psychologie,* Vol. I, Leipzig e Viena, 1919, p. 981.)

26. Esta significação de sacrifício, isto é, a técnica de abrir mão de uma parte a fim de preservar o todo, foi estudada psicanaliticamente por vários autores. Além de Rank, mencionado acima, Alexander *(Psychoanalysis of the Total Personality,* Nervous and Mental Disease Publishing Company, 1930) tinha essencialmente a mesma coisa em mente com sua ideia de subômo da consciência e em outro artigo (Zur *Genese des Kastrationskom-plexes, Internationale Zeitschrift für Psychoanalysis,* 1930) descreve o mecanismo em termos de sacrifício de valores anais a fim de salvar os órgãos genitais; Rado (F*ear of Castration in Women, Psychoanalytic Quarterly,* julho-outubro, 1933, pp. 425-75) referiu-se a isso como "a escolha do mal menor".

cordar com Reik em que os primeiros são muito mais importantes simplesmente por serem inconscientes, enquanto os últimos são conscientes.

Money Kyrle ([27]) refere-se aos rituais mais complicados nos quais o prepúcio cortado ou o dente extraído é escondido em uma árvore. Cita a opinião de Frazer ([28]) de que isso pode ter sido originariamente destinado a assegurar o renascimento dos homens circuncidados e também sua própria dedução psicanalítica de que a circuncisão pode servir para aliviar o medo neurótico da morte.

Se essa interpretação é correta, tais mutilações, mesmo quando conscientemente destinadas a eliminar o medo da morte e assim assegurar a esperança de renascimento, são sacrifícios vicários. São aceitas pelo superego em lugar da autocastração que sem elas seria exigida. Além disso, como muitas vezes parece subsistir uma relação de identidade entre a alma exterior e a alma do ancestral, o prepúcio que é escondido na árvore pode, de certo ponto de vista, ser considerado como transferido para o espirito ancestral, que em si próprio nada mais é que a projeção do superego. Tal sacrifício poderia muito bem ser combinado com uma pantomima de retorno ao útero.

---

27. Money-Kyrle, *The Meaning of Sacrifice,* Londres, Hogarth, 1929, p. 161.
28. Com referência à castração como uma compra da vida mais do que como manifestação do instinto de morte: "Frazer acreditava ter descoberto a chave há muito tempo perdida da significação da circuncisão, no fato de que os Kukuyu da África Oriental antigamente associavam a circuncisão às cerimônias de renascimento que são agora celebradas separadamente e na Austrália central os prepúcios amputados são colocados nas mesmas árvores totêmicas, pedras totêmicas e outros centros totêmicos em que almas humanas passam o tempo entre a saída de dentro do indivíduo e seu renascimento em uma criança. Renz, cita por Zeller (Dr. Moritz, *Die Knabenweilhen, in Arbeiten aus dem voetkerkundlichem,* Institut d. Universitaet Bem, I Heft, Bema, 1923, pp. 1-160), também acentua que os ritos de circuncisão de selvagens, incluindo como sempre acontece, uma cabana de isolamento na qual os rapazes devem passar longo tempo, estão ligados a ideias de renascimento de dentro da barriga ou estômago de um espírito, de modo que ele apoia essa ideia de Frazer de que a circuncidação representa um renascimento em numerosos sentidos." (Bryk, *op. cit.)*

C. AUTOMUTILAÇÃO EM PACIENTES PSICÓTICOS

Por mais remotas que possam parecer essas amplas especulações sobre os aborígines e outros, não é tão grande a distância entre a consideração do comportamento selvagem e a consideração do comportamento insano, que será nosso próximo tópico. Os selvagens e insanos têm em comum o fato de agirem sem consideração pelas exigências de uma civilização que muitas vezes modifica tendências primitivas a ponto de torná-las quase irreconhecíveis. Em certo sentido, o que chamamos de insanidade é simplesmente uma regressão ao estado selvagem no qual não se precisa levar em consideração essas restrições.

Entre as numerosas formas de comportamento psicótico, a automutilação não é uma das mais frequentes, mas, por outro lado, é muito típica. É típica por ser tão aparentemente sem sentido ou justificada por explicações tão irracionais e ilógicas. O tipo de ferimento causado varia muito, mas em geral tende a ser mais evidente, sangrento e doloroso do que grave, do ponto de vista da vida. Como veremos existe provavelmente para isso uma razão muito definida. A automutilação ocorre na maioria das principais psicoses – paresia, mania, melancolia, esquizofrenia, psicose epiléptica, delírio. Aparentemente, portanto, não tem relação fixa com a forma clínica da doença, mas é expressão de algumas tendências mais gerais. Vamos tornar específica nossa discussão citando um caso real.

Um rapaz de vinte anos voltou da guerra e descobriu que a moça de quem estivera noivo se casara com outro homem. Esse foi o fator precipitante no desenvolvimento de uma doença esquizofrênica aguda com delírios, alucinações e posturas estranhas, que depois de algumas recaídas se tornou crônica e exigiu constante hospitalização. Do ponto de vista de assistência, ele era um paciente extremamente difícil no hospital por causa de seus persistentes esforços para ferir-se. Por exemplo, amarrava barbante bem apertado ao redor dos dedos dos pés com o evidente propósito de produzir gangrena. Colocava-se furtivamente atrás das pesadas portas do hospital, quando estavam sendo fechadas depois da passagem de um médico ou enfermeiro, e punha os dedos nas fendas para que fossem esmagados. Em várias ocasiões, arrancou alfinetes do uniforme de uma enfermeira e tentou enfiá-los nos olhos. Segurava e separava os dedos de uma mão e, usando a perna e a outra mão, tentava afastá-los tão violentamente que chegava a rasgar as membranas interdigitais. Com as unhas do polegar e de outro dedo arrancava pedaços dos lóbulos da orelha. Frequentemente mergulhava de sua cama para o chão, de ponta cabeça, como se tentasse esmagar o crânio. Uma vez foi encontrado quase asfixiado por ter introduzido à força vários grandes talos de aipo no fundo da garganta.

Em exemplos como este, de automutilação psicótica típica, todas as tendências agressivas parecem refletir-se sobre o próprio agressor. Não podemos fazer mais do que imaginar a quem eram destinadas originariamente, a menos que o paciente nos conte – o que este não fez. Sem dúvida, eram originariamente dirigidos contra algum objeto externo, ostensivamente amado, mas inconscientemente odiado.

Citei esse caso apesar de ser incompleto por várias razoes. Em primeiro lugar, representa graficamente algumas das variedades de mutilações psicóticas ([29]). Em segundo lugar, demonstra a completa ausência de verdadeiro desejo de morrer. Qualquer pessoa fortemente decidida a matar-se poderia tê-lo feito com um centésimo do esforço que esse rapaz empregou para causar sofrimento a si próprio. Ainda está vivo depois de dez anos nessas condições. Em terceiro lugar, existe a indicação disfarçada do elemento sexual. Deve-se lembrar que sua psicose foi precipitada por um caso de amor frustrado e muitos dos ataques lançados contra si próprio têm caráter sexualmente simbólico.

Uma quarta razão, a razão determinante, reside no fato de, em lugar de um único ataque, claramente específico, como no caso do homem que corta seu próprio braço e em qualquer dos outros exemplos citados, seus ataques contra si próprio foram múltiplos e muito

---

29. Cf. também o seguinte: MacKenna, *Extensive Self-Mutilation of Scalp, Presumably Following Trichcrphytic Infection*, British Journal of Dermatology, *julho de 1930*, pp. 313-19; Sharma, H. R., *Self-Mutilation: Extraordinary Case*, Indian Medical Gazette, *junho de 1930*, pp. 327-28; Urechia, C. I., *Autophagia of Fingers by Patient with General Paralysis and Cervical Pachymeningitis*, Revue Neurologique, Paris, março de 1931, pp, 350-52.

menos claramente localizados. O homem mencionado, por exemplo, tinha uma mão e braço culpados; com eles matara sua filha, por isso era apropriado que cortasse o braço criminoso. Contudo, esse rapaz atacava todas as partes do seu corpo e achamos isso desconcertante para nossa presunção de que no órgão determinado do corpo atacado há algo específico que leva à sua escolha como objeto ou foco do esforço autodestrutivo. Provavelmente existe em todos os casos algum condicionamento, isto é, experiências específicas envolvendo aquela parte do corpo de maneira real ou simbólica, que contribuem para determinar sua escolha.

Por exemplo, no caso que citei anteriormente no qual meu paciente fez violentos ataques contra seus cabelos sem saber porque, deve-se lembrar que quando criança ele tinha belos cabelos, seu único ponto de superioridade sobre um irmão do qual sentia amarga inveja. Apesar desses cabelos, porém, seu irmão era preferido pelos pais e por quase todo o mundo, de modo que meu paciente passou a achar que ter cabelos bonitos de nada adiantava na luta pelos favores do mundo. Achava, por assim dizer, que seus cabelos "o traíam", pois não apenas em nada contribuíam para arranjar-lhe amigos, mas era também por sua luxuriante cabeleira que seu pai o segurava para aplicar-lhe surras, em geral dadas por ter meu paciente maltratado seu invejado irmão. Por essas razões ele tinha com base em seu pensamento da infância, boas razões para sentir raiva de seus cabelos. (Personificar uma parte do corpo dessa maneira é muito característico do pensamento "pré-lógico" primitivo.)

Igualmente poderíamos com toda probabilidade mostrar, se tivéssemos acesso a todo o material, como não é infrequente, que um paciente que ataca sua orelha, por exemplo, o faz devido a certas experiências auditivas da infância, de natureza desagradável, ou aquele que deliberadamente fere seu olho o faz devido a algum choque visual original que aumentou a culpabilidade desse órgão determinado. É como se ele dissesse: "Meu olho foi responsável por revelar-me cena tão horrível" (ou proibida) [30]. Essa, por exemplo, foi a razão pela qual o homem que observou furtivamente Lady Godiva ficou cego; neste caso foi Deus quem aplicou a punição.

Contudo, ainda não respondemos à pergunta provocada pelo caso do rapaz que atacava todas as partes de seu corpo sem discriminação. É pouco provável que pudesse ter queixas contrapartes tão diferentes de si próprio com base apenas em experiência. Daí concluímos que deve ser outro elemento que determina a escolha da parte do corpo. Este elemento precisa ter relação não com a significação real das várias partes, mas com a significação simbólica. Os ataques aparentemente indiscriminados feitos pelo paciente contra si próprio na realidade não eram tão indiscriminados. Sempre tinham relação com órgãos ou partes do corpo que, segundo nos ensinou a experiência, podem representar simbolicamente os órgãos sexuais. De fato, parece pelo estudo clínico que todas as tentativas de cortar partes do corpo representam tentativas substitutas e, portanto, simbólicas de privar-se da sexualidade, isto é, cortar ou mutilar um órgão que simboliza os órgãos genitais. Os Skoptsi e outros, como vimos, na realidade faziam isso diretamente em lugar de procurar um método simbólico para realizá-lo e, como veremos logo, o mesmo se aplica a muitos pacientes psicóticos.

Antes de passarmos a esses exemplos, porém, vamos discutir um pouco mais a ideia de que no inconsciente várias partes do corpo podem representar os órgãos genitais. Vemos isso melhor na histeria, que focalizaremos no próximo capítulo, mas vemo-lo também na condição conhecida como "fetichismo", na qual a personalidade total, o corpo, o rosto e mesmo os órgãos genitais da pessoa amada não têm o menor interesse sexual para o paciente, mas o interesse é despertado só por uma parte isolada do corpo e essa parte nunca são

---

30. Cf. o caso relatado por Hartman. Tratava-se de uma mulher que arrancou ambos os seus olhos, ostensivamente "como sacrifício a Cristo" porque "a gente peca principalmente com os olhos durante tais fantasias". Descobriu-se que ela sempre ficava excitada por certas experiências visuais, inclusive a vista de quase qualquer homem. Quando criança dormia em um quarto com seus pais e muitas vezes observara os órgãos genitais do pai; observara os pais tendo relações sexuais e fora repreendida pelo pai por "estar sempre olhando". (Hartmann, H., *Self-Mutilation, Jahrb. f. Psychiat. u. Neurol.*, 1925, Vol. XLIV, p. 31, resumido por Keschner, *Arch Neurol, and Psychiat.*, março, 1926, pp. 384-86.)

os órgãos genitais. Tais indivíduos, por exemplo, ficam sexualmente excitados e finalmente satisfeitos quando contemplam ou acariciam um pé, um dedo do pé, um dedo da mão, a orelha, os cabelos e às vezes até mesmo objetos que não são realmente partes do corpo, por exemplo, um sapato ou outros artigos de roupa, pertencentes à pessoa amada. Quando tais pacientes são psicanalisados, isto é, quando traçam completamente as ligações psicológicas entre essas coisas, ligações que eles próprios não conheciam, revelam a si próprios e a nós que essas partes do corpo eram inconscientemente tomadas por eles como substitutos de uma parte do corpo que se sentiam muito reprimidos ou muito temerosos em reconhecer francamente.

A substituição simbólica inconsciente de um órgão por outro de maneira nenhuma se limita a pessoas histéricas ou fetichistas. Apenas é mais evidente nelas. Mas todos nós fazemos isso. Exemplo claro da substituição pelos cabelos de um apêndice socialmente mais proibido do que eles foram registrados há alguns anos ([31]) por um psicanalista amigo meu, que observou uma criança com muita compreensão. O menino tinha uma ligeira constrição inflamatória do prepúcio e, aos dois anos e meio de idade, foi levado a um cirurgião, que sanou o defeito por meio de distensão. O menino comportou-se muito bem e foi elogiado pelo cirurgião que lhe deu um pedaço de doce. Depois da criança ter-se vestido e quando se despedia, o cirurgião, ainda muito jovial, disse rindo que o rapaz fora muito bom menino daquela vez, mas na próxima ele lhe "cortaria todo o negócio com isto", mostrando uma grande tesoura cirúrgica. O cirurgião riu de maneira amistosa, mas a criança correu em direção a seu pai com um grito de terror e "trêmulo de agitação ficou soluçando em seus braços". Os pais esforçaram-se por todos os meios para assegurar à criança que o cirurgião estava brincando e ela gradualmente pareceu esquecer-se do episódio. Um ano depois a criança teve uma ligeira inflamação no pênis que reagiu facilmente a banhos locais; em relação com isso, começou espontaneamente a falar em sua experiência

---

31. Simmel, Ernst, *A Screen Memory in Statu Nascendi, International Journal of Psychoanalysis,* outubro de 1925, pp. 454-57.

do ano anterior com o cirurgião. Contava alegremente e com notável precisão todos os pormenores sem importância do que acontecera no consultório do cirurgião, mencionando muitas coisas de que seus pais se haviam esquecido. Todavia, a respeito do episódio final, do gracejo sobre a tesoura, não dizia uma palavra. Pensando que poderia ajudar a eliminar a impressão penosa da experiência, o pai perguntou-lhe se não se lembrava de alguma outra coisa – alguma coisa que o médico dissera. Nenhuma resposta. "Você não se lembra da piada que ele fez?" Nenhuma resposta. "Ele não tinha uma tesoura?" A criança riu. "Oh, sim, uma tesoura. Ele fez uma piada a respeito da tesoura."

Todavia, apesar de incentivado pelo pai o menino não conseguiu lembrar qual fora a piada. Finalmente o pai perguntou-lhe se o cirurgião não falara em cortar alguma coisa. Imediatamente, a criança gritou muito alegre: "Oh, sim, lembro-me, ele disse que ia cortar meus *cabelos*."

Esse incidente é muito interessante porque mostra claramente como uma criança reprime algo doloroso e substitui a coisa dolorosa por um gracejo disfarçador. A alegria, a excitação e o risco que a criança demonstrou serviam ao propósito de negar a ansiedade ou proteger-se contra a ansiedade, que estava muito próxima da superfície e que apareceria se a criança aceitasse no consciente a lembrança em sua forma original.

É interessante também observar que os cabelos foram recolhidos como símbolo do órgão que o cirurgião realmente ameaçara cortar. A criança foi capaz de rir disso porque não tem grande importância o cabelo ser cortado; não dói e cresce de novo ([32]).

---

32. Diga-se de passagem, como observa sabiamente Simmel, que o cirurgião foi inconscientemente cruel ao fazer o gracejo; podia rir daquilo porque o considerava muito estranho a seus verdadeiros propósitos. Para a criança, porém, essa cruel tendência estava inteiramente sem disfarce. Reagiu não ao gracejo, mas à crueldade. Mais tarde, quando seu inconsciente disfarçou a lembrança colocando cabelos no lugar do pênis, foi capaz de defender-se contra a ansiedade por um recurso muito útil na civilização atual, na qual refreamos nossa crueldade e só mentalmente nos permitimos ferir nossos semelhantes. "No entanto há muitos adultos que continuam sendo durante toda a vida crianças desamparadas diante de ataques dessa espécie. Ficam tristes ou magoados quando alguém graceja com eles porque, como dizemos, não são capazes de "entender uma piada" – mas na realidade a entendem bem demais."

Agora podemos ver como, mesmo no caso do rapaz que mutilou seus próprios cabelos porque estes o traíram, havia provavelmente um elemento disfarçado, de modo que tal comportamento foi ditado não só por suas experiências desagradáveis com o irmão, mas também pela associação com sua vida sexual.

Examinemos agora alguns dos pacientes psicóticos que não recorrem a meios simbólicos para punir ou rejeitar seus próprios órgãos genitais, mas se mutilam diretamente sob a forma de autocastração.

N. D. C. Lewis ([33]) relatou minuciosamente numerosos casos e existem muitos outros relatórios menos completos ([34]). Deles podem ser escolhidos alguns casos típicos.

O seguinte caso relatado pelo dr. Lewis foi extraído dos registros do St. Elizabeth Hospital. Pouca coisa se sabe sobre a história anterior do homem. No hospital, mostrava-se a princípio deprimido, indiferente, muito sujo e nada disposto a cooperar, tomando muito pouco alimento. Não respondia a perguntas e resmungava consigo mesmo incoerentemente. Ficava sentado com os olhos fechados, as pálpebras tremendo e um sorriso estúpido no rosto. Tudo isso é muito típico da esquizofrenia.

Um ano mais tarde estava ainda desleixado e inacessível, mas além disso muito destrutivo. Começara a repetir frases indecorosas.

---

[33]. *The Psychobiology of the Castration Complex*, The Psychoanalutic Review, 1927, Vol. XIV, pp. 420-46, 1928, Vol. XV, pp. 53-84, 174-209 e 304-23; *Ibid., Additional Observations on the Castration Reaction in Males*, mesmo Journal, 1931, Vol. XVIII, pp. 146-65.

[34]. De Massary, Leroy & Mallet, *Sexual Auto-Mutilation in a Schizophrenic Case*, Annates Medico-psychologiques, Paris (pt. 2), julho de 1929, pp. 144-5O; Ferrer, C. O., *Self-Mutilation of Hypochondriac Alcoholic Patient,* Semana Médica, Buenos Aires, 9 de janeiro de 1930, pp. 91-3; Calant, I. B., *Masturbation and Auto-castration in Cases of Paranoid Forms of Dementia Praecox*, J. Nevrop. i. Psikhiat., 1928, Vol. XXI, pp. 307-85.

Para outras referências sobre autocastração ver; Blondel, C., *Les Auto-mutilations la castration volontaire, Tribune Médicale*, Paris, 1906, N. S. Vol. XXXVIII, pp. 533-36; Eckert: *Zur Frage der Selbstentmannung, Archiv. f. Kriminal-Anthropologie und Kriminalistik*, Leipzig, 1921, Vol. XLVI, p. 287; Ingenieros, J., *Un caso de auto-castration en un degenerado hereditário com neurasthenia e sifilofobia*, Semana Médica, Buenos Aires, 1901, Vol. VIII, p. 73; Nacke, *Uber Selbstentmannung, Archiv. f. Kriminal-Anthropologie und Kriminalistik*, Leipzig, 1903, Vol. XIX, p. 263; Schimidt-Petersen, *Uber Selbst-Katîration, Zeitschrift fur Medizinal-Beamte*, Berlin, 1902, Vol. XV, pág. 735; Strock, D., *Self-Castration, Journal of the American Medical Association*, 1901, Vol. XXXVI, p. 270.

Às vezes ficava excitado e andava de um lado para outro praguejando. Começou a agredir ocasionalmente pessoas, algumas das quais revidavam. Quebrou algumas janelas e tornou-se muito barulhento. No decorrer de um ou dois anos seguintes, sua atividade e combatividade aumentaram. Adquiriu o hábito de jogar-se de um lado para outro no quarto, aparentemente em um esforço para machucar-se, o que às vezes acontecia. Jogava cadeiras contra os atendentes. Finalmente foi preciso transferi-lo para uma enfermaria fechada a chave, onde continuou, porém, a ferir-se de muitas maneiras, de modo que precisou ser amarrado. Mordeu várias partes de seu próprio corpo, mastigou o lábio inferior até ser necessário reparação cirúrgica e finalmente, apesar de cuidadosa vigilância, lacerou e cortou seu escroto com as unhas e retirou os testículos.

Neste caso não temos outra coisa de onde tirar conclusões se não o simples comportamento, de modo que embora não possamos dizer quais eram os motivos da autocastração, podemos ver que as tendências destrutivas foram dirigidas primeiro externamente e depois internamente, focalizando-se sobre vários órgãos do corpo e finalmente sobre os órgãos genitais.

Outro caso esclarece melhor os motivos. Um oficial da marinha, de trinta anos de idade, casado, foi levado para o hospital com uma história de ter-se mutilado e de ter cogitado suicídio. Era quieto, asseado e ligeiramente deprimido.

Segundo a história, seu pai era muito religioso, mas pessoa com quem era muito difícil entender-se, e abandonara a família quando o paciente ainda era pequeno. A mãe fora obrigada a trabalhar muito para sustentá-los. O próprio rapaz precisou começar a trabalhar muito cedo, mas apesar disso adquiriu intermitentemente uma boa instrução. Ingressou na marinha e conseguiu elevar-se à patente de oficial inferior. Um ano antes de sua entrada no hospital, notou que se preocupava com seu trabalho e perguntou a seus amigos se haviam notado que não estava fazendo bem as coisas. Ficou cada vez mais deprimido.

Depois começou a ouvir ruídos estranhos, pensava ouvir seus colegas falando a seu respeito e acusando-o de práticas pervertidas (isto é, de ser homossexual). (Indivíduos com tais temores e alucinações raramente *são* homossexuais declarados, mas reagem com terror à ideia de poderem ser – exatamente como fazem as pessoas "normais", mas em grau maior.) Finalmente, entrou no banheiro com uma lâmina de bar be ar e amputou seu pênis.

Quando interrogado sobre isso, o paciente disse que estava confuso e não sabia o que fazia. Parecia, porém, demonstrar pouca preocupação ou remorso. Mais tarde saltou à água, mas subiu novamente para bordo pela corrente da âncora. Admitiu, porém, que a ideia de se afogar sempre o fascinara.

Os exames mostraram que ainda sofria alucinações auditivas, com vozes dizendo-lhe coisas estranhas e comentando o que ele fazia. Com referência à acusação de homossexualidade mostrava-se absolutamente perplexo porque nunca se entregara a isso e iniciara sua vida heterossexual muito cedo. Exceto quanto à mutilação, seu estado físico era excelente e sua inteligência acima da média.

Posteriormente o paciente anunciou que estava "pronto para o supremo sacrifício (suicídio) e escreveu um bilhete dizendo: "Eu sou um pervertido e cumprirei a pena." Tomou-se cada vez mais quieto e perturbado, demonstrando impulso de lutar com pacientes e atendentes.

Numerosos outros casos poderiam ser citados, mas aqueles mencionados são suficientes para dar-nos um quadro conjunto definido. Esses pacientes, às vezes muito meigos e piedosos a princípio, tornam-se cada vez mais agressivos em relação ao mundo exterior e depois agressivos em relação a si próprios, todos eles acentuando seu sentimento de culpa com relação a pecados sexuais. Tais pecados sexuais às vezes têm relação com mulheres, outras vezes com homens (homossexualidade) e ainda outras vezes com práticas auto eróticas (masturbação). Em todos os casos a sexualidade é identificada com os órgãos genitais e, como esses pacientes são psicóticos e, portanto, muito diretos e sem disfarce em sua lógica, fazem a coisa óbvia, que é livrar-se da parte culpada de seu corpo.

Há, porém, outro elemento que não devemos perder de vista. O homem que se sente culpado em relação a seus órgãos sexuais devido a impulsos homossexuais conscientes ou inconscientes concretiza dois propósitos quando corta seus órgãos genitais. Pune a si próprio, mas ao mesmo tempo por meio dessa privação se torna um indivíduo passivo e sem pênis, anatomicamente comparável à mulher. Com essa identificação anatômica, ele fica mais próximo da homossexualidade de que se sente culpado do que estava antes do ato. Sente-se culpado em relação a seus desejos homossexuais e castrando-se parece expiá-los e abandoná-los, mas na realidade só modifica a si próprio de modo a tomar-se incapaz do papel ativo e ainda mais predisposto ao papel passivo ([35]).

Assim, isso nos permite concluir que a automutilação psicótica corresponde à fórmula de um sintoma neurótico, pelo fato de serem alcançados simultaneamente um objetivo erótico e uma autopunição. É como se fosse feito um acordo entre as forças instintivas e as repressivas, e o sintoma fosse produzido como uma acomodação que, no entanto, não seria aceitável senão por um ego muito doente e impotente. Na medida em que tal sintoma, isto é, tal acomodação, é efetuado, obtém-se uma paz relativa. A sintoma (mesmo uma mutilação) é, portanto, uma tentativa de auto cura ou pelo menos auto conservação. Isso nos dá um indício sobre o paradoxo de ser a autodestruição local uma forma de suicídio parcial para evitai o suicídio total.

Contudo, na automutilação psicótica, a tentativa de auto cura é muito fraca. Nisso as automutilações de pacientes psicóticos assemelham-se às automutilações das seitas religiosas fanáticas e diferem das automutilações de pacientes neuróticos e das mutilações cerimoniais religiosas mais conhecidas, pelo seguinte: Nos pacientes psicóticos a realidade é quase completamente ignorada e o ego faz um negócio particularmente ruim, de fato quase não faz negócio algum, com a consciência. Sacrifica tudo e quase nada ganha, exceto punição ([36]) e as vantagens secundárias da passividade. Renuncia a todos os objetivos ativos. A pessoa neurótica também pune a si própria

---

35. Esse fenômeno inclui-se na fórmula mencionada pela primeira vez por Freud em *Totem and Taboo*, onde, a respeito de festividades cerimoniais, acentuou que "a propiciação (cerimônia) repete o crime". Isso foi discutido mais demoradamente por Roheim em seu artigo *Nach dem Tode des Urvaters* e por Abraham em seus estudos sobre melancolia. É objeto de um capítulo inteiro de *The Unknown Murderer* de Theodor Reik, intitulado *No Expiation Without Repeating the Deed*. Reik vai mais longe e mostra que o juramento, tortura e julgamento por ordálio surgiram como repetição simbólica do crime como meio de expiação.

36. Quase não é preciso demonstrar que a castração, tanto real como simbólica, foi usada em todos os tempos como recurso punitivo. A retaliação do tio de Héloise contra Abélard é,

naturalmente, clássica. Essa maneira de tratar prisioneiros militares era, naturalmente, a regra entre os maometanos e dizem que ainda é usada por povos guerreiros do norte da Africa.

De fato, von Autenrieth há mais de cem anos *(Abhandlung ueber den Ursprvng der Beschneidung bei unlden und habwilden Völkem mit Beziehung auf die Beschneidung der Israeliten,* mit einer Kritik von Praelat v. Flatt, Tuebingen, 1829) derivou a origem da circuncisão do costume que certos povos tinham de levar para casa os órgãos genitais de inimigos mortos ou mesmo vivos como inestimável troféu de vitória, mas que a fim de evitar a suspeita de que êsses sinais de vitória tivessem sido tirados de seus próprios mortos adotaram esse meio de garantia.

Marie Bonaparte *("Die Symbolik der Koptrophae, Imago,* Viena, Vol. XIV, 1928) deu amplos pormenores sobre a difusão deste antigo costume de guerra, especialmente na Africa Oriental. Que existiu até mesmo na Europa em tempos recentes é atestado por Kraus (Kraus, H., *Munchener Medizin Wochenschrift,* 1908, Vol. LV, N.° 10, p. 517), o qual escreve que "os montenegrinos estão acostumados a castrar seus prisioneiros durante campanhas e carregam os pênis deles consigo como amuletos. Muitos guerreiros têm uma fileira inteira de tais amuletos. As guerras de bandidos da Macedonia, que durante anos embaraçaram ao máximo a arte diplomática da Europa, provavelmente teriam acabado há muito tempo se os ocasionais vencedores deixassem o fatal costume de mutilar os inimigos que capturavam e assim provocar inúmeras campanhas de vingança. Mitos sicilianos também mencionam mutilações semelhantes". A ordem do rei Saul a David para que lhe trouxesse cem prepúcios dos filisteus, que David executou prontamente, é possivelmente uma referência a costume de guerra semelhante entre os judeus antigos.

Castração como punição é ainda hoje habitual entre muitos povos na Europa. Ver, por exemplo, Czekanowsiá (Dr. Jan, *Forschungen im Nil-Kongo Zwischen-Gebiet,* Leipzig, 1927, Vol. V, p. 12) e Pelilcan, E. *(Gerichtl. – Mediz. Untersuchungen ueber das Skoppentum in Russland,* Deutsche Uebers v. Nicolaus Iwanoff, Giessen, 1876); (Brylc, Felix, *Circuncision in Man and Woman,* American Ethnological Press, 1934).

Em episódios americanos de linchamento um preliminar comum à queima ou enforcamento da vítima é a amputação de seus órgãos genitais. Em um artigo de ficção *(American Spectator,* março de 1933) baseado em ocorrência real uma parenta da moça violentada tem permissão de queimar o pênis do negro ainda vivo com um maçarico a gasolina.

A retirada de outras partes do corpo como recurso punitivo é ainda mais conhecida. O cegamento dos jovens Príncipes na Torre e muitas punições semelhantes são bem conhecidas. O decepamento de mãos e braços é também comum nos registros criminais. Pedro, o Grande, baixou um édito era cujos termos todas as pessoas condenadas por homicídio teriam a carne e as cartilagens do nariz arrancadas de modo que só restassem os ossos e ninguém pudesse ter dúvidas quanto à história criminosa da vítima. Cortar a lingua era até tempos relativamente recentes parte do código criminal de muitos países, inclusive o nosso. Os quacres, deve-se lembrar, eram frequentemente punidos pelos puritanos com o corte da orelha. Na mais célebre de todas as execuções, a de Damiens, assassino de Luís XV, da França, que se destinava a servir como exemplo eterno, depois de várias outras torturas terem sido aplicadas, o ponto crucial da sentença foi executado, quando quatro cavalos foram amarrados a cada um de seus quatro membros e ele foi esquartejado. Um interessante relato descreveu a grande dificuldade do processo: médicos sugeriram que os tendões fossem primeiro cortados, o que se fez. "Os cavalos começaram a puxar de novo e depois de vários puxões uma coxa e um braço foram arrancados do corpo. Damien olhou para seus membros cortados e conservou um resto de consciência depois que sua outra coxa foi arrancada; só expirou depois de ter sido igualmente arrancado seu outro braço". (Bierstadt, Edward H., *Curious Trials and Criminal* Coses, Coward-McCan, 1928, p. 161.)

Finalmente, é preciso na castração real que tem sido efetuada nos tempos atuais sob a forma de esterilização de criminosos e insanos, e também no fato de alguns cirurgiões ainda parecerem acreditar que o tratamento apropriado para crimes e perversões sexuais é a castra-

por uma autocastração sacrifical, mas é uma castração simbólica, não real. Além disso, usa-a como permissão para satisfação ativa de algum valor tangível e real. Tem, portanto, um propósito oportuno ou, quase que se poderia dizer, profilático. A pessoa psicótica, porém, mutila-se sem levar em consideração o ganho líquido da realidade, isto é, oferece gratuitamente – ou melhor, joga fora – seus órgãos genitais ou seus substitutos simbólicos altamente prezados, isto é, os olhos ([37]).

D. AUTOMUTILAÇÃO EM DOENÇAS ORGÂNICAS

Atos de automutilação em grau extremo são às vézes relatados como tendo ocorrido em pessoas fisicamente doentes que, no entanto, não mostram nenhuma (outra) indicação de doença mental. São de grande interesse teórico porque parecem representar um afastamento do impulso autodestrutivo em resultado de lesão cerebral orgânica. Como veremos, o padrão psicológico não difere materialmente daquele das outras formas de automutilação até aqui examinadas.

Goodhart e Savitsky ([38]) relataram o caso de uma estudante secundária de dezesseis anos que aos oito anos de idade adquiriu o que parece ter sido encefalite epidêmica. Embora a paciente ficasse boa durante um ano após o ataque agudo, a doença gradualmente se foi mostrando de maneira inconfundível sob uma forma crônica caracterizada por sonolência e parkinsonismo do lado esquerdo. Além disso, a paciente apresentou aos treze anos algumas modificações na

---

ção, ao que parece motivados principalmente por seus sentimentos moralistas e sádicos, mais do que por suas deduções científicas.

37. Bryan, D., *Blindness and Castration, International Journal of Psichoanalysis*, março de 1921, p. 71; Harries, *Self-Inflicted Injuries of Eye by Insane Persons, Psychiatrisch-neurologische Wochenschrip*, 6 de julho de 1929, p. 342; Smith, J. Allen, *Voluntary Propulsion of Both Eyeballs, Journal of the American Medical Association*, 30 de janeiro de 1932, p. 398.

38. Goodhart, S. P., e Savitsky, Nathan, *Self-Mutilation in Chronie Encephalitis, The American Journal of Medical Sciences*, maio de 1933, p. 674.

personalidade, principalmente no sentido de agressividade. Mentia, tinha acessos de cólera, rasgava suas roupas, batia em sua mãe e suas irmãs, e certa vez chegou mesmo a quebrar algumas janelas da casa. Depois de tais explosões às vezes tinha remorsos e repetia: "Por que faço isso? Por que faço isso? Não posso deixar de fazer."

Foi nessa época que começou a fechar-se a chave no banheiro de vez em quando e aparecer pouco depois sangrando na boca, onde estavam faltando dentes. Dizia que "não podia deixar de arrancá-los". Vezes e vezes repetiu isso, até que só restaram nove dentes, os quais foram posteriormente extraídos pelo dentista devido a infecção.

Aos dezesseis anos de idade foi admitida em um hospital por causa de um pouco de inchação e vermelhidão no olho direito. Na noite do dia em que entrou no hospital a enfermeira encontrou-a segurando na mão seu olho direito. A paciente insistiu em que o olho caíra quando ela dormia. Respondeu a todas as perguntas sem hesitação e parecia mentalmente lúcida e inteligente. Não se queixou de dor. A enfermeira descreveu seu comportamento como absolutamente normal, exceto por parecer indiferente em relação ao olho; de maneira nenhuma parecia estar perturbada.

Na manhã seguinte a enfermeira descobriu que o olho *esquerdo* também fora retirado. Novamente a paciente não se queixou de dor e não demonstrou a menor perturbação emocional. Um psiquiatra, que a examinou na manhã seguinte, nada achou de anormal, exceto que ela não conseguia lembrar-se de pormenores de sua automutilação.

Posteriormente ela admitiu outras automutilações, dizendo que era impelida por alguma força peculiar a fazer aquelas "coisas horríveis", mas manifestou intensa relutância em discuti-las. Finalmente admitiu que não dissera a verdade ao demonstrar falta de conhecimento sobre os olhos, confessando que os arrancara com os próprios dedos.

Os fatores psicológicos eram mais discerníveis em um caso relatado por Conn [39]. Era uma mulher jovem que aos vinte e um anos

---

39. Conn, Jacob F., *A Case of Marked Self-Mutilation Presenting a Dorsal Root Syndrome*, The Journal of Nervous and Mental Diseases; março de 1932, p. 251.

de idade começara de repente a queixar-se de fortes dores na nuca e mais tarde nas costas. As dores tornaram-se tão fortes que ela gritava furiosamente e precisava ser segura à força. A dor continuou, sem diminuir, e dois meses mais tarde houve vários episódios de alucinose visual e auditiva nos quais a paciente via membros de sua família que não estavam presentes e ouvia vozes acusando-a de masturbação.

Umas seis semanas depois, aparentemente ainda sofrendo fortes dores apesar de numerosas drogas, levantou-se durante a noite e, com ajuda das molas da cama, fraturou os ossos, primeiro da mão esquerda e depois da mão direita. Fraturou também uma falange do dedo mínimo esquerdo e na noite seguinte deslocou ambos os polegares. Deu como explicação que isso aliviava suas dores nas costas. Quando entrou em seu quarto de manhã e a viu mutilada, exibindo as mãos ensanguentadas com um "ar feliz", sua mãe desmaiou.

Seis meses depois do episódio de mutilação, a paciente foi internada em um excelente hospital onde se fez cuidadoso exame. O resultado foi negativo exceto quanto às mãos mutiladas, mas apesar disso foi submetida a terapia ocupacional. Quando apresentada a uma clínica ela "se comportava admiravelmente, encantada pela narrativa de sua doença, dando pormenores sobre como quebrara os dedos, e ficava impaciente por exibir as mãos". Posteriormente, porém, arranhou a orelha até deixar exposta a cartilagem e fez ameaças de quebrar novamente os dedos.

No decorrer do exame mental ao ser admitida no hospital perguntaram-lhe o que se passava em sua mente quando estava quebrando os dedos. Respondeu: "Eu precisava ver sangue. Queria ver sangue sair. Queria impedir que o Sangue Subisse à minha cabeça para não perder o juízo, pois não havia menstruado."

O autor refere-se à história da família como sendo essencialmente negativa. A paciente era a mais velha das irmãs e tinha dois irmãos mais idosos do que ela. No escritório onde trabalhara durante quatro anos, foi descrita como "calma e digna", e capaz de "enfrentar a situação mais difícil de maneira eficiente".

A atitude da família em relação ao sexo era rígida; a paciente afirmou que não recebera a menor instrução sexual nem ouvira falar em sexo em sua casa e que ficara terrivelmente assustada quando menstruara pela primeira vez. Começou a masturbar-se aos quinze anos, teve fortes sentimentos de autocensura e ideias de "ficar louca". Achava que seria repudiada se descobrissem o que fazia e que era uma terrível desgraça para sua família. Ainda assim continuou a masturbar--se até o período de automutilação na idade de vinte e um anos.

Conn acentua que a culpa da paciente quanto à masturbação, o medo de perder o juízo, sua ansiedade pelo fato de não menstruar e seu desejo de "ver sangue" (como se isso lhe garantisse que a masturbação não a deixara anormal ou grávida), juntamente com o episódio alucinatório em que ouvira vozes censurando-a por sua masturbação, são uma prova convincente de que esta última era o tema central de seus sentimentos de culpa. A sensação de alívio depois de sua automutilação, seu orgulho em exibir a mio ensanguentada (culpada e punida) à sua mãe e posteriormente as mãos deformadas e com cicatrizes a outras pessoas confirmam essa interpretação.

Certamente parece que neste caso a combinação de livres associações, lembranças, atos compulsivos e as argutas observações de um psiquiatra intuitivo combinaram-se para dar-nos um exemplo muito claro precisamente dos mecanismos que encontramos em outros casos de automutilação, a saber, o sentimento de culpa resultante da masturbação, o medo de punição, a necessidade de uma punição propiciatória ou substituta que é depois auto infligida e os resultados "alegre e orgulhosamente" exibidos ao mundo (e, neste caso, primeiro à mãe como representante presuntiva do superego).

O autor acentua que a síndrome de origem dorsal pode ou não ter sido uma doença infecciosa, mas, presumindo-se que fosse, só serviu paia libertar tendências inconscientes de automutilação que estavam normalmente inibidas [40].

Em estudo feito há alguns anos [41] tentei mostrar que fenômeno comparável ocorre quando a manifestação do quadro de doença

---

40. Em abril de 1934, vi, com os drs. Perry e Brian, do Topeka State Hospital, um paciente que sofria de uma forma crônica de encefalite e que mordia sua língua tão persistentemente e tão fortemente a ponto de serem necessárias às vezes medidas cirúrgicas para impedir perigosa hemorragia. Todo o terço anterior da língua ficou seriamente marcado por cicatrizes e mutilado. O paciente não foi capaz de dar explicação para o ato, a não ser que era incapaz de deixar de fazê-lo. Os motivos psicológicos não foram investigados.

41. *The Schizophrenic Syndrome as a Product of Acute Infectious Disease. Schizophrenia (Dementia Praecox), An Investigation btj the Association for Research in Nervous and Mental Disease*, Hoeber, 1928, pp. 182-204.

mental de esquizofrenia é precipitada por uma doença infecciosa. Os efeitos da doença orgânica parecem ser no sentido de libertar tendências inconscientes que só eram mantidas sob controle por um esforço integrativo máximo que não pôde sustentar o peso adicional imposto pela doença física. Poderíamos ser, em consequência, tentados a algumas especulações sobre qual pode ter sido a função da doença física, mas adiaremos isso. Podemos dizer definitivamente que essas automutilações, que são evocadas por doença cerebral orgânica ou aparecem ligadas a ela, não parecem diferir em sua estrutura psicológica daquelas que estudamos em relação às psicoses, neuroses e cerimoniais religiosos ([42]).

E. AUTOMUTILAÇÃO EM FORMAS COSTUMEIRAS E CONVENCIONAIS

Existem certas formas de automutilação que se tornaram tão conhecidas por nós na vida social "normal" a ponto de acharmos difícil pensar nelas como diretamente relacionadas com as automutilações mais radicais observáveis nos selvagens, psicóticos, neuróticos e outros. De fato, assim que temos consciência de que um ato é definidamente autodestrutivo, pensamos em tal indivíduo como pertencente a uma dessas categorias. O fato, porém, é que todos nós praticamos automutilação no sentido de cortarmos partes de nosso corpo, as unhas por exemplo, em deferência ao costume e convenção se não

---

42. Automutilação e tentativas de autocastração foram observadas entre os animais inferiores.com referência direta, a conflitos emocionais. Tinkle-paugb, de Yale, descreve minuciosamente (Tinklepaugh, O. L., *The Self-Mutilation of a Male Macacus Rhesus Monkey, Journal of Mammalogy,* 1928, Vol. IX, p. 293) uma experiência com um macaco no laboratório de primatas do Instituto de Psicologia, o qual mostrou acentuado antagonismo a introdução de certas fêmeas e à substituição de uma de que ele gostava por outra de que ele não gostava. Mordeu os pés, abriu grandes rasgos em suas pernas, fêz um corte de três polegadas em seus quadris, abriu seu escroto, lacerando e expondo um testículo, e mutilou a ponta de sua cauda. Durante uns quatro meses depois disso pareceu ficar em "estado comparável à depressão de algumas psicoses".

a exigências inconscientes mais profundas. As vantagens dessas formas convencionalizadas de automutilação são tão evidentes e tão grandes que se torna difícil estabelecer os motivos originais. Todavia, pelo que temos visto, de um lado, em relação com o hábito de roer unhas e, de outro lado, pelo nosso conhecimento da dominadora lei inconsciente de garra e presa, quase não podemos deixar de suspeitar que o costume de cortar as unhas tem determinantes inconscientes relacionadas com as restrições impostas pela civilização a essas tendências. Poder-se-ia dizer que a prática civilizada de cortar as unhas representa não só um gesto de repúdio àquelas tendências primitivas que exigiam seu uso, mas também um recurso protetor para não ceder à tentação de entregar-se a tais tendências ([43]). Todos nós sabemos que esses gestos e recursos protetores são às vezes ineficazes.

É em relação aos cabelos que as práticas automutiladoras convencionalizadas prevalecem mais comumente entre os povos civilizados. A prática generalizada de barbear-se pode ser encarada como corte deliberado de uma parte de si próprio, isto é, uma automutilação. Aqui também se apresenta em uma forma na qual o valor estético para a sociedade se tornou muito maior que o valor subjetivo para o indivíduo, mas essa necessidade não nos impede de estimar qual é realmente o valor subjetivo inconsciente e porque o valor social se tornou tão grande.

Algumas das significações históricas do corte de cabelo tornam evidente que esse processo aparentemente casual esteve associado no passado, pelo menos, a significações mais profundas ([44]). Viajantes egípcios, por exemplo, não cortavam os cabelos até o fim de uma viagem e depois raspavam a cabeça como oferenda de agradecimento a seu deus. Jovens gregos ofereciam seus cabelos ao rio local quando se tornavam adultos. Aquiles ficou sem cortar os cabelos porque seu pai jurara dá-los ao rio Spercheius se seu filho voltasse da guerra.

---

43. Há uma lenda segundo a qual a impureza da serpente que causou a queda de Adão estava *embaixo das unhas!* (Ver *Hastings' Encyclopaedia of Religion and Ethics,* Scribner's, 1910).
44. Em relação à maioria dos exemplos seguintes sou grato ao artigo sobre cabelos na *Hastings Enciclopaedia of Religion and Ethics, op. cit.*

Na Arábia e na Síria era costume cortar os cabelos como um rito de puberdade. Esse costume foi também seguido em Roma, onde os cabelos eram dedicados a alguma divindade padroeira. Dizem que Nero dedicou sua primeira barba a Júpiter. Orestes ofereceu os cabelos ao túmulo de seu pai e essa parece ter sido uma prática comum entre pessoas enlutadas. O voto mais desesperado dos marinheiros romanos era oferecer seus cabelos ao deus do mar. Um nazireu recebeu ordem de deixar seus cabelos crescerem quando estava cumprindo um voto; em seguida raspou os cabelos na porta do tabernáculo e queimou-os como sacrifício. Havia uma regra que proibia cortar cabelos e unhas durante um festival religioso. Em muitos desses casos pensa-se que a oferenda de cabelos é uma substituição da pessoa inteira.

Os índios americanos como os gregos pareciam considerar a cabeleira como a sede da vida. Supunham que a poupa de cabelos na cabeça raspada representava a vida do indivíduo e era considerado grave insulto tocá-la levianamente. Os índios Pawnee cortavam rente o cabelo, com exceção de uma tira da testa até o alto da cabeça, que endureciam com gordura e tinta, fazendo-a ficar levantada e curvada como um chifre. Outras tribos decoravam a poupa de cabelos com ornamentos que indicavam realizações e honrarias.

Diferenças de categorias eram muitas vezes demonstradas pelo corte dos cabelos, sendo o cabelo raspado característico do escravo em cor traste com as longas cabeleiras dos homens livres. Entre os francos, só os reis usavam cabelos compridos.

O corte dos cabelos era punição para adultério na Índia e entre os antigos teutônicos, e para outros crimes entre os assirio-babilônicos. (Compare-se isso com o velho costume de cortar os cabelos dos criminosos para distingui-los dos cidadãos cumpridores da lei.) Mulheres peruanas, em lugar de jogarem-se nas piras funerárias de seus maridos mortos, cortavam os cabelos e jogavam-nos na pira (em uma clara ilustração do "suicídio" parcial substituindo o suicídio total).

Que os cabelos podem representar virilidade sexual é evidente na concepção popular do homem de peito cabeludo, em temas como o de Hairy Ape O'Neil, na história de Sansão e muitas outras. Além disso, a vasta extensão do negócio de cabeleireiro, a reconhecida importância da cabeleira de certa cor e textura para o orgulho das mulheres e a satisfação dos homens, com embaraço ou mesmo vergonha em relação à calvície, tudo isso é testemunho do fato.

Todavia, certos casos exagerados com que psiquiatras estão familiarizados têm o valor de mostrar isso mais claramente. Tendências que com toda probabilidade estão obscuramente presentes em todos nós podem ser facilmente reconhecidas nos indivíduos em que se tornaram desproporcionalmente acentuadas. No que se conhece como *fetichismo de cabelo*, por exemplo, a mais intensa consciência de prazer está associada a essa parte isolada do corpo. Os indivíduos com tal tendência podem contentar-se em admirar ou acariciar os cabelos da pessoa amada, mas é mais típico transferirem todo seu desejo para os cabelos propriamente ditos e desejarem possuí-los, o que muitas vezes fazem cortando-os. Sentem prazer nesse ato de obter os cabelos e contentam-se com a alegria de possuir os cabelos separados da pessoa que se poderia esperar fosse realmente o objeto do amor. Em todas as cidades a polícia tem conhecimento de ladrões ou "cortadores" de cabelos, que com frequência cortam sub-repticiamente os cabelos da cabeça de estranhos ([45]).

Um colega psicanalista relatou o caso de um homem que quando muito criança encontrava grande prazer em entrançar os cabelos de sua mãe, o que parece ter sido um dos fatores que o condicionaram a um interesse anormal por cabelos durante toda sua vida. Ver um amiguinho cortar os cabelos causava-lhe grande excitação e, quando ficou mais velho e começou a fazer visitas regulares ao barbeiro, experimentava toda vez definida excitação sexual em grau extremo. A pessoa mediana dificilmente poderá conceber que uma experiência tão prosaica como cortar os cabelos proporcione excitação ou satisfação sexual, mas isso é porque o valor sexual dos cabelos foi muito diluído e disfarçado pelo processo de civilização. Neuróticos e psicóticos põem de lado essas cortinas e revelam os sentimentos primitivos, para seu embaraço, mas para nosso esclarecimento.

---

45. Os índios americanos faziam essencialmente a mesma coisa, quando escalpavam seus inimigos subjugados. Aqui, porém, o elemento erótico faltava ou pelo menos estava mais completamente disfarçado nas satisfações destrutivas sádicas.

Caso um tanto semelhante, mas ainda impressionante, foi estudado pelo dr. Robert Knight, que bondosamente me forneceu os seguintes dados. Tratava-se de um moço que ficou sexualmente excitado na primeira vez que procurou barbear-se, aos catorze anos mais ou menos, e em todas as vezes subsequentes. Levantava-se às 4 horas a fim de ter o banheiro só para si durante duas horas, antes que seu pai se levantasse às 6 horas. Durante esse tempo, executava extensos rituais relacionados com o corte da barba. Um deles, que estava associado a fortes dores, era a aplicação de uma substância depilatória quente ao rosto e a retirada da máscara assim formada com os cabelos grudados nela. Ao mesmo tempo, o paciente começou a puxar os restolhos com as unhas, tentando arrancar os fios da barba. Isso causou uma severa acne, que o paciente agravou espremendo as lesões com os dedos para tirar o pus. A erupção tornou-se crônica, de modo que aos vinte e um anos de idade, quando o jovem procurou tratamento, seu rosto estava arruinado por uma *acne indurata.*

Este caso é particularmente interessante, não só devido à significação sexual ligada ao ato de barbear-se, mas também porque mostra a exploração de uma forma convencional de automutilação em associação com uma forma definidamente neurótica (arrancar os pelos com as unhas), ambas evidentemente tendo a mesma significação para esse indivíduo.

Uma reflexão casual sobre os rituais do salão de barbeiro ou cabeleireiro mostra-nos que sua significação não é completamente disfarçada mesmo em pessoas normais. A extrema satisfação que muitas mulheres e alguns homens encontram nas variadas manobras do corte dos cabelos, a tagarelice e a atmosfera jovial do salão de barbeiro ou cabeleireiro, a suscetibilidade em relação à presença de mulheres em salões de barbeiro e homens em salão de cabeleireiro – esses e outros pormenores que ocorrerão ao leitor indicam que penteado e corte de cabelos ainda conservam muito de seu valor erótico inconsciente. (Isso é muito interessante, pois se refere a cortar os cabelos em oposição a simplesmente penteá-los ou arrumá-los.) O corte de cabelos representa uma renúncia parcial à virilidade e poder, por exemplo na história de Sansão e da prostituta Dalila. É um abandono de tendências primitivas em favor das exigências mais dessexualizadas da civilização. Alguém já disse que a extensão do uso da navalha é um índice de civilização ([46]).

Sabemos que essa renúncia parcial é feita com o propósito de uma realização final maior. O homem barbudo pode dar certa indicação de maior virilidade, mas na sociedade moderna tem menos probabilidade de conquistar admiração feminina. Assim, em troca de seus pequenos sacrifícios o homem que se barbeia obtém realmente maior vantagem.

Confirmação adicional é encontrada no corte dos rabichos dos chineses quando, sob a influência de Sun Yat Sen, um costume centenário foi abolido quase literalmente em poucos meses. Isso também parece indicar certo desejo de ser aceito pela civilização em troca do sacrifício de um totem ou emblema de virilidade ([47]).

Foi-me sugerido pelo dr. Leo Stone que o fato dos cabelos e dos órgãos genitais estarem tão estreitamente identificados entre si, como mostraram esses estudos, explica as razões pelas quais os judeus antigos e ortodoxos exigiam dos homens de sua religião não só a circuncisão, de um lado, mas também a abstenção de barbear-se, de outro lado, isto é, os cabelos eram conservados como que para contrabalançar a perda de uma parte dos órgãos genitais e permitidos por essa razão. Não estou suficientemente familiarizado com os pormenores da instrução e ritual talmúdicos para saber se isso é apoiado pela questão externa das proibições originais.

Uma característica distintiva dessas formas de automutilações que notamos em pessoas normais é que geralmente não são irrevogáveis. Cabelos e unhas crescem de novo. De fato, quando pensam em mandar cortar seus cabelos, as mulheres muitas vezes usam o argumento de que, se não ficar bem, poderão deixá-los crescer de

---

46. Hanúk (Eugen J., *Pleasure in Disguise, the Need for Decoration and the Sense of Beauty, Psychoanalytic Quarterly,* julho de 1932, pp. 216-61) relata um tradicional mito bíblico arábico-judaico a respeito de Adão e Eva: "E quando comeram da árvore, seus cabelos caíram e eles ficaram nus" *(Die Sagen der Juden,* Frankfurt, 1913, Vol. I, p. 343), que ilustra ainda mais a significação dos cabelos como símbolo de sexualidade.
47. Para uma estimulante discussão do simbolismo dos trajes, inclusive penteados, ver *The Psychology of Clothes,* de J. C. Flugel, International Psychoanalytic Library, N.º 18, Londres Hogarth, 1930. Flugel *(op, cit.)* sustenta este ponto.

novo. Às vezes esse processo de cortar e crescer de novo é repetido vezes e vezes, de acordo com o padrão psicológico do indivíduo e com as mudanças da moda.

As formas convencionais de automutilação também diferem radicalmente da maioria das formas que descrevemos pelo fato de raramente serem dolorosas. A pessoa normal é capaz de aceitar o prazer sem culpa e por isso não se sente obrigada a fazer as expia-ções pessoais autopunitivas feitas pelas pessoas neuróticas e psicóticas. Finalmente, o próprio fato dessas automutilações supostamente "normais" serem costumeiras e convencionais distingue-as de outras automutilações, a maioria das quais contém um grande elemento de exibicionismo e geralmente sujeita o indivíduo ao ridículo, piedade ou pelo menos embaraçosa proeminência.

SUMÁRIO

Tentemos agora juntar as indicações contidas nesses estudos que apontam a motivação da automutilação e responder a algumas das perguntas formuladas no início.

Vemos que a automutilação é encontrada em circunstâncias e condições amplamente variadas, inclusive psicose, neurose, cerimônia religiosa, convenção social e ocasionalmente como sintoma de comportamento em certas doenças orgânicas. Em exemplos representativos de todas essas automutilações podemos perceber certos motivos em um padrão bastante constante.

Parece que a automutilação representa a renúncia ou repúdio do papel ativo ("masculino"), concretizado através de eliminação ou ferimento físico de uma parte do corpo. Ainda que não houvesse indicações psicanalíticas já abundantes de que o protótipo de todas as automutilações é a autocastração, haveria fortes razões para deduzir isso de nosso material, no qual frequentemente constatamos que a autocastração não é disfarçada; e nos casos era que outro órgão ou parte do corpo é o objeto do ataque, as associações, fantasias e analogias comparáveis tornam claro que o órgão substituto é uma representação inconsciente dos órgãos genitais. Estes podem ser, como já vimos, os órgãos masculinos ou femininos, mas têm a significação

Eros e Tânatos

de atividade geralmente associada ao macho. O sacrifício dos órgãos genitais ou seu substituto parece satisfazer certos desejos eróticos e agressivos, e ao mesmo tempo satisfazer a necessidade de autopunição por uma penalidade auto aplicada.

O elemento agressivo na automutilação pode ser de variedade tanto ativa como passiva. O ato de automutilação pode ser dirigido para um objeto introjetado, como no exemplo do homem que, odiando outra pessoa, cortou seu próprio braço, processo sintetizado na conhecida expressão "cortar o próprio nariz para vingar-se de alguém". A forma passiva de agressão é ainda mais saliente por ser dirigida para objetos reais e presentes, não para objetos imaginários ou distantemente colocados; o comportamento provocador da criança que rói unhas ou das pessoas que simulam doenças ou ferimentos, que tanto exasperam seus amigos e médicos, ilustra claramente isso.

A satisfação erótica obtida pela renúncia de um papel ativo em favor de um papel passivo depende em parte da bissexualidade inata de todos e da inveja inconsciente que os homens têm do papel feminino. Contudo, há também uma tendência da parte do instinto erótico a tirar o máximo de um mau negócio e explorar as consequências dessa precipitada expressão da tendência destrutiva e agressiva por meio de erotização. Nesse sentido a satisfação erótica da automutilação é ao mesmo tempo primária e secundária.

Finalmente, existe a autopunição implícita em automutilação, que tem a curiosa propriedade de olhar ao mesmo tempo para frente e para trás como Jano. A automutilação expia pelo sacrifício os atos e desejos agressivos do passado c também oferece uma proteção antecipatória, como que para prevenir futura punição e permitir outras indulgências mediante o pagamento adiantado de uma penalidade. Como parte da última, a automutilação pelo sacrifício dos órgãos agressivos protege o indivíduo contra a possibilidade (e, portanto, as consequências) de outras agressões ativas.

Nosso material não nos permite discorrer longamente sobre a natureza das fantasias agressivas das quais resulta o sentimento de culpa, além de dizer que elas estão ligadas a fantasias castradoras ou mutiladoras originariamente dirigidas contra pais e irmãos. Sabemos pelo trabalho de muitos analistas que essas fantasias estão geralmente ligadas ao complexo de Édipo e resultam do desejo de matar ou castrar o pai e tomar a mãe, ou matar ou mutilar a mãe porque ela prefere "deslealmente" o pai ou um irmão.

Parece por este sumário que a automutilação é o resultado líquido de um conflito entre ([1]) os impulsos destrutivos agressivos ajudados pelo superego e ([2]) a vontade de viver (e amar), com o que uma autodestruição parcial ou local serve ao propósito de satisfazer impulsos irresistíveis e ao mesmo tempo evitar suas consequências pré-lógicas, mas previstas. O valor da realidade da automutilação varia muito; o valor simbólico é presumivelmente mais ou menos o mesmo em todos os casos. Na medida em que as necessidades psicológicas podem ser atendidas por uma automutilação simbólica com o mínimo de consequência na realidade, como nas formas socializadas de corte de unhas e corte de cabelos, por exemplo, o recurso é útil; mas nos indivíduos cuja noção de realidade é diminuída ou cujas exigências da consciência são inexoráveis, o recurso é literalmente autodestrutivo.

Em qualquer circunstância, porém, embora seja aparentemente uma forma de suicídio atenuado, a automutilação é efetivamente uma formação conciliatória para evitar aniquilamento total, isto é, suicídio. Nesse sentido representa uma vitória, embora às vezes custosa, do instinto de vida sobre o instinto de morte.

3/ Simulação de Doenças ou Ferimentos

Os médicos usam suas energias profissionais com o fim de aliviar sofrimento e curar doenças; ficam, por isso, inteiramente confusos diante de comportamento paradoxal como o representado pela automutilação. Incapazes de perceber qualquer vantagem material do processo e desconhecedores das satisfações inconscientes que esboçamos no capítulo anterior, sentem-se inclinados a pensar em tais atos como prova *prima facie* de "insanidade". Contudo, quando a automutilação parece ser aproveitada pelo paciente para obter evidentes vantagens secundárias, a atitude do médico passa de perplexidade para indignação. A simulação de doenças ou ferimentos vem evidentemente intrigando, irritando e afligindo clínicos há séculos.

Nem toda simulação de doença ou ferimento é automutiladora, mas se compararmos a simulação automutiladora com as outras formas de automutilação obteremos certo *insight* sobre sua peculiar psicologia. Vemo-la como uma forma de autodestruição, apesar de todas as evidentes e às vezes consideráveis vantagens secundárias pelas quais é ostensivamente efetuada.

Durante muito tempo, não houve na mente dos médicos distinção muito clara entre simuladores de doenças ou ferimentos e neuróticos, e talvez houvesse quem pensasse nos neuróticos como impostores deliberados. Na medida em que a pessoa neurótica faz conscientemente uso das vantagens secundárias de sua doença, é naturalmente um simulador e, até onde tem consciência disso, o paciente neurótico merece partilhar do opróbrio atribuído à simulação de doenças ou ferimentos. Freud discutiu isso no relato sobre Dora, a primeira história de um caso que ele relatou ([48]). Dora fazia amargas censuras a seu pai, acusando-o entre outras coisas de simular doença, de usar a tuberculose para justificar viagens com uma mulher que era ao mesmo tempo sua enfermeira e sua amante. Essa censura, como acentuou Freud, embora verdadeira, na realidade resultava de própria má consciência de Dora e era uma autocensura não só pelas fases iniciais da doença – afonia, tosse etc. – mas também por outras mais recentes. O que ela esperava ganhar com sua doença imediata, acentuou Freud, era o afastamento de seu pai da amante, coisa que não conseguira por nenhum outro método. Assim, ela também estava simulando doença. "Fiquei absolutamente convencido", disse Freud, "de que ela se restabeleceria imediatamente se seu pai lhe dissesse que havia sacrificado *Frau* K pela saúde dela (Dora), mas acrescentei que esperava que ele não se deixasse convencer nesse sentido, pois então ela descobriria que arma poderosa tinha nas mãos e certamente não deixaria em toda ocasião futura de fazer uso mais uma vez de sua sensibilidade a doença." (Isto, como se sabe, é precisamente o que famílias neuróticas encorajam alguns de seus membros a fazer.) Freud acrescenta que as "opiniões mais grosseiras e comuns" sobre distúrbios histéricos, isto é, no sentido de que podiam ser curados por alguma catástrofe, estão em certo sentido corretas, mas deixam de lado as distinções psicológicas entre o que é consciente e o que é inconsciente. Pode-se dizer que a neurose sempre contém certa medida de simulação, isto é, certa medida de vantagem secundária consciente obtida da doença, embora em alguns casos essa medida seja muito pequena.

Existe, porém, na simulação de doença ou ferimento outro elemento que a distingue de todas as demais formas de automutilação,

---

48. Freud, *Collected Papers,* Vol. III, p. 52.

a saber, a franca manifestação de propósito agressivo. Isso porque na exploração ou aproveitamento da vantagem secundária da doença o paciente necessariamente contraria e engana os médicos e as outras pessoas cujos interesses vão contra sua necessidade de continuar sua doença. Vê-se assim na situação de lutar contra aqueles que procuram socorrê-lo e suas agressões se deslocam daquilo ou de quem originariamente as provocou para o médico que é inteiramente inocente e de nada suspeita. For ser tão injustificada e inesperada, essa agressão tenta ou estimula fortemente o médico a revidar.

Isso se toma claro quando se lê de maneira imparcial e serena quase qualquer relato de simulação de doença ou ferimento da literatura médica. O que mais impressiona é a evidente irritação, hostilidade e mesmo justa indignação dos autores em relação aos objetos de suas investigações.

Em sua compreensiva monografia sobre o assunto, por exemplo, Jones e Llewellyn [49] voltaram vezes e vezes a falar na desonestidade moral do simulador, sua velhacaria, sua patifaria e sua falta de escrúpulos. Muitas páginas de seu livro assim como muitos dos artigos que aparecem na literatura médica, são dedicadas à técnica de distinguir entre simulação maliciosa e simulação não intencional de doença. Os autores supõem ser evidente por si próprio que o comportamento do simulador e, portanto, sua intenção são moralmente repreensíveis e que seu sucesso em ocultar a origem artificial do mal é ainda mais repreensível. As atitudes morais de condenação decorrem naturalmente da presunção de que o propósito imediato e único da simulação é a vantagem material.

Parece evidente que quanto à repreensibilidade moral do simulador de doença ou ferimento, o cientista não tem para formar opinião mais justificação do que no caso de qualquer outro fenômeno clínico. O cientista médico tem bastante direito de julgar se determinada condição é ou não lesiva à sociedade; tem justificação, por exemplo, para pôr de quarentena um paciente com varíola. Todavia, decidir quanto à moralidade da doença nunca foi função do médico. Não tenta, por exemplo, discutir o caráter pecaminoso da sífilis. O cien-

---

49. Jones, A. Bassett, e Llewellyn, Llewellyn J., *Malingering,* Blakiston, 1917.

tista que fica zangado com o objeto de suas investigações não é mais cientista até onde se deixa levar pela irritação.

Como pode então alguém interpretar a atitude curiosa que é possível perceber naqueles que escrevem sobre simulação de doença ou ferimento e na maneira como médicos, advogados e empregadores discutem tais casos?

A primeira explicação reside no erro generalizado de presumir que motivos conscientes podem ser considerados como capazes de explicar comportamento humano. Isso é especialmente perdido de vista por escritores médicos que, acostumados a lidar com funções fisiológicas sobre as quais a intenção consciente tem um mínimo de autoridade, se voltam em raras ocasiões para a análise do comportamento. O comportamento não pode ser compreendido só em termos de intenção consciente; a menos que se considerem os motivos inconscientes que determinam um ato não se pode compreender a significação do ato para o agente.

Além disso, existe uma segunda razão para a irritação. Intuitivamente médicos percebem um dos motivos inconscientes da simulação de doença ou ferimento sem entendê-lo claramente como tal; reagem emocionalmente diante dele. Um homem ferir-se para fugir à responsabilidade ou obter dinheiro é repreensível do ponto de vista do empregador e da sociedade em geral. É uma agressão contra a sociedade, embora feita sob a forma de agressão contra si próprio. Mas isso não é razão suficiente para as numerosas e fortes emoções do médico; ele está familiarizado demais com muitos exemplos de agressão à sociedade sob a forma de doença. O sapato aperta porque a simulação de doença ou ferimento é também uma agressão contra o próprio médico. É uma tentativa de enganá-lo, de deixá-lo perplexo, de sobrecarregar e ridicularizar sua argúcia diagnostica e seus esforços terapêuticos. Nos casos relatados de simulação de doença ou ferimento, frequentemente se percebe como a crescente preocupação dos engenhosos médicos, intrigados pelas repetidas exacerbações do ferimento, cede lugar a desconfiança, raiva ou uma sensação de triunfo por ter denunciado a falsidade do paciente. Alguns autores descrevem mesmo como o paciente foi repreendido, severamente censurado, sumariamente mandado embora ou punido de alguma outra maneira. Isto é o que indica de maneira clara que o médico reconhece intuitivamente que um dos motivos do paciente não era tanto a obtenção de vantagem material quanto o desejo inconsciente de enganar o médico e, coincidentemente, tentar obter uma punição ([50]).

Muitas vezes se vê o mesmo aspecto deste fenômeno claramente demonstrado no curso de tratamento psicanalítico. O paciente começa a dar sinais de considerar o tratamento como uma luta competitiva com o analista. Isso pode ser sutil ou o paciente pode anunciá-lo francamente. "Você vai ter que ceder. Eu não cederei nunca", falou um de meus pacientes, reconhecendo claramente, como ele próprio disse, que esse era um gesto defensivo e, ao mesmo tempo agressivo. Tais pacientes são como o céptico descrito por Karin Stephen ([51]) que, quando lhe contaram a significação dos *lapsos de palavras, declarou:* "One or two instances like that would never convict (convince) me". (*)

A competição com o analista assume esta forma específica: "Você pode ser um analista sábio e altamente considerado, mas agora encontrou quem é capaz de enfrentá-lo. Vou lhe mostrar que não é capaz de curar-me. "Sonhos como o seguinte são familiares a todos os analistas: Um jogo de basebol está em andamento. Um homem parecido com o analista é o lançador e estabeleceu um recorde notável. Derrotou quase todos os batedores que o enfrentaram. A pessoa que sonha continua a rebater e faz um "home run" (**) (vai abandonar a análise e voltar para casa). Ou, em outro sonho, ainda mais específico, a pessoa entra no quadrilátero do batedor e rebate bola após bola de modo que o lançador, apesar de seu maravilhoso recorde, é

(*). N. T. – O paciente pretendia dizer: "Um ou dois casos como esse nunca me convencerão *(convince)"*, mas disse: "Um ou dois casos como esse nunca me condenarão *(convict)".*

(**). N. T. – "Home run" é a jogada em que o batedor arremessa a bola para fora do alcance dos adversários e consegue passar por todas as bases e voltar ao seu lugar. "Home" quer dizer "casa".

50. Tão obstinada é essa recusa em confessar a impostura que pacientes vão a extremos incríveis na maneira como se submetem a tratamento. Conheço o caso de um homem e uma mulher que afirmaram ter feito um pacto de suicídio e estar morrendo em consequência de veneno que haviam tomado. Foram levados para um hospital e submetidos a um tratamento heroico com um poderoso antídoto que causou a morte de ambos. Só pouco antes de morrerem é que confessaram que não haviam tomado veneno.

51. Stephen, K., *Psychoanalysis and Medicine: The Wish to Fall III,* Macmillan, 1933.

incapaz de eliminá-lo e, por outro lado, cansa-se da competição. Em tal sonho é quase evidente que as bolas rebatidas são os recursos inescrupulosos de resistência usados pelo paciente para prolongar o impasse na análise, esgotar a paciência do analista e provocar sua exasperação.

Com base nisso, pode-se arriscar a suposição de que o ato original de simulação de doença ou ferimento serve principalmente como agressão provocadora, isto é, trata-se de um pequeno auto ataque destinado a provocar um grande ataque de outra pessoa. Nisso corresponde à criminalidade resultante de um sentimento de culpa descrita por Freud ([52]) e estudada por Alexander ([53]).

EXEMPLOS CLÍNICOS

Como a simulação de doença ou ferimento é geralmente imitativa ou arremedada, podem ser representadas numerosas formas de doença, mas em geral há duas formas: aquela em que a incapacidade é alegada devido a prova subjetiva (por exemplo, o paciente insiste em que se sente doente demais para trabalhar) e aquela em que a incapacidade é atribuída a uma evidente lesão local provocada pelo próprio paciente. Só a última pode servir como exemplo de autodestruição focal. Citarei apenas dois exemplos.

O primeiro é o de uma mulher, de vinte e nove anos, vista por mim rapidamente em consulta com um cirurgião, o qual tinha certeza de que ela sofrerá uma fratura na base do crânio. Seu travesseiro estava empapado de sangue e ela se mexia como se sentisse forte dor, respondia às perguntas de maneira confusa e semi delirante. Fedia constantemente morfina, que lhe era aplicada. Incorri no desagrado do cirurgião ao recomendar que adiasse uma craniotomia que considerava imediatamente imperativa.

Depois de alguns dias de observação, as enfermeiras surpreenderam a paciente quando cutucava a pele do canal auditivo externo,

---

52. Freud, S., *Collected Papers*, Vol. IV.
53. Alexander, *The Criminal, the Judge and the Public*, Macmillan, 1930.

sendo essa presumivelmente a maneira como provocava as profusas hemorragias que, a essa altura, já a tinham deixado quase exangue. Alguns dias depois ela desapareceu do hospital. Um mês mais tarde fui chamado por um colega de outra cidade para uma consulta imediata sobre um caso, cuja descrição tornou evidente que se tratava da mesma paciente. Posteriormente fiquei sabendo também por várias fontes que ela conseguira convencer um competente cirurgião a fazer-lhe tuna descompressão craniana e que em várias cidades recebera dinheiro de companhias de seguro e outras empresas, às quais conseguira dar a impressão de que eram de alguma maneira responsáveis pelos ferimentos que ela fazia em si própria.

O elemento de agressão, exibicionismo e autopunição está evidente nesse caso, apesar da pouca oportunidade que houve para estudá-lo. Falar que a paciente desejava dinheiro, morfina, atenção ou todas as três coisas é, para não dizer mais, ignorar os meios extraordinários a que recorria para obtê-las. Seria aceitar pelo seu valor aparente as racionalizações do ego para manter sua dignidade, apesar de impressionantes estigmas neuróticos.

O mais esclarecedor no caso foi o efeito produzido nos profissionais que tiveram contato com a paciente. O primeiro efeito foi causar nas enfermeiras e médicos grande interesse e preocupação. Quando seu chocante estado se tomou mais evidente, essas emoções transformaram-se em piedade e forte desejo de proporcionar-lhe alívio. Quando, porém, a natureza de sua doença se tomou conhecida, os sentimentos fortemente positivos inverteram-se completamente. O cirurgião ficou furioso com o logro e consideravelmente aborrecido consigo mesmo por ter gasto tanto tempo e simpatia, e por ter sido tão completamente enganado. Em tais circunstâncias pode-se aplicar convenientemente um recurso técnico que a experiência demonstrou ser útil na psicanálise clínica. Quando, apesar de nosso treinamento científico e do esforço para manter uma atitude objetiva em relação aos sintomas de comportamento do paciente, nós nos vemos fortemente impelidos emocionalmente em certa direção, em direção a piedade, cólera ou exasperação, é uma medida útil perguntar a nós mesmos se não é precisamente esse resultado que o paciente está inconscientemente tentando produzir.

Uma contribuição muito esclarecedora para a compreensão da simulação de doença ou ferimento provém de relatos descritivos feitos por neurologistas do que parece ser uma entidade clinica bastante comum: "dermatitis factitia" ou "dermatitis artefacta". É a condição em que são causadas voluntariamente lesões na pele da própria pessoa, com o auxílio de substâncias químicas corrosivas ou agentes mecânicos, como canivete, fogo (particularmente de fósforos, cigarro, o dedo ou outro objeto, talvez mais comumente as unhas dos dedos). Excluo de consideração os casos em que há reconhecida compulsão de cutucar a pele até formar-se lesão. Isso não é simulação, pois em sentido nenhum é oculto, mas é antes o resultado de impulsos inconscientes que o paciente não consegue explicar, mas não nega. O que caracteriza a "dermatitis artefacta", como acentuam todos os dermatologistas, é a negação persistente da autoria, mesmo diante de prova absoluta ([54]).

"Muitos desses pacientes", escreve Netherton ([55]), "são submetidos a repetidos e extensos processos cirúrgicos e muitos chegam mesmo a sofrer lesão e mutilação irreparáveis. De fato, há registrados numerosos casos em que um braço, um dedo, etc. foram desnecessariamente extraídos com pleno consentimento do paciente. Em três de meus casos, o paciente submeteu-se a repetidas operações abdominais. Além do prejuízo econômico envolvido em tais casos, os transtornos causados a membros inocentes da família do paciente chegam frequentemente a ser quase trágicos."

Nessas poucas palavras, o intuitivo dermatologista toca os fatores psicológicos que considera mais importantes na simulação de doença ou ferimento: o desejo de sofrer, o desejo de ocultar, o desejo de ferir a si próprio e, em escala ainda maior, o desejo de causar a outras pessoas sofrimentos, dificuldades e embaraços. Em outras palavras, aqui estão todos os fatores que se encontram no suicídio: o desejo de ferir-se, o desejo de ser ferido e o desejo de ferir outras pessoas.

---

54. Os médicos interessados na literatura técnica sobre este assunto, que é muito ampla, podem recorrer às referências bibliográficas do artigo do autor, *Psychology of a Certain Type of Malingering, Archives of Neurology and Psychiatry,* março de 1935, pp. 507-15.

55. *Netherton, E. W., Dermatitis Artefacta, with a Report of Seven Cases, Ohio State Medical Journal,* março de 1927, p. 215.

Mais tarde veremos que operações cirúrgicas são aparentemente procuradas e pedidas como expressão de alguma necessidade inconsciente de automutilação nas mãos de outra pessoa, e as observações de Netherton e outros de que esse tipo de simulação estava frequentemente associado a repetidos processos cirúrgicos prenuncia o capítulo seguinte. Em quatro dos casos que Netherton citou, a automutilação começou depois de uma apendicectomia rotineira.

O primeiro caso é particularmente impressionante, pois nele sets *ou mais operações importantes foram realizadas em seguida à apendicectomia,* tendo início com ulcerações feitas pela própria paciente na pele do abdome nas vizinhanças da cicatriz. Era como se a paciente se sentisse compelida a submeter-se a operações no abdome. Sete incisões cirúrgicas não foram suficientes; ela precisou continuar o processo fazendo inúmeras tentativas de abrir seu próprio abdome por um método malogrado e incompleto, mas sem dúvida doloroso. O relato de Netherton a respeito do caso deixa pouca dúvida sobre o ônus que a continua doença da paciente causou a seus pais. O círculo vicioso estabelecido dependia do fato de, com seu sofrimento, a paciente simultaneamente fazer a desejada agressão contra eles, expiá-la e justificar outras agressões.

Devo ao dr. Joseph Klauder o relato do seguinte caso da mesma espécie. A paciente era uma mulher de trinta e cinco anos que, durante seis meses, tivera repetidos ataques de dermatite. Seu marido insistia em que era preciso fazer alguma coisa por ela e o médico da família marcou uma consulta com um dermatologists. Ela apresentava curiosas áreas de eritema, semelhantes a faixas, ao redor dos pulsos, como um relógio de pulso, e abaixo dos joelhos, como uma liga. Esses eritemas levaram ao diagnóstico de "dermatitis factitia". Quando a paciente estava tomando banho, seu quarto no hospital foi rebuscado, encontrando-se um vidro de solução composta de cresol. O dr. Klauder acusou-a de produzir as lesões com a solução, mas ela negou firmemente. Posteriormente admitiu tê-la usado para lavar as mãos e aplicado à pele a fim de prevenir a doença da pele, que lhe haviam dito ser uma infecção estreptocócica. Foi uma confissão parcial da verdade. O tom emocional da paciente era normal e ela não apresentava anormalidades neurológicas, salvo que sua conjuntiva e seu palato duro eram insensíveis. Isso e a "dermatitis artefacta" levaram ao diagnóstico de histeria.

O dr. Klauder descobriu que a doença da paciente se tornara "o assunto de conversa" na pequena cidade em que ela vivia. O médico de sua família era obrigado a divulgar boletins diários sobre seu estado. Ela recebeu muitos presentes, flores e cartões, tanto em sua casa como depois de ingressar no hospital. Arrumou os cartões postais como uma espécie de exposição de quadros em seu quarto de enferma.

Deve-se observar que a paciente se esforçou por causar confusão e embaraço nos médicos, assim como executar o propósito evidente de despertar simpatia e atenção. É particularmente conveniente acentuar a ausência de vantagem financeira, que o cirurgião tende a considerar como único motivo da simulação de doença ou ferimento.

Os principais elementos na simulação do timo automutilador são: causar em si próprio um ferimento que resulte em dor e perda de tecido; exibir o ferimento a pessoas que reajam emocionalmente a ele e demonstrem simpatia, dediquem atenção e façam esforço para promover a cura; enganar o observador quanto à origem do ferimento; muitas vezes fazer evidentes esforços para anular as medidas terapêuticas; e obter vantagem monetária ou outra recompensa material, ou ser descoberto, denunciado, com constante humilhação, censura e às vezes verdadeira punição. Os casos apresentados mostram que não se pode adotar opinião tão ingênua quanto a apresentada conscientemente pelo simulador descoberto, no sentido de que estava disposto a arriscar a sorte com um ferimento feito por si próprio para obtenção de vantagem. Com tal espírito de jôgo na competição, a infrequência da simulação de doença ou ferimento, por si só, contradiz tal interpretação. Além disso, sabe-se que a dor experimentada é com frequência completamente desproporcional à vantagem material prevista. Ademais, tal interpretação ignora os fatores inconscientes que, embora desconhecidos do simulador e do público, são hoje bem conhecidos da ciência médica.

A conhecida disparidade entre o grande sofrimento voluntariamente experimentado e a vantagem objetiva deve ser explicada com base em duas coisas: primeiro, que a vantagem é só parcialmente representada pela recompensa monetária, incluindo também as satisfações de provocar simpatia, atenção, perplexidade e consternação;

e, segundo, que a dor é não apenas inerente ao recurso empregado para obter as vantagens, mas é também psicologicamente exigida pela consciência como preço pelo emprego de tal recurso. Atos falam mais alto que palavras e é claro que, por mais inconsciente que o simulador pareça (ou afirme) ser, inconscientemente sente culpa e aplica sua própria punição. Infelizmente, não existem ainda instrumentos precisos com que medir emoções, mas provavelmente há uma relação quantitativa precisa, de modo que a punição conseguida externamente corresponde à quantidade de sofrimento auto infligido. Quanto menos houver de um, mais haverá do outro. O homem que arranca seu próprio olho enfrenta menos censura e condenação que aquele que se queima com um fósforo, ainda que ambos o façam com o mesmo propósito externo. Isso depende, é claro, em grande parte, da noção de justiça implícita em nós, mas é precisamente disso, em todas as outras pessoas e em si próprio, que o paciente se aproveita para conseguir um equilíbrio de forças emocionais.

SUMÁRIO

A simulação de doença ou ferimento do tipo automutilador pode ser, portanto, descrita como uma forma de autodestruição localizada que serve simultaneamente como agressão extremamente dirigida, de burla, roubo e falso apelo. A agressão é de espécie tão inflamatória que, por sua vez, obtém para o simulador não apenas simpatia, atenção e vantagem monetária (a princípio), mas, finalmente, denúncia, censura e "punição". Ambos os aspectos do tratamento provocado no mundo exterior são fortemente marcados com a satisfação erótica pervertida inerente ao masoquismo e exibicionismo.

Daí se pode concluir que o ato original de simulação desse tipo serve principalmente como agressão provocadora, isto é, constitui um pequeno auto ataque destinado a provocar um grande ataque (tanto para satisfazer como para punir) da parte de outras pessoas, sendo a dor envolvida o preço exigido pela consciência em troca das satisfações inconscientes obtidas, que são ao mesmo tempo eróticas e agressivas.

4/ Policirurgia

Terá ocorrido ao leitor, ao passar em revista as diversas formas e condições sob as quais ocorre automutilação e a regularidade com que é possível descobrir agressividade, erotização e autopunição como motivações mais profundas desses atos, que em alguns casos a utilidade prática ou necessidade social de automutilação deve ser uma determinante muito mais importante que a satisfação dessas tendências inconscientes. Independentemente da existência ou inexistência de agressões passadas por parte do indivíduo, a sociedade e a realidade material são de tal modo constituídas que a automutilação pode ser às vezes o preço que ele paga para viver, não por causa de suas próprias agressões, mas por causa de circunstâncias fortuitas que o envolvem. Pode ser uma herança ou tradição, como o costume selvagem dos ritos de puberdade já descritos. As vítimas de tal mutilação podem ser inocentes de qualquer agressão, sendo a automutilação executada inteiramente por motivos de anuência social. Pode, por outro lado, ser resultado de ciência empírica. O melhor exemplo disto é a operação cirúrgica. Este é um caso em que, embora não mutilemos a nós próprios, nos submetemos ao cirurgião e até mesmo lhe pedimos que corte alguma coisa de nós, *não* por motivos inconscientes de agressividade, culpa ou técnica deturpada de prazer, mas por motivos conscientemente práticos e justificados, a que a ciência médica chegou pela experiência de séculos. De fato, abster-se de uma operação cirúrgica necessária parece mais claramente indicar intenções autodestrutivas do que submeter-se à "mutilação". Isto seria, portanto, um *reductio ad absurdum;* uma autodestruição focal no sentido mais restrito, mas não autodestruição no sentido psicológico ou no sentido prático. Todavia, como veremos, há exceções, exceções que também provam a regra.

Quando um paciente se submete a uma operação cirúrgica, há pelo menos duas pessoas interessadas: o paciente e o cirurgião. Motivos inconscientes combinam-se com propósitos conscientes para determinar a decisão do cirurgião de operar tanto quanto a decisão do paciente de submeter-se a operação. Geralmente presumimos que os motivos conscientes e racionais de ambos são fortemente predominantes. Isso porque, embora seja evidente que a cirurgia é uma sublimação muito imediata de impulsos sádicos, é uma sublimação primorosamente refinada e muito proveitosa, que, em sua carreira relativamente curta, já prolongou a vida e aliviou a miséria de milhões de pessoas. Naturalmente, sublimações podem decompor-se ou podem ser desde o início apenas disfarces neuróticos; nesse caso, a decisão de operar, ao invés de depender de fatores objetivos de infecção, deformidade, hemorragia e coisas semelhantes, pode depender de um sentimento de necessidade compulsiva. O cirurgião ideal não se mostra ansioso nem relutante em operar; é impelido apenas pela avaliação dos fatores de realidade. Infelizmente, cuidadosa inspeção da prática cirúrgica revela que cirurgiões às vezes operam por motivos inteiramente diferentes, como os já mencionados, isto é, a compulsão de cortar. Alguns cirurgiões são obcecados pela necessidade de extrair glândulas tireoides, outros por extrair ovários, ainda outros por vários processos cirúrgicos nas vísceras. Que tais operações são às vezes cientificamente justificadas não pode haver dúvida, mas a maneira como certos cirurgiões descobrem indicações operatórias precisamente da mesma espécie em paciente após paciente é tão exatamente comparável ao comportamento neurótico repetitivo de outras espécies que temos boas razões para desconfiar que tais cirurgiões são mais neuróticos que científicos.

Infelizmente não faltam exemplos ocasionais de franco sadismo em cirurgiões. Eu mesmo fiquei impressionado com a absoluta incapacidade de muitos cirurgiões, mesmo cirurgiões em outros sentidos "bons" e competentes, de compreender ou simpatizar com o sofrimento ou medo de seus pacientes. Certamente nada é mais bárbaro e cheio de perigo de desastre subsequente para a personalidade do que o costume muito prevalecente de levar uma criancinha a um quarto branco e desconhecido, cercá-la de estranhos vestidos de branco com gorros exóticos, permitindo-lhe que veja estranhos objetos, facas cintilantes e muitas vezes lençóis manchados de sangue, e no auge de sua consternação e terror, apertar um cone com éter sobre seu rosto e dizer-lhe para respirar fundo, que logo suas amígdalas serão "tiradas". A ansiedade estimulada por tais horrores provavelmente nunca é superada na vida subsequente da criança e eu acredito firmemente que na maioria dos casos esse terror causa mais mal do que a condição que o cirurgião está disposto a aliviar. A própria indiferença em relação ao que a criança deve sentir em tais circunstâncias, o fato do cirurgião não parar para pensar que isso, que lhe parece tão familiar, é desconhecido e aterrorizador para a criança e tem sobre ela efeitos deletérios – essas coisas indicam uma séria obtusidade psicológica da parte de alguns cirurgiões, que eu relaciono com esse impulso neurótico na direção do sadismo, o qual parcialmente sublimado pode produzir um hábil cirurgião, mas não necessariamente um cirurgião ponderado.

Não devemos perder de vista, porém, as dificuldades peculiares da posição do cirurgião. Ele é considerado como um homem milagroso, do qual muitas vezes se espera o impossível. Precisa tomar a decisão e executar a operação, assumindo ao mesmo tempo a responsabilidade e a culpa quando ela é malsucedida e arriscando-se a muita censura e queixa às vezes mesmo quando é bem-sucedida. Não é de admirar que os cirurgiões adquiram certa insensibilidade. Precisam ter a coragem de ser aparentemente cruéis quando a crueldade parece necessária. Não podemos, portanto, culpá-los demais se, por motivos neuróticos, são às vezes maus juízes de sua necessidade.

Basta quanto aos motivos inconscientes que atravessam seus disfarces ou escapam deles, aparecendo no trabalho de cirurgiões. Já foi mencionado, porém, que geralmente são necessárias duas pessoas para a execução de operações cirúrgicas, o cirurgião e o paciente; devemos considerar que motivos recíprocos podem levar alguns pacientes a cooperar com cirurgiões em operações desnecessárias. Pois não há dúvida que alguns pacientes são operados com excessiva frequência, com mais frequência do que critérios médicos estritos poderiam justificar. É quase axiomático que quanto mais operações um paciente teve menos benefício tirou de qualquer delas.

Contudo, teremos razão para lançar a culpa disso sobre o cirurgião? Sou capaz de lembrar-me da história de muitos pacientes que foram a uma ou mais clínicas cirúrgicas para perderem sucessivamente dentes, amígdalas, apêndice, ovários, vesícula biliar, cólon, próstata e tireoide ou alguma combinação desses órgãos. Antigamente eu os imaginava como vítimas indefesas, sofredoras e perplexas, agarradas por cirurgiões mercenários ou, na melhor das hipóteses, exageradamente entusiásticos, que, por dinheiro ou prestígio, ou por honesta convicção, aplicavam um tratamento mutilador que só juntava mais um peso aos infortúnios dos aflitos. Isso foi antes que eu, pelo menos tivesse percebido, como acredito muitos de nós chegaram a pensar hoje, com que frequência o paciente neurótico se impõe ao cirurgião, exigindo a operação verbalmente ou, como é muito mais frequente, exigindo-a de alguma maneira fisiológica. Todos nós conhecemos a facilidade com que o paciente histérico é capaz de produzir sintomas que satisfazem suas necessidades inconscientes e, se essa necessidade puder ser melhor satisfeita através de uma manipulação cirúrgica, não lhe faltarão meios para produzir uma condição em que mesmo o cirurgião mais consciencioso será inclinado a considerar a intervenção cirúrgica indicada, senão imperativa.

Casos de repetidas operações provocam variadas reações de simpatia, suspeita e ridículo na proporção da transparência dos motivos inconscientes para as exigências poli cirúrgicas. Nem sempre podem ser rotuladas de operações "desnecessárias" porque tais pacientes são com muita frequência capazes de fazer parecer imperativa determinada operação. Além disso, frequentemente não há dúvida quanto à necessidade das operações, sendo a única questão saber se a necessidade é psicológica ou física. Tais indivíduos, dominados pela compulsão de repetição, voltam vezes e vezes para mais mutilações cirúrgicas. Jelliffe, por exemplo, refere-se a uma mulher que tinha vinte e um anos quando a conheceu e já conseguira submeter-se a vinte e oito operações diferentes em diferentes partes do corpo. Talvez haja, portanto, justificação para descrever esse fenômeno como adição à policirurgia ([56]).

Não seria científico deixar sem registro que, por mais desnecessária que essas operações pareçam do ponto de vista fisiológico e por mais que pareçam ter a natureza de placebos, não raramente conseguem resultados terapêuticos. Freud acentua em *Beyond the Pleasure Principale* que doença ou ferimento orgânico muitas vezes alivia neuroses traumáticas, depressões e esquizofrenia sujeitando as quantidades incontroláveis da libido estimuladas por um estímulo para o qual não estavam preparadas ([57]). Poderia ter acrescentado que operações cirúrgicas talvez consigam isso. É uma perturbadora experiência de todo psiquiatra ter tratado de um caso psiquiátrico sem êxito e ver depois o paciente ficar prontamente bom em seguida a uma operação que ele, psiquiatra, não acreditava ser necessária ou mesmo aconselhável; de fato, realizada às vezes por um charlatão ou um cirurgião irregular porque cirurgiões mais conservadores e conscienciosos também a haviam achado desaconselhável. Jelliffe ([58]) relatou um caso em que uma demorada psicanálise só chegou à conclusão bem-sucedida depois que a paciente conseguiu ser submetida a um ataque cirúrgico. Seria igualmente tão anticientífico psicólogos negarem a utilidade psicoterapêutica da cirurgia quanto cirurgiões negarem o valor psicoterapêutico da análise. O que precisamos fazer é avaliar com mais precisão a verdadeira significação da operação cirúrgica que, naturalmente, envolve a consideração de todo o problema de conversões somáticas.

Durante algum tempo interessei-me particularmente pelo trabalho dos cirurgiões plásticos devido à sugestão de um deles no sentido de que seus resultados eram obtidos tanto psicológica como mecanicamente. É muito notável no estudo da literatura cirúrgica

---

56. Naturalmente não me refiro a casos de habilidosas operações em duas ou três fases ou às frequentes operações necessárias em certas doenças e na cirurgia plástica, nas quais, quanto maior a competência do cirurgião, mais atenuada e gradual talvez seja a técnica.

57. Ver Menninger, Karl A., *The Amelioration of Mental Disease by Influenza, Journal of the American Medical Association,* Vol. XCIV, pp. 630-34, 1930.

58. Jelliffe, Smith Ely, *The Death Instinct in Somatic and Psychopathology,* The Psychoanalytic Review, Vol. XX, pp. 121-32, 1933.

que os próprios cirurgiões plásticos reconhecem "um desejo neurótico mórbido da parte do paciente de que seja feita alguma coisa" para corrigir um defeito que raramente avaliam com objetividade. Blair e Brown ([59]), por exemplo, recomendam cautela na correção de ligeiros defeitos a que o indivíduo parece atribuir importância exagerada. Mencionam muitos casos em que a operação foi clinicamente bem-sucedida, mas o paciente permaneceu tão descontente quanto antes, e também mencionam casos em que o resultado clínico não foi bom, mas pareceu satisfazer o paciente de maneira surpreendente. Em geral, depreende-se da literatura que a correção cirúrgica de deformações faciais habitualmente resulta em melhora satisfatória do estado mental do paciente.

A impressão de médicos, tanto cirurgiões como psiquiatras, parece ser que a cirurgia pode às vezes resultar no alívio de uma neurose ou psicose, mas que tal resultado é de ocorrência inconstante e tende a ser transitório em seus efeitos. Tudo quanto podemos dizer no presente é que os dados de que dispomos são insuficientes para concluirmos com que frequência operações cirúrgicas previnem ou aliviam doença mental ([60]).

Tive certa vez uma paciente com perda histérica da voz que foi três vezes temporariamente curada por uma grande operação e que insistia em que outra operação era a única coisa que poderia ajudá-la. Esforcei-me para dissuadi-la e tentei em vão todo tipo de psicoterapia, exceto psicanálise. Não conseguiu, nessa ocasião, encontrar cirurgião disposto a arriscar sua reputação operando apenas por motivo psicológico. Depois disso tive oportunidade de estudar psicanali-

---

59. Blair, Vilray Papin, e Brown, James Barrett, *Nasal Abnormalities, Fancied and Real, Surgery, Gynecology and Obstetrics,* 1931, Vol. L1TI, pp. 797-819.

60. Naturalmente há muitos casos de doenças mentais que foram precipitadas por operações cirúrgicas. Ver, por exemplo, os seguintes relatos: Washburae, A. C., e Cams, M. L., *Postoperative Psychosis; Suggestions for Prevention and Treatment, Journal or Nervous and Mental Diseases,* novembro de 1935, pp. 508-13; Lehnnan, P. R., *Postoperative Neuroses, Medical Journal and Record* (sup.) 1.º de abril de 1925, pp. 422-24; Gardner, W. E_, *Postoperative Psychosis, Kentucky Medical Journal,* outubro de 1928, pp. 537-46; Barker, P. P., *Neuropsychiatry in the Practice of Medicine. Medical Bulletin of the Veteran's Administration,* junho de 1931, pp. 571-82.

ticamente vários pacientes semelhantes. Além disso, dediquei particular atenção aos casos psiquiátricos que passam por nossa clínica e nos quais operações cirúrgicas fizeram parte de tratamento anterior. Com base nos dados obtidos desses casos procurei formular algumas conclusões sobre os motivos e mecanismos inconscientes que levam pessoas à sala de operações, especialmente aquelas que a ela voltam vezes após vezes.

Motivos inconscientes na decisão de uma operação

Um dos principais motivos inconscientes pelos quais um indivíduo decide submeter-se a uma operação cirúrgica é *evitar enfrentar alguma outra coisa que ele teme mais* do que a cirurgia. Naturalmente, esse mesmo motivo de fuga do desagradável e, em base analítica mais profunda, de suborno da consciência, também encontra expressão em muitas doenças não cirúrgicas. Contudo a vantagem peculiar de uma operação cirúrgica *é* que uma segunda parte é posta em campo e levada a assumir a responsabilidade pela fuga. Enquanto escrevo estas linhas vem-me à lembrança a razão desta hora de folga. Uma paciente telefonou dizendo que se submetera a uma pequena operação na orelha e, embora afirmasse ao cirurgião que se sentia suficientemente bem para vir à sua sessão analítica, *ele* não o permitiu! Eu sabia que ela temia a sessão; o cirurgião não sabia, mas ela se aproveitou dele para fugir à sessão.

Recentemente uma paciente que estava noiva de um profissional liberal adiou seu casamento pela quinta vez. Isso exasperou o noivo, que insistiu com ela para que se submetesse a um exame conosco. A história mostrou muitos ataques de histeria de ansiedade típica com muita dor abdominal do lado direito. Vezes e vezes ela fora examinada por médicos, que ficavam em dúvida se deviam ou não operar. A contagem de leucócitos chegava às vezes a ser de 12.000, mas é preciso acrescentar que no dia seguinte caía para o normal. (Têm sido relatados casos de pseudo-apendicite em que nem mesmo a febre falta.) Finalmente a paciente pediu para ser submetida a uma operação, que foi executada. Sentiu-se imediatamente aliviada de seus ataques de pânico e dor do lado direito do abdome, mas isso só durou até aproximar-se a nova data marcada para o casamento. Então tudo voltou e novamente ela insistiu em ir para um hospital. Em tal caso é perfeitamente claro que a exigência de cirurgia representa apenas o menor de dois males, como um meio de fugir à relação heterossexual que seu infantilismo lhe tomava impossível enfrentar. Outros motivos contribuíram, mas esse foi saliente.

Todos os psicanalistas estão familiarizados com o seguinte fenômeno: Um médico encaminha um paciente para tratamento de neurose. É recomendada psicanálise. O paciente concorda com a opinião de que esse é o tratamento mais promissor, decide ir para casa, arrumar seus negócios e voltar dentro de sessenta dias para iniciar sua análise.

Algumas semanas depois chega uma carta de seu médico dizendo que o paciente que nos mandara e que pretendia voltar para submeter-se a tratamento infelizmente sofrerá um ataque de apendicite (ou cálculos biliares, hipertireoidismo ou hemorroidas) e teria de ser operado. Esse é um prelúdio quase regular à análise de indivíduos de certo tipo. Com muita frequência depois de convalescer da operação cirúrgica eles voltam para o tratamento analítico, mas nem sempre ([61]).

Que a fuga para uma operação cirúrgica é às vezes tentativa de fuga para a saúde é fortemente sugerido por casos como o seguinte: Um estudante universitário de vinte e três anos, que fora escolhido duas vezes para o selecionado estadual de futebol, começou a sentir-se nervoso, vagamente perturbado, incapaz de entender suas lições e sem sono. Depois de alguns meses de aflição deixou a escola e pediu que seus pais o levassem a vários médicos, que não conseguiram encontrar base física para sua doença e lhe disseram isso. Subjetivamente ele parecia piorar. Pediu que fossem extraídas suas amígdalas. Um médico achou desnecessário. O paciente insistiu e a operação foi

---

61. Em um caso que eu observei, o paciente conseguiu uma apendicectomia dessa maneira, imediatamente antes de iniciar a análise. Quase no final da análise, teve (novamente) ataques de severas dores abdominais que faziam lembrar sua antiga "apendicite". Eram tão realísticos e incapacitadores que eu tive certeza de que seriam considerados um problema cirúrgico se o apêndice ainda não tivesse sido extraído

efetuada. Em seguida, o paciente sentiu-se claramente melhor durante cerca de um mês, depois do que seus sintomas reapareceram e ele continuou a piorar até ser levado, por sua própria sugestão, a rima clínica psiquiátrica, ali se constatou que ele era definidamente esquizofrênico.

Em um caso assim seria errôneo presumir que a operação agravou a doença; penso que podemos acreditar na palavra do paciente – e na dos parentes – de que a operação aliviou parcial e temporariamente. Penso que podemos presumir que a operação representa um frenético esforço para afastar a decomposição mental por meio de uma tentativa de fuga para a saúde através de sacrifícios cirúrgicos. As significações mais profundas da operação discutiremos mais adiante, mas aqui só desejo acentuar que o inconsciente pode aferrar-se à operação cirúrgica para escapar à doença mental, assim como para escapar ao tratamento mental. Citei este caso só porque é breve. Numerosos outros nos quais não apenas uma, mas repetidas operações foram procuradas pelo paciente antes de entregar-se completamente à regressão psicótica estiveram sob nossa observação. Isso está de acordo com a sugestão do dr. Harry Stack Sullivan e outros no sentido de que a personalidade se aferra furiosamente a várias acomodações neuróticas a fim de evitar a catástrofe da psicose.

Um segundo motivo que determina a decisão em favor de operações cirúrgicas é o erótico. Depende geralmente de uma transferência (de pai) para um cirurgião forte e dinâmico que é onisciente, onipotente, bondoso e, no entanto, cruel. A perspicácia, firmeza, força – e, quase se poderia dizer, implacabilidade – do cirurgião e a superioridade física e mental geral comum a tantos cirurgiões não podem deixar de exercer grande influência na decisão inconsciente do paciente neurótico. A isso deve-se acrescentar o complexo sadomasoquista que sem dúvida reforça em alguns pacientes a transferência (positiva e negativa) para tais cirurgiões. Àqueles que anseiam pelo amor de um pai e se submetem até mesmo à cirurgia para obtê-lo, devemos acrescentar aqueles cuja aceitação do amor do pai é condicionada por tal masoquismo que só podem aceitar o amor de um pai quando é transmitido sob a forma de dor. É sabido que alguns dos cirurgiões melhor sucedidos foram os que menos se destacaram pela ternura em seu trato clinico.

Um dos meus pacientes submeteu-se a uma série de operações nasais e está agora convencido de que elas foram totalmente desnecessárias, a não ser porque lhe permitiram continuar sendo o principal objeto da solicitude e ansiedade de seu pai. "Lembro-me até hoje", disse ele, "como o sangue que escorria de meu nariz depois das operações parecia encher meu pai de amorosa apreensão que compensava com grande vantagem a dor da operação e era infinitamente melhor do que as surras que eu levava antigamente."

Ao considerar os motivos de operações cirúrgicas, é preciso, naturalmente, distinguir entre a vantagem primária ou paranoica e a vantagem secundária ou episódica. Na última categoria, devemos incluir as comodidades associadas às experiências hospitalares, particularmente o período de repouso posterior e às vezes anterior

à operação, a solicitude de amigos e parentes, as atenções físicas das enfermeiras e as palavras tranquilizadoras do médico. Não estou certo, porém, de que alguns desses fatores não possam entrar profundamente na motivação primária da operação cirúrgica, particularmente em relação com o desejo de ser alvo de atenção, simpatia e mesmo piedade, como única forma aceitável de amor, e o desejo de ser cuidado no sofrimento por um substituto solícito do pai e da mãe. A repetida atenção de médicos (inclusive cirurgiões) é muitas vezes solicitada principalmente, segundo parece, a fim de obter para o paciente a satisfação de ser lamentado por seu sofrimento em lugar de ser amado de uma maneira mais normal, que um sentimento de culpa lhe proíbe pedir e aceitar.

Em sua forma extrema, este motivo está intimamente aliado ao exibicionismo. Em um caso citado com maior amplitude mais adiante o valor exibicionista da operação era claramente evidente nas confessadas fantasias do paciente na época da operação – seu períneo e seus órgãos genitais ficando expostos à vista do cirurgião e das enfermeiras para sua grande satisfação. Uma super-reação disso, naturalmente, vemos com frequência em muitos pacientes durante as horas pré-operatórias sob forma de vergonha e apreensão com respeito à exposição. Prova convincente da generalizada existência de tais satisfações ocultas pode ser obtida observando-se a frequência com que experiências operatórias são discutidas socialmente e o sucesso de numerosas explorações disso – por exemplo, em *Speaking of Operations,* de Irvin Cobb, e em um filme de Eddie Cantor (e a peça correspondente), *The Nervous Wreck,* no qual dois homens se rivalizam em mostrar suas cicatrizes cirúrgicas. Psicanaliticamente, devemos considerar isso como o desejo que a pessoa tem de provar que é castrada, isto é, se submeteu, suportou e sobreviveu – e pagou o preço. "Está vendo?" diz ela inconscientemente. "Eu sou inofensivo... Você não precisa me matar (ou pode não me matar)". É exatamente o oposto do conteúdo consciente da fantasia de meu paciente (acima) e do conteúdo de pensamento no exibicionismo declarado, isto é: "Está vendo? Eu não sou castrado, sou realmente um homem."

Que operações são procuradas tanto por homens como mulheres para satisfazer um *desejo de ter uma criança,* desejo infantil e não satisfeito, parece ser também fortemente indicado [62], particularmente se a teoria de parto por operação cesariana foi bem desenvolvida no paciente quando criança e igualmente nas moças que foram criadas com forte repressão paterna ou materna em relação à difícil questão de saber de onde vêm os bebês [63]. Eu tive uma vez como paciente uma adolescente com histeria de conversão cujos sintomas consistiam em tentar muitas vezes por dia fazer seus intestinos funcionarem, insistindo em que havia alguma coisa dentro de seu abdome. Na maioria das vezes, naturalmente, não conseguia resultados. Então reclamava uma operação. Pouco tempo antes tivera uma experiência erótica com um rapaz, vira um bezerro nascer, pensando que saía pelo reto da vaca, e soubera que uma parenta fora para o hospital ter bebê. Evidentemente sua teoria era que tinha dentro de

---

62. Há quase trinta anos isso foi reconhecido por Freud, como indica seu relato sobre o tratamento de "Dora". Um ataque de "apendicite" ocorrera pouco depois da morte de uma tia de quem ela gostava muito; tinha havido febre alta e dor no abdome. Dora havia lido antes a respeito de apendicite (e talvez também a respeito de questões sexuais) em uma enciclopédia, porque soubera que um seu primo estava com apendicite, e adquiriu exatamente todos os sintomas sobre os quais lera. Além disso, ocorreram *precisamente nove meses depois* de um episódio em que recebera propostas indecorosas de um homem com quem, como se revelou mais tarde, secretamente Dora espera casar-se e de cujos filhos legítimos (com sua esposa legítima) ela tomava conta e aos quais amava ternamente. Estava claro, acentuou Freud, que a apendicite era a concretização de uma fantasia de parto.

63. Ver Homey, Karen, *The Denial of the Vagina, International Journal of Psychoanalysis,* 1933, Vol. XIV, pp. 57-70.

si ura bebê que precisava sair através do reto ou através do abdome e, se não fosse possível expelir a criança fecal, precisava submeter-se a uma operação cesariana.

Um caso melhor estudado foi o de uma mulher que havia sido operada treze vezes em treze anos. Em suas mais antigas recordações de infância ela desejava acima de tudo ter filhos. Desejava ter "uma dúzia" de filhos. Quando menina, também acreditava confiantemente que os bebês nasciam por meio de operações. Por isso, concluiu que o homem com maior probabilidade de dar-lhe muitos filhos seria run cirurgião e casou-se com um cirurgião. Depois, ano após ano, adquiriu sintomas que tornavam necessária realização de operações por um cirurgião, em sua maioria cortes abdominais. "Vejo agora", disse ela, "que eu estava simplesmente tentando repetidas vezes ter um filho de acordo com as concepções que tinha quando criança."

Outra satisfação que determina o desejo inconsciente de operação cirúrgica tem relação com o *desejo de ser castrado* (mais especificamente, o desejo de ser aliviado de ansiedade submetendo-se a castração). Com referência a tal desejo, lembramos de ter dito no primeiro capítulo desta seção que descobrimos existirem pelo menos dois elementos: (1) a necessidade de punição e (2) o aproveitamento erótico da punição (masoquismo, exibicionismo etc.) Submetendo-se a castração um homem paga a pena de seus crimes (fantasias e desejos culposos) e ao mesmo tempo se transforma em uma pessoa desmasculinizada ou feminina, de modo a ser mais capaz de receber amor, isto é, aproximar-se mais da invejável posição da mulher que é amada e procurada não pelo que faz, mas pelo que é, por "si mesma".

Em casos psicóticos, como vimos (Capítulo 3), a autocastração *é* muito comum; o paciente psicótico pedir que alguém o submeta a castração é ainda mais comum. Nas neuroses a autocastração é em geral conseguida indiretamente, por exemplo, pela impotência, pela falência financeira, pelo desastre conjugal, por doença venerea. Se a castração efetiva é cogitada, geralmente é pedida de maneira mais ou menos sutilmente disfarçada, no sentido de esterilização (vasectomia) ou da extração de um testículo, e não da amputação do pênis ([64]).

Recorrendo-se à literatura médica atual pode-se descobrir como esse processo, que *é* surpreendentemente frequente, pode ser racionalizado pelo *médico;* no *Index Medicas* a castração mesmo recentemente é relatada como forma de terapia para neuroses, perversões, crimes sexuais, anormalidades sexuais, doenças mentais e até mesmo tuberculose.

Como isso pode ser racionalizado pelo *paciente* aparece claramente nos seguintes casos, o primeiro dos quais devo ao dr. Henry Shaw, de Nova York. Um jovem cientista bastante talentoso estava decidido a realizar certas pesquisas, para as quais achava que seus impulsos eróticos representavam uma indesejável distração. Atribuía a incapacidade de concluir seus estudos à interferência desses desejos carnais. Concluiu que, se fosse possível extrair seus testículos, seus desejos sexuais diminuiriam e ele poderia executar seu grande propósito. Em consequência, consultou vários cirurgiões, pedindo-lhes que executassem essa operação. Um deles concordou em executá-la, se fosse recomendada por um psiquiatra. Não foi possível, porém, encontrar um psiquiatra que aprovasse essa autodestruição focal. Finalmente, porém, foi encontrado um cirurgião que executou a operação, para grande satisfação do paciente. Ele relatou depois seu grande sentimento de alívio quando lhes mostraram realmente seus testículos cortados. A continuação da história é bastante espantosa: por curioso que pareça, o paciente não perdeu a virilidade, apesar da operação, mas veio a lastimar extraordinariamente sua emasculação quando, depois de divorciar-se de sua primeira esposa, desejou casar-se de novo e ter filhos ([65]).

---

64. O dr. R. M. Brian, que trabalhou no Topeka State Hospital, falou-me de um paciente que conseguiu primeiro convencer cirurgiões a extraírem o epidídimo de um lado, depois do outro lado; posteriormente um dos testículos e finalmente o outro testículo. Isso me parece ser uma clara atuação da adição poli cirúrgica, em forma indisfarçada, com o desejo de ser castrado como motivo dominante.

65. A literatura contém diversas referências a casos semelhantes: este, por exemplo, relatado em 1843 (Chowne, *Castration for Neuralgia, London Lancet,* Vol. I, 131 j. Um homem de trinta e três anos atribuía a "um testículo irascível" sua "grande fraqueza corporal e grande depressão mental". Procurou vários médicos para tratamento, exigindo operações. Um testículo foi extraído em 1841; o homem melhorou, mas depois adquiriu sintomas semelhantes em relação ao outro testículo, que finalmente conseguiu fazer extrair em 1842. Melhorou novamente por curto período de tempo, mas voltou a ser oprimido pelas mesmas dores, fraquezas, exaustão e depressão de que se queixara inicialmente.

O autor observa que parece extremamente provável que os sintomas do homem antes da operação, assim como depois dela, eram resultado de "um estado mental mórbido". Nada diz a respeito do estado mental dos cirurgiões que o homem conseguiu convencer a realizar as operações.

Outro exemplo talvez ilustre melhor este tema, sendo a emasculação realizada mais sutilmente. Um jovem ministro que estava para casar-se e depois de ir para a selva como missionário, procurou um cirurgião e pediu para ser esterilizado. Sua racionalização para essa operação era que desejava proteger sua esposa contra o perigo de gravidez na selva. O cirurgião finalmente acedeu a seu pedido, explicando que faria uma vaso ligação que de maneira nenhuma interferiria com o desejo ou a potência sexual do paciente. Diante dessa garantia o paciente respondeu que não lhe importava se eliminasse seu desejo sexual; de fato, esperava que isso acontecesse, pois o sexo oferecia muitos perigos, de modo que não lhe dava importância e preferia mesmo ficar logo livre dele. Foram realizadas ao mesmo tempo vaso ligação, extração da úvula e uma resseção de submucosa no nariz (isto é, várias castrações simbólicas).

Quando o paciente foi submetido a análise devido a um "colapso nervoso" dez anos mais tarde, o material analítico mostrou muito claramente que, não só a fuga para o ministério religioso e depois para a selva, mas também o próprio casamento, haviam sido realizados de maneira compulsiva para defender-se de fortes sentimentos de culpa ligados a masturbação e violentos impulsos sexuais pervertidos e incestuosos. Em outras palavras, o paciente preferia a castração a uma prevista e temida punição maior (morte) que poderia sobrevir-lhe se tentasse satisfazer seus desejos sexuais. O paciente durante anos considerara o sexo como "sujo", "imundo", nojento", e era, de fato, impotente na maior parte do tempo. Essa atitude em relação ao sexo foi muito bem demonstrada em um sonho no qual o paciente se via em pé na beira de um penhasco que estava minado de maneira a tomar precária sua posição. Quando lá se encontrava, percebeu que tinha alguma coisa na mão. Olhou-a e viu que era uma salsicha podre. Com repugnância, jogou-a no abismo.

Precisamos lembrar, portanto, que o desejo de ser castrado não é, como se poderia presumir, idêntico à autodestruição. Em certo sentido é precisamente a antítese dela, como vimos no estudo da automutilação; é o desejo de evitar a *morte*. E a oferenda dos órgãos genitais como sacrifício, em lugar da personalidade total. É por isso que o paciente ameaçado de psicose procura uma operação e o rapaz preocupado com masturbação procura um urologista para fazer-lhe a circuncisão. Assim como a circuncisão é uma oferenda sacrifical feita em lugar dos órgãos genitais inteiros que o rapaz teme sejam tomados dele porque se masturbava, a oferenda do pênis é um sacrifício para aplacar as tendências autodestrutivas. É a substituição da autodestruição total pela autodestruição local. É uma tentativa de último minuto de salvar o todo sacrificando uma parte. Isso explica porque pode ser erotizada masoquistamente; c realmente uma oportunidade para a vitória dos instintos de vida, não do instinto de morte [66].

Recentemente um paciente psicótico que se apresentou em agudo estado de ansiedade censurou seu pai nestes termos: "Meu pai pecou contra mim porque não mandou circundar-me. Se o tivesse feito, eu não teria me masturbado. Se eu não me tivesse masturbado eu não teria perdido tudo." Evidentemente considerava sua doença como resultado de sua masturbação e punição por ela, e sua censura ao pai, creio eu, pode ser interpretada como significando: "Se meu pai me tivesse imposto o sacrifício menor (da circuncisão, isto é, castração simbólica), eu não teria precisado pagar este preço maior da psicose, confinamento, desgraça, etc." Trata-se apenas de grau mais avançado da mesma coisa quando o paciente psicótico diz: "Corte meu pênis, castre-me, senão não posso viver. Você me matará (ou me matarei)." [67]

O sentimento de culpa parece ter em alguns casos curiosa propensão para insatisfação, isto é, para exigência de sacrifícios sucessivos de um órgão após outro. Frequentemente se percebe que há um frenético esforço da parte do inconsciente para encontrar sacrifícios suficientes para impedir a ameaçada destruição do todo. Todas as partes do todo podem ser genitalizadas, uma após outra, de modo que alguns indivíduos literalmente se deixam cortar em pedaços. São essas castrações simbólicas repetitivas e compulsórias que eu penso estarem bem representadas no fenômeno da adição à poli cirurgia.

---

66. Como excelente estudo psicanalítico do serviço que uma operação presta para satisfação das necessidades subjetivas de um indivíduo, ver Oberndorf, C. P., *Submucous Resection as a Castration Symbol, International Journal of Psychoanalysis,* 1929, Vol. X, pp. 228-41.
67. Outro paciente submetido a psicanálise fez quase a mesma censura a seu pai, que era médico. Por ter-lhe sido negada essa punição cirúrgica (circuncisão), o paciente passou a conseguir outros tipos de punição para si próprio, inclusive várias operações.

Todo médico vê numerosos exemplos de genitalizações sucessivas das diferentes partes do corpo, de tal maneira que a necessidade cirúrgica parece migrar como o foco metastático em uma septicemia.

Em geral, porém, tais casos não chegam aos analistas, porque aparentemente é estabelecido um equilíbrio, de modo que as exigências punitivas inconscientes são mantidas em suspenso, ou talvez porque tais pacientes só são encaminhados para tratamento psiquiátrico tarde demais, quando o são.

Outro exemplo dessa procura de punição através da cirurgia demonstrará mais claramente as razões do sentimento de culpa e assim levará à consideração de outro motivo, até agora ignorado, da procura de punição cirúrgica.

Este homem ([68]) era um comerciante judeu que procurou o dr. Updegraff, cirurgião plástico, para que reconstruísse seu nariz, não por causa de seu caráter semítico, mas porque fora machucado na infância de modo a dar-lhe, segundo pensava, uma aparência pugilista que acreditava intimidar seus sócios comerciais e estar em completa antítese com suas tendências pacíficas. A operação foi bem-sucedida e o paciente viu-se aliviado de sentimentos de ansiedade e "isolamento" que anteriormente experimentava. Este paciente cooperou muito no esforço de analisar tais fatores e contou-me espontaneamente que pouco antes da operação tivera um sonho no qual ela já fora executada e tomara seu nariz maior e mais feio, de modo que ele ficara "pavorosamente deformado". Disse-lhe que isso me levava a suspeitar que ele se sentia culpado de alguma coisa e estava procurando punição. Ele negou. Pouco depois, porém, recordando os acontecimentos que levaram à operação, revelou que pouco tempo antes havia rompido uma relação amorosa com uma moça judia para iniciar outra com uma gentia. Tinha certeza, disse ele, que não se sentia incomodado pelo fato de ser judeu e que não mantinha lealdade às tradições judaicas. Imediatamente depois desse caso com a moça gentia (que poderia ter sido um esforço de sua parte para negar ou abandonar seu judaísmo), sentira, porém, grande depressão, que

---

68. Ver Menninger, K. A., e Updegraff, H. L., *Some Psychoanalytic Aspects of Plastic Surgery*, American Journal of Surgery, setembro de 1934, pp. 554-58.

o levava a consultar o cirurgião a respeito de uma operação. Podia-se ver como, de seus sentimentos conscientes em contrário, ele tinha forte conflito sobre a questão judeu-gentio e se sentia muito culpado por seu comportamento em relação às duas moças, percebendo que fora muito agressivo com ambas, e procurara obter punição com a qual se sentira aliviado.

Essa agressividade que está estreitamente ligada à necessidade de punição era particularmente evidente em um homem cujas numerosas operações cirúrgicas não haviam conseguido impedir a repetição de severas depressões, por causa das quais se submeteu a análise. Quando prejudicado por sua mãe em favor de um filho preferido, esse paciente adquirira grande hostilidade em relação a ela e voltara inteiramente sua afeição para um pai muito rigoroso. Do domínio desse pai fugira durante a adolescência para uma orgia de rebeldia, fazendo todas as coisas que um rapaz normalmente faria e um pouco mais, no sentido de masturbação, furtos e experiências heterossexuais. Fazia essas coisas com espírito muito agressivo, dirigido principalmente para os pais, especialmente o pai. O aspecto mais agressivo e perturbador de seu comportamento era, porém, sua indiferença passiva aos desejos do pai; simplesmente não fazia coisa alguma de útil.

Depois de uma vida assim muito livre durante vários anos, certa noite, acordara de um sonho terrível, sentindo que tudo fora reduzido a pedaços. Temia ter adquirido gonorreia e tinha medo que seu pênis houvesse murchado; tinha calafrios nervosos, suores, persistente palpitação, extra-sístoles e um medo esmagador de morte repentina. Seus pais levaram-no imediatamente a eminentes cardiologistas e especialistas em doenças internas em várias das maiores cidades. Foi-lhes dito que seu filho estava gravemente enfermo, que sua pressão sanguínea sistólica era de 240 e que ele precisava por isso eliminar o álcool, fumo, mulheres, trabalho, exercício, e levar uma vida de simplicidade e privação. Foi o que fez, mas adquiriu uma depressão.

A depressão desapareceu com a realização de uma série de operações cirúrgicas. Primeiro foi extraído seu apêndice; no ano seguinte devia ser operado de bócio, mas isso foi substituído por tratamentos com raios X; pouco tempo depois, foram extraídas suas amígdalas e adenoides; dois anos depois foi operado de hemorroidas. Entrementes, sua depressão fora mantida em suspenso, mas reapareceu com a cessação da cirurgia.

Esse caso ilustra também como a punição repete o crime, isto é, o desejo persistente de ser castrado (operado) contém o valor erótico de uma submissão feminina forçada, que por sua vez é usada para os propósitos mais sutis de agressão passiva. No caso agora citado, as renúncias e autopunições do paciente eram na realidade mais penosas e aflitivas para o pai do que a rebeldia que com elas o paciente pretendia expiar e, além disso, serviam ao propósito de obter para o paciente o amor de seu pai, que ele tanto desejava, além de oportunidades para exibicionismo e submissão passiva ao cirurgião – todas elas explorações secundárias da situação punitiva.

No desenvolvimento deste tema (o elemento agressivo na poli cirurgia) eu gostaria de aludir de novo à mulher das treze operações em treze anos. Um de seus sonhos revelou claramente como as agressões e a autopunição estavam misturadas nas operações cirúrgicas. Sonhou que uma vaca brava (ela própria) com uma faca na boca investia contra quem se aproximasse; perseguia particularmente uma pessoa (o analista) em um alpendre sobre o qual a pessoa se refugiara. Vezes e vezes fez investidas contra esse alpendre (as sessões analíticas diárias; meu consultório fica sobre um alpendre). Finalmente "caiu sobre a faca (operação cirúrgica) e morreu."

Imediatamente interpretou a vaca como ela própria e a faca como sua afiada língua. Na época do sonho havia atacado rancorosamente o analista durante muitos dias e ela própria observara que fora precisamente assim que provocara sua infelicidade conjugal. Ficara amando seu marido, a quem atacava de maneira semelhante, imediatamente após a morte de seu irmão de quem ela cuidara com a maior ternura, mas que, quando menino, havia invejado intensamente. Quando conheceu seu futuro marido, o médico, teve a impressão de que ele "podia ver diretamente através de mim". Esse era seu pensamento consciente; o desenvolvimento inconsciente era este: "Ele sabe que por baixo da afeição fraternal por meu irmão havia grande inveja e ódio, e me punirá – não severamente demais, não com a morte como eu mereço, mas com uma dolorosa submissão e renúncia de alguma coisa."

Por isso, mesmo antes do casamento, ela convenceu seu marido a operá-la de "apendicite crônica". Seguiram-se a extração das amígdalas, depois outra operação abdominal e em seguida – após o nascimento de um filho – uma reparação ginecológica, que foi repetida três anos mais tarde. Assim, houve uma operação após outra.

O material analítico indicou que, sem dúvida, a motivação impulsora de sua infância fora inveja de seus irmãos, principalmente do que veio a morrer. As operações executadas por aquela bondosa, mas inexorável personificação de sua consciência servira para puni-la por sua inveja e ódio. "Cair sobre a faca" é claramente uma referência a sua adição poli cirúrgica, o destino que lhe coube devido a seus próprios desejos cirúrgicos (castradores) em relação a homens. Cada operação era para ela um meio de evitar a pena de morte inconscientemente temida. Por essa razão recebia bem as operações e muitas vezes comentava como havia sofrido pouco, como se restabelecera depressa e como sempre se sentia bem depois da intervenção. A autodestruição parcial real era escolhida a fim de evitar a destruição total prevista (mas em geral apenas imaginada) ([69]).

OPERAÇÕES FEITAS PELO PRÓPRIO PACIENTE

Presumimos em todo este capítulo que a submissão a operações cirúrgicas era uma forma de automutilação (justificada ou injustificada) *por procuração*. Às vezes, porém, o operador e o paciente são o mesmo indivíduo; o cirurgião opera a si próprio! Há alguns anos os jornais noticiaram amplamente o caso de um conhecido cirurgião que, aos cinquenta e nove anos de idade, aplicou em si próprio uma anestesia local e extraiu seu próprio apêndice; e aos setenta anos fez em si próprio uma operação de hérnia abdominal. Dois dias depois desta intervenção, o médico dirigiu-se à sala de operação e ajudou um colega em um trabalho de alta cirurgia ([70]). Outro cirurgião ame-

---

69. Digo *em geral* porque *algumas* das operações dessa paciente foram cirurgicamente imperativas, por quaisquer padrões clínicos em que fossem analisadas.
(70) Time, 18 de janeiro de 1932, p. 19.

ricano, Alden, também realizou uma apendicectomia em si próprio) ([71]).

Os drs. Frost e Guy([72]), de Chicago, coligiram numerosos casos de operações feitas pelo próprio paciente, entre as quais uma observada por eles próprios. Lembram-nos eles as operações feitas em si próprio por um cirurgião romeno (Fzaicou) e um cirurgião francês, Regnauld (ambas hemiotomias), e por um cirurgião parisiense, Reclus ([73]), que operou uma lesão em um dedo de sua mão direita, usando anestesia local, e posteriormente relatou não só o seu próprio caso mas também os de dois outros cirurgiões que haviam feito operações em si próprios. Ainda outro cirurgião extraiu uma pedra de sua própria vesícula, usando um espelho) ([74]). Meu colaborador, dr. Byron Shifflet, falou-me de um seu colega de classe na Escola de Medicina da Universidade da Pensilvânia, que extraíra com êxito suas próprias amígdalas em 1931.

Infelizmente nenhum desses casos pôde ser estudado sob o aspecto psicanalítico, mas o simples fato dessas operações terem sido executadas pelo próprio paciente quando o costume e a conveniência apontam fortemente outra direção – quando havia tantos bons cirurgiões cujo discernimento e competência eram quase certamente mais objetivos que os do paciente que operou a si próprio – tudo isso sugere fortemente que elas foram determinadas principalmente por motivos inconscientes.

---

(71) Gille, M., *Autosurgery, Echo med, du Nord*, 1933, Vol. XXXVII, p. 45.

(72) Frost, John G., e Guy, Chester C., *Self-Performed Operations with the Report of a Unique Case, journal of the American Medical Association*, 16 de maio de 1936, p, 1.708.

(73) Reclus, P., *Local Anesthesia and Surgeons Who Operate on Themselves, La Presse médicale*, Paris, 17 de agosto de 1912.

(74) Várias mulheres, devido a dores intoleráveis, executaram operações cesarianas em si próprias e fizeram seus próprios partos. (Ver Cowley, Thomas, *London Medical Journal*, 1785, Vol. VI, p. 366). Essas mulheres, naturalmente, não eram cirurgiões, não o era o paciente a quem se referiram Frost e Guy (op. cit.) já este último era zelador de um prédio, deficiente mental, que vira muitos animais e seres humanos operados e, não dispondo de recursos para pagar honorários cirúrgicos, operou a si próprio, com bons resultados na primeira vez, mas com resultados não muito bons na segunda.

SUMÁRIO

Além das razões científicas objetivas para cirurgia e dos motivos fortuitos que possam ocasionalmente influenciar alguns cirurgiões, parece haver, da parte do paciente, propósitos inconscientemente determinados de autodestruição focal, conseguida (geralmente) por procuração, isto é, nas mãos de outra pessoa. As raízes agressivas, punitivas e eróticas que podem ser descobertas em outras formas de autodestruição são aqui também aparentes, em várias combinações. O elemento agressivo é relativamente discreto; o elemento punitivo é menos discreto. A erotização do sofrimento, da relação de transferência para o cirurgião, do papel feminino passivo e das fantasias de obtenção mágica de um filho ou de um órgão genital masculino tende a ser fortemente desenvolvida.

Assim, podemos concluir que a compulsão de se submeter a operações cirúrgicas é uma forma de autodestruição localizada ou focal, um suicídio parcial, aliado em sua motivação ao suicídio completo e diferente dele neste aspecto: que bá ausência do penetrante domínio do instinto de morte, sendo por isso evitada a morte do organismo total pelo sacrifício de uma parte do todo. Difere tanto do suicídio como da automutilação por ser a responsabilidade pelo ato transferida em parte para outra pessoa e também porque as oportunidades de erotização e de vantagem de realidade são aproveitadas em muito maior escala.

5/ Acidentes Propositais

Outras indicações dos motivos e mecanismos de autodestruição focal são encontradas no estudo de certos "acidentes" que quando analisados mostram ter sido inconscientemente propositais. O paradoxo de um acidente proposital é mais difícil de ser aceito pela pessoa de mentalidade científica do que pelo leigo, que na linguagem cotidiana com frequência se refere sardonicamente a um ato como praticado "acidentalmente de propósito".

De fato, provavelmente com base no reconhecimento intuitivo desse paradoxo é que surgiram temores supersticiosos a respeito de certos "acidentes", como derramar sal, quebrar espelhos, perder alianças de casamento etc. Esses temores tornaram-se convencionalizados e, portanto, não são mais passíveis de interpretação específica, embora sejam às vezes levados a sério. Dizem que o filósofo Zeno caiu e quebrou seu polegar aos noventa e oito anos de idade, tendo ficado tão impressionado com a significação desse "acidente" que se suicidou (por onde podemos imaginar a significação inconsciente da queda e ferimento acidentais).

Devemos excluir desta categoria toda fraude consciente, isto é, acidentes simulados. Contudo, afora esses, existe o fenômeno de ausência aparente (isto é, consciente) de intenção em atos que satisfazem propósitos ocultos mais profundos. Lembro-me que certa vez estava sentado em um jantar formal ao lado de uma mulher por quem tinha certa aversão, mas que resolvi abafar completamente para não estragar a jovialidade da festa. Creio que o consegui muito bem, até quando um infeliz movimento desajeitado de minha parte fez derramar um copo de água no colo de seu vestido. Minha consternação foi ainda maior porque eu sabia que ela sabia que "acidentes (para citar um recente anúncio de seguros) não acontecem; são causados".

Em muitos desses acidentes o dano é causado não a uma outra pessoa, mas ao próprio indivíduo. O corpo sofre assim um dano cm resultado de circunstâncias que parecem inteiramente fortuitas, mas que em certos casos esclarecedores podem ser demonstradas como atendendo tão especificamente às tendências inconscientes da vítima, que somos forçados a acreditar que representam o aproveitamento de alguma oportunidade de autodestruição pelo instinto de morte ou então são de alguma maneira provocadas com esse propósito.

Casos assim têm sido relatados frequentemente. Em uma de suas primeiras histórias de casos, Freud ([75]) menciona um exemplo disso. *Herr* K., ex-amante da paciente, Dora, e posteriormente alvo de suas acusações e hostilidades, encontrou-se um dia frente a frente com ela em uma rua onde havia muito trânsito. Defrontando-se com quem lhe causara tanto sofrimento, mortificação e decepção, "como que em confusão e em sua abstração, ele... se deixou derrubar por um carro". Freud comenta nesse trabalho escrito há trinta anos que essa é "uma interessante contribuição ao problema de tentativa indireta de suicídio " ([76]).

O que há de significativo e diferencial nos acidentes propositais é que o ego recusa aceitar a responsabilidade pela autodestruição ([77]). Em alguns casos pode-se ver como o ego está decidido a fazer essa

---

75. Freud, *Collected Papers, op. cit.,* Vol. III, p. 145.
76. *Ibid.* Freud dá outros exemplos em *Psychopathology of Everyday Life* (Londres, Berm, 1914, pp. 198-209 e p. 216). O exemplo seguinte é impressionante. Uma jovem mulher, casada, fez certa noite uma exibição de dança para um círculo íntimo de parentes. Seu ciumento marido ficou muito aborrecido e censurou-a, dizendo que ela se portara como uma prostituta. Depois do incidente, da passou uma noite agitada e na manhã seguinte decidiu dar um passeio de carruagem. Ela própria escolheu os cavalos, recusando uma parelha e exigindo outra. Recusou veementemente deixar que o bebê de sua irmã, com a pajem, a acompanhassem.

Eros e Tânatos

evasão. Companhias de seguro e seus advogados às vezes atribuem isso ao desejo de obter dupla indenização para os beneficiários, mas deve haver no fundo mais do que esse motivo filantrópico, mesmo quando ele é consciente, e aqui eu repito que só agora tenho em mente o propósito *inconsciente*.

Se a pessoa pensar em seus próprios e ocasionais erros perigosos em navegação na rua, tenderá a atribuí-los (senão a descuido) a impulsividade, absorção em outras linhas de ideias, distração, etc. Todavia, se uma pessoa chega a deixar de interessar-se por sua própria segurança pessoal para ficar cogitando da bolsa de títulos ou da compra de um vestido novo, está certamente traindo uma indiferença autodestrutiva pela realidade. E, quanto à impulsividade, seria possível escrever um volume inteiro sobre as consequências desastrosas desse sintoma. A tragédia de Romeu e Julieta é, naturalmente, uma

---

Durante o passeio ficou muito nervosa e finalmente quando os animais "realmente causaram uma dificuldade momentânea ela saltou assustada da carruagem e quebrou a perna, enquanto aqueles que permaneceram na carruagem ficaram ilesos", como acentua Freud, o acidente impediu-a de dançar durante muito tempo.

Abraham, em *Selected Papers on Psychoanalysis* (Londres, Hogarth, 1927, pp. 58-62) também cita numerosos exemplos. Em um deles descreve uma môça que desde a infância sentia afeição extremamente forte por seu irmão. Tomou-se mulher adulta medindo todos os homens pelo padrão de seu irmão e teve um caso de amor infeliz, que a deixou deprimida. Pouco tempo depois, por duas vezes correu sério perigo devido a seu descuido durante uma excursão de alpinismo, para grande admiração de seus amigos que sabiam ser ela boa alpinista, com pouca probabilidade de cair duas vezes em lugares seguros e fáceis. Soube-se mais tarde que nessa época ela esteve em um hospital, onde costumava sair a passeio pelos terrenos da instituição; no jardim estava sendo aberta uma vala que ela costumava atravessar por uma ponte de tábua, embora pudesse facilmente saltá-la. Nessa ocasião, seu amado irmão ia casar-se e ela pensava muito no fato. Um dia depois do casamento, ela saiu a passear e saltou sobre a vala, em lugar de atravessar pela ponte como de costume, e o fez tão desajeitadamente que torceu o tornozelo. "Posteriormente esses auto ferimentos ocorreram com tanta frequência que até mesmo o atendente começou a suspeitar de que havia neles algo intencional. Nesses pequenos acidentes, seu inconsciente estava evidentemente expressando a intenção de cometer suicídio."

77. A maneira como o indivíduo pode ser obrigado a executar os ditames de seu superego através da utilização de "acidente" é graficamente ilustrada na seguinte notícia:

Três desejos

"Em Detroit, Michigan, a sra. John Kuleznski disse a John Kuleznski: "Eu gostaria que você saísse e sofresse um acidente." Ele foi atropelado e perdeu parte de um pé. Depois a Sra. John Kuleznski disse a John Kuleznski: "Eu gostaria que você perdesse o outro pé". Ele perdeu. Para impedir que a sra. John Kuleznski tivesse um terceiro desejo, John Kuleznski está procurando obter divórcio." – *Time,* 26 de março de 1934.

dramática exposição da maneira como a impulsividade se combina com o ódio para produzir autodestruição.

A impulsividade de Romeu fez com que perdesse sua namorada pouco antes de encontrar Julieta com a mesma disposição. Sua impulsividade subsequente resultou primeiro na morte de seu melhor amigo (ele começou a intervir no duelo e o fez de maneira a permitir que seu amigo fosse ferido) e, depois, como vingança dessa morte, em seu próprio exilio. Finalmente, se não tivesse sido tão impulsivo em saltar a conclusões depois de observar Julieta no túmulo e tão precipitado em resolver-se pelo suicídio, nem seu suicídio, nem o de Julieta teria sido necessário.

Alguém poderia perguntar se tal impulsividade, admitindo-se que seja um sintoma de organização psicológica imperfeita, só por isso tem necessariamente propósito autodestrutivo. Só podemos responder que a experiência mostra serem suas consequências frequentemente autodestrutivas; quanto a suas origens, não temos o direito de falar de maneira muito generalizada e definida. Contudo, em numerosos pacientes individuais as consequências da impulsividade colocaram-nos em tais apuros que eles procuraram tratamento psiquiátrico. Sabemos que a impulsividade resulta de agressividade mal controlada e parcialmente disfarçada. Isso é quase transparente em certos indivíduos que correm para seus trabalhos e oportunidades como se quisessem varrer tudo à sua frente e finalmente abandonam a tarefa prematuramente ou executam-na mal de alguma maneira. Muitas vezes parecem ter a melhor das intenções, mas os amigos passam a considerar essas intenções como burlas inconsequentes. Em relações amorosas, encaradas tanto do ponto de vista psicológico como do ponto de vista físico, essa prematuridade é muitas vezes extremamente decepcionante para as duas partes e frequentemente se suspeita de sua intenção agressiva inconsciente.

Passando dessas observações e teorias clínicas para a questão de acidentes de trânsito, que nos últimos anos têm com razão preocupado todos quantos se interessam pelo bem-estar público, dispomos agora de verificação estatística para a teoria de que certos indivíduos têm maior probabilidade de sofrer acidentes do que a pessoa mediana. Em um estudo sobre motorneiros de bondes feito em Cleveland,

Ohio, pelo Policy Holders Service Bureau da Metropolitan Life Insurance Company, constatou-se que trinta por cento dos motorneiros de certa divisão da rede de bondes sofreram quarenta e quatro por cento de todos os acidentes. O Conselho Nacional de Segurança descobriu a mesma propensão para acidentes entre motoristas de automóveis. As pessoas com quatro acidentes eram cerca de catorze vezes mais numerosas do que deveriam ser com base na teoria de que a má sorte pode ser apenas pura casualidade, enquanto as pessoas com sete acidentes cada uma durante o período do estudo eram nove mil vezes mais comuns do que as leis de probabilidade fariam prever. Além disso, as pessoas que haviam tido numerosos acidentes demonstravam pronunciada tendência a repetir o mesmo tipo de acidente. "A casualidade não desempenha senão pequeno papel nos acidentes", conclui esse estudo de J. S. Baker ([78]), engenheiro da divisão de segurança pública do Conselho Nacional de Segurança.

Acidentes de automóvel ocorrem com frequência em circunstâncias que fazem suspeitar pelo menos de intenção inconsciente ([79]). Às vezes dizemos, a respeito de um homem que guia seu carro imprudentemente, que "ele deve estar querendo matar-se". Às vezes no decorrer de tratamento psicanalítico torna-se convincentemente grande a indicação de um determinado caso dessa espécie.

Pacientes frequentemente confessam fantasias conscientes de estarem "acidentalmente" jogando seus carros do alto de penhascos ou contra árvores de modo a fazerem com que sua morte pareça acidental. Um episódio assim ocorre, por exemplo, na peça de Michael Arlen, *The Green Hat.* Só podemos conjeturar com que frequência acidentes fatais são causados por intenção suicida mais ou menos consciente.

---

78. Baker, J. S., Do *Trafic Accidents Happen by Chance? National Safety Netos,* setembro de 1929.

79. Nesta dupla tragédia, por exemplo, pode-se muito bem imaginar como o pesar e um sentimento vicário de culpa pelo ato de seu filho tiveram relação com o acidente autodestrutivo dos pais, quase no mesmo lugar. "Uma vida por uma vida."

"Em S... N. Y., perto de onde o carro de seu filho B havia matado duas pessoas em um acidente de trânsito, o sr. e a sra. X. Y. Z. foram mortos *em seu* próprio carro." *(Time,* 10 de novembro de 1930).

Que são às vezes determinados por impulsos suicidas inconscientes é sugerido, por exemplo, em um recorte de jornal ([80]) que descreve um acidente de automóvel no qual o motorista não adormeceu, mas o companheiro que tinha ao lado pegou no sono. Esse companheiro acordou de repente quando estavam correndo a 35 ou 40 milhas por hora, tomou o volante das mãos do motorista e virou-o de tal maneira que o carro capotou no meio da estrada matando o motorista. O companheiro explicou posteriormente que teve um vivido sonho no qual pensou que o automóvel estava avançando diretamente sobre um poste telefônico. Com grande ansiedade, segurou a direção (no sonho) e virou-a para desviar o carro do poste ameaçador. Experiência psicanalítica com fantasias de salvar alguém leva-nos a acreditar que esse sonho deve ser encarado em conjunto com a significação simbólica do poste telefônico, do carro, do ato de guiar, etc., sugerindo um temor quase à superfície de atração homossexual pelo motorista com o consequente impulso de fugir dessa situação e ao mesmo tempo punir-se (e exterminar o motorista).

Qual é a diferença entre acidentes fatais desta espécie e acidentes nos quais apenas uma parte do corpo é destruída? Aqui também podemos presumir a falta de participação plena do instinto de morte e suspeitar que ele foi comprado. Nisso corresponderia a outras formas de suicídio focal que estivemos estudando.

Tais especulações são apoiadas pelas mais seguras indicações de material de casos psicanalíticos. Uma paciente, por exemplo, teve a seguinte experiência: Ela falara durante várias semanas sobre a despesa da análise, como seu marido era sovina, como ele não lhe permitia concluir a análise, como ele era pequeno e mesquinho em questões de dinheiro e como o analista era mercenário por insistir em acordo comercial definido a respeito de honorários. Tornou-se claro que ela se sentia muito culpada por suas próprias tendências gananciosas que recusava admitir e por essa razão não tolerava aceitar dinheiro de seu marido, com quem era muito agressiva. Preferia tomar dinheiro do analista e conseguiu-o da seguinte maneira. Compareceu um dia à sessão analítica e anunciou que conseguira obter

---

80. *Boston Globe,* 5 de setembro de 1932.

empréstimo de um amigo, o que lhe permitiria continuar a análise sem depender da generosidade de seu marido, mas que seria obrigada a reduzir quase à metade a taxa que estava pagando, desde que isso fosse satisfatório para o analista. Como já estivesse quase no fim da hora quando ela fez tal comunicação, o analista simplesmente pediu que ela própria analisasse essa sugestão.

Depois de sair, a paciente dirigiu-se à sua casa, situada a certa distância, em seu próprio automóvel. No caminho, colidiu com outro carro e ambos os veículos ficaram seriamente danificados. Seus sonhos, suas associações e outros pequenos acidentes que sofreu nessa época demonstraram claramente que ela se sentia muito culpada por reduzir a taxa paga ao analista (tomar dinheiro do analista) e que seu agudo sentimento de culpa e seu subsequente desejo de punição levaram-na a dirigir de maneira a provocar o desastre. Ela confessou livremente que fora culpa sua, embora de ordinário fosse excelente motorista. Pareceu também servir como punição suficiente para permitir-lhe continuar o acordo financeiro sem que a consciência lhe doesse conscientemente.

Não só motoristas de automóveis, mas também pedestres demonstram com suas ações que estão dominados por forte desejo de destruírem-se ([81]). "PEDESTRES MATAM-SE POR DESCUIDO", dizia um anúncio de jornal de 14 de maio de 1936, usado em uma campanha contra acidentes de trânsito. "Quase 7.000 pessoas nos Estados Unidos no ano passado *caminharam imprudentemente para a morte (o* grifo é meu). *Não puderam esperar* até chegar ao cruzamento e à

---

81. O seguinte exemplo citado por Alexander *(Psychoanalysis of the Total Personality,* p. 30) é un desses casos:

"Este homem muito inteligente sofrerá no meio da vida uma severa depressão que se desenvolvera de uma malsucedida luta pela existência. Pertencia a uma família abastada e de projeção social, mas casou-se com pessoa de camada social diferente. Depois dessa aliança seu pai e o resto da família recusaram continuar mantendo relações com ele. Sua malsucedida luta pela existência durante muitos anos levou-o (devido a inibições neuroticamente determinadas) a um colapso psíquico total. Aconselhei-o a começar uma análise com um colega, porque eu mantinha relações pessoais com ele e sua família, e conhecia bem sua história anterior. Ele encontrou dificuldade para decidir-se. Certa noite, quando deveria ser tomada a decisão final sobre a análise, ele quis visitar-me a fim de conversar mais sobre os prós e contra. Contudo, não chegou à minha casa, pois foi atropelado por um carro nas vizinhanças. Foi levado para um hospital com numerosos ferimentos graves. Só no dia seguinte é que eu soube do acidente.

respectiva segurança dos guardas de trânsito e dos sinais luminosos. E assim, aos milhares, caminharam imprudentemente sua "última milha" até a eternidade... Atravessaram no meio do quarteirão, atravessaram no cruzamento desobedecendo ao sinal, brincaram na rua ou andaram pela pista – tudo isso contrariando diretamente o senso comum, senão a lei."

De acordo com O Conselho Nacional de Segurança, as estatísticas são realmente ainda piores. "Aproximadamente 340.000 vezes por ano pedestres que usam as ruas e estradas dos Estados Unidos "caminham para complicações". Esse é número anual de feridos que resultam de colisões entre veículo motorizado e pedestre." Mais de 16.000 desses casos foram fatais! [82]

Temos certeza que algumas dessas 16.000 mortes foram por culpa da vítima e meu esforço é no sentido de mostrar que frequentemente isso não pode ser explicado pela palavra "descuido". Afinal de contas, ser descuidado com a própria vida é por si só um sintoma e, do meu ponto de vista, um sintoma diretamente relacionado com o impulso autodestrutivo. Que pode o estatístico querer dizer com "contrariando diretamente o senso comum" senão que tal comportamento é contrário ao instinto natural de preservar a própria vida?

Quando o encontrei na divisão de terceira classe do hospital, ele estava enfaixado como uma múmia. Não podia mover-se e a única coisa que se via em seu rosto eram os olhos, nos quais havia um brilho eufórico. Estava com boa disposição, livre da melancolia opressiva dos dias anteriores. O contraste entre seu estado físico e seu estado mental era particularmente impressionante. As primeiras palavras com que me recebeu foram: "Agora eu paguei tudo, agora finalmente vou dizer a meu pai o que penso dele." Queria ditar uma carta resoluta a seu pai reclamando imediatamente sua parte da herança de sua mãe. Estava cheio de planos e pensava em começar vida nova.

"As relações econômicas são muito evidentes neste caso. Ele desejava substituir a análise por uma forma diferente de tratamento, pelo acidente de automóvel, a fim de libertar-se da pressão de seu sentimento de culpa. Em lugar de reconhecer esses sentimentos de culpa, sobreviveu a eles."

82. Sidney J. Williams, diretor da Divisão de Segurança Pública do Conselho Nacional de Segurança, de quem obtive essas estatísticas (ver *Accident Facts,* Chicago, 1936), escreve-me que a declaração a respeito das 7.000 pessoas citadas acima não deve ser atribuída ao Conselho Nacional de Segurança. Acha que não temos ainda sobre acidentes conhecimento suficiente para usar estatísticas de maneira a sugerir culpa ou responsabilidade, no que, naturalmente, está com toda a razão.

Um exemplo de tipo diferente de acidente proposital devo agradecer ao dr. G. Leonard Harrington, psicanalista de Kansas City. Uma moça de vinte anos sofria temores tão grandes que fora incapaz de frequentar escola desde os dez anos de idade. Durante a análise mencionou certo dia o desejo de exibir-se nua e pouco depois ocorreu-lhe a ideia de que gostaria de *cortar* seus cabelos púbicos. Em seguida confessou que no dia anterior a esse se masturbara com o dedo. O analista lembrou que no mesmo dia ela informara ter *cortado o dedo* "acidentalmente" com uma lâmina de barbear. Aí estão, portanto, dois conjuntos de dois acontecimentos associados precisamente da mesma espécie – um ato sexual proibido seguido por um corte.

Em outro caso, um paciente, que tinha propensão a atuar suas agressões e ódios de maneira dramática sobre vários membros da comunidade, dera a si próprio razão justificável para a noção de que talvez tivesse adquirido gonorreia. Fizera-o por meio de um ataque sexual a uma pessoa que identificara com seu irmão, pelo qual tinha sentimentos homossexuais e também muito ódio. Sentia-se culpado devido a esse episódio e passou a punir-se por muitas maneiras (além da gonorreia). Ficou muito deprimido e puniu-se severamente na questão de prazeres; gastou desnecessariamente muito dinheiro com médicos, limitou sua dieta e, com a ideia de que poderia contagiar alguém se absteve durante algum tempo de visitar todos os seus amigos. Além disso, teve numerosas fantasias de autopunição. Ficou sabendo da gravidade da infecção gonocócica na vista e torturou-se durante vários dias com a noção de que poderia ter pus nos olhos e tornar-se cego. Por essa razão, abandonou toda leitura, de que gostava muito. Lavava os olhos e protegia-os com escrupuloso cuidado, constantemente ansioso pela possibilidade de não evitar que eles sofressem lesão.

Certa noite, quando estava sentado meditando, notou que a porta de seu quarto não se fechava direito. Apanhou uma lâmina de barbear e sem procurar alguma coisa em que subir tentou raspar e aparar a porta para que se fechasse mais facilmente. Ao fazer isso conseguiu "acidentalmente" arrancar uma lasca de madeira ou tinta endurecida que entrou em seu olho, então voltado para cima, ferindo-o dolorosamente.

É claro que isso imediatamente lhe deu oportunidade para maior solicitude com o olho, mais visitas ao médico, mais apelos a simpatia e mais justificação para agressão. Ele próprio reconheceu tudo isso e o descreveu como um acidente proposital. E outro claro exemplo de automutilação equivalente a autocastração pois sabemos que ataques aos olhos, assim como temores em relação a eles, têm relação direta com ansiedade de castração.

Embora acidentes noticiados na imprensa diária sejam material extremamente insatisfatório para tirar-se conclusões científicas, não se pode deixar de ver certas implicações na seguinte circunstância: *Em um ano* fui capaz de reunir, sem ajuda de uma agência de recortes, cinco casos do mesmo notável fenômeno. Um homem planeja uma armadilha para outro homem desconhecido, geralmente um ladrão. Prepara a armadilha para proteger os bens de sua casa, esquece-se do que fez, volta depois de um intervalo, vai ao lugar que protegeu tão cuidadosamente e acaba sendo ele próprio morto ou ferido. Aqui estão os recortes:

MORREU EM SUA PRÓPRIA ARMADILHA CONTRA LADRÕES
CRIADOR DE PERUS ESQUECEU-SE DA ESPINGARDA QUE INSTALARA NA PORTA DO CERCADO

COMPTON, Califórnia, 6 de dezembro (AP) – Depois de repetidos furtos de seus penis por assaltantes noturnos, E. M. M., de 59 anos, instalou uma espingarda na porta de seu cercado com um barbante amarrado de modo a puxar o gatilho da arma quando a porta fosse aberta.
Na manhã de domingo, M. saiu às pressas para alimentar suas aves e esqueceu-se da armadilha. A carga da arma atingiu-o no estômago e ele morreu em um hospital.

Topeka State Journal, 7 de dezembro de 1931.

MORREU EM SUA PRÓPRIA ARMADILHA CONTRA LADRÃO O DR. B. H. B., ESCRITOR NATURALISTA, FOI MORTO QUANDO A PORTA SE ABRIU

DOYLESTOWN, Pensilvânia, 1.º de junho (AP) – O dr. B. H. B., escritor naturalista, foi encontrado morto ontem à noite em sua residência na colônia dos artistas em Centre Bridge, perto desta cidade, vitimado por uma de suas próprias armadilhas contra ladrões.
O dr. B. evidentemente estava morto desde sexta-feira. Um disparo de espingarda arrancara parte do lado direito de seu peito. Foi morto quando abriu a porta

de um armário na qual uma espingarda fora instalada como armadilha contra ladrão.
Topeka Daily Capital, 2 de junho de 1931.

ARMADILHA

Em Midland Beach, Staten Island, N. Y., o capitão Peter L., de 63 anos, da barcaça "Landlive", instalou uma espingarda de dois canos, apontando para a porta da frente de seu bangalô, com um barbante estendido do gatilho até o trinco da poita. Depois fechou o bangalô e foi fazer uma viagem no "Landlive". Quando voltou, foi dar uma olhada em seu bangalô. Esquecido, entrou pela porta da frente e teve sua própria perna arrancada pelo disparo.
Time, 1.º de janeiro de 1931.

CAIU EM SUA PROPRIA ARMADILHA CONTRA LADRÃO

DAVENPORT, Iowa, dezembro 21 (AP) – A. F., de 71 anos, estava ficando cansado das visitas de ladrões de galinhas. Instalou uma arma de fogo dentro de seu galinheiro com um dispositivo que a descarregaria quando a porta fosse aberta. Esqueceu-se disso e abriu a porta. Ficou ferido na perna.
Detroit Free Press, 21 de dezembro de 1931.

O seguinte caso adicional foi-me enviado:

HOMEM ALVEJADO POR SUA PRÓPRIA ARMADILHA CONTRA LADRÃO

Uma armadilha contra ladrão que realmente funciona é mantida de prontidão na loja de pneumáticos..., nesta cidade. Funciona tio bem que C. L,, um dos sócios da firma, está no hospital sendo tratado de um ferimento nos quadris que lhe foi causado esta manhã quando a armadilha entrou em ação no momento em que ele abria a porta da loja para iniciar os negócios. Informa-se, que, ao abrir a porta, o sr. L. sé esqueceu de desligar a chave ligada à armadilha, que continha uma pistola calibre 45. Quando virou o comutador para acender a luz a pistola disparou.
Owensboro Messenger, 14 de maio de 1933.

O seguinte exemplo é semelhante aos casos de armadilha contra ladrão pelo fato do homem ter-se tornado acidentalmente vítima de seu inimigo declarado:

Em Chicago, o veterano ferreiro P. R. afirmou jactanciosamente por ocasião de seu 63.º aniversário que os automóveis nunca acabariam com seu negócio. O ferreiro R. ferrou seu último cavalo, fechou sua oficina, desceu da calçada, foi atropelado por um automóvel e morreu.

Time, 9 de novembro de 1931.

Esses exemplos oferecem forte prova circunstancial da intenção e necessidade inconscientes que tais indivíduos têm de matar-se devido a seus desejos inconscientes em relação a outra pessoa, sob o disfarce de acidente ([83]). Por meio de estudos psicanalíticos sabemos que esse ladrão desconhecido em geral representa determinada pessoa nas fantasias inconscientes de quem prepara a armadilha.

Examinei recentemente um indivíduo condenado por homicídio no qual essa significação especial do homem desconhecido (a vítima do homicídio) estava vividamente ilustrada. O homicídio fora cometido nas seguintes circunstâncias: O "paciente" (presidiário) e dois companheiros estavam viajando pelo campo e deixaram seu carro em uma garagem para alguns consertos. Desceram a rua a pé, tarde da noite, e viram um homem adormecido dentro de um automóvel estacionado no meio fio. Sem qualquer provocação, sem sequer ter visto o rosto do homem em quem atirou, o jovem ergueu sua arma e matou o homem adormecido. Confessou-se culpado e foi sentenciado a prisão perpétua. O homicídio ocorreu há vários anos, mas até hoje o homicida não é capaz de apresentar a menor explicação para seu ato. Um estudo de sua vida revelou, porém, que para ele (embora disso absolutamente não tivesse consciência) a pessoa morta representava o homem que se casara com a querida irmã mais velha do paciente. Naturalmente, essas identificações de "um homem desconhecido"

---

83. Theodor Reik *(The Unknown Murderer, op cit.,* p. 74) acentua que o criminoso muitas vezes se trai ou causa realmente sua própria autopunição por meio de um acidenta proposital, ponto que foi também ressaltado por Alexander. Entre vários exemplos dados por *Wulffen (Kriminal– Psycholagie),* Reik cita o caso de Franz Gal, que ouviu dizer que seu vizinho Varga vendera seus bois por 900 coroas. Esperou que Varga e sua esposa deixassem a casa e então roubou o dinheiro. A filha do casal, de seis anos, estava sozinha na casa e Gal decidiu eliminar a perigosa testemunha. Amarrou uma corda em uma viga do forro, fez nela um laço e pediu à criança que enfiasse a cabeça nele. A menina pediu-lhe que mostrasse como era, Ele subiu em uma cadeira e mostrou. De repente, a cadeira escorreu embaixo dele, que foi apanhado pelo laço. A assustada menina saiu correndo da casa. Quando os pais voltaram o homem estava morto. Este (diz Reik) é um exemplo de ato falho parecendo-se com acidente, de suicídio disfarçado como falta de jeito.

são bem conhecidas, mas é raro que a compulsão neurótica chegue a tal extremo criminoso sem alguma racionalização, alguma consciência das identificações ou então uma psicose. Neste caso, porém, o estranho foi inconscientemente identificado com o estranho que se intrometera na feliz vida amorosa do jovem com sua irmã.

É preciso também depender de notícias da imprensa para indicações a respeito de suicídios acidentais inconscientemente propositais, pela evidente razão de que tais casos, quando concretizados, não são mais passíveis de estudo clínico. Às vezes parecem perfeitamente evidentes. O seguinte relato, por exemplo, deixa pouca dúvida de que o acidente fatal tenha sido em parte consequência auto aplicada de terrível raiva:

OBA

No Bronx, N. Y., Rose McM., de 14 anos, ganhou 25 centavos e teve permissão para ir ao cinema. Muito alegre começou a dançar e gritar "Oba" Seu sonolento pai, Thomas McM., mandou-a ficar quieta. Ela gritou de novo. Furioso e enraivecido, Thomas McM. levantou-se, tropeçou, caiu de ponta cabeça era um armário de louça, cortou a garganta, fraturou o crânio e morreu.
Time, 9 de fevereiro de 1931.

Em relação com esse episódio deve-se ler outro mais conhecido no qual a reação suicida à raiva foi intencional. Por exemplo, o seguinte:

CRIANÇA RI: PAI DE 11 FILHOS MATA-SE

J. G., de 52 anos, residente em..., perto de..., matou-se com um tiro ontem depois de uma série de pequenos aborrecimentos. Tinha um emprego de mecânico e ganhava o suficiente para ter uma boa vida com seus onze filhos. Ontem era seu dia de folga e ele fazia pequenos consertos em sua casa. Quando foi comprar material de encanamento danificou ligeiramente seu carro – e depois verificou que o material comprado tinha defeitos. Um de seus filhos riu e isso pareceu irritá-lo.
Chicago Herald Examiner, 26 de novembro de 1930.

Não basta indicar que esses acidentes servem a um propósito inconsciente. É essencial saber exatamente que propósito e isso só podemos *inferir* dos relatos de jornais, ao passo que nos casos estudados psicanaliticamente podemos ver precisamente como o acidente serve para punir o indivíduo por atos ou desejos culposos. Nos casos que não são fatais, porém, essa punição serve não só como preço de expiação, mas como permissão para entregar-se novamente aos mesmos atos ou fantasias culposas. Isso é perfeitamente claro em um dos casos antes citados. O ato culposo estimula a consciência a exigir um preço do ego. Em alguns casos esse preço é a pena de morte (auto aplicada). Em outros casos, porém, parece ser menos severo e, no entanto, curiosamente, um pagamento em excesso. Isso só pode ser explicado em termos de economia psicológica se supusermos que a automutilação local é em um sentido ou outro um resgate e protege o ego contra a imposição da pena de morte. Esta oferenda de uma parte pelo todo, não só para expiação do passado, mas para proteção futura, é tão conhecida na política e no banditismo americanos quanto nos velhos rituais religiosos judaicos de sacrifício. O proprietário de um negócio ilegítimo paga "dinheiro de silêncio" ou "proteção" à polícia de seu distrito, a qual, a fim de conservar seu suborno, paga uma parte dele a autoridades mais altas e assim por diante. Ocasionalmente, porém, todo esse sistema se desmorona; por exemplo, se o proprietário recusa pagar o preço. Nesse caso, as forças externas da lei e da ordem são invocadas e o negócio ilegítimo é suprimido.

Pode-se ver esse mesmo princípio de pagamento periódico para entrega continuada a tendências eróticas ou agressivas proibidas em muito pacientes neuróticos e a melancolia é muitas vezes prevenida ou adiada por várias técnicas obsessivas e compulsivas. Esse princípio é particularmente discernível nos pacientes descritos como "caracteres neuróticos (Ver Parte II, Capítulo 4). Em tais indivíduos, as agressões, como vimos, tendem a ser atos mais que fantasias e são bem conhecidas das pessoas que têm intimidade com o paciente. Pode-se suspeitar da presença dos mesmos mecanismos na vida de certos indivíduos que parecem ser vítimas de sucessivos desastres com uma regularidade fantástica, às vezes quase incrível.

O seguinte exemplo de um caso desses foi resumido em *Time* (19 de março de 1934). Esse homem, diz a notícia, foi atingido três vezes por raio; foi enterrado vivo em uma mina de carvão; foi lançado ao ar por disparo de canhão, sofrendo a perda de um braço e um olho; e foi enterrado vivo sob duas toneladas de barro. "Em seguida caiu de um penhasco de trinta pés de altura, depois foi jogado longe por um cavalo ç arrastado através de uma cerca de arame farpado. Em seguida caiu de um trenó em velocidade, fraturando o crânio. Aos oitenta anos teve uma pneumonia dupla, da qual se restabeleceu. Aos oitenta e um sofreu um ataque de paralisia. Aos oitenta e dois um cavalo e um carro passaram por cima dele. Aos oitenta e três foi atropelado por um automóvel." No mesmo ano, escorregou no gelo e fraturou a bacia!

Dificilmente poderíamos esperar ter oportunidade de investigação psicanalítica sobre um velho de oitenta e três anos com tal sucessão de acidentes, mas à luz dos casos que estudamos e dos princípios que deles podemos derivar, somos capazes de deduzir alguma coisa sobre o conteúdo mental inconsciente da personalidade que é forçada a repetidas competições com a morte, mas é capaz de sair vitoriosa todas as vezes, embora à custa de sofrimento.

Um de nossos ex-pacientes tivera vinte e quatro desastres importantes em sua vida, incluindo, por exemplo, o envenenamento acidental de seu próprio filho e três acidentes sucessivos de automóvel no mesmo lugar, sendo seu carro inteiramente destruído em cada uma das vezes. Destroçou sucessivamente onze automóveis. Foi possível descobrir que sua culpa resultava em parte de terríveis desejos inconscientes de matar certos membros de sua família.

Para essa constante *adição a autodestruição acidental,* que eu saiba não existe um termo muito bom, mas jornalistas batizaram com bastante propriedade essas vítimas do "destino" como "campeões do azar". Todo o mundo conhece tais indivíduos – pessoas que parecem impelidas a meter-se em encrencas, não em resultado de complicações de seu próprio comportamento, como no caso dos caracteres neuróticos antes discutidos, mas em resultado de alguns conflitos com a realidade que parecem ser fortuitos [84]. Suas vidas não são senão uma série de desventuras, de golpes do Destino [85], de fatídicos acidentes. Seria difícil dizer quantos de tais caracteres escolhem inconscientemente o caminho pedregoso que parecem obrigados a

---

84. Os jornais usam o termo "campeão do azar" para ambos os tipos.
85. A dra. Helena Deutsch descreveu a *Neurose ao Destino* na *Review Française de Psycfumalyse,* Vol. IV, N.º 3 (resumido na *Psychoanalysis Review,* julho de 1935, pp. 315-16), mas com ênfase um tanto diferente.

percorrer através da vida, mas em nosso íntimo existe a suspeita de que em algumas dessas pessoas se trata realmente de um caso de escolha inconsciente.

Exemplos desse fenômeno podem ser melhor obtidos na imprensa diária do que na prática clínica, porque tais pessoas em geral de maneira nenhuma se consideram responsáveis por seus infortúnios e por isso não são pacientes psiquiátricos apropriados. Seguem-se alguns exemplos típicos colhidos nos jornais:

PETER LUDIBRIA NOVAMENTE O DESTINO

Campeão do azar com cinco anos sobrevive a outro acidente Blackburn, Inglaterra, 30 de agosto (AP) – P. L., de cinco anos, sobreviveu a mais um acidente.

Foi levado esta noite para um hospital depois de receber no rosto um coice de cavalo. Anteriormente em sua curta vida já fora atropelado por um cavalo e também por uma bicicleta. Depois caíra da janela de um quarto e deslocara o ombro. Recentemente subira no telhado de um moinho e acenara com seu boné para uma multidão horrorizada, até escorregar e cair. Segurara-se, porém, em uma saliência e fora salvo.

Ontem à noite caíra pela segunda vez dentro de um fundo canal e quase se afogara.

Topeka Daily Capital, 30 de agosto de 1929.

Outro exemplo:

Sioux Falls, Dakota do Sul, 20 de novembro – E. P. L., viajante de Sioux Falls, tem o direito de reivindicar o melancólico título de campeão mundial de vítima de acidente. Isso começou quando tinha onze dias de vida. Caiu do berço e quebrou o braço esquerdo.

Aos quatro anos de idade caiu de um cavalo e quebrou o braço direito. Depois, aos seis anos, quando tentava bater uma estaca com uma machadinha, cortou o pé esquerdo até o osso. Um ano mais tarde, foi chifrado com tanta força por um touro e quase morreu, quebrando um braço, quatro costelas, um osso do pescoço e ambas as pernas.

Em seguida teve alguns anos de imunidade. No começo da adolescência entrou para um circo. Uma de suas tarefas era mergulhar por cima de três elefantes e cair em uma rede. Uma vez caiu ao fazer isso e quebrou sua perna esquerda já tantas vezes fraturada.

Seu maior acidente ocorreu em 1906, quando era guarda-freio em um trem cargueiro. Correndo ao longo do trem em movimento, pisou em uma tábua podre e caiu na linha. Trinta e sete vagões passaram sobre ele, mas nenhum o feriu, até quando chegou o *caboose*, ocasião em que suas roupas ficaram presas nas rodas e ele foi arrastado durante três milhas. Seu braço esquerdo foi arrancado, seus dedos dos pés foram cortados, seu crânio foi fraturado e seu lado esquerdo foi esmagado. Mas ele escapou com vida.

Só em 1925 veio a ocorrer outro acidente sério. Nesse ano, andando em um vagão de passageiros, escorregou no corredor e quebrou uma vértebra da espinha, ficando temporariamente paralítico. Depois de restabelecer-se, saiu para dar um passeio em automóvel. O carro rodou por um barranco de 45 pés de altura e caiu em um rio, no qual ele quase se afogou.

No mesmo ano, voltou a cair no corredor de um Pullman, deslocando a espinha e torcendo ambos os tornozelos. Depois apanhou escarlatina e passou seis semanas no hospital. Durante sua convalescença adquiriu reumatismo inflamatório e não pôde andar durante dezenove semanas.

A isso seguiu-se a explosão de um fogão a gás em uma barraca de acampamento de turistas. L. foi envolvido pelas chamas e só a imediata atenção de amigos o salvou de morrer queimado.

Apesar de seus numerosos acidentes ele é um homem alegre.

"A gente precisa provar a parte amarga da vida para sentir o sabor da parte doce", diz ele.

Topeka Daily Capital, 21 de novembro de 1927.

Esses exemplos ocasionais de acidentes repetidos são interessantes do ponto de vista de nossa teoria. Embora provavelmente ocorram com mais frequência do que percebemos, casos extremos como os mencionados não podem ser considerados senão como excepcionais e em certo sentido esquisitos.

No entanto todos os acidentes eram no passado considerados sob a mesma luz, isto é, como "meros acidentes", infelizes, ocasionais e esquisitos, mas, exceto em poucos casos, não muito importantes. Essa atitude está sendo agora vigorosamente combatida por numerosas organizações e indivíduos para os quais o fato de 100.000 ou mais pessoas serem anualmente mortas em acidentes nos Estados Unidos é apenas um dos numerosos e assustadores testemunhos da injustificabilidade de atitude tão casual em relação a eles. O Conselho Nacional de Segurança computou o custo e calcula em aproximadamente três biliões e meio de dólares por ano o custo econômico das mortes, ferimentos e danos em veículos motorizados resultantes de acidentes. Surpreenderia a muitas pessoas saber que diariamente morrem em acidentes mais pessoas do que em resultado de qualquer moléstia, exceto doença cardíaca, e que os acidentes se classificam em terceiro lugar entre as causas de mortes de todas as pessoas nos Estados Unidos. Nas idades de três a vinte anos, acidentes matam mais pessoas que qualquer doença e desde os três até os quarenta anos um homem tem mais probabilidade de morrer de acidente do que de qualquer maneira.

Cada cinco minutos alguém é morto em um acidente nos Estados Unidos e enquanto uma pessoa é morta em acidente uma centena de outras está sendo ferida. É um tanto assustador pensar que enquanto você leu estas páginas várias pessoas foram mortas e várias centenas de outras foram feridas só em nosso país.

Essas estatísticas só podem chamar nossa atenção para a gravidade do problema. Há numerosos planos em desenvolvimento para reduzir os riscos de acidente na indústria, no tráfego, na vida agrícola e no lar. Contudo, todos esses planos e o trabalho da maioria das agências interessadas no problema, segundo me parece, deixam de levar em suficiente consideração o elemento autodestrutivo que se oculta atrás de muitos "acidentes".

SUMÁRIO

Em conclusão, pode-se dizer que, embora alguns dos exemplos mais dramáticos de acidentes propositais e das habituais vítimas do "destino" sejam encontrados nos jornais noticiosos, para a compreensão exata e definitiva deles ainda faltam dados mais minuciosos. Através dos casos desse tipo estudados psiquiatricamente, porém, é possível ter certeza da existência dos mesmos motivos que nos são familiares em outras formas de autodestruição, seja ela extrema (suicídio) ou parcial (automutilação, submissão compulsiva a cirurgia, simulação de doença ou ferimento). Esses motivos incluem os elementos de agressão, punição e propiciação, com a morte como resultado ocasional, mas excepcional. A última observação leva-nos a suspeitar que o princípio de sacrifício atua aqui de tal modo que em certo sentido o indivíduo se submete à possibilidade ou certeza de acidentes nos quais tem pelo menos uma probabilidade de escapar, de preferência a enfrentar uma destruição que teme, ainda que ela só o ameace em sua consciência e imaginação. Dessa maneira é conseguida uma neutralização parcial dos impulsos destrutivos. Entrementes, o interesse prático pelo importantíssimo problema de morte e ferimento acidentais está aumentando, mas até agora sem o benefício da pesquisa nesse aspecto fundamental da questão.

6/ Impotência e Frieza

Um dos resultados da exploração científica da vida mental inconsciente foi o reconhecimento de algo que nao é preciso dizer a nenhuma criança, nenhum selvagem, nenhum animal e nenhum homem natural, simples e honesto: isto é, a importância que têm para o indivíduo seus órgãos genitais e sua vida sexual. Hoje parece estranho que, por ter apontado esse fato evidente e a maneira como a civilização tendeu a obscurecê-lo e negá-lo hipocritamente, Freud tenha sido alvo de tal torrente de injúrias partidas de todos os círculos, injúrias que só serviram para marcar seus autores como ignorantes, hipócritas ou neuróticos. No entanto, é ainda possível descobrir traços dessa pudicícia outrora prevalecente.

Tomemos, por exemplo, a atitude generalizada em relação à diminuição funcional, *destruição* funcional, da genitalidade, isto é, a impotência sexual e a frieza sexual. Tão generalizadas são essas afecções em algum grau, que algumas autoridades as consideram como quase universais entre povos "civilizados", um sacrifício inevitável ao progresso da civilização [86]. Diante disso, é eloquente testemunho

---

86. Ver Freud, *Collected Papers, op. cit., Vol. IV, Contributions to the Psychology of hove*, pp. 192-235; e *Civilization and Its Discontents,* Cape and Smith, 1930, p. 76.

da persistência da hipocrisia vitoriana (e anterior) o fato de, mesmo em círculos científicos, esse assunto ser ainda tabu. Escrever ou falar sobre ele é quase o mesmo que rotular-se de charlatão ou sensacionalista. Um grande livro didático de medicina, por exemplo, refere-se à impotência em apenas três lugares e à frieza em lugar nenhum; por outro lado, as referências à diminuição da capacidade de andar ocupam no mesmo livro mais de *uma página inteira do índice!*

As livrarias foram ultimamente inundadas por bem intencionados e bem escritos tratados sobre sexo e muitos deles são bem explícitos sobre esses sérios e generalizados males, a gonorreia e a sífilis. A impotência e a frieza são muito mais prevalecentes e, do ponto de vista do paciente, mais sérias.

A impotência como sintoma transitório é uma experiência quase universal – embora seja com frequência negada. A impotência habitual, parcial ou completa, é muito mais frequente do que sabem ou presumem os próprios médicos. Alguns homens são constantemente humilhados ou deprimidos por ela, enquanto outros a aceitam filosoficamente como algo inexplicável, mas irremediável. Alguns na realidade não percebem seu estado. Muitos homens que se acreditam potentes e que executam o ato sexual de maneira mecanicamente correta, muitas vezes para completa satisfação de suas esposas, obtêm dele apenas um mínimo de prazer; esta ausência de prazer é uma forma não reconhecida de impotência. Outra manifestação dessa mesma espécie de impotência psíquica é o sentimento de remorso e perda depois de concluído o ato. Lembro-me, por exemplo, de um paciente que, tendo insistido na realização do ato, depois de completá-lo, censurava sua esposa amargamente por ter-lhe permitido realizá-lo, declarando que ia ficar nervoso e esgotado o dia inteiro, que poderia apanhar um resfriado e poderia ficar mentalmente enfraquecido. Ainda outra forma de impotência, muitas vezes não reconhecida como tal, consiste na prematuridade do orgasmo.

Talvez não seja evidente por si próprio que a frieza em mulheres é psicologicamente idêntica à impotência nos homens. Sem dúvida, na mentalidade popular não são a mesma coisa; presume-se que a impotência é excepcional e que a frieza é frequente, mas menos séria. Numerosas investigações estatísticas foram feitas sobre a frequência da frieza em mulheres, mas ninguém pensa em fazer inquérito semelhante entre homens. Isso é em parte devido às formas mais sutis que a impotência masculina assume com frequência, mas ainda mais, penso eu, à tácita aprovação da repressão sexual nas mulheres. Existem realmente pessoas de ambos os sexos que não sabem que o sentimento sexual consciente é experimentado por mulheres.

Total desinteresse pela sexualidade genital, tolerância da relação sexual "por causa de meu marido", completa falta de sensação, dolorosa ou agradável, caracterizam grande número de mulheres, a acreditar-se na experiência clínica e nas investigações estatísticas. As mulheres assim afligidas frequentemente demonstram certo interesse intelectual pelo sexo, podem mesmo ler livros sobre o assunto, mas em geral, como o seu correspondente masculino, não consultam médicos, não discutem o assunto com amigas ou vizinhas. Todo o assunto é livro fechado, mencionado o mínimo possível.

Em flagrante contraste com o grupo precedente a esse respeito, há mulheres que têm sensações de prazer fracas ou inconstantes ligadas ao ato sexual e até mesmo – a longos intervalos – experimentam um ocasional orgasmo. Essas mulheres, em geral, preocupam-se genuinamente com seu mal e fazem enérgicos esforços para tornarem-se normais. Leem livros sobre o assunto em grande número, consultam amigas, vizinhas, médicos e charlatões, tentam toda espécie de experiências. Lembro-me de um homem e sua esposa que se sentiam tão aflitos pela frieza da última que chegaram mesmo a tentar a experiência de fazer um amigo do marido coabitar com ela para ver se isso podia "fazer diferença". Provavelmente muitos casos de infidelidade conjugal de mulheres dependem em parte desse motivo.

Essas condições – tanto em homens como em mulheres – têm sido interpretadas de numerosas maneiras. Ocasionalmente (raramente) foram encontradas alterações "orgânicas" e a causalidade foi atribuída a elas; inúmeras operações (em minha opinião) sem fundamento lógico foram executadas; teorias glandulares foram desenvolvidas e tratamentos apropriados foram inventados para ajustar-se a essas teorias e tudo isso teve ocasionalmente – resultados terapêuticos positivos. Mas o mesmo aconteceu com hipnotismo e óleo de cobra; embora isso seja corriqueiro, é necessário acrescentar que ocasionais resultados terapêuticos positivos nada provam.

Todas essas teorias de etiologia estrutural e química são corretas, mas não são a verdade. São *parte* da verdade; mas ignoram o fator psicológico. Fatores físicos (alterações estruturais) contribuem para a patologia; fatores químicos (mau funcionamento glandular) contribuem também; mas fatores psicológicos também contribuem e (em minha opinião) – *neste mal determinado* – são mais acessíveis à vista, mais sujeitos a modificação e mais sensíveis a terapia, no caso mediano, do que os fatores físicos e químicos. Por esta razão, escolhi esta síndrome para com elas iniciar uma exposição do papel da psique em males somáticos, que será desenvolvida mais amplamente na próxima seção.

Podemos considerar essa diminuição funcional como uma inibição, um sintoma negativo, por assim dizer, e, em certo sentido, uma perda ou *destruição* de atividade normal, de prazer normal. É o equivalente funcional da autocastração real, cujos motivos foram anteriormente discutidos, pelo fato dos órgãos genitais, embora não sejam substancialmente sacrificados, serem tratados como se não existissem. E assim como a autocastração é o protótipo de toda automutilação, a impotência é o protótipo de todas as inibições funcionais. Nesse sentido, poder-se-ia dizer que constitui o padrão original e a exemplificação da histeria. O aspecto característico da histeria é essa renúncia a uma função em lugar da renúncia ao órgão propriamente dito.

Quando dizemos que um sintoma tem origem histérica, queremos dizer que resultou de modificações na forma ou função de um órgão a fim de satisfazer certos propósitos e intenções inconscientes da personalidade. Sabemos que todas as funções do organismo se esforçam por satisfazer os desejos, os anseios instintivos, do indivíduo em face de um ambiente hostil ou indiferente. Os psicólogos demonstraram que, quando há ameaça de perigo e desejamos lutar, o corpo se prepara automaticamente. O sangue corre *da* pele *para* os músculos, glicogênio é mobilizado em grande quantidade, adrenalina e protrombina são segregadas em abundância para acelerar a defesa fisiológica. Tudo é realizado automaticamente pelo corpo a fim de tornar possível a satisfação de desejos belicosos, desejos que dificilmente podem ser conscientes.

Essas reações de defesa podem envolver unidades mais complexas. Por exemplo, um soldado nas trincheiras fica traumatizado pelas explosões. Paralisadas pelo medo, suas pernas recusam levá-lo para o campo de maior perigo. Essas reações ampliadas de defesa não são discriminatórias e não são tão automaticamente autorreguladas quanto as mais antigas e mais simples, de maneira que as pernas do homem recusam também levá-lo para qualquer outro lugar, mesmo para um lugar mais seguro. Assim reconhecemos que tais defesas, embora executando os propósitos de um desejo, violam outros desejos da personalidade – e, portanto, podemos chamá-las de sintomas. Os sintomas são, em certo sentido, sempre destrutivos e quando surgem dessa maneira podem ser com razão descritos como produtos de combinações autodestrutivas. Isso é verdade, ainda que o "desejo" ou impulso determinante que leva ao conflito e ao sintoma seja auto conservador. O soldado sacrifica (durante algum tempo) o uso de suas pernas a fim de salvar (conforme pensa) sua vida. A auto conservação vence, mas à custa de uma pequena (pelo menos, menor) autodestruição.

O fato do conflito ser inconsciente é intrínseco à explicação. Um desejo consciente pode ser tratado racionalmente – ser satisfeito ou rejeitado, e a solução aceita. Mas desejos inconscientes (inclusive temores dos quais desejamos escapar) são tratados de maneiras automáticas inconscientes, muitas vezes extremamente irracionais e desfavoráveis para a personalidade, por meio de sintomas e inibições. Atrás destes há sempre um desejo inconsciente e um conflito.

A impotência e a frieza podem ser consideradas estritamente comparáveis à paralisia histérica das pernas pelo traumatismo resultante de explosões. Devemos perguntar a nós mesmos o que no ato normal da reprodução pode criar para tantas pessoas o terror e o perigo de um campo de batalha, a ponto de induzir à renúncia voluntária ("autodestruição") da capacidade para o ato e de seu prazer. Que grande e irracional temor pode abrigar-se no inconsciente para tornar necessária essa reação automática de defesa em face de tão poderosos desejos conscientes em sentido contrário? Devemos esperar grande dificuldade para determinar isso porque as funções dos órgãos sexuais despertam o mais alto grau de orgulho e vergonha; são, por isso, mais obscuramente veladas.

A primeira ideia do médico praticamente seria a que algumas de suas pacientes lhe dizem: "Eu desejo muito entregar-me", diz uma delas, "mas tenho tanto medo de gravidez". Ou então diz que tem medo de ser machucada pelo marido. Homens também se queixam de que não podem ser potentes com sua esposa pelo temor de machucá-las e que têm tanto medo de doença venérea, que não podem ser potentes com qualquer outra mulher.

Não devemos, porém, considerar muito literalmente esses temores *conscientes*. É claro que podem ser em parte justificados pela realidade, mas só em parte. Há meios de contornar a dor, há meios de evitar doença venérea, há meios de prevenir gravidez. Sabemos pela experiência que esses medos conscientes são "álibis". Por baixo deles há medos inconscientes mais poderosos, medos provenientes de várias fontes. Já vimos indicações deles anteriormente, na análise de martírio, poli cirurgia e automutilação, mas agora os estudaremos geneticamente em uma situação especial, uma situação que consideramos psicologicamente fundamental.

O MEDO DA PUNIÇÃO

Um dos mais poderosos determinantes de medo inconsciente é a expectativa de punição. Em adultos normais é feita distinção entre coisas que a sociedade realmente pune e atos pelos quais se espera punição apenas devido a uma falsa impressão da infância. Para muitas pessoas o sexo é ainda uma espécie de mal, portanto punível.

Um homem casado com uma mulher que inconscientemente representa para ele uma nova edição da mãe, que inibiu suas atividades sexuais na meninice, não pode vencer esse medo suficientemente para permitir que seu corpo satisfaça seus desejos instintivos. O Hindu que se senta sobre um pé durante vinte anos, por acreditar que esse é seu dever religioso, não poderia levantar-se de um salto e sair correndo, mesmo que ameaçado por um incêndio ou atraído por uma grande recompensa.

Durante toda a vida a pessoa é inconscientemente dominada por atitudes da infância. Na pessoa normal, os infelizes mal-entendidos da infância são corrigidos por experiência posterior, mas não implica em fraqueza de inteligência o fato de algumas pessoas não serem capazes de superá-los. As reações de consciência são determinadas no começo da vida e só mudam pouco em resultado de experiência. Assim, com ou sem a presença de temores conscientes e independentemente deles, existe no inconsciente de muitas pessoas um medo irresistível de punição, que é excitado a grande atividade precisamente no momento em que o ego acredita estar ameaçado de uma sedutora tentação de natureza outrora associada a dor punitiva; e a proibição desse prazer é, ao mesmo tempo, uma punição em si própria.

Recursos de todas as maneiras são utilizados pelo inconsciente para contornar *esse* medo e permitir que as satisfações sexuais proibidas sejam psicologicamente aceitáveis. Por exemplo, lembro-me de uma mulher que não era capaz de sentir prazer na relação sexual com seu marido porque durante o ato aparecia sempre à sua frente um retrato de seu pai com expressão severa e desaprovadora no rosto. Essa mulher e seu marido descobriram que, se o marido batesse nela como se estivesse com raiva, ela podia sentir normalmente prazer na relação sexual. É perfeitamente claro, penso eu, que essa mulher tinha a impressão partilhada por tantas crianças de que a punição conserta tudo e uma punição serve tão bem (ou melhor) do que outra. Por isso, ela conseguia afastar o rosto carrancudo do pai submetendo-se à punição que julgava merecer por entregar-se a um ato sexual desaprovado por ele.

Precisamente a mesma coisa se aplica aos homens. De fato, é essa necessidade de punição que explica os resultados favoráveis às vezes obtidos com doloroso tratamento aplicado aos órgãos genitais por urologistas e ginecologistas, embora raramente ou nunca a impotência ou a frieza dependam de patologia estrutural, excetuados os casos endócrinos e neurológicos.

Como esse medo de punição pode ser relacionado com o desejo de punição que encontramos tão frequentemente até aqui? Repetirei o que foi dito antes: *histeria,* da qual a impotência e a frieza são típicas, de fato prototípicas, pode ser definida como uma condição em que a função de um órgão é abandonada ou modificada – com o propósito de prevenir uma lesão prevista naquele órgão ou sua extração. Expressado em termos mais familiares, o órgão histérico pede (deseja) punição de ordem menor a fim de evitar punição de ordem maior.

O COMPONENTE AGRESSIVO

Por trás de tal expectativa de punição talvez existam apenas essas errôneas concepções e falsas associações da infância. Todavia, experiência clínica mostrou que elas tendem a fundir-se com elementos menos inocentes. Um medo comum por trás da impotência e frieza – às vezes consciente, com maior frequência inconsciente – e comum tanto a homens como a mulheres, é o medo de ferir ou ser ferido pelo parceiro sexual. Esses temores traem fantasias sádicas. Sabemos que por trás de muita coisa que passa por amor existe um profundo ódio inconsciente, ódio que nega a satisfação erótica procurada conscientemente e ao mesmo tempo, por meio dessa própria autonegação, expressa a agressão – o ódio, o repúdio, o desprezo *em* relação ao parceiro. Isso é particularmente claro na condição conhecida como *ejaculatio praecox,* na qual o homem suja efetivamente a mulher, além de frustrá-la, como um bebê zangado que urina em sua pajem ([87]).

Por que um homem odiaria uma mulher que pensa amar? Há três razões comuns para isso:

Uma das bases mais comuns para ódio inconsciente é o desejo de vingança. Pode ser vingança por algo que tenha acontecido recentemente ou por algo que tenha acontecido muito tempo antes nas mãos de pessoas inteiramente diferentes. Muitas pessoas passam a vida tentando descontar em alguém sentimentos que nelas foram gerados quando eram crianças. Deve-se lembrar que Don Juan, o grande ca-

---

87. Esta condição foi estudada e os fatores psicológicos analisados em um magistral artigo de Abraham (Abraham, Karl, *Selected Papers on Psychoanalysis,* tradução inglesa de Bryan e Strachey, Londres, Hogarth, 1927, pp. 280-98.

fajeste do mundo, foi abandonado por sua mãe no início da infância; passou a vida inteira tratando outras mulheres exatamente como sua mãe o tratara, primeiro amando-as e depois as abandonando.

Um paciente do sexo masculino, homem muito bem-sucedido, estava em tratamento psicanalítico por causa de depressões periódicas. No decorrer do tratamento, revelou-se que ele manifestara certa espécie de impotência com sua esposa. Seus preliminares eróticos eram acompanhados por ternura e amor que excitavam muito sua esposa, após o que ele perdia completamente o interesse ou sofria *ejaculatio praecox*. Em sua análise tomou-se perfeitamente claro que o propósito disso era frustrar a esposa, o que fazia realmente com muito êxito. Intuitivamente ela percebia a natureza hostil desse tratamento abortivo, ficava histericamente nervosa, tão aflita que chorava e batia nele com os punhos. Isso o deixava arrependido e deprimido. Esse homem crescera em uma família presidida por tuna mãe muito competente e enérgica, que se interessava muito mais por seus clubes e atividades sociais do que por seus filhos. O paciente fora o primeiro filho e seu nascimento provavelmente não fora planejado, pois interrompeu um projeto que sua mãe tinha em execução e ao qual se dedicou durante vários anos depois do nascimento da criança, deixando-a em grande parte nas mãos de uma governanta. Durante sua análise ele se lembrou com grande emoção de como se ressentia amargamente do frequente abandono em que sua mãe o deixava, contra o qual ainda em criança protestava chorando furiosamente e tendo o que chamavam de acessos de raiva. Quando era castigado por isso, apenas ficava ainda mais ressentido. Foi frustrado por sua mãe e carregou durante toda a vida o desejo de frustrá-la em troca.

Outra razão de ódio inconsciente, especialmente da parte de mulheres, é um desejo não tanto de vingar a si próprias quanto de vingar suas mães. Quando criança pensam que suas mães estão sofrendo nas mãos de seus pais e quando ficam sabendo algo sobre relação sexual interpretam-no como um violento ato de crueldade. Naturalmente muitas mulheres na realidade favorecem essa impressão da parte de suas filhas, dispondo-as contra os pais e advertindo-as de que todos os homens devem ser temidos. Essas mães pensam estar protegendo suas filhas, mas sabemos que estão apenas se vingando de seus maridos. Por essas várias razões a filha cresce decidida a descontar seu velho rancor contra o homem. Disfarça esse espírito de vingança com amor, mas mais cedo ou mais tarde seu marido sofre as consequências.

Uma terceira razão de ódio é a inveja. Inconscientemente homens invejam mulheres e mulheres invejam homens em escala muito maior do que comumente se reconhece. Vimos e discutimos isso repetidamente nos capítulos anteriores. Desempenhar o papel feminino passivo normal parece a algumas mulheres uma espécie de humilhação que não podem suportar. Na presença do ódio ditado por tal inveja a mulher não pode deixar de ser fria. Alguns homens, por outro lado, muitas vezes invejam as mulheres não só por sua posição protegida e seus privilégios sociais, mas (ainda mais fundamental) por sua capacidade de ter filhos. Essa rejeição inconsciente de seu papel biológico por parte de homens pode ser compensada pelo desenvolvimento de algum outro tipo de criatividade, mas em outros casos se trai em manifestações diretas, mas disfarçadas, de ódio e inveja em relação a mulheres com essa base.

Tenho em mente um paciente, homem aparentemente normal, popular e bem-sucedido, que se submeteu a longo tratamento nas mãos de vários médicos competentes devido a um único sintoma, o desenvolvimento de terrível ansiedade sempre que recaíam sobre ele novas responsabilidades familiares. A principal delas era o desejo que sua esposa sentia de ter alguns filhos. Intelectualmente concordava com ela, mas a cogitação de tal plano causou-lhe tanta aflição que precisou deixar seu emprego e parecia a alguns de seus médicos estar à beira de completo colapso mental. Outro caso semelhante é o de um homem que foi uma figura nacionalmente conhecida no mundo das finanças, mas, em seu próprio lar, era um objeto lamentável; sua esposa implorava-lhe que lhe desse um filho, mas ele ficava tão atemorizado com tal perspectiva que apesar de intenso desejo sexual e grande conflito emocional suspendeu todas as relações sexuais com ela durante meses a fio de preferência a correr o "risco". A situação tornou-se tão aguda que a esposa se divorciou dele. Casou-se com outra mulher, a quem deixou grávida, mas morreu antes da criança nascer!

Amores Colidentes

Todavia, medo e ódio não são as únicas coisas que produzem impotência e frieza. O desejo pode ser também inibido por objetivos eróticos colidentes que diminuem a energia erótica disponível. Falando de maneira mais clara, um homem pode ser impotente com uma mulher porque ama outra pessoa sem saber disso. A pessoa amada pode ter vivido muito tempo antes, pode ter sido um ideal da infância, como no caso do rapaz que é impedido de amar sua esposa porque está "preso à saia da mãe" e não é capaz de amar outra mulher. Muitos homens que se casam são tão apegados às suas mães no inconsciente que não podem dedicar a suas esposas senão o amor infantil que um menino dedica à mãe. Como esposa, como uma parceira sexual, esses homens não podem realmente aceitá-la ou tratá-la como ela deseja ser tratada, supondo-se, naturalmente, que ela. seja normal. Frequentemente se vê homens apegados à mãe amando mulheres que desejam ser mães. Tais uniões podem ser bastante satisfatórias; não podem, porém, ser consideradas como uniões sexuais normais e muitas delas acabam indo por água abaixo.

Precisamente a mesma espécie de fixação ocorre na vida de muitas mulheres. Uma moça pode amar tanto seu próprio pai que não é capaz de aceitar sexualmente um marido. Pode fazer tudo quanto é necessário para viver com ele, amá-lo e coabitar com ele, mas por melhor que o engane – de fato, por melhor que engane a si própria – não consegue contar com os serviços de seu inconsciente nessa fraude. O corpo não é capaz de reagir a uma situação amorosa que todos os sentimentos reprimidos da moça consideram desleal para com seu primeiro e verdadeiro amor.

Há outra espécie de amor colidente que não é facilmente reconhecida como a fixação sobre os pais, um irmão ou uma irmã, mas que é quase igualmente frequente. Sabemos que no processo de transferência da afeição, inicialmente concentrada no pai ou na mãe, para outras pessoas de fora da família, a criança passa por uma fase em que prefere pessoas do mesmo sexo dela. Essa *fase homossexual* no curso do desenvolvimento do indivíduo é finalmente reprimida e, nas pessoas normais, representada apenas em forma sublimada como base de muitas das relações amistosas na vida posterior. Em muitos indivíduos, porém, quer por ser em quantidade excessiva, quer por ter sido favorecido ou alimentado de alguma maneira, esse elemento homossexual não desaparece. Tais pessoas permanecem fortemente, mas inconscientemente, apegadas a objetos de amor homossexual, embora conscientemente pensem que são indivíduos heterossexuais normais. De fato, são precisamente essas pessoas homossexuais inconscientes que andam pelo mundo com listas de Leporello ([88]) para provar como são heterossexualmente potentes, como que para negar o segredo que seu inconsciente lhes sussurra.

Finalmente, há um amor colidente mais poderoso do que qualquer desses e também mais prevalecente. É o amor por si próprio. Não devemos esquecer que todo amor por objeto – o amor investido em marido ou esposa, em amigos, em irmãos e irmãs, e mesmo em pais – é apenas o extravasamento do amor por si próprio. Todos nós amamos a nós próprios antes e acima de tudo. Na pessoa adulta, porém, a experiência permite ver a vantagem de recorrer ao tesouro de amor por si próprio e investir parte dele no amor pelos outros; em vasto número de indivíduos, porém, esse processo é inibido. Por várias razões – às vezes falta de confiança própria, às vezes medo de ser desaprovado por outros, às vezes por causa de experiências dolorosas, às vezes por causa de treinamento falho – isso não pode ser feito. Para tais indivíduos tuna relação verdadeira e profunda com outra pessoa é impossível, exceto em tuna base que alimente o amor próprio ao invés de retirar parte dele. Essas pessoas podem ficar amando, mas ficam amando pessoas semelhantes a elas, pessoas que as lisonjeiem, que alimentem sua vaidade, que reforcem sua confiança própria por um processo constante de alimentação emocional. Se uma pessoa ama tanto a si própria, não pode aceitar papel em que precise dar amor; só pode aceitar papel em que seja sempre o recebedor de amor, como a criancinha cujo amor por si própria é atiçado e alimentado pelas atenções da mãe.

No ato sexual, tais pessoas podem ser às vezes muito potentes, particularmente se as circunstâncias do ato forem tais que lisonjeiem

---

88. Leporello, criado de Don Juan, na ópera de Mozart do mesmo nome, cita em sua famosa ária as numerosas mulheres que foram seduzidas por seu patrão.

sua vaidade, encorajem seu sentimento de onipotência. Isso, porém, não é verdadeira potência sexual e tais indivíduos mais cedo ou mais tarde tendem a sofrer um desastre. São muito orgulhosos de seus órgãos sexuais e, de fato, não é errôneo dizer que tais pessoas preferem a masturbação ao ato sexual. O ato sexual que executam é frequentemente apenas uma espécie de masturbação intravaginal e como tal é na realidade uma espécie de impotência que mais cedo ou mais tarde se torna manifesta.

A pudicícia em relação a questões sexuais encobriu com uma nuvem o tratamento de impotência e frieza. Por outro lado, há inúmeras vítimas desses males que não sabem que existe *algum* tratamento eficaz, enquanto outras são fáceis presa de impostores e charlatães. Ainda outras são tratadas por médicos bem-intencionados, mas, em minha opinião, errados, que atribuem toda impotência e frieza a fatores físicos ou químicos e empregam métodos de tratamento correspondentes. É o mesmo que, como disse Crookshank ([89]) referindo-se a outro caso, se um médico, ao ver uma mulher chorando, qualificasse isso de "lacrimação paroxísmica" e recomendasse tratamento com beladona e adstringentes, aplicações locais, restrição de líquidos, dieta sem sal e abstenção de excessos sexuais, chá, fumo e álcool, com a restrição adicional de que, no caso de falharem essas medidas, talvez fosse imperativa a extração cirúrgica das glândulas lacrimais.

No entanto, é verdade que às vezes o valor sugestivo ou punitivo desses tratamentos contribui para produzir bom resultado, mas creio que com maior frequência eles são completamente imiteis. Um método racional de aproximação terapêutica permitiria ao paciente tornar-se consciente das influências que agem como dissuasores e repudiá-las. Aqueles que subestimam a gravidade e frustração da impotência e frieza provavelmente não receberão bem um programa de tratamento tão considerável e vultoso como o exigido pela psicanálise. Talvez sejam também orgulhosos demais para admitir sua decepção ou relutem em reconhecer que é necessária toda uma revisão caracterológica, sendo a impotência ou frieza apenas um sintoma

---

89. Crookshank, F. C., *Organ Jargon British Journal* of *Medical Psychology,* janeiro de 1931, pp. 295-311.

que gostariam de isolar e tratar como se fosse uma inconveniência trivial e não um índice significativo ([90]).

SUMÁRIO

A inibição de função e prazer sexuais parece ser outra forma de suicídio focal funcional manifestada em reação a motivos inconscientes, isto é, para resolver conflitos emocionais inconscientes. Esses conflitos resultam do temor de punição, medo de represália, medo da perniciosidade e das consequências de ódio inconsciente, juntamente com deficiências no investimento erótico do ato devido a objetivos colidentes. Há também tendência a repudiar o papel biológico apropriado ou renunciar a ele, em favor de satisfações eróticas "pervertidas" inconscientes. Todavia são esses precisamente os motivos que descobrimos antes na autodestruição de outras espécies – agressivos, autopunitivos, pervertidamente e inadequadamente eróticos.

Podemos dizer, portanto, que impotência ou frieza – o repúdio de prazer genital normal – é autodestruição focal. Pelo fato de envolver órgãos, poderia ser chamada "orgânica", mas essa não é a significação comum da palavra. Geralmente quando dizemos "orgânico" nos referimos a alterações estruturais em um órgão.

Todavia – e este é *o* ponto crucial da questão – muitos casos de impotência apresentam realmente algumas pequenas alterações estruturais ("orgânicas"). Serão elas causa ou efeito? Em qualquer dos casos, têm relação definida com *motivos* autodestrutivos e de fato representam destruições.

Isso nos leva a considerações de nosso tópico final, lesões orgânicas estruturais cujos motivos autodestrutivos podem ser descobertos. Serão o material da seção que se segue.

---

90. Muitos artigos da literatura psicanalítica tratam desse assunto. Recente e autorizado é o trabalho de Bergler, Edmund, *Die Psychische Impotent des Marines,* Berna, Hans Huber, 1937; também, do mesmo autor e E. Hitschman, *Frigidity in Women,* Washington, D. C., Nervous and Mental Disease Publishing Co., 1936.

PARTE V
Suicídio Orgânico

1/ O Conceito de Totalidade na Medicina

Até agora consideramos a autodestruição parcial sob a forma de constrição da personalidade geral e sob a forma de ataques focais ao corpo, efetuados mediata ou imediatamente. Logicamente parece haver um curto passo entre essas destruições generalizadas e focalizadas efetuadas através de recursos externos e aqueles processos destrutivos de origem interna, gerais ou focais, que constituem a substância da prática médica comum. Se é possível encontrar profundos propósitos inconscientes no impulso de arrancar o próprio olho ou cortar a própria orelha, não será possível que os mesmos propósitos profundos às vezes encontrem expressão através de mecanismos fisiológicos em doenças que atacam o olho ou o ouvido? Se, como vimos, parece haver, em muitas pessoas, fortes impulsos de passar fome, bater em si próprias ou sacrificar-se e prolongar uma morte em vida, não podemos suspeitar que na tuberculose pulmonar, por exemplo, temos mais coisa a culpar do que um bacilo de tuberculose, bacilo notoriamente difundido, notoriamente fraco, notoriamente com propensão a vicejar em indivíduos que apresentam outras indicações de inadequado ajustamento à vida? Vimos como algumas pessoas correm para fazer extrair cirurgicamente um órgão após outro e como essa compulsão de sacrificar um órgão tem determinantes autodestrutivos, disfarçados como ostensivamente auto preservativos; não é razoável indagar quando esse impulso autodestrutivo focalizado toma forma e inicia seu trabalho? Isso porque nem todas aquelas operações são "desnecessárias" mesmo do ponto de vista físico e patológico; não é concebível que a operação cirúrgica, como sacrifício escolhido, possa representar apenas uma repentina aceleração ou um passo final em um processo de autodestruição de desenvolvimento progressivo que se focalizou em um órgão?

Essas indagações tendem a provocar firme resistência e incredulidade tanto em médicos como em leigos. Uma das razões disso, por curioso que pareça, é teológica. Durante muitos séculos o mau comportamento dos órgãos de uma pessoa foi considerado um problema médico independente da "vontade" e, consequentemente, imune às ordens da igreja e do estado. O funcionamento dos membros de uma pessoa era, porém, coisa diferente. O suprimento nervoso "voluntário" e a musculatura estriada dessas partes do corpo serviam de base para exclui-las da imunidade da ciência; em consequência, o mau comportamento do fígado ou coração de uma pessoa colocava-a automaticamente sob os cuidados dos médicos, ao passo que o mau comportamento dos braços e pernas de uma pessoa colocava-a à mercê dos juízes e padres (mais tarde, também dos psiquiatras). Foi só muito tempo depois que a atitude médica (científica) em relação ao comportamento arrancou alguns dos últimos casos de seus guardiões humanos, excessivamente humanos. De fato, isto ainda está longe de ser uma questão de conhecimento geral; reconhecer que o crime é uma reação, completamente lógica e casualmente predeterminada, a certos estímulos e certas capacidades ainda está além da compreensão emocional do cidadão comum.

No entanto, a tendência atual é toda no sentido de tal unidade de conceito. Os tradicionais métodos morais e legais de encarar o comportamento estão sendo gradualmente substituídos pela metodologia científica da psiquiatria. Não há dúvida que, na mentalidade de muitos, a psiquiatria está ainda limitada ao tratamento dos psicóticos. Contudo, trabalhando com esses chamados "insanos", os psiquiatras acharam-nos mais compreensíveis e menos enigmáticos do que os pacientes mais convencionalizados que são objeto de estudo médico e social geral. A psiquiatria chegou ao ponto de aplicar seus métodos e suas teorias à matéria tradicional da medicina geral. Realizamos apenas um começo, mas, com base em alguns poucos resultados práticos, um começo auspicioso.

Devido às peculiares dicotomias de mente e matéria, espírito e corpo, que dominaram o pensamento humano durante a Idade Média e que têm – ou parecem ter – certas vantagens práticas, comportamento patológico como o suicídio ainda não é claramente reconhecido como um problema médico. A atitude do estado e da igreja em relação ao suicídio é muito melhor definida que a atitude da classe médica. Em uma ampla discussão dos meios pelos quais é realizada a autodestruição, não podemos limitar-nos aos métodos de braços e pernas; devemos também considerar outros meios nos quais os mesmos motivos podem encontrar expressão e esses nos levam diretamente aos terrenos psiquiátrico e médico. Cada homem tem seu próprio meio para destruir-se; alguns são mais adequados que outros, alguns mais conscientemente deliberados que outros. Talvez a doença orgânica seja um meio ([1]).

Esse conceito não contradiz fatos anatômicos ou fisiológicos. Durante anos tal teoria foi sustentada por alguns médicos perspicazes e corajosos, notadamente George Groddeck, na Europa, e Smith Ely Jelliffe, neste país ([2]). Sabemos que os profundos e insistentes desejos da personalidade, designados em termos neurológicos como "estímulos endógenos", são transmitidos de várias maneiras aos órgãos assim como aos músculos. A transmissão pode ser química ou

---

1. Eu supus, erroneamente, que a expressão "suicídio orgânico" no sentido de autodestruição por meio de doença somática fosse criação minha. Descobri que havia sido empregada por vários outros: por exemplo, Hesnard e Laforgue (*Les Processus d'Auto-Punxtion,* Paris, 1931) observam: "... Pessoas doentes cometem suicídio orgânico" e passam a ilustrar isso com casos "de todos os ramos da medicina nos quais parece que a afecção orgânica é utilizada paia finalidades de autopunição".

2. Há mais de vinte anos Jelliffe propôs nela primeira vez essa ideia, relatando um caso de doença da pele associado a conflito emocional, e desde então tem sistematicamente sustentado essa opinião e persistido em suas observações e relatórios científicos a respeito, enfrentando o ridículo, ceticismo e contradição. De sua pena saíram estudos sobre os fatores emocionais na asma, bronquite, tuberculose, hipertensão, nefrite, doença dos ossos e juntas, afecções da medula espinhal, desequilíbrio tireóideo e distúrbios na vista. Seria impossível

física, isto é, por hormônios ou por fibras nervosas. As transmissões neurais podem ser por meio de sistemas voluntários ou involuntários, ambos os quais contêm fibras estimuladoras e inibidoras. É, portanto, teoricamente possível que impulsos resultantes de uma tendência de autodestruição ou um propósito básico de autodestruição sejam transmitidos através do sistema nervoso autônomo e executados através da musculatura não estriada, assim como sob a forma mais conhecida de impulsos do sistema nervoso voluntário enviados à musculatura estriada. Daí resultaria, então, a lesão em um órgão como foi pressuposto acima.

A natureza exata da lesão que poderia resultar, era um órgão, de tais causas endógenas é o ponto crucial da questão de psicogênese em doença somática. Todos os médicos sabem e concordam que paralisia, tremor, tumefação, dor, atonia, câimbras e outros sintomas "funcionais" podem aparecer em todas as partes do corpo e ter relação direta com fatores psicológicos. Tais sintomas são tecnicamente designados como *histéricos*. Todos eles são, porém, considerados como fenômenos reversíveis, isto é, não envolvem alterações estruturais no corpo. A lesão de um órgão, a "autodestruição", é funcional ou filosófica. Por exemplo, todos os médicos conhecem a cegueira histérica. O paciente não consegue ver, embora o exame de seus olhos não revele patologia estrutural perceptível. Em tal caso, a vista é destruída (em geral temporariamente), mas não o olho; em um sentido prático, porém, essa distinção é inválida; a pólvora molhada fica destruída, ainda que nada de sua substituição tenha sido perdida. A maioria dos médicos pensa, porém, nesses enfraquecimentos funcionais como sendo inteiramente diferentes da patologia estrutural da doença "orgânica" e sem relação com ela.

Três coisas, porém, perturbam a fácil satisfação com que aceitamos essa presunção:

---

mencionar todos os títulos de sua bibliografia, em número de mais de quatrocentos, mas além dos artigos citados acima, ver *Psychopathology and Organic Diseases, Archives of Neurology and Psychiatry,* 1922, Vol. VIII, p. 639; *The Death Instinct in Somatic and Psycho-pathology, The Psychoanalytic Review,* abril de 1933, Vol. XC, p. 121; e *What Trice Healing, Journal of the American Medical Association,* 1930, Vol. XC, p. 1.393.

1. Essas lesões "histéricas" às vezes se tornam crônicas e estruturalizadas.

2. Lesões destruidoras de tecido, reais e visíveis, podem ser e têm sido produzidas por sugestão, isto é, só em resultado de ideias [3].

3. Pode-se demonstrar que os mesmos motivos existem em ambos os tipos de doença, histérica e orgânica. O estudo da personalidade mostra muitas vezes que a doença "orgânica" é apenas parte da doença da personalidade total e se enquadra em um padrão que parece ter o propósito definido de destruir a si própria. Pode mesmo acontecer de uma doença funcional e uma doença orgânica existirem lado a lado, ambas servindo à mesma necessidade, ou de uma substituir a outra à medida que a malignidade do impulso autodestrutivo aumenta ou declina.

Esses três fatos destroem a cômoda ilusão da separação entre mente e matéria que prevalece no pensamento popular e médico, através da qual um médico se sente livre de responsabilidade se puder ser demonstrado que um sintoma tem raízes psicológicas. O médico gosta de pensar que o "instinto de autopreservação" não toleraria lesões biológicas; que por mais "maluca" que seja a *mente* do paciente, pode-se confiar em que os processos do *corpo* "sadio" serão corretivos, construtivos e defensivos contra forças ambientais e psicológicas malignas. Gosta de pensar que o paciente procura seu auxílio quando atacado pelo destino, pela falta de sorte, por bactérias ou por algum outro invasor, contra os quais está lutando sinceramente no esforço de conservar intacto seu corpo. O médico gostaria de fechar os olhos para o fato de que às vezes o inimigo que o paciente combate não é algo fora dele, mas algo dentro dele, uma parte de si próprio, e que essa parte está bastante disposta a deixar que o médico assuma a responsabilidade pelo combate e muitas vezes faz

---

3. Isto foi repetidamente demonstrado, experimental e clinicamente, na produção de vesículas (que exigiram tempo para cicatrizar e deixaram marcas) e outras lesões, assim como na extração de alguns tecidos adventícios, como verrugas. Ver Dunbar (Dunbar, H. F., *Emotions and Bodily Changes,* Columbia, 1935), pp. 374, 379-80 e 401. Ver também uma longa crítica da obra. *Journal of the American Medical Association,* 18 de janeiro de 1936, p. 235.

o máximo para opor-se a seus esforços. Bactérias, comida ruim e cantos aguçados existem e causam lesões, mas muitas vezes pode-se observar que tais lesões são procuradas.

As observações anteriores poderiam levar alguém à conclusão de que o autor está tentando negar a realidade externa em sua contribuição para a doença humana. Não é verdade. Meu propósito é antes chamar atenção para a facilidade com que se pode esquecer ou ignorar os propósitos inconscientes do indivíduo nos esforços que se fazem para avaliar sua doença. Sabemos que muitas vezes o que *parece* ser um acidente é uma intenção definida da vítima; deve-se lembrar que mesmo uma organização não psicanalítica como o Conselho Nacional de Segurança pergunta se existem realmente "acidentes". Pessoas *escolhem,* o infortúnio – escolhem a miséria – escolhem punição – escolhem doença. Nem *sempre,* nem todas as pessoas, nem todas as doenças; mas essa é uma *tendência* a ser enfrentada, que comumente não é considerada pela ciência médica e que se disfarça sob várias explicações plausíveis, mas incorretas ou inadequadas.

Tomemos, por exemplo, o conhecido tipo de destruição orgânica local conhecido como furúnculo. Como médicos, fomos ensinados a pensar na doença em termos de física e química; em consequência, quando um paciente nos procura com um furúnculo no pescoço, pensamos em toda espécie de coisas que aprendemos com a pesquisa e a experiência. Pensamos na flora bacteriana, nas complicações mecânicas, na concentração de açúcar no sangue; pensamos na participação de forças químicas de imunidade e resistência; refletimos sobre os leucócitos, os antígenos, a concentração de ions de hidrogênio no sangue; consideramos a distensão da pele, a febre, a dor e a melhor ocasião e método para aliviá-la. Atrevo-me, porém, a dizer que os sentimentos, desejos ou decepções da pessoa em cujo pescoço está o furúnculo nunca entram em nossa mente (de médicos) como consideração prática. Ninguém, suponho eu, acredita seriamente (à primeira ideia) que exista uma "psicologia do furúnculo" ou que fatores emocionais contribuam para sua existência. Um caso concreto mostra, porém, que isso talvez seja possível. Fui certa vez consultado por uma jovem e inteligente mulher casada que se afligia por sua incapacidade de ser amável com os numerosos parentes de seu marido. Com grande esforço conseguia ocultar deles seus sentimentos, mas parece que apenas pelo processo de voltar contra si própria toda a hostilidade que eles despertavam nela. Três anos antes, quando sua sogra fora visitá-la, tivera "um ataque de terríveis furúnculos que resistiram a todo tratamento", mas desapareceram imediatamente depois que a sogra voltou para sua casa. Precisamente a mesma coisa ocorreu várias vezes posteriormente. "Sempre que alguém da família vem ficar conosco eu tenho imediatamente um furúnculo!" Pouco tempo depois de consultar-me, quando se preparava para receber uma visita de sua sogra teve (em lugar de furúnculo) um "colapso nervoso", acompanhado por severa dor ciática que durou dois meses e meio.

Que significam esses fenômenos? Pode-se ignorá-los ou dizer que nada significam, mas isso é uma evasão. Pode-se dizer que não sabemos o que significam, o que representa louvável agnosticismo científico, mas não impede uma tentativa de verificar o que podem significar. Poderiam, naturalmente, ser explicados como coincidências ou como simulação, mas essas explicações parecem as menos prováveis em vista da relativa frequência do fenômeno. (Não quero dizer, naturalmente, que furúnculos com frequência evoquem sogras. O que pretendo dizer é que tanto na literatura médica como em nossa experiência cotidiana vemos com frequência doença física significativamente ligada a acontecimentos e situações emocionalmente carregados: a estenógrafa cujas erupções faciais desaparecem quando seu detestado patrão sai de férias, o estudante colegial cuja dor de cabeça começa sempre na aula de certo professor severo, o advogado que sofre dores insuportáveis no braço direito sempre que se senta à esquerda do sócio mais antigo de seu escritório, a pianista cuja carreira é impedida por um ataque de profusa transpiração nas mãos pouco antes de cada concerto programado e em nenhuma outra ocasião. Esta lista poderia ser estendida indefinidamente com base na experiência de qualquer médico observador. Todavia, furúnculos podem ser vistos, assim como sentidos, e por isso o exemplo serve-nos muito bem.)

Poderia ser histeria? Traduzindo-se da nomenclatura tradicional, isso significa que não eram furúnculos "verdadeiros", que de alguma vaga maneira haviam sido inconscientemente (não deliberadamente) produzidos, e seu tamanho e dor haviam sido exagerados. O fato é que ainda assim eram "furúnculos", ainda assim doíam e ainda assim serviam a seu propósito. De que adianta chamá-los de "histéricos"?

No estudo da automutilação (Parte III) e outras lesões causadas pelo paciente em si próprio (convém ter em mente que essas também são com frequência causadas na pele), descobrimos que com muita regularidade os motivos inconscientes de tais ataques ao eu dependiam de (1) impulsos relacionados com a expressão de ressentimento ou hostilidade inexprimíveis (a não ser assim) em relação a alguém ou alguma coisa no ambiente, (2) impulsos relativos à punição do eu em resposta ao sentimento de culpa que tal hostilidade provoca e (3) aproveitamento erótico do sofrimento de maneira masoquista. Além disso existem, natural mente, os evidentes motivos conscientes de vantagem secundária.

É perfeitamente possível transpor essa explicação, hipoteticamente, ao caso dos furúnculos há pouco citado. Parece perfeitamente plausível suspeitar que as emoções hostis dessa mulher, cuja origem era inteiramente compreensível, não podiam ser expressadas ao ponto de completa satisfação por atos ou palavras, de modo que precisavam ser contidas e refletidas sobre si própria, aparecendo em uma expressão orgânica, através de alguns mecanismos fisiológicos desconhecidos. Como em outros casos estudados, isso servia ao tríplice propósito mencionado. Expressava o ódio, vividamente; punia essa mulher muito conscienciosa por demonstrar a hostilidade que a envergonhava tanto; e dava-lhe justificação para um auto interesse que de outra maneira não lhe seria permitido. Finalmente, parece ter servido ao propósito externo e secundário de desencorajar visitas das pessoas que ela tanto temia ver e assim lhe servia utilmente apesar de seu caráter desagradável.

Essa me parece ser uma interpretação mais completa e, portanto, mais "verdadeira" para os furúnculos – casualmente e terapeuticamente – do que a análise das variedades de estafilococos envolvidas na infecção, embora uma necessidade não exclua a outra. Não estou propondo psicogênese. De fato, exceto para propósitos práticos de conveniência, é – de acordo com essa concepção – incorreto falar em psicogênese, tão incorreto quanto limitar "gênese" a física ou química. As tendências autodestrutivas e auto preservativas – psicológicas, físicas e químicas – parecem travar uma batalha contínua dentro do organismo e essa batalha se reflete nas experiências e sensações psicológicas, assim como nos processos estruturais e fisiológicos a cujo respeito sabemos um pouco mais. Não afirmo que haja constante *primazia* dos processos psicológicos; só proponho que eles nos proporcionam oportunidade de descobrir e interpretar em palavras uma certa unidade de propósito nas manifestações físicas, químicas, emocionais e de comportamento da personalidade – talvez, realmente, como sugeriu Freud, em todos os fenômenos biológicos.

Parece que essas tendências autodestrutivas inconscientes são às vezes manifestadas através da expressão volitiva consciente e outras vezes através de ataques inconscientes aos órgãos internos ou a alguma parte do corpo. Às vezes há uma expressão conjunta de ambos. E só ocasionalmente e com dificuldade que somos capazes de mostrar a relação entre elas. *Praticamente,* na maioria dos casos, é provável que isso não importe, mas *teoricamente* essa continua sendo a tarefa e oportunidade da psicanálise, isto é, *identificar e relacionar especificamente os fatores emocionais que contribuem para doença somática*. Pode ser que o futuro livro didático de medicina consista em uma investigação sistemática da importância relativa dos fatores ambientais externos e dos fatores emocionais internos responsáveis pela incidência de cada doença física ([4]). Isso só será possível como resultado de contínuas pesquisas cooperativas de especialistas em doenças internas e psiquiatras, as quais se estão tornando cada vez

---

4. No que se refere ao sistema nervoso, isso já foi feito por Jelliffe e White *(Diseases of the Nervous System,* Filadélfia, Lea & Febiger, sexta edição, 1935). No prefácio, os autores declaram:

"Tomando como nossa proposição fundamental que o organismo humano é um sistema aberto de energia dedicado à captura, transformação e entrega de energia, decidimos seguir esse conceito até o fim com base nos princípios gerais de distribuição de energia como eles se mostram em outros setores de conhecimento."

Minha sugestão tem em mente, portanto, não só o sistema nervoso, mas todos os setores da medicina, doenças do coração, dos pulmões, dos órgãos digestivos, da pele etc. O próprio Jelliffe, como foi dito acima, contribuiu muito para a literatura que se acumulou rapidamente sobre esse assunto.

5. Especialmente no Instituto de Psicanálise, Chicago, no Hospital Presbiteriano, N. Y., e na Clínica Menninger, Topeka, Kansas.

mais numerosas ([5]). Quer constatem ou não a hipótese da doença orgânica representar, tanto em motivo como em fato, uma forma de autodestruição, tais estudos não podem deixar de proporcionar uma concepção mais compreensiva do ser humano, como produto de forças físicas, químicas, psicológicas e sociais.

No momento, é melhor limitarmo-nos à exposição de nossa tese principal, fazendo a presunção de que a auto destrutividade implícita na doença orgânica tem alguma representação psicológica, que pode às vezes ser descoberta. Podemos voltar à fórmula de outras autodestruições, já estudadas, e examinar alguns casos de doença orgânica com vistas à presença (ou ausência) daqueles mesmos elementos componentes – agressão, culpa e erotismo.

2/ O Fator Psicológico na Doença Orgânica

A. O COMPONENTE AUTOPUNITIVO

A crença em que a doença é um castigo decretado pelos deuses para punir pecados do povo tem séculos de existência. Talvez tenhamos ido muito longe em nossa atitude cientifica de rejeitá-la como superstição. Isso porque sabemos que cada homem cria seu próprio deus ou seus próprios deuses e obedece a eles, e que todo homem decreta e executa julgamentos de punição contra si próprio. Dizer que qualquer doença orgânica pode representar tal autopunição provavelmente não representará contradição, mas a presunção geral seria que essa é apenas uma aplicação que se dá ao sofrimento, isto é, uma avaliação epinósica. Que tal propósito possa ter entrado na etiologia, na escolha ou na formação da doença teria menos probabilidade de ser acreditado.

No entanto, estudando algumas doenças orgânicas fica-se impressionado com a força e o domínio dessa necessidade de punição no indivíduo, às vezes evidente mesmo antes da manifestação da doença. Observa-se como para algumas pessoas é necessário ter sua quota diária de punição e dor, e como – quando privadas de uma forma a que já estão acostumadas – parecem obrigadas a substituí-la prontamente. Às vezes uma cruz externa é substituída por outra interna, por uma doença orgânica, e às vezes uma doença orgânica é substituída por outra.

Em *Little Dorrit,* de Dickens, há um bom exemplo da percepção intuitiva desse princípio pelo escritor. A sra. Clennam, que com seus erros do passado causou o longo confinamento do sr. Dorrit na prisão de devedores, é então uma indefesa inválida incapaz de sair de seu quarto. "Um rápido pensamento entrou em sua (do sr. Dorrit) mente. Neste longo encarceramento aqui e no longo confinamento dela em seu quarto, sua mãe acharia que fora feito um balanço? "Admito que contribuí para o cativeiro desse homem. Sofri por isso na mesma moeda. Ele definhou em sua prisão; eu na minha. Eu cumpri a pena."

Tais observações levam-nos a suspeitar – embora não o provem – que essa necessidade de punição e essa compulsão de punir a si próprio é inconscientemente um dos fatores determinantes por trás do aparecimento do sintoma e mesmo da doença orgânica. Examinemos alguns exemplos clínicos.

Um médico sabia que um seu paciente de cinquenta e cinco anos sofria de hipertensão essencial (pressão arterial alta) havia pelo menos dez anos. Durante o ano anterior a esse relato, o paciente tomara-se cada vez menos comunicativo, mais ansioso e ligeiramente deprimido; com isso, apesar do excelente tratamento médico, sua pressão subira vagarosamente e permanecera a 230mm (um alto ponto) na maioria do tempo. Certo dia confidenciou a seu médico que fora desonesto em numerosas questões financeiras pequenas e que lamentava sua vida não ter sido "um pouco mais moral". (Na realidade, sempre fora escrupulosamente moral e, segundo expôs o médico, "anormalmente honesto". Era seu costume, por exemplo, colocar cuidadosamente dois centavos na gaveta de sua própria caixa quando de lá tirava um selo.) A crescente depressão culminou em uma tentativa de suicídio, tentativa singularmente violenta e sangrenta, na qual a morte só foi evitada pela competência e rapidez de suas enfermeiras. Posteriormente, fez numerosas outras tentativas de suicídio.

Temos aqui indicações de um insuportável ou implacável impulso autodestrutivo ditado principalmente por uma consciência tirânica. Do lado psicológico isso parece exagerada conscienciosidade, fundindo-se em sentimentos de culpa e autocensura, depois em depressão e finalmente em declarado comportamento autodestrutivo. Do lado fisiológico vemos uma reação de medo demonstrada por uma elevação da pressão arterial com presumida lesão do coração e rins. Em outras palavras, esse homem tentou suicídio de duas maneiras ao mesmo tempo, de maneira mecânica e de maneira fisiológica. Ambas essas técnicas de autodestruição emanaram provavelmente da mesma fonte, a saber, a consciência hipertrofiada, poder-se-ia dizer mesmo quase cancerosa. Como conhecemos poucos detalhes deste caso, só podemos oferecer uma explicação hipotética, mas que sabemos ser aplicável a condições semelhantes. Frustrações insuportáveis levam a ressentimento insuportável que, não tendo oportunidade de justificação ou estrutura psicológica apropriada para expressão externa, é reprimido, dirigido para dentro, absorvido durante algum tempo pela administração do ego, mas tendo como resultado final urna sobrecarga de seus poderes de assimilação. Esta é uma maneira complicada de dizer que impulsos autodestrutivos não dominados, insuficientemente dirigidos para o inundo exterior ou insuficientemente satisfeitos por oportunidades externas, se refletem no eu, em alguns casos aparecendo sob essa forma de ansiedade constantemente mantida que, no fim, produz o próprio resultado que fora previsto e temido, isto é, a aniquilação.

Um caso que retrata bem a força do elemento autopunitivo foi relatado por meu irmão e por mim ([6]). Esse paciente era um homem de sessenta e um anos com uma afecção cardíaca orgânica que nos parecia ter relação definida com sua psicopatologia. Fora sujeito durante mais de quatro anos a ataques de fortes dores no peito que se irradiavam pelos braços abaixo até os pulsos e eram acompanhadas por profusa transpiração. Consultara numerosos médicos, todos os quais concordaram quanto à gravidade de sua doença e recomenda-

---

6. Menninger, Karl e William, *Psychoanalytic Observations in Cardiac Disorders*, American Heart Journal, janeiro de 1936, p 10.

ram repouso. Ele começou a ter violentas dores de cabeça. Estava vivendo muito sossegadamente; um ano e meio antes de consultar-nos abandonara seu trabalho e passara a seguir um cuidadoso regime, no qual tomava o desjejum na cama, repousava várias horas depois do almoço, saía para um passeio de algumas milhas em seu carro guiado por um chofer e depois voltava para casa e ia imediatamente para a cama. Apesar de tudo isso, queixava-se de nunca se sentir bem ou dormir bem.

Exames mostraram que tinha uma arteriosclerose generalizada (endurecimento das artérias) com envolvimento dos vasos do cérebro e do coração.

Coincidindo com o início de seus ataques cardíacos ou mesmo antecipando-se a eles, esse paciente começara a sentir-se vagamente nervoso, pouco à vontade na companhia de outras pessoas e perturbado à noite por sonhos com o passado (especialmente com antigos sócios comerciais). Durante muitos anos sofrerá severa constipação e uma variedade de males "cólicos". Na ocasião em que nos procurou, suas queixas nervosas eram preponderantes e o paciente atingira a magnitude de uma psicose paranoide incipiente. Confidenciou ao médico que se masturbava e que acreditava que toda a gente da cidade conhecia seu hábito e falava a seu respeito. Era muito perturbado também por sonhos eróticos, nos quais um homem que dormia com ele na cama geralmente se tornava objeto de suas investidas quando adormecido e depois o censurava por isso.

Na vida, o paciente fora homem de negócios de cidade pequena. Era um celibatário no "pre-senium". Toda sua história passada, (inclusive predileção por prostitutas, gosto pela companhia de homens em hotéis e ausência de continuado e amadurecido interesse por uma mulher) indicava fortes propensões homossexuais inconscientes, contra as quais travara bem-sucedida luta até pouco tempo antes. Ultimamente demonstrara tendência a gostar excessivamente de jovens empregados do sexo masculino em sua casa e embora nunca tivesse havido qualquer história de práticas homossexuais declaradas, o fato dessas inclinações se aproximarem da consciência fora sem dúvida responsável por parte do medo representado pelos sintomas da doença. Apresentou notável melhora em todos os seus sintomas tão logo foi admitido no sanatório onde, naturalmente, era protegido contra tais tentações. Suas tendências paranoides resolveram-se inteiramente. Embora houvesse considerável indicação de doença anatômica da artéria coronária, o paciente apresentou em sua condição cardíaca uma melhora funcional verdadeiramente surpreendente. Sempre que cogitava de voltar para sua casa, aumentava a gravidade de seus sintomas. Era evidente que, além da terapia rotineira do sanatório, o paciente se beneficiava consideravelmente da separação das influências que vinham estimulando excessivamente sua homossexualidade. Foi capaz de fazer uma transferência aceitável para um médico e assim abandonar grande parte de sua necessidade de punição e suas defesas paranoides e hipocondríacas contra homossexualidade.

A melhora do paciente foi indiscutível, embora seja difícil calcular as proporções exatas dos fatores psicológicos em sua doença. É, não há dúvida, inteiramente possível que as perturbações somáticas e viscerais inerentes ao "pre-senium" serviram como traumas iniciais que derrubaram um bem fechado sistema psicológico o depois assumiram papéis definidos e foram desenvolvidos dentro do sistema. O poderoso efeito dos sentimentos de culpa associados à vida sexual desordenada é, porém, muito evidente [7].

O sentimento de culpa tem particular tendência a tornar-se evidente em ligação com violações de convenções sexuais e não é de surpreender que lesões orgânicas dos órgãos geniturinários surjam em relação direta com tais episódios. Observei vários exemplos disso e relatei-os com minúcias técnicas [8]. De fato, estou convencido por minhas observações de que mesmo doença venérea é às vezes adqui-

---

7. Embora ofereçam apenas prova circunstancial sem apoio de testemunho médico, os fatos simples do seguinte caso sugerem fortemente a maneira como o coração pode reagir à necessidade de punição pela morte quando outros meios falham: "Na Cidade do México, Z. Y. tentou suicidar-se: jogando-se embaixo de um trem (mas foi impedido); dando um tiro na cabeça (mas o revólver falhou); por asfixia (mas apareceram parentes); por afogamento (mas foi tirado do rio); por enforcamento (mas a corda foi cortada). Fez ainda mais uma tentativa; subiu no telhado de sua casa, saltou e morreu (não da queda), mas de colapso cardíaco." *(Time,* 27 de julho de 1931.) Compare-se esse caso com o mencionado na Parte II, sobre pacientes que fizeram numerosas tentativas de suicídio, mas aos quais parecia faltar a vontade de morrer.

8. Menninger, Karl A., *Psychological Factors in Urological Disease, Psychoanalytic Quarterly,* outubro de 1936, pp. 488-512.

rida em parte porque a vítima procura a infecção, não apenas por seu comportamento (isto é, descuido), mas por alguma sutil modificação desconhecida na resistência do tecido.

Afecções da vista podem ser com frequência atribuídas a poderosos sentimentos inconscientes de culpa e isso é mais compreensível quando lembramos que o olho está talvez mais estreitamente ligado e identificado com a vida sexual do que qualquer outro órgão, exceto os próprios órgãos genitais. Ver algo proibido no começo da infância é quase tão sério (na mente da criança) quanto fazer realmente algo proibido. De fato, existe uma forma definida de perversão sexual (voyeurismo) na qual a satisfação procurada é simplesmente ver alguma coisa proibida, em geral mulheres nuas ou um casal copulando. Isso é interpretado pelos psicanalistas como persistência de desejos insatisfeitos da criança curiosa, mas frustrada. Se isso é verdade, como existem boas indicações, a *tendência* é universal ([9]) e não devemos ficar surpreendidos por encontrar frequentes "punições" do olho por fantasias dessa espécie.

Os oftalmologistas, em geral, não investigam os fatores emocionais por trás dos casos de doença da vista que lhes são apresentados e, embora muitos dos pacientes que consultam o psiquiatra tenham sintomas nos olhos, é às vezes difícil isolá-los de maneira suficiente para estudo particular. Um oftalmologista britânico ([10]) expressou sua opinião muito franca quanto à natureza essencial de numerosas "doenças" dos olhos.

"... Tenho verificado vezes e vezes que dor de cabeça, dor nos olhos, incapacidade de focalizar ao ler, costurar ou executar trabalho fino apareceram em algum período de tensão emocional. Estranhamente o paciente nunca tem consciência desse fato e fica sempre espantado quando ele lhe é revelado."

---

9. A proximidade desse impulso em relação à superfície pode ser julgada pela popularidade dos espetáculos burlescos, dançarinas de leque e trajes de banho sumários.

10. Inman, W. S., *Emotion and Eye-symptoms, British Journal of Psychology*, 1921, Vol. II, pp. 47-67: "Durante os últimos cinquentas ou sessenta anos, tem sido habitual considerar erros de refração como causa de muitos sintomas de doença. Dor de cabeça, tiques, insônia, incapacidade de concentrar a atenção, fotofobia, vermelhidão e umedecimento dos olhos, neu-

Fiquei, porém, muito impressionado por uma moça que vi certa vez, então com vinte e quatro anos de idade, a qual nos doze anos anteriores não fizera outra coisa senão ir de oculista em oculista em cidades de todos os Estados Unidos. Todo estudo, vida social e outras atividades haviam sido interrompidos, quer por serem proibidos devido à condição de seus olhos, quer por estar ela muito ocupada indo a médicos. Tinha sintomas de dor e sempre que tentava usar os olhos tinha a sensação de que eles estavam para cair das órbitas. Muitos dos especialistas que consultou recomendaram exercícios, gotas e outros tratamentos, mas alguns lhe disseram que sua condição era principalmente psicológica.

Isso ficou provado. A doença surgira agudamente após a notícia da morte de seu irmão na Guerra Mundial, um irmão de quem ela tivera muita inveja quando criança, tanta inveja que chegara a ter numerosas fantasias de matá-lo ou castrá-lo. A morte do irmão trouxe à consciência os antigos sentimentos de culpa que ela tinha por causa de tais ideias.

Em seu caso a inveja genital parece ter surgido em relação com algo proibido que ela espiou; queria ver se o irmão era diferente dela e verificou isso indo sub-repticiamente à cama dele e olhando-o enquanto estava adormecido. À culpa estava, portanto, associada não só à inveja do irmão, mas também ao ato de espiar.

Desde então eu vi numerosos casos de complicações da vista com caráter geral muito semelhante, isto é, uma ansiedade ligada aos olhos e que causa vários graus de incapacidade de usá-los e alterações físicas secundárias como congestão, edema, dor e fraque-

---

ralgia, anorexia, constipação, anemia, obtusidade mental, sonolência e langor, estrabismo, enxaqueca, histeria em muitas de suas formas são apenas alguns, dos males atribuídos direta ou indiretamente à tensão ocular nos modernos livros didáticos ingleses. Alguns oftalmologistas americanos São ainda mais extravagantes em suas opiniões e afirmam ter curado dezenas de outras doenças por meio de óculos. O estado mental e emocional do paciente não foi considerado e a possibilidade desse estado determinar os sintomas dos olhos ao invés da condição dos olhos causar as manifestações gerais parece ter escapado tanto ao oculista como ao médico. É propósito deste artigo mostrar que o olho raramente produz mais que sintomas oculares, a menos que o paciente seja emocionalmente instável, e que o paciente é frequentemente aliviado, não por óculos, mas por sugestão ou então por algum ajustamento da vida interior geralmente desconhecido do oculista."

za muscular. A identificação simbólica inconsciente do olho com os órgãos genitais empresta força à utilização desse órgão de maneira substituta para autopunição ligada a sentimentos de culpa sexual.

Que doença funcional do olho pode ser seguida de lesões orgânicas mais graves é, em minha opinião, bastante certo, mas não há prova clínica abundante. Contudo, o elemento autopunitivo em tuna doença indubitavelmente orgânica do olho foi vividamente exposto em um caso relatado por Groddechí ([11]).

Ele (o paciente) crescera em uma aldeia de montanha longe da civilização e nunca fora à escola. Passara a infância como menino pastor. Só quando deixou o lar, anos mais tarde, é que aprendeu a ler e escrever. Aos catorze anos o sapateiro da aldeia ensinou-lhe seu ofício e de manhã à noite ele precisava ficar sentado trabalhando em silêncio, tendo como única distração a conversa de seu mestre com passantes. Entre aqueles que iam à loja havia um homem cego que todos na aldeia chamavam de blasfemo de Deus. Eram bastante ignorantes para acreditar absolutamente que ele fora cegado por Deus como castigo por não ir à igreja.

Esse homem causou uma impressão inesquecível no menino. Depois de algum tempo, ele deixou o ofício de sapateiro e pôs-se a viajar, pois estava sofrendo de hemorragia retinal e o médico recomendara-lhe que procurasse outro trabalho menos cansativo para os olhos. Anos mais tarde, veio consultar-me porque seus olhos haviam piorado gradualmente e o oculista lhe dissera que nada mais era possível fazer por ele. A hemorragia retinal recomeçava continuamente. No dia em que me procurou o oculista descobrira nova hemorragia. Contou-me que o outono era o tempo pior para a hemorragia e que sofria também grande depressão no outono, estação em que estavam – em outubro. Quando lhe perguntei como explicava o aparecimento de hemorragia em outubro, ele disse que talvez estivesse ligada à morte da Natureza. A queda das folhas deixava-o triste e talvez seus olhos ficassem mais fracos por causa disso. Ademais, nessa ocasião ele conhecia outra razão para a hemorragia: sua filhinha batera em seus olhos quando brincava. Naquela época eu era ainda um pouco ousado em minhas associações e lhe disse que, embora devesse existir alguma relação entre outono e sua hemorragia retinal, era evidente que isso nada tinha a ver com a morte da Natureza, pois Baden Baden em outubro não dá impressão de morte, mas de vida intensa e ardente. Perguntei ao paciente se alguma coisa séria já lhe acontecera em outubro, mas ele disse que nada acontecera. Como eu não ficasse convencido, pedi-lhe que dissesse um número qualquer e ele disse "oito". Tendo-lhe eu perguntado se alguma coisa lhe acontecera quando tinha oito anos, respondeu de novo negativamente. Naquele momento ocorreu-me que ele me contara como o homem cego era chamado blasfemo de Deus, por isso lhe pergun-

---

11. Groddeck, Georg, *The Unkncnvn Self*, Londres, Daniel, pp. 113-17, 1929.

tei se alguma vez blasfemara contra Deus. Riu e disse que fora muito piedoso em criança, mas desde muitos anos antes deixara de preocupar-se com essas coisas, Deus e a Igreja. De repente, gaguejou, ficou pálido e caiu para trás em sua cadeira, inconsciente.

Quando voltou a si, abraçou-me chorando e dizendo: "Doutor, o senhor está certo. Eu sou um blasfemo de Deus, como era o homem cego de quem lhe falei. Nunca contei isso a ninguém, nem mesmo em confissão, e agoraquando penso nisso, acho-o quase insuportável. Eo senhor tem razão também sobre o outono do ano em que eu tinha oito anos. No distrito de minha casa, que é estritamente católico, existem crucifixos de madeira nos limites entre uma aldeia e outra. Em um desses crucifixos, meus irmãos, eu e alguns outros meninos estávamos jogando pedras, quando eu tive a infelicidade de atingir a figura de Cristo do crucifixo, de tal modo que caiu e reduziu-se a pedaços. Essa é a experiência mais terrível de toda a minha vida."

Quando ele se acalmou um pouco, disse-lhe que eu não conseguia associar a hemorragia daquele dia com a batida que sua filhinha dera em seus olhos. Devia haver alguma outra ligação e ele devia pensar no dia anterior e mencionar-me uma hora qualquer. Ele disse "cinco horas" e, quando lhe perguntei se se lembrava onde estivera nessa hora, respondeu que sabia exatamente, pois tomara o trem em determinado lugar às cinco horas. Pedi-lhe que fosse novamente àquele local e, quando voltou, contou-me com certa excitação que bem em frente do lugar onde tomara o trem havia um crucifixo.

Expliquei-lhe que é possível encarar toda doença como uma medida de proteção contra destino pior, de modo que não se podia fugir à ideia de que as hemorragias retinais apareciam para impedir que o paciente visse alguma coisa – neste caso particular, para que o paciente não pudesse ser lembrado de sua blasfêmia pela vista da Cruz.

É indiferente se esta sugestão tinha ou não alguma justificação, e eu sei muito bem que não é uma explicação completa do problema da doença, mas não importa à terapia se a ação do médico é correta ou não. O importante é que o paciente faça uso dessa ação a fim de ficar bom. Devo concluir que esse paciente fez uso de minhas observações, pois não teve mais hemorragias durante um par de anos, embora tivesse deixado suas ocupações ao ar livre, e se dedicado a trabalho sedentário que exigia muita escrita. Dois anos mais tarde teve novo ataque, que ficou provado estar associado à vista de uma cruz de ferro usada por um ex-soldado. Isso passou e, desde então, há treze anos, não ocorreu uma única hemorragia. No entanto, ele é agora guarda-livros e precisa usar seus olhos mais que a maioria das pessoas.

Procurando exemplos em outro setor médico, algumas das mais dramáticas ilustrações da influência do motivo de autopunição em doenças são encontradas em alguns dos casos relatados de doença tireóidea ou bócio. É fato médico aceito que a glândula tireoide constitui parte do mecanismo fisiológico de "emoção" e que algumas formas de bócio são geralmente, embora não invariavelmente, *precipitadas* por estimulação e tensão emocionais extraordinárias. A natureza específica das emoções provocadas por essas tensões é em geral ignorada no curso da questão mais urgente e prática do tratamento cirúrgico do bócio, mas em nosso presente estudo é de grande interesse.

Como eu já disse, o medo (e o desejo) de punição parece ser muito proeminente em numerosos desses casos. Os doutores Newburgh e Camp ([12]) de Ann Arbor relataram o caso de uma mulher de trinta e dois anos com grave bócio (hipertireoidismo) e outros sintomas glandulares. O estudo da paciente revelou que os sintomas surgiram quando ela estava cuidando de sua mãe enferma. Ficara obcecada pela ideia de que fizera algo que poderia contribuir para a morte de sua mãe e quando esta morreu, depois de vários meses, durante os quais seu sentimento de culpa fora crescendo, a paciente ficou por algum tempo dominada pela ansiedade. Esta (e o bócio) cederam sob tratamento, mas surgiram de novo em ligação com outro incidente que envolvia questões éticas. Sob tratamento psicoterapêutico a paciente restabeleceu-se e uma comunicação pessoal do médico declara que um ano mais tarde ela gozava ainda de boa saúde.

Emerson ([13]) relatou vários casos de bócio estudados por ele sob o aspecto psicológico, com certas descobertas impressionantes pertinentes a nosso tema tópico. Uma mulher, por exemplo, depois de uma mocidade bastante devassa, casara-se com um homem muito moralista que, como meio de censurá-la por algumas delinquências confessadas ou descobertas, *se matou a tiro em sua presença.* Os sintomas típicos do tireoidismo da mulher, inclusive a inchação da glândula, iniciaram-se prontamente e estavam em pleno florescimento quatro semanas depois dessa ocorrência!

Em outro caso, um homem de vinte e dois anos adquiriu hipertireoidismo típico imediatamente depois de nomeado capataz de uma

---

12. Newburgh, L.H., e Camp, C.D., *The Influence of Anxiety States on the Thyroid Gland, Annals of Clinical Medicine,* junho de 1928, pp. 1.006-11.
13. Emerson, Chas. P., *The Emotional Life and Its Importance in the Production of Pathological Conditions, Journal of the Indiana Medical Association*, 15 de dezembro de 1926, p. 475.

turma incumbida de importante obra de construção. O medo de falhar nessa primeira oportunidade de sair-se bem parece ter precipitado um bócio que surgiu poucas semanas depois de sua nomeação. Além disso, o paciente confessou que quando estava no Sul encarregado desse trabalho ficou noivo de uma moça e logo depois brigou com ela, ocasião em que ela *fingiu suicidar-se, engolindo algumas pílulas, e caiu no chão à sua frente gritando*. O paciente deixou imediata e repentinamente aquela parte do país e não ficou sabendo senão mais tarde que a moça estava fingindo.

Em um terceiro caso, uma mulher americana, de vinte e dois anos, com um enorme bócio, exoftalmia, extrema agitação, tremores, fala rápida e emaciação, casara-se pouco tempo antes com um homem muito mais velho do que ela com quem tudo correra bem, pelo que todos sabiam, até um dia antes de sua internação no hospital, quando ouvira gritos c *saíra correndo de casa a tempo de ver seu marido matar a tiros seus dois irmãos*. Ela era a única testemunha e por isso foi detida pelas autoridades. Tendo alegado legítima defesa, seu marido foi condenado a prisão perpétua em lugar que se ela a pena de morte, mas censurou sua esposa, afirmando que se ela tivesse prestado um depoimento bastante vigoroso ele teria saído livre. A paciente e sua mãe disseram que o bócio se desenvolveu em um período de sete dias após esse acontecimento ([14]).

Recentemente fui consultado por uma mulher, de quarenta e cinco anos que tinha um bócio desde vinte anos antes, tendo sido nesse período atendida pelos melhores consultores médicos. Submetera-se a várias operações e diversas espécies de tratamento sem obter alívio permanente. Mais interessante para mim, porém, foi a natureza de seu ataque e o notável *insight* que a paciente teve disso. Perguntei-lhe porque consultava então um psiquiatra.

"Devido a meu nervosismo", disse ela, "os médicos tratam meu bócio, mas não tratam meu nervosismo. O nervosismo vem do bócio."

---

14. A sequência deste caso é ainda mais convincente do que as extraordinárias circunstâncias de sua precipitação. Descontente com a decisão dos cirurgiões de não operar o enorme bócio, a paciente procurou outro hospital e encontrou um cirurgião disposto a operar, mas morreu no dia da operação.

"Não acha que é possível acontecer o contrário?" perguntei-lhe. "Que o bócio de uma maneira ou outra venha do nervosismo?"

"Sim, doutor, sempre pensei isso. Pela maneira como começou. Sabe?" prosseguiu sem parar. "Tivemos uma tragédia em nossa família." (Nesse ponto desfez-se em lágrimas.) *"Meu irmão atirou em minha madrasta e matou-a.* Penso que isso teve alguma relação com meu bócio. Começou imediatamente depois... levaram-no para a penitenciária... e depois o encontraram dentro de um poço lá, afogado... Talvez ele tenha feito isso de propósito."

É muito impressionante que este meu caso tenha sido tão semelhante aos três relatados por Emerson, pelo fato de homicídio parecer estar associado ao início do bócio. Realizei mais algumas investigações que, penso eu, explicam mais especificamente os prováveis mecanismos em ação neste caso.

O irmão da paciente era dois anos mais novo que ela; não havia outros irmãos. A mãe morreu com trinta e cinco anos, quando a paciente estava com sete anos. Depois disso a paciente viveu com seus avós, que eram extremamente indulgentes com seu irmão, mas não dedicavam atenção à paciente. As crianças regressaram posteriormente ao lar para viver com o pai que, nesse meio tempo, se casara com uma mulher irascível, exigente e dominadora. Foi vários anos mais tarde, aparentemente sem a menor provocação imediata, que o irmão matou a madrasta.

Não há prova, naturalmente, de que o bócio tenha sido causado pelo choque emocional do homicídio, mas a associação cronológica é impressionante. Uma reconstrução psicológica de acordo com nossa experiência em outros casos estudados (ver, especialmente, a discussão sobre suicídio aos pares) seria que essa moça odiava tanto a madrasta quanto o irmão e, quando um matou a outra, ela se sentiu culpada como se ela própria tivesse praticado o ato. Sempre fora objeto de discriminação por parte da vítima, que a responsabilizava pelo mau comportamento do assassino. Em outras palavras, como fora punida antes pelas más ações dele, inconscientemente esperava ser punida de novo.

O fato de nos quatro casos há pouco mencionados o hipertireoidismo parecer ter sido precipitado pela vista de uma morte violenta talvez represente apenas uma coincidência. Devo confessar que fiquei muito surpreendido ao descobrir isso. Esta surpresa foi ainda maior quando em recente estudo de Therese Benedek ([15]) notei que, dos dois casos de hipertireoidismo discutidos, a paciente de um vivia em uma casa com uma mulher que se suicidou e o distúrbio tireóideo apareceu logo depois, enquanto a paciente do segundo, embora não tivesse presenciado qualquer morte violenta, preocupava-se obsessivamente com a ideia de poder ser culpada pelo assassínio de uma moça cujo corpo fora encontrado e não conseguia libertar-se da autoacusação: "Você é a assassina! Você matou aquela moça."

Assim, ambas as pacientes da dra. Benedek sentiam-se como assassinas.

Esses casos são em número muito pequeno, infinitamente pequeno em relação às milhares de doenças que são estudadas e tratadas por médicos diariamente, *sem* qualquer estudo psicológico ([16]).

Contudo, meu propósito não foi mostrar o que está – ou pode estar – sempre *presente,* mas o que, em alguns poucos exemplos, esteve às *vezes* presente. Nesses exemplos, penso que uma coisa se destaca: o terrível sentimento de culpa e o correspondente medo de punição e compulsiva necessidade de punição. Não podemos, naturalmente, provar que esses pacientes não se limitaram a aproveitar-se de uma "punição" que "aconteceu" e que teria ocorrido de qualquer maneira (o bócio). Todavia, não se apresenta melhor explicação para o ataque, nada nos fatos contradiz nossa hipótese e o quadro harmoniza-se com o que temos visto nas formas mais acessíveis de autodestruição de que participa o sistema nervoso voluntário.

---

15. Benedek, Therese, *Mental Process en Thyrotoxic State, Psychoanalytic Quarterly,* abril de 1934, p. 153,

16. E de justiça dizer que numerosos especialistas em doenças internas, de mentalidade avançada, reconheceram a importância do fator psicológico no bócio, afecções cardíacas, distúrbios gastrintestinais, várias doenças da pele e outras condições. Não só o reconheceram, mas alguns fizeram cuidadosos estudos psicológicos de seus pacientes. Dunbar coligiu milhares de relatórios publicados sobre tais estudos. Meu propósito aqui não é apresentar um resumo de todo o trabalho científico relacionado com esse tema, mas indicar com estas poucas ilustrações a natureza dos fatores psicológicos em ação.

B. O COMPONENTE AGRESSIVO

Não é difícil acreditar, como a gente comum sempre acreditou, que a doença representa punição e vemos que prova científica sustenta essa ideia ao ponto de atribuir a um sentimento inconsciente de culpa algo da motivação de algumas doenças orgânicas. Contudo, não é igualmente evidente que por trás de tanta dor, miséria e incapacitação existam motivos agressivos. Mas exigências tão fortes de punição devem ter uma causa, uma provocação. "Onde há fumaça, deve haver fogo."

Nossa próxima investigação será dirigida, portanto, para o crime – real ou imaginário – que tem relação com essa forma de auto-punição. Em outras palavras, quais são as provas de que impulsos agressivos estão também implicados na produção de doença orgânica.

A existência de ódio feroz, mas reprimido, é impressionantemente evidente em várias formas de doença somática, das quais alguns casos foram estudados psicologicamente. No estudo da doença cardíaca antes mencionado, por exemplo, meu irmão e eu encontramos indicações que permitiram concluir que sintomas cardíacos e presumivelmente doença cardíaca eram às vezes um reflexo – ou uma expressão – de tendências fortemente agressivas que haviam sido *totalmente* reprimidas. A doença cardíaca pode muito bem ocorrer, como é sabido, em pessoas exteriormente meigas e delicadas, e, na nossa série, ocorreu em homens que tiveram forte apego emocional por seus pais e com frequência foram mais ou menos decididamente hostis às suas mães. A afeição consciente pelo pai em geral elimina completamente as hostilidades profundamente enterradas em relação a ele. Assim, se o pai tem doença cardíaca ou sintomas de doença cardíaca é muito típico alguns filhos incluírem esses sintomas em sua identificação de si próprios com o pai e executarem reflexamente impulsos patricidas inexprimíveis, por meio de suicídio (orgânico) focal inconsciente. (Alguns analistas que estudaram tais casos têm sugerido que essa identificação não é tanto com o pai quanto com o objeto de amor preferido pelo pai, isto é, sua esposa, a mãe do paciente, e que nesse sentido a doença cardíaca é ao mesmo tempo simbólica da "dor de *coração*"(*) causada pela decepção e do útero, isto é, o órgão sexual feminino.)

Que as tendências agressivas parecem ser muito importantes no desenvolvimento de doença cardíaca é sustentado pelo fato de esclerose coronária ser enormemente mais prevalecente em homens do que em mulheres ([17]).

À guisa de ilustração, poderiam ser citados alguns casos. Um deles, por exemplo, relatado por Stekel ([18]), era de um homem de cinquenta e um anos, de proporções hercúleas, que nunca ficara doente até quando, certa noite, acordou com a impressão de estar sendo estrangulado. Lutou para respirar, sentindo que estava morrendo. O ataque logo passou e ele pensou que fosse devido a um jantar pesado na noite anterior. Poucas noites depois, porém, teve outro ataque e a partir de então esses ataques ocorreram com frequência tanto de dia como de noite. Consultou um médico amigo que diagnosticou sua doença como arteriosclerose e lhe disse que, tomando cuidado, poderia viver mais dois anos. Por conselho de seu amigo, o paciente internou-se em um sanatório. Ficou cada vez mais abatido e sentia que sua morte se estava aproximando. Finalmente procurou Stekel para tratamento, no curso do qual foi descoberto que os ataques cardíacos tinham origem em severo conflito emocional. Perdera para seu melhor amigo a mulher a quem amava e com a qual tivera uma ligação de cinco anos. Fora assim estimulado terrível ressentimento contra um homem em relação ao qual a amizade impedia sua expressão. Durante muitas semanas antes do início de seus sintomas lutara secretamente com o desejo de estrangular seu amigo por aquela traição. O tratamento analítico deu bom resultado e os ataques cessaram inteiramente. Dez anos depois o paciente ainda estava "perfeitamente bem, casado e feliz, e no auge de sua capacidade criativa".

(*). N. T. – No original inglês "brokenheartedness", isto é, a condição de quem está com "o coração partido".

17. Nossos dados eram absolutamente insuficientes para provar alguma coisa; sugeriam, porém, que *esses* fatores psicológicos são às vezes de importância no desenvolvimento da patologia cardíaca. Se atual provocando uma função desordenada que por sua vez se firma como patologia orgânica ou de alguma maneira direta, não temos prova nem opinião a respeito. O efeito terapêutico sôbr-e o paciente da investigação psicológica deve também ser considerado até esse ponto como um corolário secundário, embora feliz, do processo de investigação.

18. Stekel, W., *Conditions of Nervous Anxiety and Their Treatment,* Londres, Kegan Paul, Trench, Trubner, 1923, pp. 172-81.

Em recente relato feito por um pesquisador americano ([19]) que vinha estudando o aspecto psicológico de várias doenças somáticas no Hospital Presbiteriano de Nova York em colaboração com vários colegas, é citado o caso de uma moça solteira de vinte e seis anos afligida por severa dor precordial com cerca de sete anos de duração. Sofrerá do que fora diagnosticado como insolação aos oito anos de idade, época em que teve acessos de desmaio e movimentos convulsivos. Esses sintomas nunca ocorriam, porém, em sua casa e era necessário que alguém, geralmente sua mãe, a acompanhasse a todo lugar onde ia. Quando essa doença cessou surgiu sua condição cardíaca e ao mesmo tempo ela ficou constipada. Tomou catárticos regularmente durante vários anos e nos dois anos anteriores usara enemas diariamente. Nos primeiros seis meses de psicoterapia, sua constipação desapareceu, mas os ataques anginais mostraram-se mais resistentes à terapia. Por baixo de um exterior polido havia considerável ressentimento reprimido contra seus pais e seu irmão mais jovem, de quem ela tinha intensa inveja. Os ataques graves cessaram e pequenos ataques tomaram-se infrequentes em seguida à psicoterapia.

Esses casos mostram claramente, creio eu, a intensidade da agressividade reprimida. Às vezes esse propósito agressivo pode ser satisfeito secundariamente pela doença, como no caso da moça mencionada por Wolfe, cuja doença cardíaca exigia o trabalho e atenção de outras pessoas. Isso não prova a força original dos impulsos hostis na produção da doença, mas indica a força e persistência dessas poderosas tendências em tais pacientes.

Que esse conflito com ódio insuportavelmente grande pode ser expressado por pressão arterial elevada é quase do conhecimento geral. Parentes de velhos pletóricos e irascíveis esperam (desejam?) constantemente que eles morram em um ataque de raiva. Os próprios velhos usam isso como arma contra outras pessoas. Não era o pai de Clarence Day quem costumava recusar convites lembrando à sua sofredora família que devia "ter cuidado com minha pressão arterial"?

---

19. Wolfe, T. P., *Dynamic Aspects of Caraio-vascular Symptomatology, American Journal of Psychiatry*, novembro de 1934, pp. 563-74.

Naturalmente, para explicar uma pressão arterial constantemente elevada, deve-se presumir que haja uma série continua de tais estímulos e, de fato, clínicos antigos mencionavam a frequência de hipertensão nas pessoas obrigadas a tensões nervosas prolongadas, como os maquinistas de trem. Por outro lado, é sabido também que muitas pessoas, senão todas, submetidas a tais tensões deixam de adquirir hipertensão e além disso muitas, se não a maioria, das que sofrem de hipertensão essencial não sofrem nem têm consciência dessa continuada "tensão nervosa", medo, ansiedade ou raiva, além daquelas inerentes às experiências da vida a que todos ficam expostos.

É exatamente neste ponto que a psicanálise pode oferecer ajuda por meio de suas explorações do inconsciente. Sabemos que muitos daqueles que não têm a menor noção superficial de seus sentimentos interiores ocultos de ansiedade, medo, raiva e ódio, apresentam outras indicações de terem tais emoções e podem ser ajudados a encará-las ou reconhecê-las e confessá-las. Ocorre-me um exemplo particularmente vivido. Uma mulher procurou-nos porque perdera de repente a capacidade de escrever, que era seu meio de vida.

Esse era o único sintoma de que se queixava, embora se constatasse que tinha uma pressão arterial de mais de 200. Fazia dois anos que nada escrevia e estava desesperadamente desanimada com isso.

Em meu consultório, porém, ela começou de repente a escrever – automaticamente, por assim dizer, com letra que não era a sua e assinada por um nome estranho. Páginas e páginas, centenas delas, foram escritas dessa maneira. Ela só percebia o que havia escrito *depois* de escrevê-lo. O que escreveu contou a ela e a mim – como estava e como estivera aterrorizada, como odiava certas pessoas que a princípio nos dissera amar muito, como desejava matá-las e finalmente como ela própria estava perto do suicídio ou "insanidade".

Depois de ter escrito isso, com todos os pormenores de seus terríveis sentimentos, reconheceu que eram inteiramente verdadeiros e ficou então absolutamente espantada ao descobrir que não percebera isso (anteriormente)! Concomitantemente sua pressão arterial caiu.

Seria ir muito além dos fatos sustentar que todos esses casos de hipertensão ou mesmo a maioria deles são exemplos semelhantes de tensões interiores constantemente mantidas e dependentes de emoções *inconscientes* reprimidas (especialmente medo), mas é razoável presumir que alguns deles o sejam [20].

Um psicanalista meu colega [21] relatou um caso em que resultado terapêutico extraordinário foi obtido pela psicanálise em pressão arterial elevada muito antiga, cujo sintoma desapareceu repentina e permanentemente. Era um homem de trinta e dois anos cuja hipertensão fora descoberta catorze anos antes e na história de cuja família havia muitos casos de doença cardiovascular e hipertensão.

Sua pressão arterial fora muito alta desde os dezoito anos de idade.

Estudo médico completo foi negativo, exceto quanto à hipertensão "essencial" e esse diagnóstico já fora feito em duas renomadas clínicas cardíacas.

Recorreu à psicanálise ostensivamente por outras razões além da hipertensão, mas em seguida a uma hora de tratamento particular, cujos pormenores serão logo adiante mencionados, sua pressão arterial caiu ao normal e assim permaneceu. Nenhum outro tratamento foi aplicado e não houve modificação nos hábitos de vida.

Naturalmente, gostaríamos de saber com exatidão o que acontecia nessa hora de tratamento extraordinariamente eficaz. O paciente estava relatando uma cena de sua infância. Começou a dramatizá-la e ficou furiosamente encolerizado, apanhou um cinzeiro muito pegado e fez como se fosse atacar o dr. Hill, embora parecesse dirigir suas observações à sua mãe. Sua raiva aumentou muito, seu rosto ficou vermelho, as veias de seu pescoço dilataram-se. Depois caiu em um estado de palor e transpiração, e ficou amnésico em relação ao episódio.

---

20. MacWuliam (MacWilliam, J, A., *Blood-Pressure and Heart Action in Sleep and Dreams: Their Relation to Hemorrhages, Angina and Sudden Death, British Medical Journal,* 1923, Vol. II, pp. 1.196-1.200) mostrou que em pessoas com doença orgânica do sistema circulatório a pressão arterial pode subir a um ponto muito além dos limites geralmente alcançados no esforço muscular moderado, em resultado de perturbações do sono, particularmente por sonhos. Por exemplo, relata uma elevação de 130 mm a 200 mm durante um sonho. Pode-se especular qual é o efeito dessa repentina elevação da pressão arterial, tanto no sentido de causar alterações orgânicas corno na maneira de favorecer lesões já existentes.

21. Hill, Lewis B., *A Psychoanalytic Observation on Essential Hypertension Psychoanalytic Review,* janeiro de 1935, N.° 1, 60.

Gradualmente, não só o episódio, mas pormenores de seu ambiente original, voltaram à sua memória. Durante o ataque disse alguma coisa a respeito de um chicote e por associação lembrou-se que quando criança fora infernizado por sua irmã até agredi-la, ocasião em que sua mãe apanhara um chicote de pônei, que tinha ao alcance da mão, com a evidente intenção de bater nele como castigo. Em seu medo, tomara o chicote da mãe, correra e fora acuado em pé sobre uma cama, pretendendo defender-se batendo na mãe. Perdera a coragem e humildemente entregara o chicote na esperança de evitar a punição, mas sua mãe chicoteara-o raivosamente. Posteriormente esquecera-se por completo da experiência. Parece notável que a lembrança desse episódio relativamente simples tenha causado tão profunda alteração em uma condição existente havia tanto tempo. Pode-se presumir, porém, que o episódio representou a cristalização de uma situação que existiu entre a mãe, a irmã e o menino durante longo tempo em um período crítico de sua infância. O dr. Hill acredita que a surra foi, para seu amor próprio e sua autoestima como criança, mais penosa do que poderia ter suportado. Incapaz de defender-se ou de atacar alguém ou mesmo de sentir sua raiva efetivamente, devido a seu medo e fraqueza, não teve outro recurso senão reprimi-la e dissociá-la do resto de sua personalidade, de tal maneira que se tornou produtora da sintomatologia que representava a raiva inibida.

Seja qual for a tendência constitucional à hipertensão que possa ter estado presente neste caso (como é sugerido pela peculiar propensão da família do paciente a esse mal), pode-se ver que suas reações a uma mãe dominadora, contra quem não podia defender-se nem expressar adequadamente sua raiva, foram um fator contribuinte. O tratamento permitiu-lhe assinalar o episódio original na totalidade de sua experiência, de modo que ele pôde sofrer modificação corretiva à luz de sua inteligência e salvou seu sistema vasomotor do peso excessivo de uma reação constante a uma tremenda emoção inconsciente, que não se expressava de outra maneira.

Tendemos a ficar mais impressionados por nossas próprias observações mesmo quando são menos convincentes em alguns pormenores. Lembro-me particularmente de um homem de sessenta anos de idade que fui chamado a ver no hospital, onde permaneceu durante a maior parte de um ano. Havia sido recusado no exame para seguro de vida dez anos antes devido à pressão arterial elevada, recebera tratamento médico muito competente, mas sua pressão arterial não cedera e, na realidade, sofrerá um ligeiro "derrame", uma trombose cerebral (coágulo sanguíneo) que paralisara parcial, mente seu braço direito,

Devido à sua idade e outras circunstâncias, tratamento psicanalítico formal estava fora de cogitação, mas um tipo modificado de psicoterapia baseado no método psicanalítico foi instituído com resultados muito extraordinários. O homem, que encerrara suas atividades comerciais, renunciara à sua posição no comércio e abandonara as expectativas de maiores atividades na vida, depois de seis meses de tratamento psiquiátrico deixou o hospital, reiniciou seu trabalho, dedicou-se a ele diligentemente, fez mais negócios e ganhou mais dinheiro do que nunca antes. Sua pressão sanguínea sistólica, nesse meio tempo, baixou de 2500 (1.º de janeiro de 1931) para 185 (31 de agosto de 1931), onde permaneceu mais ou menos nos dois anos subsequentes em que esteve sob observação. Ao fim desse tempo considerou-se perfeitamente bem e não voltou mais para tratamento. Ainda vive ativamente e, pelo que sei, gozando de boa saúde apesar de desastres e aflições externas.

Neste caso, o que constatei ter efeito definido sobre a hipertensão foi a existência de uma terrível batalha contra fatores sociais e econômicos, sobre os quais, embora *aparentemente* bem sucedido além do que pode sonhar o homem mediano, o paciente realmente nunca conquistara uma vitória. Pobreza em grande escala cercou sua infância. Seu pai abandonou a família, tendo ele precisado trabalhar aos doze anos e sustentar a família com muito esforço e prodigioso trabalho. Uma espécie de jovial amabilidade combinada com trabalho árduo e vivo instinto comercial permitiu-lhe finalmente adquirir grande riqueza. Contudo, novos inimigos atacaram-no, todos os quais ele conseguiu dominar, exceto um – seu próprio filho, cuja revolta contra o pai era hábil e poderosa. Meu paciente transferiu para o filho a hostilidade que tinha por seu próprio pai e, embora trabalhassem juntos, a guerra entre ambos era quase homicida. Sua renúncia aos negócios foi uma rendição parcial e a paralisia do braço direito sem dúvida tinha relação com tuna inibição inconsciente de seu desejo de derrubai o filho, desejo cujo recuo quase derrubou o outro. Nunca foi feliz com sua esposa, mas demonstrou o mais temo amor por sua mãe até o dia em que ela morreu.

Achei que sua alta pressão arterial representava a constante estimulação de suas tendências agressivas, uma constante preparação para a luta, associada a constante e penetrante medo. Sua melhora pode ser entendida como uma reação física e psicológica ao alivio de uma parte de seu medo proporcionado pelo sentimento de segurança dado pelo médico e também (ainda mais significativo) pela diminuição quantitativa de sua agressividade resultante da transformação de parte dela em expressão verbal ([22]).

Intensa agressividade pode ser observada no fundo de outras afecções além das cardíacas e vasculares. Juntas, por exemplo, ficam rígidas e inchadas em resultado do que chamamos artrite ou reumatismo, para o qual foram descritas etiologias e patologias de toda espécie. Alguns tipos parecem ser produzidos *principalmente* por infecção (embora não saibamos porque a infecção às vezes escolhe determinadas juntas). Outros aparentemente resultam de algumas alterações internas – químicas, metabólicas, mecânicas. Podemos com razão especular que em todas essas entram fatores emocionais, embora em geral sem serem percebidos. Ultimamente, porém, numerosos médicos têm relatado suas observações a respeito da psicologia da artrite ([23]) e aqui também é evidente o componente agressivo.

---

22. Muitas pessoas poderiam presumir que o psiquiatra tem peculiar parcialidade na escolha de tais casos. Por encontrar pressão arterial elevada em alguns de seus pacientes, não tem o direito de presumir que mecanismos semelhantes determinem a pressão arterial elevada em pacientes que não procuram psiquiatras. Para eliminar essa possível fonte de erro, solicitei a cooperação de alguns de meus amigos médicos, os quais bondosamente me permitiram fazer um estudo psicológico de diversos de seus pacientes particulares que, sem essa pesquisa, nunca teriam ido a um psiquiatra ou sido considerados pacientes psiquiátricos. Em quase todos os casos foram descobertas significativas tensões psicológicas que eu acreditei ter relação muito definida com a alta pressão arterial; em geral, corresponderam à fórmula genérica esboçada acima.

23. Ver, por exemplo, Nissen, H. A., e Spencer, K. A., *The Psychogenic Problem in Chronic Arthritis, New England Journal of Medicine*, 19 de março de 1936, pp. 576-81; Thomas, Giles W., *Psychic Factors in Rheumatoid Arthritis, American Journal of Psychiatry*, novembro de 1936, pp. 693-710; e Jelliffe, S. E., *Bodily Organs and Psychopathology, American Journal of Psychiatry*, março do 1936, p. 1.051.

Tomemos, por exemplo, um caso descrito em carta que recebi recentemente de uma mulher que eu nunca vira. Disse ela que era mãe de dois rapazes. O irmão mais novo era vítima de tuna "poliartrite não infecciosa", que parecia afetar todas as suas juntas, mesmo aquelas de espinha. Aparentemente foi aplicado tratamento médico completo e extraído um dente, seguindo-se melhora temporária, com uma recaída característica, complicada subsequentemente também por infecção na bexiga. Tem certa significação o fato do paciente ser descrito como um moço forte e bonito que nunca teve qualquer das doenças da infância, exceto "algumas bexigas e catapora". Sempre foi "muito forte, delicado e limpo, muito apreciado por todo o mundo". Seu irmão, por outro lado, vinte meses mais velho que ele, embora talentoso, parece ter-se aproveitado da amabilidade do irmão mais novo durante toda sua infância, abusando dele de toda maneira, ridicularizando-o, lesando-o em seus privilégios e suas propriedades. Parece ter deixado o lar mais ou menos na época em que o irmão mais moço adquiriu artrite, embora isso não esteja especificamente declarado, vagueou de um lado para outro, bebeu cada vez mais e afundou-se cada vez mais, "humilhando-nos de toda maneira com seu comportamento e suas companhias". Emitiu cheques sem fundo que o irmão mais novo pagou. Justificava-se acusando a mãe de favoritismo em relação ao irmão mais novo. Compareceu embriagado aos funerais de sua avó e nesse tempo todo continuou a depender financeiramente da mãe e do irmão doente, que tinha uma pequena loja.

A mãe parecia ser uma pessoa muito intuitiva. Reconhecia que o irmão mais novo mesmo quando pequeno "simplesmente não era capaz de expressar ressentimentos profundos" e que "seu amor pelo irmão mais velho foi esmagado e desprezado, sendo seu possuidor ridicularizado. Ele está agora desiludido, amargurado e furioso".

A mãe parecia quase sentir que o irmão mais novo, com sua constituição cortês, reprimida e refinada, incitado como fora ao máximo ódio por um irmão que a princípio servira e amara, voltara essa hostilidade contra si próprio sob a forma de doença, doença de um tipo que, se tivesse acometido o irmão culpado, teria impedido a maior parte dos desregramentos que tão seriamente perturbaram a família.

Jellife *(op. cit.)* relatou caso semelhante de um irmão mais novo, mais dotado e mais inibido, atacado de artrite generalizada, com alterações ósseas confirmadas pelos raios X. Neste caso outro objeto de ódio era um genro com quem o paciente teve longas e acirradas pendências judiciais. *Insight* em relação a isso melhorou muito o artritismo.

O dr. John Murray, de Boston, contou-me o seguinte caso que teve sob sua observação. Um moço, que sofria agudamente a auto comparação com seu pai muito bem-sucedido e que tinha justificação mais interna do que externa para sua hostilidade, manifestou suas agressões indiretamente anulando os propósitos de seu pai por meio de evasão, ociosidade e extravagância. Esses métodos foram sendo gradualmente substituídos por enxaqueca excessivamente severa, que era por ele usada como justificação para crescente alcoolismo, de modo que entre os dois ele ficava às vezes completamente incapacitado.

O passo seguinte no processo foi seu casamento, que teve a extraordinária consequência de fazer com que seu alcoolismo e sua enxaqueca desaparecessem, para serem substituídos por progressiva e dolorosa artrite. A artrite tornou-se completamente incapacitadora e nenhum tratamento proporcionou melhora durável. Dois anos antes de procurar o dr. Murray o paciente chegara à conclusão que nunca voltaria a andar e, embora desde então tenha havido decidida melhora, ele ainda não conseguiu recuperar sua capacidade de mover-se sozinho. É interessante também observar que ele atormentava seu filho mais velho, de quem gostava muito, de maneira brutal e sádica oculta sob um verniz de "brincadeira". Isso pode ser considerado outra manifestação indireta e não reconhecida de suas hostilidades, originariamente dirigidas contra seu pai e depois dirigidas contra seu próprio filho, isto é, contra uma parte simbólica de si próprio.

Tossir é um sintoma que pode ou não indicar patologia orgânica do trato respiratório, mas que frequentemente indica fortes tendências agressivas. Todo o mundo deve ter refletido sobre isso às vezes quando um concerto ou um orador é repetidamente interrompido por alguém que tosse sem parar.

Georg Groddeck, clínico muito intuitivo e perspicaz, escreveu extensamente sobre a psicologia da tosse, usando sua própria pessoa como ilustração de caso [24]. Por acaso estava sofrendo agudamente de resfriado no momento em que escreveu, mas o mesmo aconteceu também "cronicamente em toda minha vida. Toda minha família tinha o mesmo hábito que eu de reagir a impressões desagradáveis com um acesso de tosse".

Groddeck iniciou suas observações comentando como sua tosse encantava seu filho de nove meses de idade, que parecia ficar muito impressionado por essas vigorosas e ruidosas atividades expectorantes do pai. "Somente com a ajuda desse dom de observação é a criança capaz de aperfeiçoar aquelas atividades, imitativas ou independentes, que devem espantar quem quer que uma vez se dê ao trabalho de considerar a assombrosa quantidade de trabalho mental que uma criança executa em seus primeiros três anos." Groddeck pensava que a criança percebia pela expressão facial de quem tossia, assim como pelo próprio ato, algo do propósito da tosse; expressar "o desejo de soprar para fora alguma coisa considerada desagradável ou livrar-se de algo já sentido dentro do organismo, como parte de si próprio ou como um corpo estranho, quer de natureza mental ou física." Confirmou isso acentuando que seu enteado, que nenhum laço de sangue tinha com ele, partilhava de seu hábito de reagir tossindo ao que era desagradável e uma vez no decorrer de uma conversa que nada tinha a ver com questões médicas disse a seu padrasto que terrível efeito a violenta tosse de Groddeck tivera sobre ele quando menino. O próprio Groddeck relembrou com vivida memória como, quando criança, reconhecia e se aproveitava dos efeitos alarmantes de uma tosse. "Certa noite, por uma ou outra razão, minha mãe levou minha irmã e eu à sua reunião semanal. Como logo nos cansássemos da tagarelice dos adultos, levaram-nos para o quarto ao lado e mandaram-nos dormir. Não sei como me veio à cabeça a noção de que quanto maior o número de testemunhas mais impressionante seria uma doença, mas, seja como for, de repente tive a ideia de encenar um dueto de tosse com minha irmã, na esperança de conseguir para ambos uma folga da escola no dia seguinte. O plano deu resultado além de toda a expectativa. Não só deixamos de ir à escola, mas também fizemos com que nossa mãe voltasse para casa mais cedo do

---

24. Groddeck, *The Unknown Self, op. tit.*, p. 131.

que pretendia. É verdade que tivemos de ficar na cama o dia seguinte inteiro, mas isso não nos incomodou, pois ainda dormíamos no mesmo quarto e partilhávamos todas as nossas alegrias e tristezas."

Em um paciente que estudei durante um período de vários anos, minhas observações confirmaram com espantosa correspondência as de Groddeck. Esse paciente era um advogado de trinta anos cuja análise começara e prosseguira não devido a queixas físicas, mas por causa de distúrbios emocionais bem reconhecidos que causaram sérios conflitos com a família, com sócios comerciais e outras pessoas, a ponto de tornar-lhe necessário retirar-se temporariamente da prática advocatícia. Logo no início do tratamento do caso, porém, a persistente tosse de que ele sofria tornou-se objeto de muita discussão. Às vezes essa tosse ficava tão violenta a ponto de interromper sua conversa por vários minutos ou mesmo mais; tornara-se tão severa que, de acordo com sua própria declaração, dormia menos de metade da noite por ser acordado por ela. Membros de sua família declararam que eram capazes de reconhecê-lo no teatro quando se sentavam em lugares diferentes, pela tosse alta e sonora com a qual estavam tão familiarizados. Em um prédio de apartamentos outros inquilinos queixavam-se dessa família, em parte, presumiu-se, por causa da incessante e barulhenta tosse de meu paciente.

Nas horas de psicanálise ele às vezes se queixava amarguradamente da tosse, declarando que eu a ignorava ou pelo menos não dava remédio para ela, que durante aqueles dois anos de tratamento não melhorara, mas que ainda assim eu me aferrava à ideia de que devia ter origem psicológica. Minhas observações sobre a tosse foi que ela ficava ausente por um período até de dois ou três meses, para voltar quando a resistência do paciente começava a manifestar-se de novo com força. Notei também que apesar de sua natureza alta e espasmódica, e do fato de fazer o paciente contorcer as feições e sacudir-se, a tosse raramente provocava escarro. Contudo, a observação mais pertinente foi que frequentemente havia um período em que o paciente absolutamente não tossia até quando eu começava a falar, no curso de algumas interpretações ou explicações. Então a tosse aparecia imediatamente. Em numerosos casos minhas interpretações pareciam ser enfrentadas por uma tosse, de maneira a não deixar dúvida de que inconscientemente a tosse era um protesto contra a explicação, uma disfarçada invectiva lançada contra mim tão altamente que eu não podia continuar falando.

Outra utilidade dessa tosse tornou-se clara através de um sonho que o paciente teve, e que ele próprio reconheceu e interpretou, embora se opusesse extremamente a admitir os fatores psicológicos da tosse. Sonhou que estava em uma reunião do Kiwanis Club e que os membros ameaçavam excluí-lo. Tossiu violentamente, "um estertor", como ele o descreveu, como se lhes dissesse: "Estão vendo? Vocês fizeram isso... vocês causaram isso", como costumava fazer quando desejava ver sua mãe e seu pai sentirem pena, dizendo-lhes: "Eu gostaria de estar morto." O próprio paciente acentuou que na psicanálise, como em sua infância, ameaçava vingar-se morrendo, censurando assim o médico por sua atitude insensível. A tosse representava para ele um pedido de atenção, uma defesa contra interpretações não desejadas e uma ameaça de punição, disfarçada como um apelo à simpatia.

O paciente estivera em nada menos que vinte médicos procurando explicação e tratamento para sua tosse. A maioria deles assegurou-lhe que nada conseguia encontrar, embora alguns o alarmassem tanto com comentários vagos e ambíguos que ele se aproveitava disso para ir ainda a outros médicos a fim de obter uma confirmação ou refutação, ou um diagnóstico mais positivo. Alguns dos médicos de nossa clínica examinaram-no em várias ocasiões e não conseguiram encontrar indicações de doença estrutural. Em relação a essas tosses crônicas, sem dúvida psicogênicas, deve-se sempre pensar na probabilidade de resultarem finalmente alterações estruturais. Como diz Groddeck *(op. cit.)*: "Até onde a prática habitual de tossir, a princípio destinada a defesa, causa finalmente modificações e perturbações anatômicas e fisiológicas, é coisa oculta à vista muito cedo e não facilmente discernível mais tarde. Até agora nenhuma tentativa foi feita para investigar esse problema."

Um caso final para ilustrar o fator agressivo no quadro da autodestruição orgânica. Existe uma condição conhecida como esclerodermia que consiste em um endurecimento da pele, como se vê ocasionalmente no "homem ossificado" do museu. Essa doença é de etiologia desconhecida e geralmente considerada sem cura. Groddeck [25] descreveu um caso de esclerodermia acompanhada de dermatite (inflamação da pele) sobre a maior parte do corpo. A pele sobre as juntas dos cotovelos estava tão contraída que os braços não podiam ser inteiramente esticados. Dos numerosos detalhes a seu respeito, mencionarei apenas as determinantes finais dos sintomas.

Quando menino, seu paciente tinha coelhos domesticados em uma época na qual estava lutando com sentimentos rancorosamente hostis para com seu pai e seu irmão. Costumava observar esses coelhos cm suas atividades sexuais e outras; contudo não deixava que um grande macho branco se acasalasse com as fêmeas. Quando o coelho conseguia ocasionalmente fazê-lo, o paciente agarrava-o pelas orelhas, erguia-o, dependurava-o em uma viga e batia nele com um chicote de equitação até ficar com o braço cansado. Era o braço direito, o braço que ficou afetado primeiro. A memória voltou durante o tratamento com o máximo de resistência. Vezes e vezes, o paciente fugiu a ela e causou uma variedade de sintomas orgânicos graves. Um deles foi particularmente significativo; as manchas esclerodérmicas no cotovelo direito pioraram. A partir do dia em que essa lembrança voltou completamente do inconsciente, essas manchas melhoraram de novo e sararam tão completamente que o paciente conseguiu daí por diante dobrar e esticar a junta do cotovelo até o máximo, coisa que não fora capaz de fazer durante vinte anos apesar de muito tratamento. E o fez sem sentir dor.

Groddeck prossegue esclarecendo que o coelho branco, que o paciente privava de prazeres sexuais e punia tão cruelmente por seus "pecados" sexuais, representava o pai do paciente, em relação ao qual ele tinha sentimentos de inveja exatamente comparáveis, no referente a privilégios sexuais e ódio devido à sua própria frustração (da qual se vingava no coelho substituto). O ponto principal que desejo acentuar aqui é a indicação de terrível ódio e agressividade ocultos na lesão orgânica.

Não se pode esperar que esses poucos exemplos façam mais do que demonstrar que os impulsos agressivos, que todos nós conhecemos como componentes regulares da autodestruição sob outras for-

---

25. Groddeck, *The Book of the It, op. cit.*, p. 86.

mas, podem ser reconhecidas de maneira definida em alguns casos de doença orgânica.

Surge a questão de saber se a agressividade reprimida não pode ser igualmente forte em muitas pessoas que não foram examinadas e não ficaram doentes, não podendo assim ser considerada como determinante de doença. Devemos admitir que isso pode ser verdade. O fato de em alguns casos a doença poder estar definitiva e diretamente ligada a conflito psicológico – por exemplo, no caso de Groddeck, há pouco citado, e no caso de Hill – não é também prova conclusiva da patogenia da agressividade, pois é ainda possível que a doença tenha sido causada por alguma outra coisa diferente e só se tenha apresentado como veículo conveniente para expressão das perturbações psicológicas em forma simbólica. O fato de resultar benefício terapêutico da compreensão psicológica não pode também ser usado como prova positiva de que o fator causativo tenha sido demonstrado porque, infelizmente para propósitos de esclarecimento, é bem sabido (embora nem sempre levado em consideração por observadores entusiásticos) que algumas das condições que eu mencionei, notadamente a pressão arterial elevada, reagem favoravelmente a muitas espécies diferentes de tratamento desde que este seja acompanhado por uma atitude tranquilizadora c protetora da parte do médico.

A correspondência entre a doença somática e as demonstradas necessidades psicológicas do mesmo indivíduo pode, naturalmente, ser apenas coincidência. De fato, o fantasma da coincidência paira constantemente sobre nossa cabeça nas observações psicanalíticas, pois nosso material é, afinal de contas, muito escasso em comparação com os milhões de casos vistos e tratados pelos clínicos gerais. Não podemos provar que os acontecimentos tiveram uma relação *causal;* só podemos indicar que *parecem* ter e que essa relação aparente ocorre em repetidos – talvez numericamente poucos – casos.

A prova mais conclusiva de que a agressividade realmente contribui para deixar gente doente pode ser encontrada, creio eu. no estudo de toda a personalidade da vítima. Quando vemos uma pessoa lutando com tensões e conflitos emocionais grandes demais para serem enfrentados por ela; quando observamos sinais de que suas repressões estão cedendo como mostram os sintomas de sonolência, irritabilidade e comportamento agressivo, provocativo e autopunitivo de toda espécie; quando encontramos doença física que faz parte de tal padrão tomando seu lugar como substituto ou acompanhamento de reconhecidos mecanismos para lidar com fortes tendências agressivas, existe prova presuntiva de que a doença resultou da mesma fonte que os outros sintomas.

Além disso, podemos frequentemente observar em nós mesmos, nas pequenas doenças da vida cotidiana, como somos dominados pela raiva, muitas vezes disfarçada como depressão, até efetivamente nos deixarmos doentes, expressando nossa raiva em uma dor de cabeça, em sintomas estomacais ou em um resfriado. Não é difícil conceber maior patologia como resultado de maior e mais constante emocional da mesma espécie.

A expressão que usamos ao dizer que alguma coisa ou alguém "me deixa com dor de cabeça" é parte do pensamento e da linguagem cotidianos. Nesse sentido, o público tem mentalidade psicológica em contraste com os médicos, que têm mentalidade estritamente física e que diriam, por exemplo, que a irritabilidade e o descontentamento anteriores a uma doença são sintomas dela, são resultados, e não causa, da condição fisiológica desordenada.

Por isso, gostaria de repetir aqui que não é meu propósito demonstrar que os sintomas psicológicos *causam os* sintomas físicos; dizer isso, creio eu, é tão incorreto quanto dizer que os sintomas físicos causam os sintomas psicológicos. O que gostaria de sustentar nesta seção é que tendências autodestrutivas têm expressão tanto psicológica *como física*. As próprias *tendências* não são mais (nem menos) psicológicas do que físicas, mas suas expressões psicológicas são às vezes mais fáceis de entender do que as expressões físicas e por tendência que é também expressada fisicamente oferece-nos oportunidade para uma compreensão mais clara da última, do que se fosse encarada meramente como uma lesão isolada de tecido. Entre essas expressões estão, como vimos nesta seção, a de ódio incontrolável e, ao mesmo tempo, inadmissível.

C. O COMPONENTE ERÓTICO

Que tuna doença orgânica, além de suais outras funções, pode expressar uma espécie de auto amor é uma dedução que seria possível tirar das observações dos capítulos anteriores. O órgão doente torna-se objeto principal da atenção do paciente, de sua preocupação e, não seria inexato dizer, de sua afeição. É um narcisismo *local* em contraste com o narcisismo no sentido mais geral em que é geralmente encarado. Focalizar afeição narcisista em um órgão não causa necessariamente uma lesão; algumas pessoas têm notoriamente "amor" por seu nariz, suas mãos, seu rosto ou seu corpo. Todavia, se examinarmos de perto qualquer caso de doença, encontramos o que Freud, Ferenczi e outros descreveram, isto é, um aumento do investimento normal de "amor" naquele órgão à custa dos investimentos comuns em objetos do mundo exterior.

De acordo com nossa teoria, esse investimento narcisista de amor é uma consequência da escolha do órgão para alvo de ataques autodestrutivo e autopunitivo. O "fluxo" erótico é transferido para lá principalmente para neutralizar ou manter sob controle os outros elementos e reduzir ao mínimo o dano causado. Devemos esperar, portanto, encontrar indicações de que esse elemento entra na estrutura psicológica fundamental de toda doença orgânica.

Infelizmente não podemos examinar "toda" doença orgânica, nem temos recursos práticos para detectar definidamente e medir a "libido do órgão", isto é, a quantidade de amor conferida a determinado órgão e sua variação quantitativa em relação ao normal. Em certos casos acessíveis, porém, podemos ter indicação definida quanto a tendências e podemos deduzir alguma coisa quanto às variações quantitativas, como eu fiz, por exemplo, em alguns dos casos citados no curso da descrição das tendências agressivas e autopunitivas evidentes em certos casos. A esses acrescentarei apenas uns poucos exemplos de doença somática em que o elemento erótico foi claramente visível.

Não devemos esperar encontrar isso apenas naquelas prolongadas doenças crônicas que transformam suas vítimas em algo semelhante a mártir. Provavelmente mesmo a doença mais breve e transitória é uma representação dessa concatenação de impulsos autodestrutivos, neutralizados e "curados" pelo influxo do elemento erótico – um elemento presente, talvez, desde o início, mas eficiente só posteriormente. Pode-se dizer que, na medida em que é psicoterapêuticamente necessário em determinado caso, nós gastamos amor com nosso órgão ferido. É possível tomar isso mais claro com alguns exemplos simples. Um cão que durante horas seguidas lambe com ternura sua pata ferida provavelmente não o faz apenas pelas razões racionais geralmente reconhecidas, mas porque o ferimento dirigiu uma quantidade aumentada de libido para a pata, de modo que o cão a considera com uma ternura em geral reservada apenas a uma parte de seu corpo mais altamente catexizada. O mesmo mecanismo é visto claramente em seres humanos. O homem com um carbúnculo no pescoço não pode dedicar adequado interesse à sua namorada. Seu pescoço dolorido atrai e recebe toda sua atenção.

O curioso é que esse investimento erótico, que parece servir ao útil propósito de mitigar as consequências autodestrutivas do investimento agressivo e autopunitivo no órgão, pode também entrar no processo autodestrutivo de maneira positiva. Lembramos em nosso estudo de automutilação, martírio e outras formas de autodestruição que o componente erótico desempenhou seu papel muito definidamente e vimos que isso em geral aconteceu devido a uma distorção ou perversão do instinto, que tenta então compensar em quantidade o que lhe falta em qualidade ([26]). O mesmo acontece na doença orgânica. Por exemplo, lembro-me de uma adolescente que nos foi trazida muito de longe por causa de sua extrema agitação em relação a uma espinha em seu nariz. A espinha na realidade não era mais visível, mas a jovem beliscara, apertara, esfregara e tratara seu nariz com compressas quentes tão incessantemente que ele estava vermelho e inchado.

Isso foi, naturalmente, autodestruição narcisista "voluntariamente" causada; vê-se, porém, a mesma coisa na reação excessiva de alguns órgãos à lesão. O exemplo mais simples em que posso pensar é a tremenda inchação que ocorre em alguns indivíduos como resul-

---

26. "Um forte egoísmo é uma proteção contra doença, mas como último recurso precisamos começar a amar para podermos não ficar doentes e precisamos ficar doentes se, era consequência de frustração, não pudermos amar." (Freud, *Collected Papers, op. cit.* Vol. IV, p. 42.)

tado de uma picada de inseto; a dor e coceira são devidas mais ao processo de cura que ao ferimento original. A formação excessiva de tecido novo, chamado "carne esponjosa", durante a cicatrização de um corte ou ferida é outro exemplo disso. Talvez não seja evidente que há algo erótico nisso, embora o aumento de atenção por um ferimento, estimulado pela inchação e coceira, não seja do conhecimento geral.

Tive certa vez a oportunidade de observar o desenvolvimento de um resfriado grave em uma mulher de extraordinária penetração intuitiva que estava, ao mesmo tempo, sendo submetida a psicanálise. Ocorreu quando não havia epidemia, em uma mulher que comumente não era sujeita a resfriados. De fato, orgulhava-se de sua imunidade a eles e tivera apenas alguns em toda sua vida.

Relatei os pormenores deste caso na literatura psicanalítica ([27]) e minhas descobertas foram confirmadas por outros psicanalistas em outros casos. Não é necessário citar todo o material; a substância da questão é que esse "resfriado" marcava um ponto crítico na reconstrução psicológica da mulher; ela começara precisamente nessa ocasião a admitir o quanto desejava ser amada. Aparentemente satisfez esse desejo de maneira autoplástica centralizando o conflito destrutivo-erótico primeiro em um órgão e depois em outro; seus olhos, seu nariz, sua garganta e por fim seu peito foram sucessivamente envolvidos na infecção. Em certo sentido, cada um desses órgãos representava toda sua personalidade, que desejava amor, mas se sentia culpada demais para recebê-lo sem pagar por ele em sofrimento. Que a doença tinha significação psicológica para ela foi demonstrado por seu próprio comentário, no qual se referiu a uma interpretação que fizera algum tempo antes a respeito de sua agressividade reprimida.

"Talvez" disse ela, "o senhor afinal de contas tenha razão ao dizer que eu desejo pegar coisas, desejo-o tão intensamente que me inclino para trás e tento convencer-me de que não quero aceitar coisa alguma de ninguém. Mas agora vem esse resfriado e eu falo em "pegar" um resfriado e o emprego que faço desse termo prende

---

27. Menninger, Karl A., *Some Unconscious Psychological Factors Associated with the Common Cold*, Psychoanalytic Review, abril de 1934, Vol. XXI, pp. 201-07.

minha atenção, o que me faz pensar que talvez eu tenha decidido que daqui por diante *pegarei* coisas. Talvez isso tenha alguma ligação com a melhora de minhas relações com meu marido durante o fim de semana."

Há muito mais do que isso, como eu disse – e talvez o leitor se sinta insatisfeito com a explicação de que uma mulher, que sempre lutara para afastar o amor que desejava, adquiriu ou "aceitou" uma infecção no trato naso-respiratório exatamente quando decidiu destruir as grades de sua atitude defensiva. Mas eu acredito que foi isso.

E o mesmo motivo pode ser percebido, creio eu, em muitos casos de tuberculose. Isso, de fato, tem sido observado por leigos intuitivos. Robert de Traz ([28]), por exemplo, falando sobre os pacientes tuberculosos de Leysin, escreveu: "Vemos que a tuberculose muitas vezes depende da vida espiritual e se desenvolve sob as influências de tristeza, choque moral e preocupação." Descreveu depois uma psicologia comum nesses pacientes:

O mundo em cujo limiar eles estão – ainda que não o saibam, ainda que nunca venham a sabê-lo – é prontamente inventado. Eles têm menos lembranças do que planos. Salvos de pequenos fracassos por um fracasso geral, esmagadoramente desiludidos e não privados de ilusão pouco a pouco, estão maravilhosamente preparados para sonhar. Estendidos em suas *chaises longues* durante dias intermináveis, criam suas próprias alegrias ilusórias e ambições fictícias. Suas possibilidades são ilimitadas porque jamais precisam ser levadas a efeito. Nenhum outro paciente tem mais de sonhador. Por isso a tuberculose não é tanto uma desintegração da carne quanto uma exaustão, um fervor e um estado de comoção espiritual. As visões mais temas, as exaltações mais puras que foram ofertadas à miserável humanidade chegaram a nós como o presente daqueles que estavam doentes de tuberculose.

Eles precisam tanto de amor. "Como qualquer outro", responderão vocês. Não, mais que qualquer outro. Primeiro, porque estão sozinhos, tristes e muitas vezes esquecidos. Os covardes entre eles

---

28. de Traz, Robert, *Les Heures de Silence,* Grasset, Paris, 1934. Comentado por Edmond Jaloux em *Nouvelles Litteraires,* Paris, e em *The Living Age,* junho de 1934, pp. 357-58.

desejam piedade; os desiludidos, compreensão. E também, incapazes de viver atuando no presente, vacilam entre o passado e o futuro, entre a lembrança e a expectativa. Vivem com o coração. E o coração – muito usado e super-refinado – toma-se cada vez mais faminto.

A tuberculose é, afinal de contas, uma maneira graciosa de destruir-se – lentamente, tragicamente, muitas vezes com relativo conforto, boa alimentação, repouso, paz e as lágrimas de simpatia de todos. Tende a ocorrer também em indivíduos cuja necessidade de amor é evidente – notoriamente em moças de certa beleza melancólica e etérea. Um amigo meu que se restabeleceu da doença expressou a opinião de que a vivacidade e otimismo dos pacientes tuberculosos, a *spes phthisica,* são muitas vezes apenas um manto para ocultar a verdadeira depressão de que sofrem. É uma disposição assumida com o propósito de obter o tão necessário amor a que se refere de Traz. Quando todos os médicos e visitantes deixam a enfermaria, estende-se novamente uma perceptível mortalha de decepção ([29]).

Alguns casos de tuberculose foram estudados psicanaliticamente e essa necessidade de amor, essa substituição de um caso de amor pela doença, é impressionante em alguns relatos. Um homem de quarenta e três anos de idade foi estudado por Jelliffe e Evans ([30]). Era o mais jovem de seis irmãos e fora considerado uma criança delicada por sua mãe, a qual lhe contara que ele ficara assim quando tivera tosse comprida aos dois anos de idade. Ele não se lembrava de ter sido particularmente delicado, mas lembrava-se de que era

---

29. Fatores psicológicos na tuberculose, intuitivamente percebidos por um grande artista, foram registrados minuciosamente por Thomas Mann em sua obra-prima *The Magic Mountain* (tradução inglesa de H. T. Lowe-Porter, Knopf, 1930). "Depois, havia... Natalie... com os olhos pretos e os anéis dourados em suas orelhas; coquete, gostando de vestidos, mas um perfeito Lázaro e Jó em forma feminina, a quem aprouvera a Deus afligir com toda espécie de enfermidade... Todo seu organismo parecia infeccionado... O estado da mulher era verdadeiramente lamentável e ela estava sozinha no mundo; isso porque deixara lar e filhos por causa de um amante, um simples moço, para ser depois abandonada por sua vez... Mas a família dele tomara-o dela, por astúcia e força conjugadas – e talvez ele também tivesse ficado revoltado pela doença dela, que se manifestara repentina e violentamente. "Talvez os cavalheiros também ficassem revoltados, não?" perguntou ela coquetemente e sua feminilidade inata triunfou até mesmo sobre o eczema que cobria metade de seu rosto" pp. 395-96.

30. Jelliffe, Smith Ely, e Evans, Elida, *Psychotherapy and Tuberculosis, American Review of Tuberculosis,* setembro de 1919, pp. 417-32.

agradável ter sua mãe para protegê-lo do árduo trabalho da fazenda. Quando estava com uns dez anos teve um severo resfriado que lhe permitiu evitar capinar a horta e lhe proporcionou especial atenção e privilégios. Costumava tossir fortemente sempre que sabia estar sendo ouvido por seu pai. Sua tosse servia-lhe para ficar afastado dos campos, embora seu pai fosse contra sua saída da fazenda para ir à escola, como o menino desejava. Aos vinte e seis anos de idade, porém, entrou no colégio, onde, livre das restrições do lar, encontrou nova vida e saúde. Seu dinheiro acabou-se depois de três anos e ele foi obrigado a voltar para casa, onde ficou doente e sua tosse tornou-se incessante. Depois de dois anos entrou de novo no colégio e finalmente viajou para o estrangeiro com uma bolsa de estudo. Durante os anos de estudo no estrangeiro sua tosse cessou e ele se sentiu bem, embora muitas vezes ansiasse por alguém que o amasse e cuidasse dele como fizera sua mãe. Estava ansioso por encontrar uma esposa e ficou noivo no estrangeiro, mas rompeu o noivado alguns meses mais tarde, após o que a antiga depressão voltou e sua tosse tornou-se constante. Teve duas ligeiras hemorragias. Frequentes exames de escarro não revelaram bacilos de tuberculose, mas seu desejo de ser cuidado por alguém aumentou até encontrar um lar na família de uma enfermeira habilitada, onde se recolhia ao leito com frequentes ataques de indigestão e febre alta. Um ano depois foram descobertos bacilos de tuberculose no escarro.

A psicanálise desse paciente mostrou claramente sua dependência oral infantil em relação à mãe. Como disseram os autores, "ele vinha tossindo para atraí-la durante todos os seus anos de vida adulta. *Insight* adquirido durante o tratamento permitiu-lhe enfrentar e repudiar essa atitude infantil e deixar de fugir de tudo quanto era desagradável, como sua mãe o encorajara a fazer pelo excesso de proteção.

Mais convincente que tudo, por ser mais explícita, é a indicação oferecida pelos casos de doença estomacal e intestinal. É do conhecimento geral que propósitos psicológicos assim como fisiológicos são atendidos por nossos órgãos digestivos. Contudo, talvez não seja tão conhecido do leitor não médico que grande número de pacientes consulta médicos com queixas de toda espécie referentes a seu sistema digestivo. Os sintomas variam desde dor aguda até ligeiro desconforto e náusea, e estão associados a todas as fases do processo digestivo. Muitos pacientes apresentam-se ao médico com um diagnóstico feito por eles próprios, em geral muito vago e impreciso – complicação estomacal, azia, complicação intestinal, indigestão nervosa, belicosidade etc. Outros chegam (ou partem) com longas listas de gêneros alimentícios que devem evitar a fim de gozar a vida, porque esses alimentos "não lhes fazem bem", "envenenam-nos", deixam-nos doentes, causam-lhes dores, diarreia ou constipação. O número e a variedade dessas doenças digestivas são incontáveis e os pacientes que delas sofrem, embora possam ser pessoas inteligentes e tratáveis em outros aspectos, são muitas vezes ilógicos, supersticiosos e excêntricos em alto grau com referência a esses sintomas. A possibilidade da dor, indigestão ou constipação ter relação com fatores psicológicos ou emocionais nunca lhes ocorre e tende a ser rejeitada sumariamente quando sugerida.

No entanto é sabido há algum tempo por uns poucos médicos perspicazes ([31]) que alguns desses pacientes podem ser aliviados de seus sintomas quando levados a discutir suas *outras* "complicações" – ansiedades em negócios, problemas familiares, dificuldades pessoais de toda espécie. Todavia, uma coisa é saber que sintomas dessa espécie podem ser aliviados por uma discussão de problemas emocionais do paciente que os apresenta e coisa diferente é saber porque ocorre esse alívio e como foram produzidos inicialmente os sintomas. Um grupo de pesquisadores ([32]) no Instituto de Psicanálise de Chicago dedicou-se a investigar esse problema, esperando descobrir o que era realmente a psicologia mais profunda de pacientes acometidos de doença gastrintestinal. Não se esforçou (primordialmente)

---

31. Ver, por exemplo, os relatos de Hartman, Alvarez, Alkan, Draper, Touraine, Oppenheimer, Underwood, Sullivan, Chandler, Deutsch, Dreyfus, Heyer, Schindler e Bergman. Existem provavelmente muitos outros que conhecem este princípio e o aplicaram, mas que não aparecem na literatura médica, e muitos outros que publicaram relatos que eu não tive espaço para mencionar. Uma lista muito completa deles pode ser encontrada na excelente compilação de Dumbar *(op. cit.)*. Ela cita um (Stiller) que há mais de cinquenta anos escreveu:
"Que pessoas adquirem distúrbios gástricos depois de perdas financeiras e sofrem deles até sua situação financeira melhorar, é uma experiência cotidiana."

32. Alexander, Bacon, Wilson, Levey e Levine, *The Influence of Psychologic Factors upon Castro-Intestinal Disturbances; A Symposium*, Psychoanalytic Quarterly, 1934, Vol. III, pp. 501-88.

por curar esses determinados pacientes, mas por descobrir porque estavam doentes e porque, como nos casos originais de Freud, o próprio processo de investigação parecia apresentar um valor terapêutico. Nem todos esses pacientes do Instituto foram curados, nem os pesquisadores foram capazes de descobrir em todos os casos quais eram exatamente os fatores psicológicos ou como estavam relacionados entre si. Por outro lado, descobriram definidamente que em seus casos estavam presentes certas tendências psicológicas que, quase se poderia dizer, se resolviam, em certas fórmulas.

Foi descoberto que os casos nos quais os sintomas eram principalmente gástricos correspondiam quase todos a pessoas que pareciam ter um desejo desmedidamente forte de ser amadas e que esse desejo de ser amado parecia seguir um padrão infantil de aquisição. Havia, porém, nesses casos uma reação contra os fortes desejos orais no sentido de uma independência compensatória e desafiadora, como a dizer: "Eu sou uma pessoa eficiente, ativa, produtiva; eu dou a todos, sustento muita gente, ajudo muita gente, assumo responsabilidades e gosto de ter pessoas dependendo de mim; sou um líder inteiramente autossuficiente, ativo, agressivo, destemido." Essa atitude tinha probabilidade de expressar-se verbalmente e no comportamento. Descobriu-se, porém, que por baixo havia uma forte tendência precisamente na direção oposta, isto é, um desejo extremado, muitas vezes violento, de ser cuidado, acariciado, alimentado, protegido, amado, atendido e tratado por alguém que fizesse o papel de mãe, desejo esse que era expressado pelo estômago. É claro que muitas pessoas têm tais tendências conscientemente, mas aqueles indivíduos as têm apenas inconscientemente e as reprimem com muita força, substituindo-as por essa camuflagem de rejeição, pseudo-independência e autossuficiência. Contudo, o preço que pagam ao rejeitar seus desejos subjacentes é alto demais e contra essa duplicidade inconsciente da personalidade ergue-se um protesto sob a forma de intenso sofrimento gástrico (e, como eu acredito, erotização gástrica).

Citarei um sumário de caso pràticamente na íntegra:

> Em um de nossos casos de úlcera péptica (um homem de quarenta e seis anos que se submetera a um estudo anamnésico de três semanas)... foi muito mais a si-

tuação de vida externa do que uma rejeição interna profundamente situada de seus desejos passivos que privou o paciente da satisfação de suas tendências receptivas orais. Durante sua infância e adolescência entregara-se profusamente a satisfação receptiva, absolutamente não tinha o tipo de líder, mas pelo contrário faltava inteiramente à sua atitude a habitual ambição tão frequente em pessoas com úlcera péptica. Casou-se com uma mulher de tipo de líder, ativa, intelectualmente superior, inteligente e extremamente capaz; o casamento, porém, logo desfez todas as suas expectativas de encontrar na esposa uma pessoa superior que servisse como substituta de uma mãe capaz de dar generosamente. Não que ela tivesse mudado depois do casamento, mas desde a começo dedicou sua vida inteiramente à promoção de sua carreira, a aprender, trabalhar e produzir. Além disso, a vida sexual do casal era muito incompleta. A esposa era fria e o paciente sofria de ejaculação prematura. O marido nada recebia da esposa e, sendo frustrado em suas tendências receptivas, logo foi levado a uma atitude competitiva em relação à esposa, que mesmo financeiramente era o principal esteio da família. Em lugar de sua esposa tratá-lo como mãe, a superioridade dela obrigava-o a ambição e esforço que ele detestava profundamente e rejeitava. Nunca obteve êxito em quaisquer esforços ativos e continuou sempre medíocre em sua profissão. No auge dessa situação de conflito, depois de vinte anos de vida conjugal, o paciente teve severa hemorragia em resultado de uma úlcera péptica. Todavia, durante todos esses anos sofrerá de sintomas gástricos, principalmente dores algumas horas depois de comer, que eram aliviadas por alimento, e hiperacidez crônica. A úlcera foi o resultado final do distúrbio gástrico de dezoito anos de duração.

Pouco tempo depois dessa hemorragia, o paciente iniciou uma relação sexual com outra mulher, de tipo maternal, exatamente o oposto de sua esposa. Sua esposa, queixava-se o paciente, nunca cozinhava para ele, o que essa mulher fazia. Era uma mulher do tipo cotidiano, amável e meiga, que não o impelia paia ambições inatingíveis. Com ela podia ter a vida modesta, do pequeno burguês, que, como admitia francamente, era seu único ideal. Depois de estabelecer relação sexual com essa mulher, todos os sintomas desapareceram. A vida propiciou uma cura permitindo-lhe a satisfação de suas tendências receptivas.

Alexander comenta:

À luz da teoria psicanalítica não é difícil entender porque as funções da nutrição são especialmente adaptadas para expressar as tendências receptivas reprimidas que descobrimos serem predominantes em todos os nossos casos. O desejo infantil de receber, de ser cuidado, de ser amado, de depender de alguma outra pessoa é satisfeito muito idealmente na situação parasitária da criança que mama. Assim, essas qualidades emocionais de receptividade, o desejo de ser amado e cuidado, ficam estreitamente associadas no período inicial da vida às funções fisiológicas da nutrição e consequentemente, se estas são excluídas mais tarde da expressão normal devido a repressões, aparecem no padrão original como o desejo infantil de ser alimentado. Essas tendências receptivas reprimidas podem ser consideradas como estímulos psíquicos crônicos do estômago, que causam sua disfunção. Essa estimulação do estômago é independente do estado fisiológico da digestão. Tem sua origem em conflitos emocionais inteiramente independentes do estado fisiológico de fome.

Minha noção atual é que o estômago sob essa permanente estimulação crônica se comporta constantemente como o faz durante a digestão. Uma hipermotilidade e hipersecreção crônicas podem ser a consequência. O estômago vazio fica assim constantemente exposto aos mesmos estímulos fisiológicos a que, em condições normais, só é exposto periodicamente quando contém ou está para receber alimentos. Os sintomas de estômago nervoso, dores epigástricas, azia e eructação provavelmente são as manifestações dessa estimulação crônica que às vezes pode até mesmo levar à formação de úlcera.

Pormenorizadas histórias de casos são apresentadas por esses pesquisadores para sustentar suas conclusões. São longas demais para poderem ser aqui incluídas na íntegra, mas uma será citada em resumo para dar certa ideia da abundante prova clínica obtida.

Bacon, por exemplo, descreve uma mulher que o procurara por causa de dores epigástricas de sete anos de duração, que eram às vezes tão angustiantes a ponto de tomar necessários opiatos; houvera também severos acessos de eructação e flatulência, assim como ocasionais acessos de diarreia ou constipação. Tinha ainda acessos de bulimia (compulsão de comer demais) que duravam de dez a quinze dias, durante os quais ela engordava de dez a vinte libras.

A mulher era casada, contava trinta e cinco anos, tinha aparência muito feminina, vestia-se bem e era muito atraente aos homens. A paciente, que era a mais nova de três irmãs, nascida na Europa, viera para este país aos oito anos de idade, depois da morte de seu pai. Seus pais haviam sido ricos, mas tinham perdido tudo. O pai era um homem instruído e respeitado pela gente de sua cidade, mas a paciente lembrava-se pouco dele. A mãe, por outro lado, era ignorante e grosseira, mas fizera da paciente sua favorita. Ao mesmo tempo, porém, a mãe era cruel com ela e descuidava-se dela. Um exemplo típico disso, lembrado pela paciente, foi o que aconteceu quando tinha seis anos e um homem tentou atacá-la. Quando gritou por socorro, sua mãe saiu e surrou-a, sem procurar saber porque a criança gritara. Durante toda sua infância teve de trabalhar arduamente, ajudando sua mãe. Tinha ciúme de sua segunda irmã, que sentia ser uma menina egoísta e exigente, muito bem-sucedida em conseguir o que queria.

A paciente casou-se aos vinte anos com um homem quinze anos mais velho que ela e pela primeira vez em sua vida recebeu muito cuidado e atenção. Seu marido era bem-sucedido e intelectualmente superior, o que correspondia à posição ocupada por seu pai. Durante dois anos manteve-se interna em uma escola. Ela sempre foi fria em suas relações sexuais com o marido, mas era muito feliz na posição infantil e dependente que ocupava.

Esse estado de felicidade foi perturbado, primeiro, pelo nascimento de seu filho sete anos depois do casamento, o que a obrigou a dar-lhe a atenção que antigamente recebia; segundo, pela crescente necessidade que seu marido teve de ficar fora de casa a negócios; e, terceiro, pela descoberta, feita nove anos depois do casamento, de que seu marido sustentava uma esposa anterior e um filho. A essa descoberta reagiu com intensa raiva e ressentimento, e foi nessa ocasião que seus sintomas gastrintestinais, começaram continuando durante os sete anos seguintes, até o início de sua análise.

As coisas complicaram-se devido a dificuldades encontradas pelo marido, que perdeu o emprego e também a potência sexual, ao que ela reagiu com uma raiva enorme (e sintomas gastrintestinais). Apesar de sua raiva, porém, trabalhava arduamente para cuidar de sua casa, tomar conta de seu filho e preparar refeições caprichadas e bem-feitas para seu marido, mesmo quando ela própria estava tão doente que não podia comê-las.

Sua atitude consciente em relação a si própria era de aprovação. Achava-se superior a suas companheiras, digna de elogios por seus esforços, sempre fazendo coisas pelos outros, a ponto mesmo de "enfiar-lhes minha bondade garganta abaixo". Por baixo dessa atitude, porém, podiam ser vistas fortes tendências a reclamar amor e atenção das pessoas, especialmente homens, e a agarrá-los quando não lhe eram oferecidos. A rejeição dessas exigências parecia provocar nela a destrutiva cólera de frustração que é tão característica da personalidade que os psicanalistas chamam de tipo oral. Seu rancoroso ressentimento pela incapacidade do marido sustentá-los nos últimos tempos, a lealdade dele a uma obrigação para com a ex-esposa, o fato de não conseguir satisfazê-la sexualmente e sua inevitável ausência de casa já foram mencionados. Ela levava essa raiva ao ponto de procurar vingar-se por meio de deliberada infidelidade, mantendo vários casos amorosos, dos quais nenhum parecia ser motivado por profundo apego ao amante, mas pelo desejo de ferir seu marido. Um aspecto aparentemente curioso, mas realmente muito característico desses casos amorosos extraconjugais era ela sentir rancor e raiva de seus amantes precisamente pelas mesmas razões porque ficava zangada com seu marido; queixava-se de que eles não a satisfaziam, sentiam prazer em frustrá-la, faltavam a encontros com ela e nada lhe davam.

Indicando a maneira como suas atividades orais eram, por assim dizer, um modo de satisfação sexual, observou-se que seus acessos de comer demais apareciam em períodos nos quais tinha consciência do desejo sexual não satisfeito, por exemplo, quando um de seus amantes estava rompendo com ela. Inversamente, durante os breves períodos de felicidade em seus casos amorosos, perdia todo interesse por alimento.

O que foi mencionado é suficiente para mostrar como essa paciente amava, por assim dizer, com a boca, em lugar de amar com seus órgãos sexuais, método biológico normal e amadurecido de expressão feminina. Ela era vaginalmente fria, mas podia comer, beijar, pedir e, por assim dizer, sugar; podia, além disso, censurar, denunciar e morder. Esse uso do sistema gastrintestinal para executar funções que deveriam ser executadas pelo sistema genital sobrecarrega-o, por assim dizer, ao ponto de fazê-lo desmoronar. Do ponto de vista psicanalítico, os sintomas podem ser considerados como modo regressivo (oral) de obter "amor" e punição auto aplicada, por causa da culpa associada à agressividade oral [33].

Pode-se ver nessas análises microscópicas que é como se tais pessoas fossem obrigadas (como todos nós somos) a amar e ser amadas a fim de viver, mas fossem incapazes de fazer isso de maneira normal. Ao invés disso, regridem, quando sujeitas a algum grau de frustração,

---

33. O tratamento dessa paciente prolongou-se por um ano e meio, e os sintomas foram inteiramente eliminados.

a modos infantis e primitivos (portanto "pervertidos") que incluem uma mistura dessa qualidade erótica substituída, e da raiva e ressentimento (isto é, agressividade) que a frustração e decepção provocam. Essa agressividade, por sua vez, sofre a desaprovação da consciência e é exigida uma punição. Todas essas coisas, o desejo oral (e o "amor" mediate e imediato que ele obtém), a agressividade (tanto o impulso original como os usos agressivos da doença) e a autopunição, são nitidamente satisfeitas – "resolvidas" – pelo desenvolvimento da úlcera estomacal [34].

Nas páginas anteriores apresentamos algum material para indicar a presença do componente erótico na doença orgânica, componente que aparentemente entra em toda auto destrutividade com uma capacidade dupla. Sua função normal parece ser neutralizar ou diminuir a destrutividade dos elementos agressivos e autopunitivos, mas às vezes, até certo ponto talvez sempre, anula seus próprios propósitos e serve para aumentar o resultado destrutivo. O componente erótico pode assim inverter a maré de uma doença mobilizando as forças curativas ou pode procurar na doença sua extravagante realização. No momento só podemos conjeturar sobre o que determina a proporção ou qualidade ideal desse componente, o que faz a balança pender em certos casos para o lado das forças agressivas e autopunitivas, deixando o componente erótico tirar o máximo de um mau negócio e consolar-se com o intenso e imaturo "amor ao órgão", que descrevemos, e, em outros casos, para o lado da função mais normal do instinto erótico, de neutralizar as forças destrutivas de maneira que estas declinem no processo de cura.

---

34. Mas, pode alguém perguntar, isso é prova do investimento orgânico de amor? Admitindo-se que tais pessoas anseiam por amor, pode-se deduzir logicamente que essas consequências orgânicas de sua obtenção envolvam qualquer erotismo? É uma questão difícil e eu não posso dar a resposta clara que talvez seja esperada. Naqueles que sentem fome de amor (digamos assim para maior simplicidade) tende a haver um retomo a auto conforto narcisista maior que o normal. (Até aí todos nós concordamos.) É minha ideia que nesses envolvimentos orgânicos o indivíduo se identifica, por assim dizer, com o órgão afetado, da maneira descrita nos primeiros períodos deste capítulo, e esse investimento nascisista do órgão compensa a deficiência de amor recebido do mundo exterior (ou dado a ele). Os órgãos são partes da personalidade e devem partilhar da falta de amor com todas as outras partes. Mas essa é ainda uma tênue hipótese e eu percebo como é insegura a prova em que se sustenta.

A doença orgânica é a resultante de numerosos fatores cooperativos, não apenas elementos estranhos como bactérias, mas numerosos elementos internos, inclusive os componentes psicológicos. Quando as reações a estímulos emocionais dominam os recursos costumeiros ou disponíveis de expressão manifesta, eles recuam para os "desaguadouros" mais primitivos do sistema autônomo a fim de "falar por meio de sintomas". Todavia, quando essas expressões sintoma, ticas se tornam habituais ou crônicas tendemos a esquecer tudo quanto sabemos a respeito de sua significação psicológica. O mesmo médico que compreenderia imediatamente como é possível um homem ter um movimento intestinal involuntário em um momento de grande medo, fica absolutamente espantado e incrédulo diante da ideia de que diarreia *crônica* possa expressar medo *crônico* c continuado. No entanto, basta apenas postular uma estimulação continuada para esperar uma sintomatológica continuada, que por sua vez causa mudanças orgânicas adaptativas (mas destrutivas).

As subdivisões deste capítulo devem ser consideradas como tendo sido feitas apenas para facilidade de exposição e não sugerem que em algumas condições só esteja presente um dos elementos da trinca. Às vezes, como vimos, um é mais saliente que o outro – mas isso talvez seja apenas um estratagema. O que concluímos com segurança é que a psicologia de algumas doenças orgânicas avança lado a lado com a de algum comportamento que consideramos autodestrutivo, manifesta os mesmos mecanismos e contém os mesmos elementos. Que existem diferenças estruturais é certo e no próximo capítulo procuraremos indicar quais são elas provavelmente.

3/ A Escolha do Mal Menor

A consideração concentrada dos fatores psicológicos geralmente ignorados na doença tende a dar uma falsa impressão, que é imediatamente dissipada por um simples olhar ao longo das filas de sofredores nas portas das clínicas ou aos cuidadosos estudos de pesquisa de cientistas médicos que investigam bactérias patogênicas, traumas, toxinas, neoplasmas e as terríveis consequências de seus estragos nos corpos de homens e animais irracionais. Nenhuma pessoa sensata negaria que a carne é vulnerável ou que o indivíduo pode ser atacado, sem a menor provocação de sua parte, por agentes capazes de causar danos que não podem em sentido algum ser interpretado como autodestruição. Por outro lado, essas coisas são tão evidentes e tão conhecidas que há tendência a esquecer que mesmo na questão da infecção bacteriana são necessários dois para fazer um negócio, isto é, que há questões de diminuição da imunidade e resistência, assim como da inoculação e virulência. Isto é ainda mais plausível no caso de bactérias como o bacilo da tuberculose e o pneumococo, que sabemos estarem o tempo todo ao nosso redor e em relação aos quais a maioria de nós consegue manter sua imunidade. Todos já tiveram a experiência de "pegar um resfriado forte" em momento tão crítico de sua vida que causa forte presunção de ter sido de alguma maneira influenciado pelo estado emocional.

É razoável, portanto, dividirmos as doenças em pelo menos três grandes grupos: aquelas em que o ambiente inesperadamente ataca o indivíduo e das quais suas tendências autodestrutivas de maneira nenhuma participam, aquelas em que há certo grau de participação ou exploração pelas tendências autodestrutivas em uma ocasião talvez em grande parte ou principalmente criada pelo ambiente e finalmente aquelas doenças em que o ambiente é meramente um contribuinte passivo.

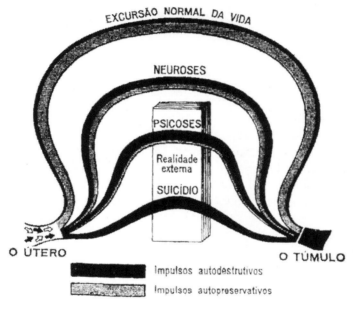

Diagrama I. categorias psiquiátricas

No que se refere aos dois últimos grupos, aqueles em que o elemento de auto destrutividade é perceptível em certo grau, torna-se imediatamente evidente, com a investigação das várias formas que foram consideradas, que podem ser dispostos em uma série progressiva a partir do suicídio, como forma mais completa e irreversível, passando pela doença orgânica e doença histérica, até aquelas formas atenuadas de autodestruição que são tão generalizadas e inócuas a ponto de serem mais ou menos descritas como "normais", por exemplo, fumar.

Essa disposição serial pode ser representada sob a forma de um diagrama (ver Diagrama I) no qual os impulsos destrutivos (prêto) são desviados pelos fatores opostos da realidade (branco) e, mais especialmente, pelas tendências internas à autopreservação e amor por outras pessoas (cinzento). O resultado normal é uma ampla excursão contornando tais obstáculos.

Os conceitos gerais de comportamento normal, comportamento neurótico, comportamento psicótico e suicídio estão dispostos como uma série progressiva. Vê-se que as neuroses evitam conflito sério com as realidades externas, mas ressentem-se da falta de neutralização erótica (cinzento) suficiente para permitir plena expansão até os limites da vida normal. As psicoses, por outro lado, mostram agudo conflito com a realidade, característica que ao mesmo tempo as determina e as define. Só o suicídio é mais restritivo, mais autodestrutivo que a psicose.

Uma série semelhante provavelmente poderia ser organizada para cada forma especial de autodestruição modificada representando graus variados de neutralização. Por exemplo, deve-se lembrar que automutilações podem assumir forma relativamente normal e socialmente aceitável, como cortar os cabelos ou cortar as unhas, por exemplo. Há outras formas que, embora não coloquem o indivíduo em sério conflito com a realidade, mostram os efeitos de quantidade insuficiente de neutralização erótica. Representam as automutilações neuróticas. Em seguida, há aquelas que parecem vencer tanto a oposição dos fatores eróticos (auto preservativos) como a das forças restritivas da realidade, e representam as formas psicóticas e religiosas da automutilação. Depois, naturalmente, há as automutilações severas que são quase equivalentes a suicídio.

Finalmente, com relação ao tipo de autodestruição modificada agora em consideração, seria possível organizar um diagrama semelhante para mostrar a relação da doença histérica com as doenças estruturais de órgãos. (Ver Diagrama II.)

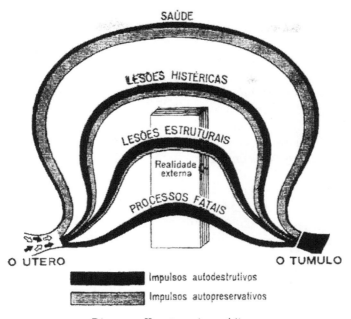

Diagrama II. categorias médicas

Nesse diagrama, a saúde é representada pelo contornamento do impulso à autodestruição, cuja realização final é assim adiada tão indefinidamente a ponto de não se distinguir dos chamados processos normais de decadência senil. Menos severas são as lesões funcionais ou "histéricas", que envolvem sérias exigências às reservas eróticas internas, mas se ajustam de maneira prática aos fatores da realidade externa. A doença orgânica, por outro lado, até certo ponto domina tanto aquelas quanto estes e será vista, portanto, como um curto-circuito da tendência de autodestruição comparável ao representado pelas psicoses na série do sistema nervoso voluntário. O curto-circuito final e extremo é, naturalmente, representado pela própria morte. (Cf. SUICÍDIO do Diagrama I.)

Essas analogias são valiosas porque a relação serial que assim se torna aparente implica em uma interpretação dinâmica ou econômica. Essa manifestação, que responde à pergunta sobre a escolha da doença, gira em torno do princípio de sacrifício, da seguinte maneira:

As tendências auto preservativas ou instintos de vida lutam até os limites de suas forças contra as tendências autodestrutivas e, embora seja verdade que finalmente perdem, conseguem permitir a cada um de nós, em média, uns setenta anos de existência mais ou menos confortável. Parece que só o conseguem, oferecendo em certos pontos críticos, em resposta às exigências do impulso autodestrutivo, certos sacrifícios – maiores ou menores. Uma doença de qualquer espécie é um desses sacrifícios ou concessões e a escolha da doença pode, portanto, ser considerada como representando a escolha do mal menor.

O ego esforça-se para fazer o melhor negócio possível com as forças colidentes da realidade, instintos e consciência. Às vezes é necessário pagar às exigências da realidade preço tão alto one as satisfações instintuais em investimentos externos ficam definidamente limitadas; então surge um problema interno e a tensão pode tornar-se tão grande a ponto de forçar agressões, que não encontram outras saídas, a irromperem através das defesas auto- protetoras, diante do que a responsabilidade do ego é reduzir essa autodestruição ao menos sério e menos caro sacrifício. Para essa tarefa, a capacidade e sabedoria do ego variam muito em diferentes indivíduos.

À chamada solução "histérica" ou funcional é útil porque pode imitar quase qualquer doença orgânica em qualquer lugar, mas diferente dela por ser em geral reversível sem muita alteração ou sem alteração alguma na estrutura do tecido. Assim, é uma espécie de autodestruição que não destrói realmente (permanentemente), sendo por isso possível suspeitar que a histeria tem a mesma relação com doença orgânica que a automutilação tem com suicídio. Esta relação, como sugerimos, é talvez uma conciliação; o *sacrifício de um órgão é feito a fim de poupar a vida do indivíduo*, o *sintoma histérico desenvolve-se a fim de poupar a vida de um órgão*.

Às vezes, porém, como foi sugerido antes, esse processo, essa pseudo destruição de um órgão, perde sua graça salvadora de reversibilidade e temos então uma lesão orgânica [35]. Supõe-se por isso que o instinto de morte conquista de uma maneira ou outra um pouco mais de terreno, da mesma maneira como ervas daninhas obtêm uma vantagem sobre o jardineiro em um jardim momentâneamente descurado. Então não é mais possível livrar-se da "morte" temporária da parte; a morte real (daquela parte) começa a ameaçar e às vezes ocorre definitivamente. Isto, como já sugeri, é provavelmente resultado dos impulsos esmagadoramente poderosos na direção de autodestruição. Sabemos, porém, que eles são atuados por impulsos esmagadoramente poderosos no sentido da destruição de alguma outra pessoa, as quais se voltam, porém, contra o eu devido ao aspecto ameaçador da realidade ou (provavelmente de maneira mais poderoso) por instigação da consciência.

Parece ser nossa obrigação nesse ponto documentar a teoria de sacrifício com a prova de material clínico. Todo médico conhece histórias de casos em que uma doença substitui outra e às vezes parece bastante presuntivo que a doença de uma espécie foi escolhida pelo paciente em lugar da doença de outra espécie que era ou parecia ao paciente ser mais grave. É difícil, porém, provar que o próprio paciente teve alguma coisa a ver com essa escolha. Um de nossos pacientes, por exemplo, alternou entre severas depressões com perfeita saúde física e severas doenças físicas sem depressão. Deduz-se que essas eram substituições e re-substituições, mas isso dificilmente pode ser provado. O alcoolismo frequentemente parece ser aceito por um paciente como alternativa inevitável de uma psicose declarada e em nosso estudo de policirurgia (Parte IV) citei vários exemplos em que um indivíduo escolheu ou efetivamente pediu uma operação cirúrgica para escapar, segundo pensava, de um destino mais sério, fosse de ansiedade estimulada por sua própria consciência ou por algum agente externo.

Pacientes admitidos em uma clínica de condições nervosas ou psicóticas muitas vezes contam a história de terem sofrido doenças físicas que passaram quando se desenvolveu a doença mental. Além disso, de maneira geral, a saúde física de pacientes psiquiátricos é

---

35. Jelliffe acentuou repetidamente esse ponto. "Na fase neurótica do desajustamento (neuroses de órgão) os processos são ainda reversíveis... mas depois de certo número de anos dessas adaptações falhas... os processos tornam-se irreversíveis. A torre inclinada de Pisa inclinou-se demais e a doença orgânica começou." (Jelliffe, S. E., *Psychoanalysts and Internal Medicine,* em *Psychoanalysis Today,* organizado por S. Lorand, Covici, Fried, 1933, p. 300.)

muito acima da média. Por exemplo, durante uma epidemia de influenza branda, oito de nossas enfermeiras e vários médicos ficaram gravemente enfermos, de cama, em certa ocasião, e vários outros a adquiriram mais tarde. Durante todo o período, porém, nem um único dos pacientes com os quais lidavam diariamente chegou a ter sequer um resfriado forte. Os mais cuidadosos exames físicos, neurológicos e de laboratório da maioria dos pacientes psiquiátricos em geral apresentam resultados essencialmente normais. Isso sugere que a psicose satisfaz as exigências do impulso destrutivo sem necessidade de sacrifício físico.

Isso foi confirmado por um estudo estatístico, [36] o qual mostrou que numerosas doenças físicas ocorrem com muito maior frequência na coletividade em geral do que entre pacientes psiquiátricos hospitalizados. Por exemplo, esclerose coronária e angina pectoris ocorreram de treze a quinze vezes mais frequentemente como causa de óbito em casos ocorridos fora dos hospitais estatais do que entre pacientes de hospitais estatais; a diabete, cinco vezes e meia mais frequentemente, o bócio nove vezes mais frequentemente, a úlcera péptica acima de três vezes mais frequentemente, a nefrite três vezes mais frequentemente, o câncer quatro vezes mais frequentemente. (Arteriosclerose e tuberculose, por outro lado, ocorreram com frequência apenas um quarto de vez maior.) Mesmo o suicídio é cerca de duas vezes mais frequente na coletividade em geral do que entre pacientes de hospitais estatais!

Muitas vezes são admitidos no sanatório pacientes com sintomas mentais mais ou menos agudos, por exemplo, depressão; alguns dias depois todos os sinais de depressão desaparecem, o paciente fica com o melhor dos humores, alegre, sociável, cooperativo, encantado com tudo, mas, infelizmente, confinado na cama ou em seu quarto com alguma doença física, como resfriado forte, dores nas articulações, dor de cabeça ou dor ciática. Isso acontece com tanta frequência que não podemos mais considerá-lo como coincidência [37].

---

36. Gregg, Donald, *The Lethal Power of the Emotions, Mental Hygiene*, janeiro de 1936, p. 30.

37. O dr. George Wilson, de Chicago, amavelmente me relatou os contornos principais de um caso a ser publicado mais tarde com pormenores, no qual houve um progresso terapêutico

Diagramaticamente, a série desenvolveu-se da seguinte maneira;

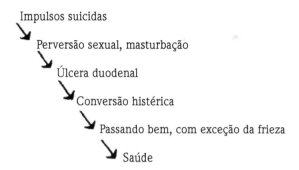

Outro estudo estatístico recente ([38]) confirma a mesma impressão. Cuidadosa investigação sobre um grupo de escolares de Illinois mostrou em geral que as crianças bem ajustadas tinham mais doenças físicas que as desajustadas – doenças mais frequentes, mais gra-

---

claramente discutível, avançando passo a passo do círculo interior" (Cf. Diagrama II) de autodestruição orgânica através da fase intermediária ou menos grave de conversão histérica até um crescente ajustamento à vida normal. Algo semelhante acontece regularmente na terapia psicanalítica, mas nem sempre com tanta clareza diagramática como neste caso.

Era uma mulher jovem, dentista, que, desesperada ao ponto de suicídio por causa de várias frustrações, finalmente substituiu uma vida mais normal por satisfações homossexuais e auto eróticas. Estas por fim se mostraram insatisfatórias; de fato, eram potencialmente fatais à sua posição social e profissional, e precisaram ser abandonadas. Isso foi feito de repente e imediatamente seguido de uma aguda úlcera duodenal, demonstrada pelos raios X. O mal foi tratado medicamente e teve curta duração (cerca de um mês). Depois desapareceu completamente e teve início uma severa artralgia que se tornou tão grave ao ponto de levar três ortopedistas consultados separadamente a recomendar fixação por engessamento. Apesar disso, os desenvolvimentos subsequentes mostraram que isso foi quase certamente uma conversão histérica. Deixarei aqui de fora sua significação particular. Basta dizer que também desapareceu completamente e bem repentinamente quando a paciente – tendo finalmente vencido todas as suas inibições a respeito de uma vida sexual normal – ficou noiva e casou-se, com o desaparecimento completo das dores nas costas. A frieza sexual permaneceu como último remanescente de sua auto destrutividade, mas finalmente isso também desapareceu e nenhum outro sintoma ou doença tomou seu lugar.

38. Hardy, Martha C., *Some Evidence of an Inverse Relation between Health History and Behavior Adjustments during Childhood*, Journal of Abnormal and Social Psychology, janeiro-março de 1937, p. 406.

ves e mais prolongadas. Por exemplo, os casos com poucas doenças eram duas vezes mais comuns entre alunos classificados como mal ajustados do que entre os classificados como bem ajustados, com a mesma idade e de tipos semelhantes de ambiente doméstico, e três vezes mais doenças graves como escarlatina, pneumonia, meningite e apendicite ocorreram entre os bem ajustados do que entre os mal ajustados. Entre as crianças descritas pelos professores como tendo disposição muito feliz e alegre, menos de dez por cento eram relativamente livres de doença, em comparação com vinte e três por cento das crianças que pareciam infelizes e taciturnas [39].

Os psicanalistas estão muito familiarizados com o seguinte fenômeno: Um paciente que sofreu de doença neurótica durante muitos anos começa, quando aconselhado, a submeter-se a tratamento psicanalítico e logo adquire graves sintomas físicos que o isentam temporariamente da temida análise. Um de meus pacientes teve apendicite, outro teve um abcesso peri retal, outro teve influenza etc. Ou então um paciente inicia a análise e alguns meses depois parece estar completamente livre de sintomas que apresentava havia muito tempo. Nos primeiros dias da psicanálise, essa suposta cura de transferência infelizmente foi mal interpretada apesar da advertência de Freud. Agora sabemos que tal paciente simplesmente substitui a neurose pela própria psicanálise e nesse sentido reage ao tratamento como se fosse uma doença que está suportando jovialmente, mas corajosamente, e que torna desnecessário manter a doença neurótica. Esse fenômeno é visto com maior frequência em indivíduos masoquistas que gostam de interpretar todo tratamento a que são submetidos pelos médicos como uma forma de tortura heroicamente

---

39. Não conhecemos a causa do tumor cerebral. Alguns médicos e muitos leigos eram de opinião que ferimentos graves na cabeça poderiam ser pelo menos uma causa predisponente. Todavia, um estudo estatístico de Parker e Kemohan, da Clínica Mayo *(The Relation of Injury and Glioma of the Brain, Journal of the American Medical Association,* 22 de agosto de 1931, p. 535) mostrou que, não só inexistia prova disso, mas realmente a incidência de tumor cerebral e trauma na cabeça mostrava uma correlação inversa. Dificilmente se poderia dizer que golpes na cabeça impedem tumor cerebral, mas de acordo com essas observações cuidadosamente controladas, é verdade que a história de trauma na cabeça é menos frequente em pacientes que adquiriram tumor cerebral do que entre pacientes com outras doenças ou na população em geral.

suportada. Outros médicos além dos analistas estão também familiarizados com tais indivíduos; vão de um médico a outro contando os terríveis sofrimentos que o médico anterior lhes causou. Dessa maneira despertam a simpatia c a piedade do segundo médico, que procura então sèriamente aplicar-lhes algum tratamento apropriado, ao qual os pacientes se submetem corajosamente durante algum tempo, apresentam acentuada melhora, depois têm uma recaída e vão ainda a outro médico, a quem descrevem de novo os maus tratos a que foram submetidos pelos médicos.

Estes exemplos servem apenas para mostrar que, como matéria de observação clínica, uma doença ou síndrome muitas vezes parece ser substituída por outra. Que isso acontece devido a algum desejo inconsciente de economizar, por assim dizer, na questão de sofrimento e perigo, é uma teoria provavelmente insuscetível de prova, mas que satisfaz as necessidades de uma explicação para os fatos observados e decorre logicamente de nossa teoria geral da doença como forma de autodestruição.

SUMÁRIO

Minha tese é, portanto, que algumas formas de doença orgânica representam estruturalização de funções pervertidas impostas aos órgãos em questão a fim de resolver conflitos inconscientes, sendo que a natureza desses conflitos tem relação com a oposição e interação de componentes agressivos, autopunitivos e eróticos da tendência autodestrutiva. A hipótese é que lesões orgânicas, que com tanta frequência exigem para seu início agentes diretos do ambiente como bactérias ou trauma, diferem, não só nesse aspecto mas também em certos aspectos psicológicos, das chamadas desordens funcionais, principalmente pelo fato do sacrifício exigido pelas tendências destrutivas ser maior e o conflito ser mais forte e profundamente reprimido, isto é, menos acessível à consciência ([40]).

([40]) Para relacionar esses conflitos com afecções orgânicas, é preciso presumir que eles se expressam através de complicados mecanismos fisiológicos a cujo respeito a psicanálise e a fisiologia só recentemente estão tentando chegar a um entendimento cooperativo. Os mecanismos fisiológicos parecem depender muito das leis da ação de reflexo condicionado que oram tão cuidadosamente estudadas experimentalmente por Pavlov. A aplicação desses princípios aos dados e teoria psicanalíticos foi tentada muito promissoramente pelo dr. Thomas M. French, de Chicago (*Interrelations between Psychoanalysis and the Experimented Work of Pavlov, American Journal of Psychiatry,* maio de 1933, pp. 1.165-1.203). Não parece improvável que possamos em futuro não muito distante definir com maior precisão os pormenores fisiológicos da expressão de desejos inconscientes.

Entrementes, progresso nessa direção foi realizado também por neurologistas, fisiologistas, anatomistas e endocrinologistas. O trabalho de Cannon a respeito dos elementos químicos da personalidade, especificamente os mecanismos de atividade da glândula endócrina, permitiu-nos falar com certo caráter definido sobre algumas das relações entre o desejo e o sintoma, inclusive alguns dos caminhos anatômicos. Meu colega e ex-colaborador, dr. Leo Stone, apresentou ponderada análise dessas possibilidades até onde são por nós conhecidas no momento. (Stone, Leo, *Concerning the Psychogenesis of Somatic Disease, Physiological and Neurological Correlations with the Psychological Theory, International Journal of Psychoanalysis,*)

PARTE VI

Reconstrução

1/ Técnicas Clínicas a Serviço da Reconstrução

Concluímos uma investigação sobre as várias maneiras como os seres humanos se destroem, começando pelo suicídio e passando pelas várias formas crônicas e indiretas até o postulado de que algumas doenças somáticas podem ser concebidas como autodestruição orgânica indireta. Concomitantemente, vimos que forças tanto internas como externas operam em oposição às tendências autodestrutivas, de modo que o resultado final é uma conciliação entre a vontade de viver e a vontade de morrer. Até esse ponto há sempre um grau de auto reconstrução espontânea ([1]) juntamente com a autodestruição e os pormenores dessa interação eu comentei nos vários casos. Do ponto de vista de um filósofo de gabinete que contempla o comportamento dos seres humanos com desprendida curiosidade, a análise apresentada poderia parecer o fim da tarefa.

---

1. Von Hartmann lembra-nos em sua grande *Philosophy of the Unconscious* (Von Hartmann, Eduard, *Philosophy of the Unconscious,* Harcourt, Brace, 1931) que muitas das formas inferiores de vida são capazes de efetuar reconstrução ou regeneração de partes do corpo feridas e acentua mesmo que uma rejeição ou desprendimento espontâneo e voluntário de um membro ferido ou ameaçado pode ser o primeiro ato do processo de reconstrução. Chamou

Contudo nessa concentrada atenção sobre o *desejo de morrer* que nos absorveu nos capítulos anteriores, não devemos esquecer que existe também uma *vontade de viver.* Apesar do instinto de morte, vemos vida cercando-nos por todos os lados. Se passamos a ter consciência das tendências destrutivas que ameaçam de desintegração run ser humano ou a raça humana, não podemos olhá-las impassível ou desinteressadamente, ou aceitar um papel inativo em relação a elas, ainda que nos digam que essa é a natureza do homem ou que essa é a vontade de Deus, ou que é decisão de um ditador que façamos assim. De fato, o reconhecimento da auto destrutividade tem como objeto combater tal autodestruição e encorajar e apoiar os instintos de vida em sua luta contra ela. Essa é a tarefa profissional do médico com quem as massas da população, desde o camponês até o presidente, procuram salvação, salvação contra sua própria auto destrutividade. A ela o médico leva uma otimística esperança que partilha com inúmeros trabalhadores da ciência, os quais, embora lembrados diariamente pelo próprio conteúdo e descobertas de suas pesquisas que toda nossa mesquinha atividade e conhecimento humanos representam muito pouco na imensidão do universo, cami-

---

atenção para a curiosa adaptabilidade dos Holothuriae, organismos da região das ilhas Filipinas que comem grandes quantidades de areia de coral. Quando são tirados ae seus lugares naturais e transferidos para água clara do max, expelem espontaneamente pelo ânus *todos os seus canais intestinais com todos os órgãos a eles ligados* a fim do formarem novas vísceras mais em harmonia com o ambiente alterado.

Von Hartmann chama também atenção para a infeliz circunstância de que quanto mais subimos na escala animal, menos potente é, em geral, a capacidade inconsciente de auto cura. Sua explicação foi, em parte, que a força organizadora (energia regenerativa) desvia-se cada vez mais da maquinaria do corpo, por assim dizer, e volta toda sua energia para o objetivo final de toda organização, o órgão de consciência, a fim de elevá-lo à mais alta perfeição. Pensava ele também que os órgãos das classes animais superiores eram, em consequência de seu modo de vida, menos suscetíveis de mutilação por fratura; para a maioria dos ferimentos e lesões que recebem, o poder curativo existente na natureza é suficiente. Von Hartmann recordou e desenvolveu as teorias de J. Mueller e Virchow (Capítulo 6, p. 143) no sentido de que a primeira condição de reconstrução é inflamação.

2. Em 1850, a expectativa de vida por ocasião do nascimento em Massachusetts, por exemplo, era de cerca de 40 anos (38,3 para homens 6 40,5 para mulheres); em 1935, era de cerca de 60 anos (59,3 para homens e 62,6 para mulheres). Acredita-se geralmente que isso é resultado da diminuição de mortalidade por doenças infecciosas e contagiosas, que resultou da aplicação dos princípios de medicina preventiva. Esses dados foram amavelmente fornecidos pelo Departamento Estatístico da Metropolitan Life Insurance Company.

nham penosamente, mas firme e esperançosamente, em direção ao aumento de nossas defesas contra a morte.

E, embora seja difícil ter certeza a esse respeito, parece que já temos alguma coisa a mostrar de nosso trabalho e alguma base para nosso otimismo. Que o suicídio e homicídio reais estejam diminuindo vagarosamente é, penso eu, menos importante do que, em uns poucos momentos do tempo cósmico, termos aparentemente encontrado por acaso e descoberto alguns recursos para adiar a morte, de modo que a duração média da vida é hoje consideravelmente maior do que outrora ([2]). E isso apesar da mortalidade de moços em guerra, o que nos faz lembrar que os militares e outros parecem tão decididos a promover a destruição de vidas quanto os cientistas de salvá-las. Mas *de gustibus non est disputandum*. Como médicos, gostamos de tentar salvar coisas; os destruidores continuarão a fazer aquilo de que gostam. E talvez, apesar disso, seja possível ajudar a vontade de viver a conquistar vitória maior.

Assim sendo, vamos dirigir nossa atenção para o problema de saber se é ou não possível aplicar deliberadamente os recursos da inteligência e engenhosidade no combate às tendências auto destrutivas que nossa análise revelou. Será que podemos pelo pensamento aumentar um côvado em nossa altura? Será que podemos auxiliar ou encorajar o instinto de vida em sua luta contra o instinto de morte e dessa maneira conseguir um desprendimento quase divino de nós mesmos e nos tornarmos em medida maior, os que se aproxime mais da inteireza, os senhores de nossos próprios destinos? Em suma, podemos adiar ainda mais a morte e como?

Vemos que na realização prática de autodestruição parece haver atividades e funções derivadas de três elementos de motivação, o agressivo, o autopunitivo e o erótico. Seria lógico examinar os possíveis métodos para lidar com cada um desses componentes; comecemos pelo primeiro.

A. A DIMINUIÇÃO DO ELEMENTO AGRESSIVO

Se considerarmos os meios existentes para combater o elemento agressivo no comportamento humano, pensaremos antes de tudo na oposição direta, como a que deve ser oferecida quando tais agressões passam a ser abertamente expressadas e perigosas. Em tais circunstâncias, parece evidente que deve ser aplicada força para enfrentar a força. Um homem impelido a matar alguém deve ser impedido de fazê-lo, se necessário mediante coação física. O homem que é impelido a matar-se deve ser igualmente contido. Se o método de autodestruição por ele escolhido for tão simples e manifesto como o suicídio por afogamento, podemos afastá-lo de todos os corpos de água existentes. Sabemos, porém, que os recursos de autodestruição são rapidamente intercambiáveis e devemos esperar que o indivíduo impelido ao suicídio e frustrado nessa direção possa voltar-se rapidamente para o uso de uma faca ou um revólver. Por essa razão, nosso programa para o bloqueio de agressividade tão declarada quanto essa deve ser mais genérico e é lugar comum na experiência psiquiátrica que o melhor é confinar tais indivíduos e mantê-los sob estreita vigilância. Inúmeros suicídios evitáveis ocorrem anualmente porque amigos, parentes e médicos se descuidam de levar a sério os avisos de iminente autodestruição. Os psiquiatras estão bem familiarizados com um fenômeno em que é muito difícil fazer o povo acreditar; a saber, que muitos pacientes pedem para ser admitidos em hospitais psiquiátricos, para ser confinados por trás de portas fechadas a chave e mesmo para ser contidos por meios mais seguros do que esses por causa do medo que sentem de sua própria destrutividade. Esse alto grau de *insight* pode ultrapassar de muito a intuição dos parentes e do próprio médico; a eles talvez não pareça haver tanta razão para a hospitalização ou proteção de tal pessoa ([3]).

Não se deve presumir, porém, que o único método para comba- ter indicações diretas de agressividade é através da coação. Na realidade esse é evidentemente o mais primitivo de todos os mé-

---

3. Lembro-me de muitos exemplos disso, mas um de caráter divertidamente paradoxal foi o de um paciente internado inicialmente no hospital por seus parentes, que manteve sistemático bombardeio de críticas aos médicos por retê-lo; depois de um período de alguns meses, foi solto temporariamente, mas se meteu em complicações tão sérias que foi levado de volta. Ameaçou processar o hospital e pôs em ação seus advogados, mas antes que o processo chegasse a julgamento, fugiu. Seis semanas depois, reapareceu no hospital, sem a companhia de parentes, e pediu para ser readmitido para mais tratamento!

todos. Além disso, alcança apenas as tendências destrutivas diretas que aparecem no comportamento e deixa inteiramente fora de cogitação os modos destrutivos que se expressam por inibições e em órgãos, através de convite a infecções e outros recursos somáticos que foram discutidos na seção anterior. Para esses, precisamos usar um contra-ataque químico e em tal categoria pensa-se primeiro no quinina para malária, antitoxins para meningite e arsfenamina para sífilis. A cirurgia, em seu assalto direto ao processo destrutivo e no encorajamento que com isso dá aos poderes curativos implícitos nos tecidos sadios, também pertence a essa categoria.

No entanto, nem todas as manifestações destrutivas podem ser enfrentadas de maneira tão frontal. Para usar outra ilustração da prática psiquiátrica, um homem pode apresentar inúmeros exemplos de pequena irracionalidade, inclusive ataques agressivos a si próprio e a outros, sem se colocar em posição de precisar ser confinado em um hospital ou prisão. Há muitos recursos para justificar a agressividade e destrutividade que as ocultam completamente à vista ou pelo menos tomam difícil o combate de qualquer maneira imediata. Talvez seja isso o que sempre acontece no caso inicial do desenvolvimento de tendências destrutivas.

Seja como for, sabemos que tais agressões precisam ser enfrentadas de maneira completamente diferente. Antes de tudo, precisam ser reconhecidas – reconhecidas por seu autor, que no final é, naturalmente, sua maior vítima. Às vezes é difícil, outras vezes é fácil conseguir isso. Uma vez reconhecida a auto destrutividade implícita em tal agressividade, o passo seguinte é desviá-la do eu ou do objeto inofensivo e substituir alvos impróprios por alvos apropriados mediante deslocamento. Isso acontece espontaneamente diante de nossos olhos em muito tratamento psiquiátrico: vemos um paciente, que durante meses injuriou e acusou a si próprio, insistindo em que era indigno de viver e implorando que lhe permitissem matar-se, voltar gradualmente seus vitupérios contra o hospital, contra seus médicos e enfermeiras ou talvez contra os parentes que aguardam ansiosamente. Essa explosão de ódio é desagradável, mas é muito encorajadora; para o restabelecimento de tal indivíduo só falta que essas belicosidades sejam deslocadas para objetivos ainda mais apropriados (⁴). Em geral, estes podem ser encontrados em abundância – é preciso uma luta vigorosa (expressão física do ódio) para a pessoa manter seu lugar e sua paz no mundo. Aspirar à eliminação de toda agressividade direta dentro dos padrões de Amenhotep IV, Jesus de Nazaré e Mahatma Ghandi é um ideal que em um mundo prático ainda deixa lugar para agressão auto defensiva. Como bem disse William James, os pacifistas muitas vezes cometem o erro de subestimar o elemento louvável do espírito marcial. Embora com tanta frequência leve a desastrosos maus usos, através de exploração por parte dos gananciosos e inescrupulosos, o espírito agressivo quando adequadamente dirigido tem suas aplicações.

E se metas ou alvos humanos apropriados não se apresentam diretamente para o investimento dessa energia hostil, podem muitas vezes ser substituídos por objetos imateriais nos quais a satisfação primária da destruição é suplementada por valores secundários que advêm indiretamente. É sem dúvida mais desejável que um homem soque tuna "punching-bag" ou percorra milhas a pé atrás de uma bola de golfe do que aplicar a mesma energia atacando a reputação de seu vizinho, a paz de espírito de sua esposa ou o funcionamento de seu próprio coração. Ainda melhor, naturalmente, no que se refere a benefícios secundários e materiais, seria a aplicação dessa energia agressiva a problemas do campo, do forum e da fábrica. De fato, provavelmente todo trabalho representa em grande parte essa "sublimação" de agressões, agressões dirigidas contra o que Ernest Southard chamou "O Reino dos Males": ignorância, crime, vício, doença, pobreza – e, permitam-nos acrescentar, feiura e até mesmo a própria agressividade.

Por essas razões, portanto, devemos considerar com alta estima todas as atividades humanas, algumas derivadas da recreação e algumas do trabalho, que oferecem escoadouro para esses impulsos de lutar e destruir: esportes, jogos, política, negócios e os lados agressi-

---

4. Uma maneira de visualizar o tratamento psicanalítico é a partir dessa transferência orientada de agressão – primeiro para o próprio analista, que pode suportá-la melhor do que o paciente (hostilidade autodirigida) ou seus parentes. Após ter sido encorajada em sua plena expressão, permite-se que através do efeito dispersivo da inteligência ela procure escoadouros mais apropriados e controlados.

vos de muitos passatempos; por exemplo, os aspectos da jardinagem que envolvem capinagem e cultivo (5), exatamente os aspectos que, diga-se de passagem, muitos aficionados deixam de lado ou relegam a outros. Alexander (6) acentuou como grandes demonstrações em massa no reino do esporte, tão familiares aos americanos no basebol e no futebol, proporcionam uma descarga vicária da energia agressiva e assim trazem maior paz ao indivíduo. Lembra ele as palavras de Juvenal, quanto às necessidades do povo: *"Panem * circenses"* (pão e circo).

Era isso que William James tinha em mente no seu célebre ensaio sobre "O Equivalente Moral da Guerra" (7).

Nada há para deixar alguém indignado no mero fato da vida ser dura, dos homens precisarem labutar e sofrer dor. As condições planetárias são assim definitivamente e podemos suportá-las.

Mas que tantos homens, por meras casualidades de nascimento e oportunidade, tenham uma vida em que *não há senão* labuta e dor, sofrimento e inferioridade

---

5. Vi um exemplo muito convincente disto absolutamente por acaso. Alguns amigos meus estavam preocupados com o comportamento agressivo e provocador de seu filho adolescente. Vieram visitar-nos em um domingo e o jovem se ofereceu para ajudar-me a cortar um trecho de ervas daninhas muito altas em um canto de nossa propriedade. Recebi bem sua ajuda e ele ficou intensamente integrado pela atividade de cortar essas ervas daninhas e o fez com tanta energia e violência que não deixavam dúvida quanto ao fato de estar demonstrando alguma espécie de ódio em relação a elas. Evidentemente gostou disso, é claro, ainda mais talvez porque era uma atividade pela qual obtinha certa aprovação de minha parte; mas executou-a além de toda expectativa. Não só cortou todas as ervas daninhas daquele trecho determinado, mas percorreu muitos acres procurando mais ervas daninhas para destruir e trabalhou energicamente com elas até ser obrigado a retirar-se com seus pais. Estava muito contente consigo mesmo quando partiu e de muito bom humor, embora tivesse três grandes bolhas nas mãos.

O povo em geral tem uma maneira de falar sobre esse fenômeno que sugere um *insight* parcial. Com frequência, se ouve dizer: "Deixem os rapazes trabalhar para gastarem um pouco de sua energia." A verdadeira significação disso fica perdida, porém, se não for claramente reconhecido que tal energia é energia destrutiva e que a extensão da "civilização" representou um decréscimo nas oportunidades para algumas espécies de destruição, que encontra seu reflexo, não apenas na imediata acessibilidade a uma sugestão de guerra que nos espanta em nossos semelhantes, mas também na irresponsável e lamentável expressão desses impulsos na matança da vida selvagem deste continente.

6. Alexander, Franz, *Mental Hygiene and Criminology, Mental Hygiene,* outubro de 1930, p. 4, N.° 14, p. 880. *Ibid,* com Staub, Hugo, *The Criminal, the Judge and the Public,* 1931, pp. 34-35, 222-23.

7. James, William, *The Moral Equivalent of War,* em *Memories and Studies,* Longmans, Green, 1921, p. 276.

impostos a eles, que *nunca* tenham férias, enquanto outros, que congenitamente não são mais merecedores, nunca sentem o gosto dessa vida de serviço – *isso é* capaz de despertar indignação em mentes ponderadas. Pode acabar parecendo vergonhoso a todos nós que alguns de nós nada tenham senão serviço, e outros nada senão ócio indigno de um homem. Se agora – e essa é minha ideia – houvesse, em lugar de conscrição militar, uma conscrição de tóda a população juvenil para fazer durante certo número de anos parte do exército arregimentado contra a Natureza, a injustiça tenderia a ser anulada e seguir-se-iam numerosos outros bens para a comunidade. Os ideais militares de bravura e disciplina seriam forjados na crescente fibra do povo, ninguém permaneceria cego, como são hoje cegas as classes luxuosas, às relações do homem com o globo onde vive e aos alicerces permanentemente ásperos e duros de sua vida superior. Às minas de carvão e ferro, aos trens de carga, às frotas pesqueiras em dezembro, à lavagem de pratos, à lavagem de roupa e à lavagem de janelas, à construção de estradas e à abertura de túneis, às fundições e às salas das fornalhas, e à estrutura dos arranha-céus seriam nossos formosos jovens mandados, de acordo com sua escolha, para perderem sua infantilidade e voltarem à sociedade com simpatias maus sadias e ideias mais sóbrias. Teriam pago seu imposto de sangue, feito sua parte na imemorial guerra humana contra a Natureza; andariam pela terra mais orgulhosamente, as mulheres lhes dariam mais valor e eles seriam melhores pais e professores da geração seguinte.

Tal conscrição, com o estado de opinião pública que a reclamaria e os numerosos frutos morais que daria, preservaria no seio de uma civilização pacífica as virtudes varonis que a facção militar tanto teme ver desaparecer na paz...

Até que ponto esse desvio da tendência agressiva do eu para aqueles objetivos mais socialmente aceitáveis pode ser conseguido através do desígnio e da intenção do médico ou mesmo por ordem do estado, como tinha em mente James, ao invés de espontaneamente, é naturalmente o problema da terapêutica psiquiátrica. Nós, psiquiatras, pensamos que isso pode ser feito. Pensamos tê-lo demonstrado em certa medida. É precisamente para esse fim que o moderno hospital psiquiátrico emprega uma terapia recreativa cuidadosamente dirigida, e não, como até os próprios parentes às vezes presumem, simplesmente para dar aos pacientes algo com que encher suas horas de ódio [8]. Convenientemente concebida e administrada, a

---

8. Ver Menninger, William C., *Therapeutic Hethods* in a *Psychiatric Hospital, Journal of the American Medical Association,* 13 de agosto de 1932, pp. 538-42, e *(ibid.) Individualization in the Prescriptions for Nursing Care of the Psychiatric Patient,* mesma publicação. 7 de março de 1936, pp. 756-61, e *(ibid.) Psychoanalytic Principles Applied to the Treatment of Hospitalized Patients, Bulletin of the Menninger Clinic,* novembro de 1936, pp. 35-43.

terapia recreativa é cuidadosamente planejada para proporcionar a cada indivíduo o melhor tipo de escoadouro para a agressão que ele é muito impelido a fazer, mas é fortemente inibido de manifestar, espontaneamente, de alguma maneira inofensiva. Jogos representam batalhas disfarçadas, como todos sabem. Para um paciente doente devido a excesso de seu próprio ódio reprimido, é ainda mais necessário que para o homem de negócios mediano ter alguma espécie de jôgo no qual possa vencer um adversário. Muitos recursos podem ser (e são) usados para realizar isso, como dar a bolas de gôlfe nomes de parentes odiados ou pintar orelhas e desenhar feições de uma "punching-bag". Se isso parece infantil, Hão se deve esquecer que todas as nossas mais profundas hostilidades nascem na infância è que os mais eficazes recursos conhecidos para nos descarregarmos de agressão são essencialmente infantis. De fato, *essa* é tona das principais funções da recreação.

Mesmo a diversão que foi levada k seriedade de uma arte profissional ainda pode ser usada para servir a essa função, como se pode facilmente deduzir das biografias de muitos pintores. O artista Van Gogh sem dúvida adiou durante longo tempo seu suicídio por meio de sua apaixonada devoção k arte de lançar suas paixões na tela. Uma das mais impressionantes experiências clínicas de minha vida foi ver uma mulher, que no fundo de sua doença lambuzava a parede com seus excrementos sob a forma de versos obscenos e descrições injuriosas de seus médicos e enfermeiras, gradualmente, no curso do restabelecimento, começar a escrever – primeiro com lápis, depois com pena e tinta – belas poesias. Pode-se observar aqui em seu estado nascente a substituição de uma forma de atividade primitivamente agressiva por outra socialmente aceitável e útil. Por esse processo toda criança precisa passar quando emerge da fase do bolo de barro.

Observando uma criança, que quebrara um vidro de iodo, lambuzar a pia de porcelana com o conteúdo derramado, Ruth Faison Shaw ([9]) refletiu sobre o princípio de que crianças gostam de passar substâncias de cores brilhantes sobre superfícies polidas. Procurando materiais mais aplicáveis, derivou a pintura com dedos, cujo puro

---

9. Shaw, Ruth Faison, *Fingerpainting,* Little, Brown, 1934.

divertimento é o menor de seus proveitosos valores no estudo e tratamento científico de crianças. Transpõe a distância entre lambuzagem agressiva e criativa como técnica de recreação ([10]). A própria criança tira prazer daí; descarrega afetos inconscientes que foram bloqueados pela falta de um meio tão flexível e tão apropriado, e finalmente as emoções estimuladas facilitam relações de transferência e as ideias expressadas permitem aos adultos iniciados que a cercam compreender suas intenções e restrições mais profundas. A recreação está sendo cada vez mais competentemente usada de maneira científica por psiquiatras, psicanalistas, psicólogos e professores ([11]) para as finalidades do que podemos chamar de reconstrução através de uma descarga de agressões.

Outra técnica para lidar com o elemento agressivo precisa ainda ser considerada. É a renúncia forçada ou deliberada a certos objetos de amor que na realidade são objetos de ódio. O apego de um indivíduo por outro (envolvendo como sempre envolve tanto amor como ódio) às vezes consiste em proporção grande demais de ódio e proporção pequena demais de amor – da maneira que mais agrade ao leitor pensar nisso. A quantidade real de amor pode ser grande, mas se a quantidade de ódio for relativamente maior, a retenção de tais objetos na catexe do indivíduo só causa complicação porque as

---

10. Ver Lyle, Jeanetta, e Shaw, Ruth Faison, *Encouraging Fantasy Expression in Children, Bulletin of Menninger Clinic*, janeiro de 1937, pp. 78-86.

11. Levy, David, *Use of Play Technique as Experimental Procedure, American Journal of Orthopsychiatry*, julho de 1933, pp. 266-277; e *Ibid., Hostility Patterns in Sibling Rivalry Experiments, American Journal of Orthopsychiatry*, abril de 1936, pp. 183-257; Ackerman, N. W., *Constructive and Destructive Tendencies in Children, American Journal of Orthopsychiatry*, julho de 1937, pp. 301-19; Homburger, Eric, *Psychoanalysis and the Future of Education, Psychoanalysis Quarterly*, janeiro de 1935, pp. 50-68; Hemphill, Robert, *The Aims and Practices of Recreational Therapy, Bulletin of Menninger Clinic*, março de 1937, pp. 117-22; Chidester, Leona, e Menninger, Karl A., *Application of Psychoanalytic Methods to Mental Retardation, American Journal of Orthopsychiatry*, outubro de 1936, pp. 616-25; Liss, Edward, *Play Techniques in Child Analysis, American Journal of Orthopsychiatry*, janeiro de 1936, pp. 17-22; Davis, J. E., *Principles and Practice of Recreational Therapy for the Mentally Ill*, Barnes, 1936; Spring, W. J., *Words and Masses; A Pictorial Contribution to the Psychology of Stammering, Psychoanalytic Quarterly*, 1935, Vol. IV, pp. 244-58; Klein, M., *Personification in the Play of Children, International Journal of Psychoanalysis*, 1929; Vol. X, pp. 193-204; Walder, R., *The Psychoanalytic Theory of Play, Psychoanalytic Quarterly*, 1933, Vol. II, pp. 208-24; Searl, M. N., *Play, Reality and Aggression, International Journal of Psychoanalysis*, 1933, Vol. XIV, pp. 310-20.

agressões ficam rompendo a cobertura protetora do elo erótico. E como não podem ser dirigidas contra o objeto de sua estimulação, tais agressões em geral são deslocadas para outros objetos e, no mais das vezes, deslocadas de volta para o eu. Em outras palavras, a pessoa em relação à qual temos acentuada ambivalência, isto é, fortes sentimentos de ódio assim como de amor, é muito capaz de ser um fator no aumento de nossa própria destruição da mesma maneira que uma bala disparada contra uma resistente parede de tijolos pode ricochetear e ferir-nos. Frequentemente, objetos de amor (ou objetos de ódio) são escolhidos devido a seu valor narcisista, que sempre implica em ambivalência, e Freud acentuou como as brigas violentas entre amantes são devidas precisamente a esse mecanismo, isto é, cada parte serve como alvo das energias autodestrutivas da outra parte.

É melhor renunciar a esses objetos de amor. É também melhor eliminar, de alguma maneira, completamente, do foco emocional de tal pessoa, os objetos de ódio em relação aos quais a hostilidade parece vicejar sobre bases ilógicas. É muito mais fácil dizer do que fazer isso. Sabemos por observação psicanalítica que esses objetos amados-odiados são em geral representantes de caracteres antigos no drama da vida do indivíduo, dos quais houve ampla provocação (na mente da criança) para ódio, e ódio vigoroso. Os objetos contemporâneos são, portanto, alvos de agressões antigas e muitas vezes de intensidade tão ilógica, mas violenta, que se torna difícil seu deslocamento ou renúncia. Que tais indivíduos ficam doentes por odiarem tanto é, portanto, muito possível e, se não tivesse havido tanta confusão, a "Ciência Cristã" poderia ter feito grande progresso com essa observação muito sensata e verdadeira (que, naturalmente, em nenhum sentido foi descoberta pela sra. Eddy, que era uma das pessoas deste mundo capazes de odiar com mais energia, mas sem propósito)[12].

E finalmente, antes de deixar o tópico da atenuação de agressões, é preciso dizer uma palavra sobre a graça salvadora do espírito e hu-

---

12. Bates, E. S., e Dittemore, J. V., *Mary Baker Eddy Knopf*, 1932. Ver também Haushalter, W. M., *Mrs. Eddy Purloins from Hegel*, Beauchamp, 1936.

mor, que em algumas pessoas proporcionam tão abundante descarga de impulsos hostis. O fato de serem às vezes empregados cruelmente não diminui sua grande utilidade para aqueles que tiveram a felicidade de encontrar essa saída. Como demonstrou Freud em seu estudo sobre a psicologia do espírito e humor ([13]), o sentimento agradável para todos os interessados depende da descarga de uma emoção reprimida, emoção fundamentalmente desagradável. Em geral, esse desagrado resulta do elemento hostil no material reprimido, mas descarregado sob disfarce, como humor, faz com que se sintam melhor todos quantos partilham de tais emoções. Não é por acaso que um dos maiores humoristas do mundo, cujos dardos atingiram os mais exaltados e os mais humildes, morreu como ídolo nacional e foi capaz de dizer, sem dúvida

B. A DIMINUIÇÃO DO ELEMENTO AUTOPUNITIVO

Podemos esperar ver o elemento punitivo da autodestruição diminuir em resultado de qualquer coisa que diminua o sentimento inconsciente de culpa do qual ele depende. Isso pode, é claro, ocorrer como resultado de inúmeros recursos patológicos, recursos como a projeção, isto é: "Não fui eu que fiz essas coisas ou desejei fazer essas coisas a ele, mas foi ele quem as fez ou desejou fazê-las a mim." Este método de aliviar o sentimento de culpa é, portanto, como carne esponjosa na cicatrização de um ferimento; é a indicação de uma luta pelo restabelecimento, mas um esforço quase tão patológico quanto a doença original. Às vezes se toma uma extraordinária indicação de doença. Durante muito tempo isso confundiu os psiquiatras, de modo que numerosas doenças, como a paranoia, foram denominadas não com base em sua psicopatologia fundamental, mas

---

13. Freud, S., *Wit and Its Relation to the Unconscious,* traduzido para o. inglês por Brill, Moffat, Yard, 1917.

com base nos esforços espontâneos de auto cura representados pelo sistema delirante formado. A paranoia é, de fato, um mal muito menos grave que algumas formas de doença mental nas quais nenhuma ideia paranoica aparece porque o paciente está tão dominado por suas tendências destrutivas e seus sentimentos de culpa que não pode opor defesa espontânea contra eles. Por outro lado, o método paranoico de solução é em geral inútil e improfícuo.

Os métodos químicos para reduzir o sentimento de culpa são mais conhecidos por nós sob a forma de álcool, cuja função nesse sentido não exige exposição do ponto de vista fenomenológico. Contudo, talvez um dos benefícios de toda terapia sedativa dependa desse mesmo princípio. De fato, talvez seja esse próprio princípio que torna o álcool e outras drogas formadoras de hábito tão perigosas do ponto de vista de adição, porque qualquer recurso para diminuir a culpa de maneira tão fácil, rápida e completa, com tão pouca dificuldade para sua obtenção, cria a possibilidade de abuso perigosamente grande. A exploração dessa possibilidade já foi considerada entre as formas crônicas de autodestruição.

Toda a questão da maneira como diferentes drogas afetam os diferentes esforços instintuais e as diferentes faculdades estruturais e funcionais da psique está quase inteiramente inexplorada. Nesse sentido, um de meus colegas ([14]) ficou particularmente impressionado há alguns anos pela modificação que sódio amital efetuou no superego em um caso de paralisia geral. É uma coisa impressionante a administração de uma droga tornar-se de repente sensível às exigências da civilização um homem que, apenas poucas horas antes, agia como um animal selvagem ou um imbecil, mais espantosa ainda porque a reação desaparece tão logo cessam os efeitos da droga. Efeito precisamente oposto e precisamente da mesma droga foi-me descrito por um advogado amigo meu, que disse tê-lo observado. Um conhecido seu, pensando em vencer uma tendência a insônia, tomou

---

14. Fellows, Ralph M., *Sodium Amytal in the Treatment of Paresis, Journal of the Missouri State Medical Association*, maio de 1932, pp. 194-96.

um pouco da mesma droga e algum tempo depois foi encontrado por seus amigos sentado alegremente ao lado de sua cama, à qual ateara fogo, observando as chamas que se erguiam para o forro e se propagavam às cortinas da janela ([15]).

Em sentido mais sadio e eficaz, seria lógico esperar que o sentimento de culpa diminuísse se e quando diminuíssem as agressões que O estimulam. Uma redução nas últimas leva então a uma redução ainda maior no primeiro, isto é, a "redução" é recíproca porquanto existe com frequência tendência da parte de quem sofre de sentimento de culpa a ser provocador. O sentimento de culpa por causa de agressões passadas é capaz de estimular outras agressões na esperança, por assim dizer, de provocar retaliação e punição.

O método mais prevalecente para atenuar o sentimento de culpa é pela expiação. Como já vimos, isso é às vezes realizado por meio de sacrifício. Tais sacrifícios podem ser orgânicos ou podem ser expressados no comportamento. Podem assumir a forma de sacrifícios materiais ou de substitutos ritualísticos; podem também tomar a forma de sintomas neuróticos ou comportamento neurótico. Estou empregando agora o termo neurótico no sentido de ser dispendioso, insatisfatório e, pelos padrões do mundo da realidade, ilógico. Um homem pode, por exemplo, bater a cabeça contra a parede para expiar os sentimentos de ter sido responsável pela morte de seu irmão, mas isso não revive o irmão, nem ajuda qualquer ser vivo. Uma mulher pode adquirir extensa dor de cabeça a ponto de ser obrigada a deixar de lado prazeres e deveres, tendo como um dos principais motivos para isso, sentimentos de culpa pelo ódio contra sua mãe. Contudo, nem a mãe nem a própria mulher é beneficiada pela expiação através da dor de cabeça. Nesse sentido, é neurótica.

Pode-se dizer que substituir tal expiação por algo útil e socialmente valioso é um modo normal de comportamento, embora alguns

---

15. Algumas investigações recentes sugerem que o amital afeta certas funções hipotalâmicas e essas observações confirmam assim a sugestão feita pelo dr. Leo Stone quanto à possibilidade de estar o "id" funcionalmente ligado a essa área. O dr. Lionel Blitzsten observou, conforme me informou, que pacientes analíticos que usam sódio amital são sujeitos a sonhos particularmente agressivos, indicando que o amital favorece o sono por aumentar e facilitar esse alívio pela fantasia.

digam que o sentimento de necessidade de fazer expiação é de qualquer maneira neurótico ([16]). Do ponto de vista prático, só podemos considerar o processo como patológico quando a expiação se torna autodestrutiva em seu resultado líquido. Se um homem, por exemplo, herda considerável importância em dinheiro com a morte de seu pai e doa parte dessa herança para incremento da pesquisa científica ou para sustento de pessoas famintas de sua coletividade, é possível que esteja expiando o sentimento inconsciente de culpa implícito no recebimento de dinheiro do pai contra quem, inconscientemente, senão conscientemente, tinha hostilidades. Mas essa expiação beneficia muita gente e proporciona ao homem que a faz genuína satisfação que ele pode dar-se ao luxo de ter. Se, porém, levado por esse sentimento de culpa, expiá-lo em grau extravagante e doar tanto de seu dinheiro que ele e sua família cheguem realmente a passar necessidades ou sofram de sentimentos de insegurança financeira, será possível considerar tal expiação como neurótica, devido ao resultado autodestrutivo líquido conseguido.

A reconstrução é incentivada, portanto, pela utilização de expiações que, atendendo ao sentimento de culpa ou anulando-o, tenham consequências líquidas que não envolvam preço alto demais julgado pelos padrões da realidade. Quanto maior a utilidade social ou pessoal de tal expiação, maior, naturalmente, o ganho líquido para a sociedade; mas tudo isso é, afinal de contas, uma função secundária da expiação, cujo propósito primordial consiste em aplacar a consciência. Para esse fim, no caso de algumas pessoas, é suficiente o ritual e o cerimonial.

Por esta razão, e porque isso está sempre diante de nossos olhos, devemos reconhecer o efeito terapêutico muito definido do elemento de expiação na religião. Como veremos mais adiante, a religião ajuda as pessoas de outras maneiras além dessa. Mas o confessionário e o simbolismo, o ritual, as oportunidades de serviço, a penitência e o perdão reconhecido – esses e outros aspectos de quase todas

---

16. Disto discordo com base na definição. Não vejo vantagem em designar como neurótico comportamento determinado inconscientemente, a menos que seja autodestrutivo.

as religiões, a judaico-cristã não mais do que muitas formas orientais, sem dúvida servem àquela valiosíssima função para muitas pessoas.

Finalmente, o sentimento de culpa e a necessidade de punição podem ser diminuídos pelo processo lógico de reduzir o poder do superego que os dita. Isso, porém, é mais fácil falar do que fazer. Porque, embora seja verdade que a educação e exposição a uma escala mais ampla de experiência com a realidade têm certo efeito no sentido de diminuir o poder da consciência, na maior parte só é afetada a porção consciente dela, "o ego-ideal". A consciência inconsciente, o superego formado na infância, fica completamente fora do alcance da realidade contemporânea; exerce seu domínio com base em conceitos da infância e na autoridade de padrões antigos. Para expor isso vividamente, poder-se-ia dizer que, embora o ego consciente e o ego-ideal vivam em um mundo mutável e se adaptem a esse mundo, o superego permanece fixado em sua forma original determinada pelas regras em vigor na época de sua formação. A pessoa mediana consegue dominar as exigências irracionais de seu superego, substituir em medida viável a consciência pela inteligência. Todavia, o mesmo não acontece com o neurótico, cujo ego mais fraco luta sob a tirania de uma autoridade existente dentro dele, enormemente poderosa, mas invisível, irracional e intransigente. Para a eliminação de um grau patológico de consciência, que sempre implica em um ego correspondente enfraquecido, só meios técnicos adiantam. É inútil tentar educar a consciência, mas ela pode ser destronada em favor de um ego expandido se for possível dirigir sobre ela o holofote da inteligência. É necessária reeducação emocional e não intelectual. Esse é o objeto do tratamento psicanalítico que será logo discutido mais minuciosamente.

C. O AUMENTO DO ELEMENTO ERÓTICO

Juntamente com meios de diminuir ou socializar os elementos agressivos e autopunitivos, devemos considerar as possibilidades coordenadas de encorajar e fortalecer o elemento erótico, elemento que já vimos ser a força salvadora e neutralizadora, em oposição às tendências destrutivas, para conseguir (até o grau em que possa ser conseguida) a salvação da parte ou do todo.

É uma grande tentação filosofar novamente neste ponto e falar em termos gerais sobre a necessidade de mais amor no mundo, a conveniência de encorajar expressões francas da vida emocional nas crianças e melhora dos padrões paternos e maternos de afeição. Fazer isso, porém, por mais válido que seja, é apenas aderir ao coro de exortação religiosa e inspiracional do "amai-vos uns aos outros". Todos reconhecemos que é um bom conselho, apoiado agora por raciocínio científico, tanto quanto estético e moral. A questão é saber como consegui-lo e qual é realmente a natureza específica de amor mais abundante. Franz Alexander tem citado com frequência uma observação que lhe foi feita pelo falecido Sandor Ferenczi, o grande psicanalista húngaro. "Eles querem amar-se uns aos outros", disse Ferenczi, "mas não sabem como!"

Levar-nos-ia muito longe no momento discutir todas as interferências no desenvolvimento do instinto erótico que nos impedem de amar, de "saber como amar". Em certo sentido, esse tem sido o objeto de toda pesquisa psicanalítica, foi um problema que ocupou Freud desde o princípio. A maneira como a civilização impôs maiores restrições sobre nós e como isso, por sua vez, se refletiu em grau mais elevado de civilização sem vantagem pessoal correspondente para o indivíduo é um corolário filosófico do problema discutido recentemente por Freud em seu *Civilization and Its Discontents*. Mas para os propósitos presentes precisamos abster-nos de tão vastas generalizações e apegar-nos ao problema do indivíduo.

Em primeiro lugar entre as inibições do desenvolvimento erótico estão os efeitos embrutecedores e embotadores do narcisismo. Nada inibe tanto o amor quanto o amor por si próprio e de nenhuma fonte podemos esperar maiores resultados melhoradores que do desvio desse amor de um auto investimento (comparável ao auto investimento de ódio já discutido) para seu investimento apropriado em objetos exteriores. Em outras palavras, assim como agressões auto- dirigidas são prejudiciais por causa de suas consequências *imediatas,* a auto direção de amor é prejudicial por suas consequências *secundárias,* as consequências da fome emocional resultante. O narcisismo abafa e sufoca o ego que pretende proteger – assim como a proteção de inverno aplicada a um canteiro de rosas, se deixada para tarde demais na primavera, impede que as rosas se desenvolvam convenientemente ou mesmo cheguem a crescer. Assim a ciência psicanalítica vem novamente em apoio de uma observação intuitiva de um grande líder religioso, que disse: "Quem quiser salvar a sua vida, perdê-la-á; e quem perder a vida por minha causa, achá-la-á." Precisamos apenas ler em lugar de "por minha causa" uma expressão significando o investimento de amor em outras pessoas, que presumivelmente é o que Jesus pretendeu dizer.

Porque quando o amor é em grande parte auto investido, é detido o fluxo gradual da essência suavizadora e frutificadora do impulso erótico sobre os braços ásperos da agressão, estendidos em todas as direções. Em lugar de impregnar e melhorar esses contatos com O mundo exterior, a libido inteiramente dedicada à alimentação e proteção do ego permanece inerte, como um grumo coagulado de narcisismo.

É como se a personalidade fosse igual a uma árvore em crescimento sobre cujos escuros ramos nus, que vemos no inverno, avança vagarosamente a suave verdura da primavera e verão, vestindo o esqueleto de uma beleza viva. Mas se essa árvore fosse machucada perto da base de modo que a seiva escorresse em grande quantidade para fora a fim de promover a cicatrização e proteção de seu tronco ferido, restaria suprimento insuficiente para o desenvolvimento da folhagem nos ramos. Estes então permaneceriam nus, ásperos, agressivos – e morrendo, enquanto a seiva alimentasse e realimentasse a base ferida.

Um ataque ao amor narcisista tem às vezes por si só o efeito de forçar sua redistribuição, isto é, fazer com que uma parte dele seja convertida em amor por objeto; em outras ocasiões tem apenas a reação terapêutica negativa de causar maior extravasamento de narcisismo em outro recuo da realidade. É o que acontece muitas vezes no tratamento de doença mental. Alguns pacientes, convenientemente alimentados em um novo transplante, isto é, sob os temos e hábeis cuidados de alguém em quem confiem, criam raízes e crescem. O narcisismo gradualmente recua em favor de maior crescimento de folhas. Em outros casos, porém, toda e qualquer tentativa de tratar a doença narcisista – por mais hábil que seja – só torna as coisas piores. O ferimento é incuravelmente profundo; o medo de novo ferimento é grande demais.

Como o narcisismo rejeita auxílio e assim anula os esforços de fazer com mais habilidade o que ele tenta em vão realizar – como vítimas do fogo ou da água que, dominadas pelo pânico, lutam contra quem procura socorrê-las – é coisa que vemos até em nós mesmos. Realmente poucos escapam de um pouco da enjoativa desvantagem do narcisismo que pende como um teimoso pedaço de esparadrapo aplicado a um ferimento há muito tempo cicatrizado. Todo pai ou mãe sabe o que é tentar retirar um desses estorvos do dedo de uma criança relutante.

É o mesmo narcisismo que existe em todos nós, como falso orgulho ou propositada ignorância, que impede alguns indivíduos autodestruidores de pedir o auxílio de que precisam – tratamento psiquiátrico, tratamento cirúrgico, tratamento dentário. Posso assegurar que é literalmente verdadeiro que alguns pacientes são orgulhosos demais –- vaidosos demais – acostumados demais a autoajudas e satisfações para ficarem bons. Não são capazes de aceitar ajuda que não alimente exclusivamente (e, é claro, inutilmente) sua vaidade. O narcisismo é uma sede que nunca se sacia e obstrui o verdadeiro gozo de qualquer coisa [17]. Na presunção do provincianismo, na estupidez do procedimento e discriminação raciais, na vaidade que exalta deuses como nacionalismo, prestígio social e aristocracia financeira, entregando tudo a eles, vemos essa entorpecedora toxemia do narcisismo.

---

17. Elizabeth Bates has been to Rome
And looked at the statues there;
Elizabeth Bates has scaled the
Alps And sniffed at the mountain air.

Elizabeth Bates has winced at Nice
And quibbled at the gay Paris,
And lifted her delicate eyebrows at
Indelicate Barbary.

Elizabeth Bates has "done" the globe
From Panama back to the States,

Além do ataque direto ao narcisismo propriamente dito, a reconstrução da personalidade pode ser favorecida, creio eu, pelo deliberado e inteligente cultivo de objetos de amor satisfatórios. Há em toda parte uma curiosa propaganda, prevalecente entre os de menores aspirações intelectuais tanto quanto entre os das camadas superiores, que se opõe, com uma espécie de cínico agnosticismo, ao cultivo de amizades significativas. Muitos acham que a tendência humana inata a ambivalência em tais relações é grande demais, que, entre as restrições opostas à vida instintual, de um lado, e os riscos de provocar reações à frustração, não se ousa amar demais ou muito longe. Como Balzac (em *La Peau du Chagrin*) eles sustentam que "matar as emoções e assim viver até a velhice ou aceitar o martírio de nossas paixões e morrer moço, é nosso destino".

Com tão pusilânime e restritivo ponto de vista, eu não posso concordar. Reconheço que há riscos no amor e que a realidade é tal que ninguém pode escapar a frustrações e decepções, mas não acho que isso precise inibir nosso propósito de "amar e deixar amar". Fatores morais, religiosos e supersticiosos combinaram-se para opor pesadas restrições à expressão sexual satisfatória. Estão agora, até certo ponto, desaparecendo, de modo que é possível esperar que discriminação inteligente, sem um excesso de fatores irracionais, oriente os mais esclarecidos e emancipados, mas mesmo para eles restarão barreiras de economia, fisiologia e psicologia que não são irracionais

---

> But all she saw on the way around
> Was Miss Elizabeth Bates.
>
> Elizabeth Bates has been to Spain
> And sampled her ego there,
> And viewed the face of the thoughtful Sphinx
> And paused to arrange her hair.
>
> Elizabeth Bates can be no place
> She hasn't been there before,
> But never has yet been out of herself,
> So I have traveled more!
>
> Milo Ray Phelps
New Yorker, 21 de dezembro de 1929

ou irreais – e não são pouco importantes. Não é provável, portanto, que diminua a necessidade de sublimação e de amizades.

Seja o que for que possamos esperar ou conseguir no sentido de uma moral sexual mais biológica e psicologicamente sólida, sempre precisaremos da satisfação proporcionada pelo amor de nossos amigos e pela comunhão com eles. Mas a amizade em geral é sujeita à anemia que tem probabilidade de empestar todas as sublimações à medida que se dissociam cada vez mais de satisfações diretas do instinto. Muita coisa que passa por amizade, por exemplo, é motivada inteiramente pelo oportunismo e pelo desejo de divertir-se. Barreiras externas também se opõem ao cultivo de amizades de uma maneira que nossos antepassados talvez achassem muito incômoda se fossem transplantados de sua vida mais simples e amigável para a moderna vida mecânica com sua ênfase em velocidade, eficiência e novidade. É uma questão digna de consideração se todas as invenções

---

N. T. – Ou seja:

> Elizabeth Bates esteve em Roma
> E lá olhou as estátuas;
> Elizabeth Bates escalou os Alpes
> E cheirou o ar da montanha.
>
> Elizabeth Bates estremeceu em Nice
> E tergiversou na alegre Paris,
> E ergueu suas delicadas sobrancelhas
> Diante da indelicada Barbaria.
>
> Elizabeth Bates correu o mundo
> Do Panamá de volta aos Estados Unidos,
> Mas tudo quanto viu em toda a volta
> Foi a srta. Elizabeth Bates.
>
> Elizabeth Bates esteve na Espanha
> E lá provou seu ego,
> Observou o rosto da pensativa Esfinge
> E parou para arrumar seus cabelos.
>
> Elizabeth Bates não pode ir a lugar algum
> Em que já não tenha estado antes,
> Mas ainda nunca saiu de si própria,
> Por isso eu viajei mais que ela!

mecânicas para aumentar a velocidade de comunicação e transporte acrescentaram alguma coisa à felicidade humana; o certo é que essas próprias invenções diminuíram nossas oportunidades de amizade e relações amistosas.

A maior barreira, porém, é interna. A capacidade para amizade depende de uma espécie de vitalidade interior que permite a um forte componente erótico ser injetado em todas as relações humanas. Quando dizemos que uma pessoa dotada dessa capacidade tem uma "natureza robusta" percebemos que ela conseguiu vigoroso desenvolvimento de seus instintos eróticos. Teoricamente, a amizade só é possível em sua mais bela flor quando houve desenvolvimento sexual amadurecido.

A criação de amizades ricas e significativas exige que pelo menos uma das partes leve para a relação uma atitude alimentadora como proteção contra as exigências de ambivalência e narcisismo que surgem em todo contato humano. Isso é melhor representado pela atitude da mãe que assume um papel de apoio e sustentação em sua relação com o filho, sem esforçar-se por satisfazer seu próprio narcisismo conservando-o dependente de si ou reagindo defensivamente a todas as agressões dele.

A maioria das pessoas é incapaz de manter muitas amizades nesses termos. O componente erótico pode ser fraco demais, os temores da pessoa podem ser grandes demais ou pode faltar oportunidade para o cultivo de relações humanas. Para muitos indivíduos, notadamente aqueles de temperamento sensível, retraído e artístico, as influências inibidoras da civilização em geral e de sua própria criação em particular tomam todos os contatos humanos íntimos coisa forte demais, que envolve excessivos conflitos, excessivo perigo de ser frustrado e ferido, excessiva responsabilidade pelo bem-estar e felicidade de outrem, excessiva oportunidade, talvez, para agressividade. Até certo ponto, todas as pessoas são afetadas por essas considerações; para todo indivíduo há um limite ao número de amizades que pode manter.

O instinto erótico pode, porém, ser mais estendido e desenvolvido através de sublimações criativas, como as proporcionadas pelas artes plásticas, música, ofícios e muitos passatempos. Para muita gente essas coisas parecem bem mais preciosas do que jamais poderiam ser amizades humanas. Isso por si só indica a tendência à reunião do espírito com o mundo imaterial de onde provêm essas coisas. Mas não é preciso haver aqui conflito essencial; há antes uma tendência a encorajamento indutivo entre si. E em qualquer caso, seja qual for o recurso para aumentar as capacidades eróticas e sendo-lhes dadas oportunidades satisfatórias para expressão e expansão, o resultado será desviar a sufocação narcisista e proporcionar neutralização adicional das tendências destrutivas.

A maneira como a arte executa essa função (bem assim a de descarregar agressões, como foi discutido antes) tem sido estudada por artistas, filósofos e psicanalistas. Desses estudos estou, naturalmente, mais familiarizado com os dos últimos. Ella Sharpe ([18]), por exemplo, escreve sobre a função da arte na direção que eu sugeri. Cita Van Gogh como tendo dito que todo seu trabalho era uma corrida pela vida.

> Esta corrida pela vida que a arte pode representar em casos patológicos extremos é uma desesperada evitação da destruição não apenas do objeto bom, mas também do eu. (!) Quando o poder de reunir e criar ritmicamente fica muito para trás ou não está à altura de lidar com a agressão, a sublimação desmorona-se.
>
> Os imensos poderes do corpo-ego, a sutileza da realização da vista, audição, tato, aliados à fina manipulação muscular, devem provir de impulsos de autopreservação, intensificados pela ameaça de destruição corporal. Isto também é uma repetição; que a própria preservação do corpo só é possível quando é preservada a coordenação de movimento rítmico.

No caso de Van Gogh todos os esforços para impedir o processo autodestrutivo falharam: seus quadros tornaram-se cada vez mais selvagens e caóticos, ele atacou o artista Gauguin, cortou a própria orelha, sofreu convulsões e, finalmente, como sabemos, matou-se. Nisso podemos ver progressivamente a vitória das tendências destrutivas – primeiro o malogro da sublimação, em seguida a agressividade dirigida externamente, depois a automutilação e, finalmente, o suicí-

---

18. Sharpe, Ella Freeman, *Similar and Divergent Unconscious Determinants Underlying the Sublimations of Pure Art and Pure Science, Intertional Journal of Psychoanalysis*, abril de 1935, pp. 186-202.

dio. Outro artista, menos conhecido, Alfred Kuhin, conquistou uma vitória sobre a auto destrutividade por meio de sua arte. Desde os tempos de sua infância, nas praias de um lago na floresta austríaca, fez desenhos. Aos dez anos de idade, teve a primeira visão da morte, ao ver seu pai caminhando desvairadamente pela casa com o corpo de sua mulher morta nos braços. Seguiram- se depois duas madrastas, um internato, um aprendizado como fotógrafo, noites solitárias e sem vigilância, e finalmente uma tentativa de suicídio seguida por vários meses no hospital com o que chamou de delírio. Quando melhorou, passou a deixar-se absorver pelos doentes, agonizantes e suicidas malogrados que o cercavam. Conseguiu ir a Munique estudar arte e pela primeira vez viu pinturas de verdade. Logo começou a desenhar os estranhos e macabros quadros que o tomaram famoso ([19]).

Vê-se por aí que eu considero a vasta extensão da música, das artes plásticas e do drama aos lares da gente comum, tornada possível pelo rádio, pela vitrola e pelo cinema, mais do que um mero acréscimo às oportunidades de prazer passageiro. Considero-a como oferecendo muito definidamente um baluarte adicional contra a autodestruição. Ninguém pode ouvir a *Quinta Sinfonia,* o *Coro da Aleluia* ou os prelúdios de *Lohengrin e Parsifal* (e há experiências visuais comparáveis) e conservar exatamente a mesma personalidade que antes. Não me refiro a quaisquer qualidades curativas específicas da música ([20]) ou das artes plásticas. Simplesmente quero dizer que a autodestruição é combatida por tudo quanto tira de nós mais algum fluxo do amor que está implícito no prazer.

Já falei do papel que o trabalho desempenha no sentido de utilizar as agressões e desviá-las do eu. Pode servir também como sublimação criativa, ainda que fique fora do âmbito das artes. O trabalho social, o ensino, o ministério religioso, a medicina e muitas outras profissões podem representar uma expressão sublimada do instinto

---

19. De *Survey Graphic,* maio de 1930. (Ver *Demons and Night Visions,* Dresden, Carl Reissner Verlag)

20. Talvez haja algumas; ver, por exemplo, *The Use of Music* in *a Case of Psychoneurosis* (Van de Wall, Willem, e Bond, Earl D., *The American Journal of Psychiatry,* setembro de 1934, pp. 287-302). A música é empregada terapeuticamente em alguns hospitais psiquiátricos modernos. Ver Van de Wall, Willem, *Music in Institutions,* Russell Sage Foundation, 1936.

erótico, uma expressão de amor que se estende para além do eu e dos objetos de amor pessoais e imediatos, até o "próximo" a que Jesus se referiu com tanta frequência – o próximo contra quem nosso mais primitivo instinto nos impele, mas a quem nossa autopreservação exige que tratemos com carinho.

Técnicas de terapia

Basta quanto ao estudo geral sobre como, em teoria, as agressões devem ser desviadas para alvos inofensivos, o sentimento de culpa aliviado por alguma expiação socialmente útil e o fluxo neutralizador do erotismo estimulado através de um sacrifício do narcisismo em favor do cultivo de objetos de amor apropriados. Estes são os contornos gerais do programa de reconstrução. Todavia é mais fácil dizer do que fazer tab coisas. E o médico espera, de chapéu na mão, perguntando: "E agora que posso fazer por meu paciente?"

Não pretendo fugir a esta questão, mas o tema da reconstrução – para ser convenientemente tratado – merece um livro, não um capítulo. No momento só posso esboçar os princípios gerais.

Muitas vezes, é claro, a reconstrução da personalidade ocorre espontaneamente. Às vezes, o mérito é atribuído a médicos; às vezes a amuletos, às vezes a orações, às vezes aos astros. No entanto, é preciso ser realmente muito fatalista para acreditar que toda reconstrução pode ser deixada a cargo da espontaneidade de amuletos ou dos astros. Ninguém melhor que nós, os médicos, sabe que alguns de nossos pacientes ficam bons apesar de nós e não por nossa causa. Às vezes também superestimamos nossos poderes e reivindicamos o mérito por recuperação cuja natureza exata entendemos mal. Esse tipo de erro é induzido em nós, em parte, por nosso otimismo, sem o qual não poderíamos ser médicos. Nada importa que tanto o otimismo quanto o pessimismo sejam atitudes filosoficamente falazes; parece inevitável que o comportamento humano recaia em uma ou outra falácia e, certamente, a falácia do otimismo tem mais a seu favor no sentido de realização do que a falácia do pessimismo.

Contudo, não é mera presunção dizer que o médico pode fazer alguma coisa para apressar a reconstrução de uma personalidade, que de outra maneira sucumbiria diante de seus próprios impulsos autodestrutivos.

Por mais firmemente que possamos aceitar a concepção da unidade de corpo e mente, resta no momento uma distinção muito importante e prática, especialmente quando se trata de técnicas de tratamento. Procurei tornar isso claro na discussão das afecções orgânicas na Parte V. Permitam-me repetir: *A etiologia de uma afecção,* digamos de uma autodestruição, *não determina seu tratamento mais convenientemente terapia psicológica não exclui terapia física ou química.*

A cólera de um homem pode ser excitada por seu vizinho ao ponto de agredi-lo e, ao fazê-lo, quebrar seu próprio braço. Seja o que for que tenha iniciado a cadeia de acontecimentos que terminou na fratura óssea, o tratamento é baseado no resultado concreto e não na etiologia. A adequada investigação da psicologia da situação pode prevenir outra fratura de braço, mas não conserta o braço já fraturado.

Exemplo tão elementar como esse poderia parecer fora de lugar, mas é um ponto constantemente mal-entendido por muitos daqueles que no resto parecem entender a significação do fator psíquico na doença. É uma confusão pela qual devemos em parte culpar a escola bacteriológica. Os bacteriologistas mostraram-nos a futilidade de tratar algumas doenças de maneira puramente sintomática e com muita propriedade insistiram em que dirijamos nosso ataque contra o agente etiológico (ou, melhor, contra um dos agentes). Esse é o processo apropriado às vezes, mas nem sempre.

Na medicina devemos ser pragmáticos; às vezes o agente etiológico evidente ou saliente é o lugar adequado onde iniciar tratamento; às vezes é a última coisa que devemos atacar. A escolha do ponto apropriado para focalizar o esforço terapêutico e uma parte da *arte* da medicina; talvez não seja possível reduzir isso a ciência, mas estamos gradualmente adquirindo cada vez mais informações a respeito, de modo que talvez um dia venha a ser possível.

Em qualquer caso, o tratamento apropriado de muitas formas de suicídio – as formas diretas, as formas indiretas, as formas crônicas, as formas orgânicas, todas as formas – frequentemente precisa ser um método químico, físico ou mecânico. Confiar exclusivamente em métodos psicológicos seria tão absurdo e irracional quanto omiti-los inteiramente. Não é este o lugar adequado para uma minuciosa consideração das várias terapias da medicina, cirurgia e psiquiatria. Podem ser usados agentes físicos, químicos e mecânicos que se opõem às tendências destrutivas e encorajam as tendências eróticas, mas *os métodos psicológicos também podem ser postos em ação e estes últimos merecem também ser usados, pois têm uma eficácia que infelizmente é pouco percebida.*

Pela própria razão de serem tão menos conhecidos que os recursos físicos, químicos e mecânicos da medicina, proponho-me dedicar alguns parágrafos a um rápido esboço dos princípios da psicoterapia, particularmente tendo em vista a ênfase dada por este livro ao aspecto psíquico das forças instintuais. Não encerrarei a questão toda, como talvez alguns leitores cínicos esperam que eu faça, dizendo que a psicanálise poderia curar todas essas coisas, porque isso é tão absurdo quanto dizer que a cirurgia curaria tudo. Tanto a cirurgia como a psicanálise ensinaram-nos muita coisa, mas deixarei a cirurgia aos cirurgiões e ressaltarei algumas das coisas que a psicanálise nos ensinou sobre a aplicação da psicologia como agente terapêutico contra as numerosas formas de autodestruição.

Precisamos presumir que o indivíduo autodestrutivo para quem estamos cogitando de tratamento tem algum grau de *insight,* isto é, tem alguma ideia de que está doente e de que é uma ameaça potencial a si mesmo. Se não a tiver, o tratamento psicológico precisará ser administrado de maneira completamente indireta, de maneira tão indireta, de fato, que provavelmente os métodos de tratamento social ou químico parecerão predominantes.

Todavia, se souber que está doente e que representa um perigo para si mesmo, senão para outras pessoas, e se, em segundo lugar, tiver algum remanescente do desejo de ficar bom (desejo que infelizmente sucumbe em muitos casos diante do processo destrutivo, de tal modo que na realidade não há o menor desejo de ficar bom, mas apenas o desejo de explorar a doença e até mesmo o sofrimento), o paciente será um bom objeto para a administração de algum tratamento psicológico, com ou sem adjuvantes de tratamento físico, químico ou mecânico.

Toda a psicoterapia depende do princípio de que a inteligência consciente, aquela parte da personalidade chamada ego, é capaz de, em circunstâncias comuns, enfrentar as forças instintuais com adequada consideração pelas oportunidades oferecidas e pelas proibições impostas pelo mundo da realidade. Na pessoa que precisa de psicoterapia, o ego foi até certo ponto dominado, seja devido à sua própria fraqueza ou devido à força desproporcional dos impulsos instintuais ou da consciência ou superego. A psicoterapia é dirigida, portanto, para o fortalecimento ou expansão do ego e redução ou abrandamento da severidade do superego [21].

O primeiro passo na psicoterapia é estabelecer algum grau de *rapport* entre o terapeuta e o paciente. Até certo ponto, este princípio aplica-se a qualquer forma de tratamento; por exemplo, um cirurgião precisa adquirir certo grau de confiança do paciente antes de poder operá-lo. Na psicoterapia, porém, é necessário ter mais que a confiança do paciente na competência e integridade do terapeuta. Precisa ser criada certa reação emocional positiva – poder-se-ia dizer que o paciente deve ser conquistado ao ponto de dedicar um pouco de amor ao terapeuta e dele esperar um pouco de amor. Em geral isso acontece automaticamente se o médico tem paciência mesmo com verbosidade, demonstra simpatia mesmo diante de clamorosa auto piedade e é compreensivo a ponto de ser capaz de identificar-se com o paciente o suficiente para compreender a natureza, senão o grau de seus sofrimentos.

Isso porque toda psicoterapia depende, para sua eficácia, da medida em que o médico é capaz de dar ao paciente algo de que ele precisa e não pode obter ou não pode aceitar – amor. Sem dúvida, o paciente usa uma técnica errada para obtê-lo, mas só é possível alterar essa técnica *depois* de ter proporcionado ao sofredor algum grau

---

21. Isso de maneira nenhuma colide com o que eu já disse sobre a diminuição das tendências agressivas e autopunitivas, e o encorajamento dos elementos eróticos. O ego pode ser ajudado a executar suas funções pelo apoio inteligente e apropriado de uma pessoa estranha objetiva que, em resultado de sua intuição ou experiência, saiba o que fazer. Essa pessoa tem mais probabilidade de saber o que fazer, de ver o que fazer e de ser capaz de ajudar o ego naquela direção, porque os problemas particulares não pesam sobre ela ou pelo menos não pesam da mesma maneira. (É o que presumimos, pelo menos; às vezes, porém, o psicoterapeuta interessa-se muito pelos próprios pacientes que sofrem de problemas semelhantes aos seus e por essa razão às vezes se mostra um mau guia. E devido a essa consideração que todos os psicanalistas se submetem agora à psicanálise, como parte essencial de seu treinamento, antes de dedicar-se ao tratamento de pacientes.)

de alívio – não antes. Então e só então é possível reeducá-lo, emocional e ideacionalmente. Por isso, a adequada condução dessa dependência em relação ao médico é a chave do êxito da psicoterapia.

O que a princípio é uma atitude razoável e compreensível de esperança, confiança e fé no médico tende a tornar-se, como sabemos, algo muito mais intenso, variável e irracional. De fato, penso que a definição de transferência de Karen Homey não foi superada – os elementos irracionais na atitude emocional em relação ao médico. São irracionais, isto é, não correspondem à realidade, porque brotam do inconsciente, soltos em virtude da identificação ou equação inconsciente do médico com personagens antigos da vida do paciente. Consequentemente, o paciente pode ser tão petulante quanto era com sua mãe, tão rebelde quanto se sentia em relação a seu pai, tão erótico quanto gostaria de ter sido com sua irmã ou prima. Pode ser assim, sentir-se dessa maneira e mesmo *falar* sobre ela porque isso é compreendido, não censurado, mas interpretado para ele.

Assim, por meio dessa relação orientada, torna-se possível uma reorientação intelectual e emocional do paciente, de modo que o ego – fortalecido, expandido, tomado mais elástico e menos frágil – é capacitado a lidar mais eficientemente com os componentes da personalidade que sem isso seriam incontroláveis, a reduzir a tendência autodestrutiva e aumentar a capacidade de viver e amar. Uma virtude do método psicanalítico de terapia é ser essa transferência manipulada deliberadamente de acordo com princípios científicos que foram acumulados pela observadora experiência. O mesmo se consegue frequentemente na psicoterapia não analítica com base em intuição e experiência; neste tipo de terapia o médico é quem fala mais ou pelo menos desempenha o papel ativo no tratamento – que é exatamente o oposto do que predomina na psicanálise. Em qualquer dos casos, o objetivo é a reorientação emocional do paciente; a reorientação intelectual pode precedê-la ou seguir-se a ela. Na psicoterapia não analítica precisa precedê-la.

Será útil, talvez, examinar com um pouco de cuidado alguns dos recursos práticos para a realização dessa reorientação intelectual. Quais são exatamente os recursos técnicos com que conta a psicoterapia? Não pretendo dar uma lista completa, mas alguns dos mais destacados são os seguintes:

1. Geralmente o primeiro passo, depois de estabelecida a transferência, é no sentido de dar ao paciente maior *insight* na realidade e depois na natureza exata de sua auto destrutividade. Existem inúmeras maneiras práticas para isso, mas em essência elas consistem em uma comparação das concepções objetivas e subjetivas do comportamento, situações, atitudes ou padrões morais do paciente, de maneira a mostrar-lhe exatamente como ele é de fato diferente dos outros e como *não é* diferente. Isso não é feito com a ideia de levar o paciente a conformar-se com uma normalidade hipotética, mas de mitigar certa ansiedade a seu próprio respeito, que surgiu de uma base neurótica, e substituí-la por uma preocupação mais objetiva que se manifesta quando ele considera a extensão e seriedade de seu problema, de sua auto destrutividade. O excesso da última, naturalmente, depende em grande parte da primeira. Mais tarde, conforme a natureza do caso, a responsabilidade pela consideração das diferenças pode ser atribuída ao paciente, pode ser assumida pelo psicoterapeuta ou pode, por motivos práticos, ser ignorada.

2. Ao lado disso, às vezes implicitamente, outras vezes explicitamente, ocorre um esclarecimento do propósito e dos motivos envolvidos em situações ou conflitos particularmente penosos. Em geral isso leva a um contraste entre a intenção consciente e a intenção inconsciente sugerida pelo resultado. Uma oportunidade de falar sobre a situação às vezes é suficiente para conseguir isso automaticamente; muitas vezes, porém, exige consideravelmente mais "catarse" e mais investigação sobre os antecedentes da personalidade, às vezes também sobre os antecedentes sociais (ambientais).

3. Em seguida vem a reminiscência, sinalização ou ênfase de considerações descuradas. Estas podem ser tanto fatores da realidade que o paciente não leva em consideração, consequências que deixou de prever, agressões que não reconhece ou lembranças que reprimiu. Podem ser necessárias algumas horas ou alguns anos para colocar esse material (isto é, parte suficiente dele) sob o foco adequado.

4. Quando esses vários elementos são vistos como um todo, pode haver uma nova autoavaliação da personalidade, é dada uma nova força ao ego, porque surge a possibilidade de abandonar agressões defensivas não mais necessárias e desenvolver investimentos eróticos anteriormente inibidos.

5. Tudo isso leva então ao planejamento construtivo do futuro de maneira mais rápida. Neste ponto também, pode ser feita a substituição de várias satisfações ativas, por prescrição deliberada (como na psicoterapia) ou por eleição espontânea (como na psicanálise). O resultado é um recondicionamento maior ou menor de intenções, isto é, o desenvolvimento de "bons hábitos" em lugar de "maus hábitos", exercício a que ocasionalmente todos nós nos dedicamos por necessidade.

Qualquer desses elementos determinados da psicoterapia pode ser usado em qualquer caso determinado e por qualquer terapeuta determinado. O que descrevi se aplica à mudança intelectual; o paciente começa a ver-se sob nova luz e a ver o mundo sob nova luz, e adquire uma nova espécie de vantagem sobre ele. Ao mesmo tempo, porém, ocorre (ou deveria ocorrer) uma reorientação emocional, baseada na transferência já mencionada. Para o indivíduo dominado por sua própria hostilidade e outros conflitos emocionais, mesmo a tácita garantia de que alguém o ama o suficiente para ouvi-lo, receitar-lhe ou aconselhá-lo, é, por si só, uma enorme garantia. Não é, portanto, de admirar que pessoas fiquem boas em resultado da influência psicoterapêutica consciente ou inconsciente de toda espécie de charlatães, curandeiros e faquires, tanto quanto de renomados médicos, psiquiatras, psicanalistas e outros. È bem sabido, porém, que essas curas de transferência são ilusórias, pois indivíduos inseguros são muito capazes de adquirir de novo tais sentimentos e procurar renovadas garantias de afeição e amor. Nenhum ser humano é bastante grande, bastante constante, bastante onipotente e onipresente para proporcionar todo o amor de que tais indivíduos precisam e é por isso que a religião em seus aspectos positivos de fé e amor causa a tais pessoas incalculável e incomensurável benefício terapêutico. É sem dúvida verdade que a religião tem sido o psiquiatra do mundo através dos séculos. Não se pode negar que a religião talvez tenha causado muito sofrimento, assim como curado muito sofrimento, e é igualmente possível que venha ainda a ser concebido algo melhor calculado para atender às exigências. Infelizmente também muitas pessoas não são capazes de aceitar as satisfações nem as restrições da religião, porque sua inteligência ou seus conflitos emocionais o proíbem. Para estas a religião pouco ajuda, mas para os milhões de outras pessoas é e continuará sendo um indispensável modo de salvação, isto é, de reconstrução.

PSICANÁLISE COMO MÉTODO DE TRATAMENTO

Acho incomparavelmente difícil determinar que comentário ou descrição da psicanálise como método de tratamento será apropriado neste capítulo final. É preciso dizer alguma coisa aqui, porque, embora todo o livro se baseie em teorias psicanalíticas e dados psicanalíticos, não consideramos a terapia psicanalítica propriamente dita. O fato é que não sabemos ainda exatamente porque a psicanálise cura gente. (Nem sempre é bem-sucedida, mesmo em casos que parecem convenientemente selecionados e adaptados para ela. Mas o mesmo se pode dizer de qualquer outro método de tratamento, desde a cirurgia até o salvarsan.) Discussões sobre dinâmica de tratamento ainda aparecem de tempos a tempos em nossas atuais publicações psicanalíticas sem que haja concordância final ([22]).

Sabemos empiricamente que a psicanálise como método de tratamento em certas condições tem eficácia não igualada por qualquer outro método. Psiconeuroses que persistiram durante anos e resistiram a todas as espécies de tratamento muitas vezes cedem de maneira espetacularmente bem-sucedida com tratamento psicanalítico. Várias neuroses, algumas psicoses brandas e incipientes, condições de inibição como impotência e gagueira, algumas deformações caracterológicas e algumas outras categorias de doença psiquiátrica incluem-se entre os setores conhecidos para promissora terapia psicanalítica. Muitas outras condições estão ainda "em experiência" –

---

22. Ver, por exemplo, *Symposium on the Theory of the Therapeutic results of Psycho-Analysis* por Glover, Fenichel, Strachey, Bergler, Nun- berg e Bibring, *International Journal of Psychoanalysis,* 1937, Vol. XVIII, pp. 125-89, e também Alexander, Franz, *The Problem of Psychoanalytic Technique, Psychoanalytic Quarterly,* Vol. IV, pp. 588-611, 1935; Laforgue, Rene, *The Curative Factor in Analytical Treatment, Internationale Zeitsch- rift für Psychoanalyse,* 1937, Vol. XXIII, pp. 50-59; e Searl, M. N., *Some Queries on Principles of Technique, International Journal of Psychoanalysis,* 1936, Vol. XVII, pp. 471-93.

adição ao álcool, alguns dos males somáticos discutidos na Parte V, perversões, esquizofrenia.

Este não é o lugar para avaliar tais experiências ou para discorrer sobre os sucessos da psicanálise na terapia. Suponho que o leitor deles tenha um conhecimento geral e possa adquirir conhecimento mais específico em qualquer dos livros recentes sobre o assunto ([23]).

Gostaria, porém, de apresentar um esquema desenhado por mim mesmo, que talvez ajude alguns a visualizar a natureza essencial do processo de tratamento psicanalítico. A ideia não é original, mas é o conceito ensinado por Alexander como "interpretação total". Os diagramas foram sugeridos pela leitura dos estimulantes trabalhos de psicologia topológica de Lerwin ([24]) e Brown ([25]) (mas não estou querendo dizer que eles aprovem meus diagramas).

Se representarmos o curso do desenvolvimento psíquico por uma flecha (A) e todo objetivo aceito na situação de realidade por (G), o curso de uma vida normal a partir do nascimento (B) poderá ser assim representado.

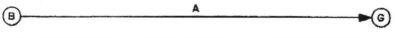

B = NASCIMENTO   A = CURSO DA VIDA   G = OBJETIVO NORMAL

Se algumas experiências traumáticas (T) ocorrem durante o período de desenvolvimento, o curso do desenvolvimento subsequente é modificado, ainda que as próprias experiências tenham sido esquecidas (reprimidas R). Daí resulta um desvio do objetivo da vida adulta para um objetivo deslocado e às vezes menos desejável (G).

---

23. Etephen Karin, *Psychoanalysis and Medicine: A Study of the Wish to Fall III,* Macmillan, 1933; Cambridge (University), 1934; Hendricks, Ives, *Facts and Theories of Psychoanalysis,* Knopf, 1934; Fenichel, Otto, *Outlines of Clinical Psychoanalysis, Psychoanalytic Quarterly Press,* 1934; Norton, 1934; Peck, Martin W., *The Meaning of Psychoanalysis,* Knopf, 1931; Blitzsten, Dorothy R., *Psychoanalysis, Explained,* Cowvard-McCann, 1936; e Menninger, Karl A., *The Human Mind,* Knopf, edição revisada, 1937.
24. Lewin, Kurt, *A Dynamic Theory of the Personality,* McGraw-Hill, 1935.
25. Brown, J. F., *Psychology and the Social Order,* McGraw-Hill, 1936.

Se esse objetivo substituto é de fato indesejável, como é sugerido, – por exemplo, acompanhado por insatisfações neuróticas e comportamento autodestrutivo – então se segue a conveniência de um realinhamento.

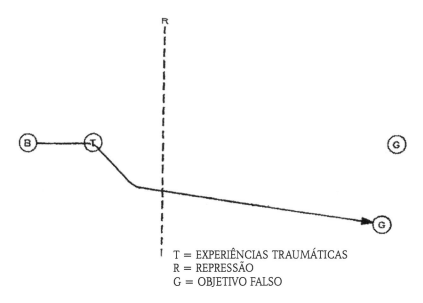

T = EXPERIÊNCIAS TRAUMÁTICAS
R = REPRESSÃO
G = OBJETIVO FALSO

O diagrama acima representa, portanto, um homem necessitado de tratamento – cujo objetivo está desastrosamente deslocado. Suponhamos que ele se apresenta para psicanálise, isto é, um tratamento no qual o material antes da linha de repressão pode ser explorado de um novo e vantajoso ponto artificial (P), (Ver diagrama seguinte.)

Agora o que se torna mais evidente ao psicanalista e a seu paciente é que o padrão de acontecimentos que ele (o paciente) achou tão desastroso em sua vida cotidiana, em suas tentativas de viver (G), é reproduzido exatamente em suas inter-relações com o psicanalista (P) e – o que é mais pertinente – ambos repetem precisamente o padrão mal sucedido inerente ao período traumático (T) anterior à repressão. Em outras palavras, o paciente trata o analista como trata certas pessoas significativas de sua vida exterior – e descobre que esse padrão malsucedido que continuou repetindo durante toda sua vida começou em (T), quando surgiu uma situação que ultrapassou os poderes de adaptação e solução que tinha *na época*.

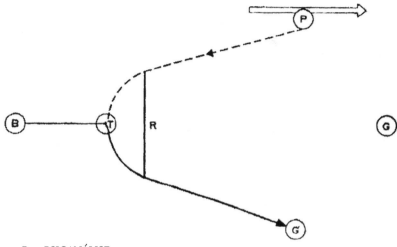

P = PSICANÁLISE
(A linha de pequenos traços representa reminiscência.)
(A linha da flecha representa a vida e personalidade da segunda pessoa, o terapeuta.)

O efeito terapêutico da psicanálise parece depender do alinhamento dessas três áreas tópicas; isso é o que entendemos por *insight*. For motivos em parte conhecidos e discutidos, e em parte desconhecidos, isso parece ter o efeito de reduzir a *largura* da repressão de tal maneira que o desvio do objetivo pode ser corrigido, como mostra o diagrama seguinte.

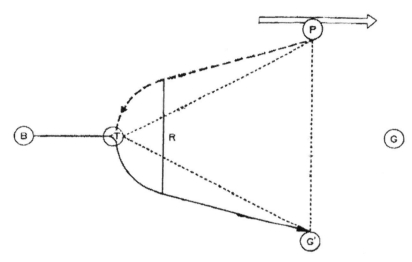

As linhas pontilhadas representam a correlação intelectual de G', P e T, *isto é,* a correlação da situação de realidade do paciente, da relação de transferência e da situação da infância.)

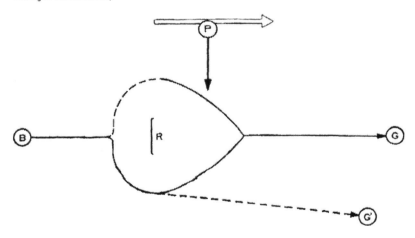

E então *tanto* a situação analítica (a dependência em face do analista e o uso dessa relação como "campo" no sentido topológico)

como o falso objetivo (G') podem ser abandonados em favor da realidade (G).

Para citar um breve exemplo muito esquematicamente (mas baseado em um caso real), suponha-se que uma criança nascida em um bom lar e com perspectivas medianas seja sujeita aos sete anos de idade à experiência traumática de descobrir indícios de infidelidade por parte de sua mãe ([26]). Este choque deforma completamente sua concepção das mulheres. O menino não percebe então como seu ponto de vista é deformado; quando se torna mais idoso aprende *intelectual* e *conscientemente* que nem todas as mulheres são pérfidas e pode mesmo esquecer-se completamente da decepção inicial referente à sua mãe.

Depois se casa e, embora tendo uma vida conjugal ostensivamente normal, é na realidade muito infeliz por causa de crescente suspeita e desconfiança em relação à sua esposa por motivos que acredita serem racionais. Deseja ter um lar feliz, pensa ele, mas é impedido pelo constante temor quanto à fidelidade da esposa, embora ela cumpra lealmente seus deveres e goste realmente muito dele. Trata-a miseravelmente e reconhece sua desatenção, mas não pode explicá-la nem a remediar, sua infelicidade leva-o a fazer frenéticos esforços de auto diversão em atividades de que realmente não gosta. Finalmente, submete-se a tratamento e no curso da psicanálise surge a mesma situação com referência ao analista. O paciente deseja ter bom resultado no tratamento, mas acha que o analista de uma maneira ou outra não lhe é verdadeiro, está escondendo alguma coisa, prefere outros pacientes ou está tendo uma "vida sexual secreta".

Só quando o paralelismo de sua atitude para com o analista, sua esposa e sua mãe se torna claro para ele nos mínimos particulares e em toda sua amplitude é que o paciente se torna capaz de corrigir a deformação de sua visão e abandonar a falsa concepção de sua

---

26. Não é necessário que a mãe seja realmente culpada de adultério; a atitude pudica da sociedade em relação ao sexo toma toda criança hipersensível às indicações de qualquer coisa sexual, de modo que ela frequentemente interpreta mal comportamento legítimo e apropriado. A criança que foi punida por algum jogo sexual de pouca importância, por exemplo, pode considerar-se traída por uma mãe hipócrita se logo depois observá-la sub-repticiamente em intimidades com seu pai.

esposa que o fez tão infeliz com ela e por isso o levou a manobras compensatórias. Ao mesmo tempo, abandona sua dependência em relação ao analista, que persistia principalmente para o propósito de permitir-lhe atuar essas atitudes deformadas sem consequências de realidade. O antigo "objetivo falso" e o objetivo analítico temporário são abandonados em favor de run objetivo recém-descoberto e mais adequado. Os psicanalistas usam termos técnicos para descrever alguns dos aspectos disso. "Reminiscência" de situações traumáticas da infância é correlacionada com "atuação" e "formação de sintoma" (ou "reação") nas tentativas de ajustamento ao mundo exterior e essas são refletidas ou repetidas na "situação de transferência" com o psicanalista; a correlação é acompanhada de "abreação" para adquirir "insight".

Sejam quais forem os termos usados, o princípio é este: com a ajuda de um guia que encoraja o paciente a olhar para si próprio e que se aproveita da dependência emocional do paciente em relação a ele para acentuar o que o paciente não deseja ver, a vítima de um desenvolvimento psíquico malogrado é capaz de ver e eliminar os efeitos do malogro em sua primeira e em sua última situação – e finalmente de abandonar sua dependência em relação ao terapeuta devido à melhora de sua capacidade de lidar com o ambiente. Essa melhora ocorre, em termos familiares aos leitores deste livro, sob a forma de diminuição da agressividade, de consequente subsequente diminuição do poder do superego para exigir resgates e penalidades dereísticos e irracionais, e de aumento no alcance e intensidade de investimentos eróticos, inclusive maior isolamento das agressões dirigidas para fora.

Até que ponto será possível aplicar psicanálise ao tratamento de algumas das formas orgânicas de autodestruição é ainda sem dúvida muito cedo para prever. Temos métodos de tratamento mais rápidos e seguros para algumas delas e quanto a outras ainda não sabemos se a psicanálise poderá conseguir algo melhor do que nossos atuais e insatisfatórios métodos. Muitas e muitas pacientes, horas de pesquisa e reflexão, deverão preceder quaisquer conclusões nesse terreno. Por enquanto precisamos pensar na terapia psicanalítica em doença orgânica como um problema de pesquisa ao qual apenas começamos a dedicar-nos. Em seu âmbito estabelecido, porém, a psicanálise continua sendo a rainha das terapias.

    Ainda mais importante, talvez, do que a esperança terapêutica direta, oferecida pelas técnicas mais recentes na psiquiatria, é a mudança na atitude popular em relação à doença mental e à doença em geral, que essas descobertas e correlações tendem a provocar. Quando chegar a ser geralmente reconhecido que dores no estômago, distúrbios cardíacos, manchas na pele ou "fraqueza" da vista são sintomas passíveis de interpretação (e alívio) psiquiátrica, tanto quanto a depressão, o alcoolismo ou as brigas com a esposa, desaparecerá um pouco o estigma que durante tanto tempo marcou, na mentalidade pública, as funções do psiquiatra. Um paciente muito inteligente colocou assim a questão: "Quando relembro os numerosos meses em que meditei como poderia chegar aqui sem que alguém soubesse, e nos sinuosos trajetos que considerei e realmente segui a fim de conseguir isso, para depois perceber que alguns dos sintomas dos quais eu sofro são suficientemente respeitáveis para serem reconhecidos em qualquer lugar e suficientemente válidos para explicar minha vinda aqui, isso tudo parece absolutamente ridículo. Eu olhava furtivamente pelo canto dos olhos as pessoas com as quais me encontrava aqui, esperando que traíssem sua vergonha ou sua esquisitice, para depois descobrir que muitas vezes não me era possível distinguir os pacientes dos médicos ou de outros visitantes. Suponho que essa seja para vocês uma experiência tão comum que não lhes é possível perceber como é surpreendente para um leigo ingênuo como eu, mesmo para alguém que pense ter lido um pouco e posto de lado algo do provincianismo e preconceito que até certo ponto cega todos nós. Vejo agora que há algo emocional nisso; se o paciente se sente apenas deprimido, culpado ou confuso, encara o fato de consultar o psiquiatra como um recurso vergonhoso; mas se alguns desses sintomas tomam forma em um dos órgãos do corpo, toda a vergonha desaparece. Não há sentido nisso, mas é assim mesmo. Escrevi uma dúzia de cartas para contar a outras pessoas onde estou, exatamente as pessoas de quem nos últimos seis meses eu tentava ocultar minha necessidade disto."

2/ Técnicas Sociais a Serviço da Reconstrução

A discussão processou-se até agora na presunção de que a auto reconstrução ou prevenção da auto destrutividade é uma responsabilidade que recai inteiramente sobre o indivíduo. Contudo, nenhum indivíduo vive no vácuo; a autodestruição ocorre como resultado de dificuldades (aparentemente) insuperáveis para ajustar o próprio eu às complexidades do ambiente. Todos nós sabemos que viver, apesar de todos os auxílios mecânicos que se multiplicam, se torna a cada dia mais difícil, complicado e restritivo.

É por isso conveniente que dediquemos alguma consideração a outro ponto de vista, ou seja, o de que alguma mudança na organização ou estrutura da sociedade talvez pudesse fazer alguma coisa em benefício dos indivíduos que a compõem, no sentido de atenuar a necessidade de autodestruição. Essa é a presunção da religião (em seus aspectos sociais); é também a presunção de certos programas políticos que objetivam reduzir a insegurança econômica e outros temores para que as agressões, externas e internas, diminuam correspondentemente. Igualmente é a presunção de vários programas sociológicos, alguns dos quais se tornaram recentemente objeto de controvérsia política. A psiquiatria interessou-se muito por uma forma especial dessas aplicações sociais, que se centraliza principalmente no indivíduo, e no indivíduo doente em particular, mas com amplas implicações e extensões sociais; este aspecto de reconstrução sob várias formas constitui o programa do movimento de higiene mental.

Quanto às mudanças sociais não técnicas representadas pelos ideais de religiões ou pelo socialismo, e que nos Estados Unidos viemos a chamar de seguro social, parece à primeira vista que devem ser deixadas aos sociólogos, economistas e cientistas políticos, a cuja esfera especial de interesse pertencem mais fenômenos de massa. Com relações tão evidentemente estreitas no material estudado, a cooperação desses cientistas com cientistas médicos, particularmente psiquiatras, parece muito lógica. Contudo, não faz honra a qualquer dos dois grupos o fato de tal cooperação não existir em grau considerável, seja na teoria, seja na prática. A situação é mais ou menos comparável ao conflito entre o programa de saúde pública e o exercício particular da medicina; ambos têm os mesmos ideais, mas nenhum dos lados parece compreender plenamente o outro. Os cientistas sociais acham que os psiquiatras (inclusive psicanalistas e psicólogos) não são capazes de ver a floresta por causa das árvores. Por outro lado, eles próprios são acusados pelos cientistas mentais de estarem imbuídos de princípios utópicos, pré-fabricados e etéreos, que podem ter validade filosófica quando aplicados a grandes massas de gente, mas que estão divorciados demais dos dados reais da unidade individual da massa para terem utilidade prática.

De vez em quando, veem-se esforços de ligação. Harold Lasswell [27], por exemplo, demonstrou como a política e os políticos dependem em grande escala dos impulsos psicopatológicos de certos indivíduos. O falecido Frankwood E. Williams ficou profundamente impressionado com o efeito reconstrutivo que teve sobre o indivíduo a experiência político-social na Rússia e relatou essas impressões [28]. Recentemente J. F. Brown ensaiou uma interpretação da ordem social nos termos da moderna teoria psicológica [29]. E, naturalmente,

---

27. Lass-well, Harold D., *Psychopathology and Politics*, University of Chicago Press, 1930.
28. Williams, Frankwood E., *Can Russia Change Human Nature?*, *Survey Graphic*, março de 1933, pp. 137-42;. *The Challenge of Red Medicine*, *Survey*, março de 1934, pp. 78-80; e

a classe dos assistentes sociais psiquiátricos é um exemplo eficiente e vivo da possibilidade de uma filiação prática. É um dos orgulhos da medicina americana o fato de as sugestões de Richard Cabot (a respeito do trabalho médico social) e de Ernest Southard (a respeito do trabalho psiquiátrico social) terem-se desenvolvido na eficiente utilização de técnicas sociais para reabilitação pessoal.

A clínica de higiene mental, a clínica de orientação infantil e formas semelhantes de grupo e prática psiquiátrica americana, tudo sugere isto: que o indivíduo pode ser ajudado até certo ponto na direção da reconstrução pelos serviços pessoais dos psiquiatras, dos médicos, dos psicólogos e das assistentes sociais atuando como uma unidade. Muitas vezes, porém, é necessário efetuar certas mudanças no ambiente, mudanças que nem sempre são tão impossíveis de realizar como tacitamente presumem alguns ou tão fáceis de realizar como tacitamente presumem outros. Em um conflito entre o indivíduo e o ambiente, se houver excessiva flexibilidade, jim ou o outro precisará ceder, isto é, ou a responsabilidade desarranja-se ou o ambiente é ferido. É tarefa do psiquiatra estudar o indivíduo, detectar seus pontos de grande sensibilidade e; rigidez, e tentar com o auxílio da assistente social psiquiátrica alterar os aspectos do ambiente aos quais o indivíduo acha impossível ajustar-se. Ele pode avisar uma mãe zelosa demais, conter um pai severo demais, conseguir a ajuda de um professor descuidado ou desatencioso, esclarecer um juiz superficial ou dotado de preconceito. O ambiente é em grande parte constituído de indivíduos, alguns dos quais têm maior flexibilidade que o paciente; por meio de esforço apropriado aqueles podem ser influenciados a promover uma diminuição de atrito e assim reduzir a defesa e agressividade do paciente para maior felicidade e comodidade de todos. Em outras palavras, o círculo vicioso pode ser às vezes rompido num ponto onde a aproximação direta do próprio paciente nunca teria conseguido tal resultado.

Russia, Youth and the Present Day World, Farrar and Rinehart, 1934.
    29. Brown, J. F., *Psychology and the Social Order*, McGraw-Hill, 1936. Ver também Reuben Osborn, *Freud and Marx*, Equinox Cooperative Press, 1937, e o simpósio no *American Journal of Sociology* de maio de 1937.

Estas coisas o psiquiatra pode às vezes realizar com a ajuda da assistente social, mas a experiência demonstrou que muitos médicos habilidosos em seu trabalho com um paciente que os procura para tratamento são bem desajeitados em sua técnica com aqueles que têm consciência de não precisar ajuda e aos quais precisam recorrer como adjuvantes para auxiliar alguém que está sofrendo. Eu não sugeriria que esta é a única função da assistente social psiquiátrica, mas desejo dar-lhe crédito pela aptidão na execução de uma tarefa, cujas dificuldades particulares são muitas vezes completamente ignoradas pelo médico. O preconceito de alguns médicos contra assistentes sociais psiquiátricas deriva-se, em parte, da falta de conhecimento do trabalho delas e às vezes de ocasionais exemplos de presunção por parte de certas assistentes sociais individuais. Nenhum de nós é perfeito, porém, e técnicos assim excessivamente presunçosos são encontrados em todos os setores e não representam o ideal.

A clínica de higiene mental desenvolveu-se em grande parte com base nessa ideia e para seu êxito dependeu em grande parte das mulheres competentes e altamente treinadas, que, devido a seu conhecimento dos "pontos bons" tanto dos psiquiatras como dos sociólogos, têm sido capazes de aplicar socialmente princípios psiquiátricos. A cooperação de especialistas nos setores médico, psicológico e social da ciência é assim praticamente realizada. E, como "por seus frutos nós os conheceremos", é desnecessário alongar-se sobre as realizações desses grupos cooperativos. Ainda assim, é bem possível que nós, psiquiatras, deixemos às vezes de dedicar suficiente consideração aos fatores sociais e econômicos como tais.

Tem sido acentuado, por exemplo, que, por mais interessantes e satisfatórios que os resultados de consultas psiquiátricas e atividades de clínica de higiene mental possam ter sido para alguns indivíduos, esses esforços continuam limitados em seu escopo, tão prejudicados pelas desordenadas e confusas condições sociais e econômicas, que o resultado líquido é insignificante. "De que adianta", pergunta o sociólogo, "você ajudar um punhado de indivíduos com uma despesa enorme para a coletividade quando grupos infinitamente maiores continuam a sofrer irremediavelmente em resultado de condições que nenhuma clínica de higiene mental, nenhuma consulta psiquiátrica, nenhum *insight* psiquiátrico modificará? Apesar de tudo quanto você disse sobre a conveniência de substitutos socialmente valiosos para a agressão e expiação, com o que concordamos plenamente, o fato é que nossa atual estrutura socioeconômica não permite ao homem ou mulher comum fazer tais substituições. Permite a um médico ou assistente social efetuar essa solução para um indivíduo determinado; o sr. Rockefeller, o sr. Mellon e o sr. Morgan e outros menos ricos que eles talvez possam consegui-lo. Mas o homem comum não pode. Vocês, psiquiatras, admitem que a ajuda que podem oferecer é médicos habilidosos em seu trabalho com um paciente que os procura para tratamento são bem desajeitados em sua técnica com aqueles que têm consciência de não precisar ajuda e aos quais precisam recorrer como adjuvantes para auxiliar alguém que está sofrendo. Eu não sugeriria que esta é a única função da assistente social psiquiátrica, mas desejo dar-lhe crédito pela aptidão na execução de uma tarefa, cujas dificuldades particulares são muitas vezes completamente ignoradas pelo médico. O preconceito de alguns médicos contra assistentes sociais psiquiátricas deriva-se, em parte, da falta de conhecimento do trabalho delas e às vezes de ocasionais exemplos de presunção por parte de certas assistentes sociais individuais. Nenhum de nós é perfeito, porém, e técnicos assim excessivamente presunçosos são encontrados em todos os setores e não representam o ideal.

A clínica de higiene mental desenvolveu-se em grande parte com base nessa ideia e para seu êxito dependeu em grande parte das mulheres competentes e altamente treinadas, que, devido a seu conhecimento dos "pontos bons" tanto dos psiquiatras como dos sociólogos, têm sido capazes de aplicar socialmente princípios psiquiátricos. A cooperação de especialistas nos setores médico, psicológico e social da ciência é assim praticamente realizada. E, como "por seus frutos nós os conheceremos", é desnecessário alongar-se sobre as realizações desses grupos cooperativos. Ainda assim, é bem possível que nós, psiquiatras, deixemos às vezes de dedicar suficiente consideração aos fatores sociais e econômicos como tais.

Tem sido acentuado, por exemplo, que, por metis interessantes e satisfatórios que os resultados de consultas psiquiátricas e atividades de clínica de higiene mental possam ter sido para alguns indivíduos, esses esforços continuam limitados em seu escopo, tão prejudicados pelas desordenadas e confusas condições sociais e econômicas, que o resultado líquido é insignificante. "De que adianta", pergunta o sociólogo, "você ajudar um punhado de indivíduos com uma despesa enorme para a coletividade quando grupos infinitamente maiores continuam a sofrer irremediavelmente em resultado de condições que nenhuma clínica de higiene mental, nenhuma consulta psiquiátrica, nenhum *insight* psiquiátrico modificará? Apesar de tudo quanto você disse sobre a conveniência de substitutos socialmente valiosos para a agressão e expiação, com o que concordamos plenamente, o fato é que nossa atual estrutura socioeconômica não permite ao homem ou mulher comum fazer tais substituições. Permite a um médico ou assistente social efetuar essa solução para um indivíduo determinado; o sr. Rockefeller, o sr. Mellon e o sr. Morgan e outros menos ricos que eles talvez possam consegui-lo. Mas o homem comum não pode. Vocês, psiquiatras, admitem que a ajuda que podem oferecer é cara, excessivamente cara. No entanto, tuna sociedade coletiva em que fosse permitido e possibilitado à maioria do povo gozar de tais vantagens ainda é considerada por grande número de pessoas como uma ameaça à sua existência econômica ou política. O "pavor vermelho" é ainda endêmico e epidêmico. Isso parece confirmar seu tema de que um impulso autodestrutivo domina todas as pessoas, a ponto de impedi-las de aceitar o que lhes permitiria viver plena e normalmente. Não deveria, porém, cegar os psiquiatras para o fato de que em nosso atual sistema não pode haver coisa como higiene mental, mas apenas alguma espécie de ajuda terapêutica para uns poucos dos mais afortunados." [30]

Não contesto a verdade disso tudo. Talvez eu tenha dado a impressão de descuidar-me dessas considerações no desenvolvimento das ideias expostas neste livro. Mas isso é porque meu treinamento científico condicionou-me a estudar o indivíduo, a tentar compreen-

---

30. O falecido dr. Frankwood E. Williams, ex-diretor da Comissão Nacional de Higiene Mental, em seu artigo *Is There a Mental Hygiene? (Psychoanalytic Quarterly,* 1932, Vol. I, p. 113) apoiou esta conclusão, mas com base empírica. Admitindo o valor terapêutico e social de clínicas de higiene mental e coisas semelhantes, acentuou que isso não é trabalho preventivo; em geral, não é "higiene", mas medicina.

der o macrocosmo mundial a partir de uma análise do microcosmo humano.

Não é desculpa dizer, em resposta às acusações dos cientistas sociais, que eles, de sua parte, também ignoraram demais a psicologia do indivíduo. Acho, porém, que nós levamos um pouco de vantagem, não só por causa das limitações práticas mencionadas antes e porque alguns psiquiatras anunciaram convicções e aspirações definidas no sentido de efetuar radicais mudanças sociais, mas porque alguns de nós fizeram propostas definidas sobre como princípios psiquiátricos poderiam ser aplicados para efetuar mudanças em situações sociais no sentido em direção mais favorável para a vida confortável e produtiva do indivíduo.

Edward Glover ([31]), por exemplo, diretor de Pesquisa Científica no Instituto de Psicanálise de Londres, esboçou com riqueza de ideias um programa de pesquisa sobre o problema da guerra. Se pobreza e desemprego parecem menos remotos que a guerra (e isso é discutível), estou certo de que seria necessário pouco mais que um convite para que médicos psicologicamente (psiquiatricamente) treinados cooperassem com o governo nacional ou local ou com universidades ou fundações em favor de um conhecimento mais adequado dos fatores psicológicos conscientes e inconscientes envolvidos em um mal como, por exemplo, o desemprego.

É um comentário um tanto sardônico sobre a cegueira de alguém o fato do público em geral ter atualmente mais consciência da existência de tais fatores psicológicos do que aqueles que tão seriamente propõem e executam vários programas de assistência pública. A própria classe médica talvez não tenha notado o que alguém com o mais leve traço de convicção psicológica deveria ter notado, isto é, que nenhum médico, nenhum psicólogo, nenhum psiquiatra, nenhum psicanalista foi até hoje convocado a participar dos conselhos daqueles que tentam resolver os problemas sociológicos nacionais de nosso país ([32]). (Não é o que acontece no México e talvez em alguns outros países.)

---

31. Glover, Edward, *War, Sadism and Pacifism,* Londres, Allen and Unwin, 1933.

32. Aqui e acolá, na assistência aos desempregados e outros dependentes públicos, inspiração, senão conselho psiquiátrico dirigiu as mãos dos líderes de exemplificações de técnica

Uma convincente comprovação do relativo isolamento da psiquiatria pode ser vista nos métodos prevalecentes para lidar com o crime. Não só o público em geral ainda acredita que o crime é principalmente um problema social, mas essa opinião domina igualmente a maioria dos criminologistas, sociólogos, advogados, juízes e legisladores. Apesar de certa intensificação da discussão popular da matéria, é ainda radical, senão verdadeiramente herético, considerar que o estudo de criminosos é mais importante que o estudo do crime. Todos os programas para eliminação ou diminuição da criminalidade baseiam-se na concepção de que a sociedade é também em si própria um indivíduo e que o crime é uma forma de ferimento autodirigido, o que nos termos dêste livro seria chamado de autodestruição focal. Por alguns, o crime é tratado de maneira filosófica como um mal necessário que pode ser mantido ao mínimo por certos princípios gerais de rigidez, severidade, intimidação e promessas. A vasta maioria das pessoas acredita no tradicional mito de que a punição é o principal dis- suasor de novos crimes, apesar de todas as indicações em contrário, das quais a menos evidente não é o fato do grosso da população carcerária dos Estados Unidos ser reincidente. Não há dúvida que houve nos últimos anos alguns gestos em direção ao ponto de vista psiquiátrico, isto é, médico. A Associação Americana de Advogados e a Associação Médica Americana concordaram com a Associação Psiquiátrica Americana e foram aprovadas por todas essas entidades resoluções conjuntas para que um médico com treinamento especial em psicologia do indivíduo fôsse adido a todo tribunal, presumivelmente para exercer uma função consultiva no trato de todo criminoso com base em um exame de seus motivos, suas capacidades e suas circunstâncias individuais. Essas corajosas resoluções estão em vigor há alguns anos, sem que alguém lhes tenha dedicado séria atenção. Existem, na verdade, alguns tribunais assim equipados psiquiatricamente e, como é natural, alguns juízes extraordinariamente inteligentes que proclamaram as vantagens e sucessos dessa atitude revisada em relação ao criminoso, mas tais indivíduos são ouvidos

---

reconstrutiva tão admiráveis como os campos da C. C. C., os programas de reflorestamento e conservação, e (no caso dos índios) o autogoverno.

por poucos e o efeito de seu exemplo é mínimo, obstados como são pela rigidez da lei, de um lado, a estupidez dos legisladores, de outro, e no fundo a letargia, indiferença e desconfiança do público.

Finalmente, para voltar ao ponto principal, deve-se acentuar que os sociólogos não podem louvar tais planos senão da boca para fora, porque estão comprometidos com princípios de reorganização em massa e não podem interessar-se pelo estudo psicológico do indivíduo. E como ignoram esse exame psicológico mais penetrante do indivíduo, deixam de compreender certos aspectos da ação de massa.

Não sei se é ou não verdade que a sociedade como um todo reproduz a ontogenia das unidades de sua composição; em outras palavras, se a sociedade pode ou não ser considerada como um indivíduo, com algum grau de validade lógica. Se ó verdade, talvez os cientistas sociais sejam capazes de descobrir sozinhos, pelo estudo da sociedade como um todo, tudo quanto nós, psiquiatras, descobrimos pelo estudo do indivíduo, de modo que depois de passarem muitos anos talvez possamos chegar às mesmas conclusões e aos mesmos objetivos. Entrementes, embora nós, médicos, não devamos retirar nossa confissão de que ignoramos demais os fatores sociológicos, continua sendo a tarefa para a qual estamos melhor equipados a de examinar o mais cuidadosa e completamente possível as minúcias das expressões e repressões instintuais do indivíduo.

Foi isso o que pretendi fazer nas exposições deste livro.

E com todas as suas fases sociais e econômicas, o fenômeno da guerra impressiona como a mais dramática exemplificação de minha tese.

Certamente nenhuma pessoa que pense dúvida mais que não há vitória na guerra, que o vencedor como o vencido sofrem perda irreparável. Nesse sentido, a guerra, ao contrário do que parece, é virtualmente autodestruição. A inclinação suicida das nações é friamente explorada por elementos dentro de cada país, cuja organização internacional constitui um câncer sinistramente anômalo vicejando sob o patrocínio oficial do povo para cuja destruição existe. Tem sido acentuado que na Guerra Mundial os alemães foram massacrados com granadas detonadas por espoletas feitas na Alemanha, que belonaves britânicas foram afundadas por minas britânicas que haviam sido vendidas aos turcos. Na batalha da Jutlândia, os marinheiros alemães lançaram seus projéteis contra blindagem defensiva que fora fabricada em seu próprio país, pela mesma companhia que fabricara os canhões por eles disparados. Durante toda a guerra, homens de todos os países foram trucidados por armas inventadas, desenvolvidas e distribuídas ao inimigo por seus próprios compatriotas ([33]).

Não seria possível encontrar melhor exemplo de suicídio parcial em grande escala que o da Alemanha, a qual, excitada a insuportável, mas impotente raiva, pela crueldade do Tratado de Versalhes, voltou parte de sua hostilidade destrutiva para autodestruição focal através da eliminação e perseguição de vários de seus mais interessantes e inteligentes elementos. É como se a nação alemã estivesse representando o papel de um daqueles indivíduos descritos em um capítulo anterior deste livro, que modificou o adágio bíblico de "Se tua mão direita te ofende, corta-a" para o seguinte programa: "Se teu vizinho te ofende, corta tua própria mão direita." Seria, porém, errôneo presumir que a Alemanha, por ser mais conspícua em fazer isso, seja a única nação cujos políticos estão dirigindo alguma forma de autodestruição focal ou preparando algum programa para desastre mais completo.

De fato, a sombra da guerra universal avulta-se à nossa frente enquanto estou escrevendo, ameaçando substituir toda pequena autodestruição individualista e nacionalista por outro convulsivo esforço de suicídio mundial ainda mais violento que o representado pela guerra de 1914 a 1918. O espetáculo desses preparativos quase alegres de suicídio em massa que estão ainda agora em progresso não pode senão encher de pasmo o observador ponderado e causar apreensão aos mais intrépidos corações. O corajoso pronunciamento dos psiquiatras da Holanda ([34]) ressaltando a antítese da ciência mé-

---

33. Ver Engelbreeht, H. C., e Finighen, F. C., *Merchants of Death, A Study of the International Traffic in Arms*, Dodd, Mead, 1934; Seldes, George, Iron, Bloodand Profits, *An Exposure of the World-Wide Munitions Racket*, Harper, 1934; e Arms and the Men, Fortune, março de 1934.

34. Divulgado em 1935 sob os auspícios da Sociedade Médica da Holanda, que criou uma Comissão de Profilaxia da Guerra, com assinaturas de 339 psiquiatras e posteriormente muitos outros.

Eros e Tânatos

dica c tal destrutividade é tão sensato e tão evidente que parece responder a todos os argumentos. No entanto percebemos como esses débeis protestos são completamente fúteis e vagos contra a irracional massa de ódio tão facilmente provocada e descarregada na ação de turbamulta. Para a solução de tais dificuldades mundiais parece de fato uma absurda presunção do cientista fazer sugestões, se não fôsse pela convicção de que no estudo mais profundo da psicologia do indivíduo, na análise das origens e manipulações das tendências destrutivas, se pode esperar encontrar a chave da salvação da humanidade.

Temos conhecimento, mesmo nesta crise, de fraca, mas insistente oposição à guerra por parte de vozes isoladas e inteligentes minorias. A essas inteligentes minorias deveríam pertencer todos os médicos, pois sua vida cotidiana consiste em participar de inúmeras guerras em miniatura entre a vida e a morte, e seu constante esforço é para aumentar seu poder de oposição à autodestruição. Infelizmente, porém, nem todos os médicos percebem claramente essa luta, seja no paciente, seja no mundo era geral.

Todo médico e todo leigo deveria ler a seguinte declaração dos psiquiatras da Holanda:

"Nós, psiquiatras, cujo dever é investigar a mente normal e doente, e servir à humanidade com nosso conhecimento, nos sentimos impelidos a dirigir-vos uma séria palavra em nossa qualidade de médicos. Parece-nos que existe no mundo uma mentalidade que cria graves perigos para a humanidade, levando, como pode levar, a uma evidente psicose de guerra. Guerra significa que todas as forças destrutivas são desencadeadas pela humanidade contra si própria. Guerra significa o aniquilamento da humanidade pela ciência técnica. Como em todas as coisas humanas, fatores psicológicos desempenham papel muito importante no complicado problema da guerra. Para que a guerra seja evitada, as nações e seus dirigentes precisam compreender sua própria atitude em relação à guerra. Pelo autoconhecimento talvez possa ser evitada uma calamidade mundial.

"Por isso, chamamos vossa atenção para o seguinte:

"1. Existe aparente contradição entre a aversão individual à guerra e o estado de preparação coletiva para travar a guerra. Explica-se isso pelo fato do comportamento, dos sentimentos e dos pensamentos de um indivíduo independente serem completamente diferentes daqueles de um homem que faz parte de um todo coletivo. O homem civilizado do século XX ainda possui fortes e ferozes instintos destrutivos, que não foram sublimados ou só o foram em parte e que irrompem tão logo a coletividade a que ele pertence se sente ameaçada pelo perigo. O desejo inconsciente de dar plena liberdade ao instinto primitivo não apenas sem punição, mas mesmo com recompensa, incrementa em grande parte a preparação para a guerra. Deve-se compreender que o instinto de luta, quando bem dirigido, dá energia para muita coisa boa e bela. Mas o mesmo instinto pode criar o caos quando se liberta de todas as restrições, fazendo uso das maiores descobertas do intelecto humano.

"2. É espantoso ver como as pessoas são pouco cônscias da realidade. As ideias populares sobre a guerra, tal como se expressam, em uniformes de gala, paradas militares, etc., não estão mais de acordo com as realidades da própria guerra. A apatia, em relação às ações e intrigas do tráfico internacional de armas, é surpreendente para quem quer que perceba os perigos a que esse tráfico ameaça levar-nos. Deve-se perceber que é absurdo permitir. que certos grupos de pessoas obtenham lucro pessoal com a morte, de milhões de homens. Dirigimo-nos a vós com o urgente conselho de que desperteis as nações para a compreensão do fato e para a noção de autopreservação coletiva, sendo esses poderosos instintos os mais fortes aliados para a eliminação da guerra. A intensificação do sentimento moral e religioso em vossos povos tende ao mesmo fim.

"3. Pelos pronunciamentos de conhecidos estadistas tornou-se repetidamente evidente que muitos deles têm concepções da guerra idêntica às do homem mediano. Argumentos como "A guerra é a suprema Corte de Apelação" e "A guerra é o resultado necessário da teoria de Darwin" são errôneos e perigosos em vista das realidades da guerra moderna. Disfarçam um desejo primitivo de poder e pretendem estimular a preparação para a guerra entre os compatriotas do orador. A força sugestiva de discursos feitos por eminentes estadistas é enorme e pode ser perigosa. O espírito guerreiro, tão facilmente despertado pela proclamação de que o país está em perigo, não pode ser refreado, como ficou evidente em 1914. Povos, assim como indivíduos, sob a influência de sugestões como essas, podem tornar-se neuróticos. Podem ser arrebatados por alucinações e delírios, envolvendo-se assim em aventuras perigosas para sua própria segurança e para a segurança de outras nações.

"Nós, psiquiatras, declaramos que nossa ciência está suficientemente adiantada para que distingamos entre motivos reais, simulados e inconscientes, mesmo em estadistas. O desejo de disfarçar o militarismo nacionalista com constante conversa sobre paz não protegerá os líderes políticos do julgamento da história. Os promotores secretos do militarismo são responsáveis pela infinita miséria que uma nova guerra certamente trará..." ([35]).

É perfeitamente compatível com o gênio de Albert Einstein ter-lhe ocorrido a ideia de dirigir uma indagação formal a Sigmund Freud ([36]) a respeito dos princípios psicológicos envolvidos na guerra.

"Como é possível", perguntou ele, "que a minoria dominante force as massas a executarem um propósito que as recompensa apenas com o sofrimento de perda? Por que as massas se deixam inflamar ao ponto de loucura e auto sacrifício por esses meios? O ódio e a destruição satisfazem um impulso humano inato que comumente permanece latente, mas que pode ser facilmente despertado e intensificado ao ponto de psicose de massa? E será possível modificar o desenvolvimento psíquico humano de maneira a produzir crescente resistência a essas psicoses de ódio e destruição?"

A isso Freud respondeu com uma recapitulação das conclusões tiradas de longos anos de observação clínica, princípios que foram desenvolvidos no presente livro. É um erro de julgamento, acentuou ele, ignorar que o direito era originariamente força e que mesmo agora não pode sobreviver sem apoio da força. Quanto a saber se há um instinto de odiar e destruir, Freud respondeu, naturalmente, pela afirmativa. "A disposição de lutar pode depender de uma variedade de motivos, que podem ser elevados, francamente proclamados ou

---

35. Este documento foi agora assinado por psiquiatras de trinta nações. Foi enviado a autoridades governamentais, jornais os cidadãos privados em todo mundo. Foram recebidas respostas oficiais de dezenove nações e é bastante significativo que entre as poucas que não responderam se incluíssem a Alemanha, a Itália e o Japão.

36. Einstein, A., e Freud, S., *Why Warp* Paris, Interoat. Inst, of Intelectual Cooperation, 1933.

inconfessáveis. O prazer na agressão e destruição é certamente um deles. A satisfação tirada dessas tendências destrutivas é, naturalmente, modificada por outras que são de natureza erótica e ideacional. Às vezes temos a impressão de que os motivos idealísticos foram simplesmente um manto para as atrocidades da natureza; outras vezes, que são mais proeminentes e que os impulsos destrutivos vieram em seu auxílio devido a razões inconscientes, como nas crueldades perpetradas durante a Santa Inquisição."

"O instinto de morte", prosseguiu ele, "destruiria o indivíduo se não fosse voltado para outros objetos que não o eu, de modo que o indivíduo salva sua própria vida destruindo alguma coisa fora dele. Que seja essa a desculpa biológica para todos os feios e perigosos esforços contra os quais lutamos. São mais naturais que a resistência que nós lhes oferecemos.

"Para nossos presentes propósitos é, portanto, inútil tentar eliminar as tendências agressivas no homem."

Isso foi – mas não deveria ter sido – interpretado pessimistamente. Tal ponto de vista não se harmoniza com a teoria de Freud nem com sua prática. Ele não *viveu como se* acreditasse que "é inútil tentar eliminar as tendências agressivas no homem" ou pelo menos redirigi-las. E a mesma perspicácia que reconheceu o instinto de morte, examinou e demonstrou alguns dos recursos para combatê-lo. É com base no trabalho de Freud que outros (por exemplo, Glover, *op. cit.)* propuseram aplicações de nosso conhecimento psicológico para a eliminação da guerra e o estudo científico do crime.

Mais significativo que tudo, porém, é que a eficácia terapêutica da própria psicanálise contesta interpretações tão pessimistas [37].

---

37. Este ponto é fortemente acentuado por representantes da Escola de Psicologia da Teoria de Campo, conceito moderno que está de acordo com os pontos de vista psicanalíticos, com exceção da localização dos impulsos instintuais. Se estes estão dentro do indivíduo, são inatos e genotípicos, então o pessimismo que Freud registra em seus últimos escritos é justificado, dizem os teóricos freudianos. Se, por outro lado, como acreditam os teóricos freudianos, os impulsos não são inatos, nem são parte da natureza humana, mas uma parte de toda a natureza, social, biológica e psicologicamente determinada, algo de que cada indivíduo faz uso por assim dizer, e não meramente brotado de algum *fons et origo* dentro do eu, então se pode tirar uma conclusão muito mais otimista quanto às possibilidades futuras porque manipulações externas

Pois, se é possível modificar um indivíduo – por mais trabalhoso que seja – se uma pessoa pode ser ajudada, por qualquer dos métodos que eu descrevi, a ser menos destrutiva – existe esperança para a raça humana. O encorajamento especial do método psicanalítico é que a própria inteligência do indivíduo pode ser utilizada para dirigir sua melhor adaptação, para uma diminuição de sua auto destrutividade. Admitindo-se que possa ser um processo lento, tal transformação da energia autodestrutiva em canais construtivos pode estender-se gradualmente a todo o mundo humano. "Um pouco de fermento fermenta a massa toda."

A soma de toda a questão é que nossa inteligência e nossas afeições são nossos mais seguros baluartes contra a autodestruição. Reconhecer a existência de tal força dentro de nós é o primeiro passo para seu controle. "Conhecer a si mesmo" deve significar conhecer a malign idade dos próprios instintos e conhecer também o próprio poder de desviá-la. Cegueira ou indiferença à existência de auto destrutividade são os recursos que esta cria para sua continuação.

Em apoio de nossa inteligência devemos trazer a consciente e decidida direção e encorajamento do amor. Na função da amizade, termo convencional para designar o investimento controlado de amor, devemos depositar as maiores esperanças. Tanto para aqueles que se salvariam como para aqueles que salvariam outros, esse continua sendo nosso mais poderoso instrumento. O cidadão privado, não menos que o psiquiatra e a assistente social, pode, pelo simples expediente de um sorriso encorajador, uma investigação feita com simpatia, uma paciente disposição de ouvir uma torrente de compli-

---

são muito mais facilmente realizáveis. As mudanças econômicas corretas, por exemplo, poderiam colocar a psiquiatria em uma posição na qual lhe seria possível funcionar de maneira preventiva, assim como terapêutica. Em outras palavras, poderia ser teoricamente desenvolvida uma genuína higiene mental. Diz-se que 200.000 dólares por ano erradicariam permanentemente a tuberculose na cidade de Detroit, por exemplo; essa importância corresponde a cerca de 1/175 avos do custo de um novo couraçado, no entanto a organização socioeconômica é tal que se constrói o couraçado e a tuberculose continua. (De Kruif, Paul, *why Keep Them Alive?* Nova Iorque, 1936, p. 121). Na opinião dos teóricos de Campo, isso não pode ser atribuído a impulsos destrutivos no pessoal do departamento de guerra ou na administração de Detroit, mas as consequências do sistema social. Ver. J. F. Brown, *Psychology and the Social Order.*

cações, eliminar pesos de depressão, diminuir aflições de martírio voluntário ou involuntário e frustrar o desejo de autodestruição de muitos sofredores.

Assim, nossa conclusão final deve ser que a consideração da guerra e do crime, não menos que a da doença e do suicídio, nos leva de volta à reiteração e reafirmação da hipótese de Freud de que o homem é uma criatura dominada por um instinto na direção da morte, mas beneficiada por um instinto oposto que luta heroicamente com variado sucesso contra seu vencedor final. Esta magnífica tragédia da vida estabelece nosso mais elevado ideal – nobreza espiritual diante da certeza da derrota. Mas existe uma vitória menor no simples prolongamento do jogo com um entusiasmo não nascido da ilusão, e neste jogo dentro de um jogo alguns ganham, outros perdem; a inexorabilidade da autodestruição nunca cessa. E é aqui que a Ciência substituiu a magia como a serpente erguida bem alto no deserto a fim de salvar o que existe de vida para nós. Para conter temporariamente a malignidade do impulso autodestrutivo, para evitar uma capitulação prematura diante da Morte, podemos às vezes, por meio de trabalhos prodigiosos, dar uma ajuda eficaz.

LIVROS QUE
CONSTROEM